森は考える

人間的なるものを超えた人類学

HOW FORESTS THINK

TOWARD AN ANTHROPOLOGY BEYOND THE HUMAN

Eduardo Kohn

エドゥアルド・コーン

奥野克巳・近藤宏＝監訳

近藤祉秋・二文字屋脩＝共訳

亜紀書房

森は考える——人間的なるものを超えた人類学

目次

祖母であるコスタンサ・デ・カプアの思い出に。

彼女は、ガブリエーレ・ダンヌンツィオの言葉を借りながら、次のように私に言っていた。

私が持つのは、与えられてきたものである。


そして、この贈り物をどうやって与えるのかを教えてくれる、リサに。

凡例

一．原注は章ごとに、1、2、3、の番号を付し、巻末に訳出した。

一．原文におけるイタリック体は、学名の場合はそのまま表記し、書名の場合は『　』に入れ、一般的な表現のうち、代名詞を除くものについては、傍点を打って示した。ただし、下記のとおり例外がある。

一．代名詞がイタリック体になっている場合は、特別な用法であることと読みやすさに鑑みて〈　〉で示した。

一．現地語が本文に記される場合には読みを訳語としてあるいはルビで、カタカナで表記のうえ、原文のアルファベット表記を（　）に入れイタリック体で記した。動物名に限り、（　）にアルファベットとカタカナで読みを表記した。

一．会話が現地語のまま引用されている箇所については、原文のアルファベット表記をイタリック体で記し、読みを（　）に入れカタカナで表記した。会話に構文解析が併記される場合は、著者が用いる分析記号、並びに英語による翻訳を併せて表記した。著者が用いた構文解析の記号については、原注第一章1、および第四章20を参照のこと。

一．原文におけるハイフンは、二重ハイフン（=）で示した。ただし、二重ハイフンがイコール（=）と混同される可能性がある場合に限り、ハイフンを用いた。例："dog-human" の場合は「イヌ－人間」。

一．注釈は［　］で示している。会話文や引用文に［　］が挿入されている場合は著者による注釈であり、本文および原注のなかに［　］が挿入されている場合は、訳者による注釈である。なお訳注の場合は［訳注：　］と表記した。

序　ルナ・プーマ

ああ、その鬱蒼として、近寄り難い野生の森《セルヴァ・セルヴァッジャ》の何たるかを語るのはむずかしい。

――ダンテ・アリギエーリ『神曲I　地獄篇』

スマコ火山のふもとにある狩猟キャンプの草ぶきの差し掛け小屋で眠ろうとくつろいでいると、フアニクが私に注意を促した。「仰向けに寝ろ！　そうすれば、ジャガーがやってきても、おまえがジャガーを振り返ることができるのにジャガーは気づくだろうし、おまえを悩ますことはないだろう。うつ伏せに寝てしまえば、ジャガーはおまえがアイチャ（*aicha*）（餌食、キチュア語を直訳すれば「肉」）だと考えて、攻撃するだろう」。フアニクが言っていたのは、もしジャガーがあなたのことを振り返ることができる者――ジャガーのような自己、つまりひとりの「あなた」――だと見るならば、ジャガーは、あなたを放っておくだろう。しかし、もしジャガーが〈あなた〉を餌食――ひとつの〈それ〉――と見るようになれば、あなたが死んだ肉となるのも当然のことであるということだ[1]。

いかに他なるたぐいの存在が私たちのことを見るのか、このことが重要である［訳注：「たぐい」については三四頁の説明を参照］。他なるたぐいの存在が私たちを見るということが、物事を変えるのだ。私たちの生死を左右することもあるような仕方で、ジャガーが私たちのことを表象するのならば、そのとき人類学は、異なる社会の人々が、いかに他なるたぐいの存在をそのようなものとして表象するようになったのかを探査することだけに、自らを限定することはできない。そのような他なるたぐいの存在との出会いによって、見ることや表象すること、そしておそらく知ることや考えることでさえも、人間の専売特許ではないという事実を認めなくてはならなくなるだろう。

この気づきを受け入れるとき、社会や文化、そして私たちが住まう世界について私たちの抱く理解はいかに変わるのだろうか。そのことは、人類学の方法や視野、実践、掛け金をいかに変えるのだろうか。さらに、より重要なことであるが、私たちはもっぱら自分たちに帰するほうが心地よく感じられる物事を人間的なるものを超えた世界に見出すこともあることを踏まえると、その気づきを受け入れることで、人類学の対象——「人間的」なるもの——について私たちが抱く理解はいかに変わるのだろうか。

ジャガーが世界を表象するからといって、ジャガーが必ず私たちのように世界を表象するわけではない。そしてこのことによってもまた、人間的なるものについて私たちが抱く理解は変わる。人間的なるものを超えた領域では、私たちがかつては非常によく理解していたと考えていたり、なじみ深いものに見えたりしていた、表象などの諸過程が突如として奇妙なものに見えてくるのである。

　肉にならないために、私たちはジャガーをまなざし返さなければならない。しかし、この出会いにおいて、私たちは変わらないままではいられない。おそらくは私たちを捕食者とは見なし、幸運にも死肉とは見なさない、あの捕食者とどうにか同列《アラインド》になることで、私たちは新たな何かに、すなわち新たなたぐいの〈私たち〉になるのである。エクアドルのアマゾン河上流域にあるキチュア語を話すルナが住むファニクの生まれた村（あの夜、私たちが気を張り仰向けのまま眠った、間に合わせの隠れ場から丸一日歩いてたどりつける村）の周囲の森は、そのような出会いに満ちている[2]。その森は、ルナ・プーマ（*runa puma*）に、姿を変える人間－ジャガー、私がジャガー人間《ウェア・ジャガー》と呼ぶものに満ちている。

　キチュア語でルナ（*runa*）は「人間《パーソン》」である。プーマ（*puma*）は「捕食者」あるいは「ジャガー」を意味する。このルナ・プーマたち――ジャガーが自分と同じ捕食者と見ていると自らを考えており、また、ほかの人間たちをジャガーが見るように、つまり餌食として見る存在者たち――は、遠くナポ川にまで彷徨っているといわれてきた。一九八〇年代後半に私が調査していたナポ川上流の川岸にあるルナの居住地リオ・ブランコのシャーマンたちは、アヤ・ワスカ（*aya huasca*）によって誘発された幻覚によって、このようなジャガー人間たちを見たのだろう[3]。「このあたりの森を歩いているルナ・プーマは、アヴィラから来たんだ」。シャーマンたちはそう私に語った。彼らはこれらの堂々たるルナ・プーマを、白い毛皮を持つものと描写した。アヴィラのルナは、ジャガー、白いジャガー人間、ユラ・ルナ・プーマ（*yura runa puma*）になるのだと強調した。

アヴィラは、ナポ川上流にあるルナの共同体のあいだでも、ある評判を得ている。私は「アヴィラまで行くのなら気をつけなさい」と忠告された。「とくに、あそこでの酒宴には用心しなさい。小用で外に出て戻ってくると、ホストたちがジャガーになってしまっているかもしれない」と。一九九〇年代の初頭に、ナポ地方の中心都市テナで、友人と私は、その地域の先住民連合ＦＯＩＮ（Federación de Organizaciones Indígenas del Napo）の指導者の何人かと連れ立って、仮ごしらえの酒場であるカンティーナに酒を飲みに出かけたことがあった。自らの武勇の語り――誰が基盤であるコミュニティからの支持を最も多く集めることができたのか、誰がＮＧＯから高額の小切手をいちばんうまく引っ張ってくることができたか――が飛び交う中で、話はより具体的に、シャーマンの力をめぐるものに代わり、そうした力の座、つまりＦＯＩＮの力の源泉は本当はどこにあるのかという話になった。何人かがその夜同意したように、ナポの南のアラフノだったのだろうか。そこは、多くのルナが恐れと畏怖と侮蔑をない混ぜにして、「野蛮」（キチュア語で、軽蔑的な民族名称であるアウカ（*auca*））だと蔑む集団ワオラニと、東と南で境界を接するルナの居住地のひとつである。それとも、たいそう多くのルナ・プーマの故地であるアヴィラだったのだろうか。

その夜、酒場《カンティーナ》のテーブルの周りでは、アヴィラこそがアラフノよりも力の中心にふさわしいという話になった。一見するとこの村は、ジャガーの姿を取るシャーマンの力を表すにはふさわしくない選択であるように思える。彼らがまっさきに主張していたように、その住民たちは少しも「野蛮」ではない。ルナの人々は、彼らが例外なくそう表明するように、昔も今も変わらずルナ――文字通りには「人間的な人物《パーソン》」――であり続ける。そのことは自分たちが常にキリスト教徒であり、

「文明化されて」いたことを言わんとしている。（第六章で検討されるように）重要であるが複雑なありようによって、ルナは「白人」であるとさえ言うこともできよう。しかし彼らは、そのうちの何人かは、それと同じく――そして本当に――プーマなのである[4]。

シャーマンの力の座としてのアヴィラの位置づけは、森の何らかの野蛮性との関係だけでなく、植民地の長い歴史における独特な位置づけにも由来している（図1を参照）。アヴィラは、アマゾン河上流でカトリックの教化とスペイン植民地化がもっとも早くに行われた場所のひとつである。また、一六世紀後半にスペイン人に対して地域で連動して起こった反乱の中心地でもあった。

スペイン人に対する反乱は、一面では厳しさの度合いを増していった貢税負担に応じたものであったが、植民地期の史料によれば、二人のシャーマンのヴィジョンによって口火が切られた。アルチドーナ地方のベトが見たのは、「彼と言葉を交わし…キリスト教徒の神はその土地にいたスペイン人にいたくお怒りであると言った」牛だった。アヴィラ地方のガミは、「この世から五日間連れ去られ、そのあいだに、壮麗な事物を目の当たりにしたのだが、その後キリスト教の神は全ての人を殺し、家と作物を焼き払うために彼を送り込んだのである」（de Ortiguera 1989［1581-85］:361）[5]。これらの史料によれば、続いて起こった反乱で、アヴィラ周辺のインディオたちは、スペイン人を皆殺しにし（ひとりを救ったのだが、彼女については第三章に詳しい）、家を破壊し、オレンジといちじくの木とそのほか外来の作物を土地から根絶やしにした。

こうした矛盾――ルナのシャーマンたちがキリスト教の神からメッセージを受け取り、アヴィラの周辺の森を歩き回るジャガー人間が白人であること――は、私をアヴィラへと引きつけることの一部である。アヴィラのルナたちは、無垢あるいは野生的なアマゾンをめぐるいかなるイメージからも遠く離れている。ルナの世界――ルナの存在そのもの――は、長期にわたり層を形成してきた植民地の歴史によって、余すところなく特徴づけられている。そして現在その村は、入植者たちが住む成長著しい喧噪の町ロレトから、そしてこの町とエクアドルのほかの地域をさらに効率良く結びながら拡大を続ける道路網から、ほんの数キロのところにある。それにもかかわらず、ルナはまたアヴィラ周辺の森を歩き回るあらゆるたぐいの実在するジャガーとも密接に関わりながら暮らしている。このジャガーに含まれるのが、白人であるもの、ルナであるもの、そしてはっきりとしたまだら模様のものたちである。

こうしたジャガーとの親密さには、食べることや食べられてしまうことに関わる実際のリスクも多く含まれている。私がアヴィラにいたときに、ジャガーが子どもを殺したことがあった（その子は、本章冒頭に掲げられた写真に娘とともに写っている女性の息子で、この写真は、もし娘も奪い去られてしまったとしても、娘の思い出になるだろうからと母親にせがまれて撮影したものである）。そしてジャガーは、本書の後半で議論するように、私がアヴィラにいたときに数匹のイヌも殺した。ジャガーは、私たちに食べものを分け与えてくれたこともあった。ジャガー人間が私たちへの贈り物として森の中に残し、その後私たちの食事となったアグーチやテンジクネズミの食べかけの死骸を何度も発見した。このように肉を与えてくれる気前のよいルナ・プーマを含む全てのネコ科の動物でも狩られてしまうこともある。

食べることは人を、森を棲み家とする多くの他なるたぐいの非人間的存在との密接な関係へと導

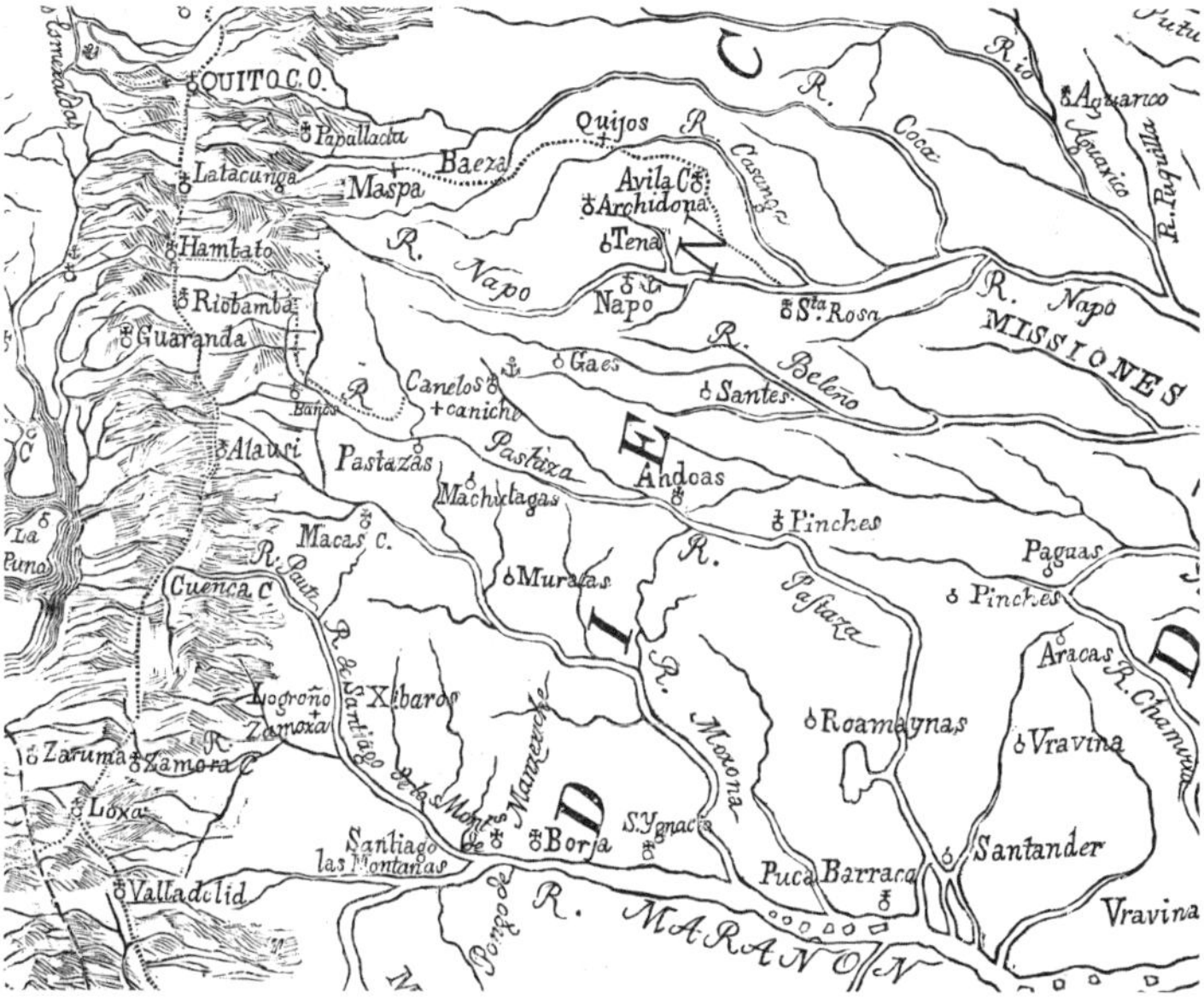

図1　ここに複写した18世紀の地図（現代のエクアドルのアンデスとアマゾニアの地域におおよそ対応する）に見ることができるように、アヴィラ（中央上）は伝道の拠点と考えられていた（十字架で示されている）。アヴィラは、航行可能なナポ川（アマゾン河の支流）やキト（左上）に加えて、アルチドーナなどの類似したほかの拠点にまで踏み分け道でつながっていた（点線）。キトとアヴィラの直線距離は、おおよそ130キロメートルである。地図は、アヴィラを含む植民地的なネットワークという歴史的な遺産をいくつか示している。道の景観は変わっていないわけではない。アヴィラの東約25キロメートルに位置する植民者の大きな町ロレトは、アヴィラのルナの生活と本書においては重要であるが、地図にはまったく載っていない。Requena 1779［1993］より。著者の所蔵品。

き入れる。私がアヴィラで調査した四年のあいだ、村人たちはロレトで多くのものを買い込んでいた。散弾銃、弾薬、衣服、塩、二世代前には手作りされていたであろう、たくさんの家庭用品などの物品、さらには彼らがカチーワ（*cachihua*）と呼ぶ、違法取引されたサトウキビ酒をたくさん買った。買わなかったのは、食糧であった。彼らが互いに、また私と分けあった食べもののほとんど全ては、菜園や近隣の河川や森で獲れたものであった。狩猟すること、漁撈すること、採集すること、栽培すること、および様々な生態学的な組み合わせを統制し食糧を手に入れることを通じて、人々は世界の中のもっとも複雑な生態系のひとつ――相互作用し、互いに構成的である異なるたぐいの存在に驚くほど満ちた生態系――に否応なく親しく関わることになる。そしてその関わりあいは、そこでのそれぞれの生をつくるおびただしい生きものたち――ジャガーに限らない――とのたいそう密なる接触へと、諸々の存在を引き込んでいく。すなわちこうした関わりあいが、人を森の生命へと引き込んでいく。さらに、あの森にある生命と、それとは違うものとして「あまりに人間的」だと私たちが考える世界とをもつれさせるのである。この用語でもって言わんとするのは私たち人間が創造する道徳的世界であり、それは私たちの生に浸透し、またほかのものたちの生に深く影響を及ぼしている。

牛の身体を通して語る神々。ジャガーの身体のうちにいるインディオ。白人の衣服を纏うジャガー。ルナ・プーマはこれらを自らの中に折りたたんでいる。私たち人類学者――私たち人間が創造する、特徴的な意味で満ち、道徳で溢れた世界（自分たちがこの宇宙における例外であると、私たちに感じさせるような特有の世界）の民族誌的な記録作成に熟達している者――は、人間以外であるとともにあまりに人間的でもある、この奇妙な生きものを何だと理解するべきだろうか。私たちは、このアマゾンのスフィンクスにいかに接近すべきなのだろうか。

この生きものを理解するには、オイディプスがテーベへの途上で出会ったスフィンクスから示されたものと似ていなくもない、ある試練を経る必要がある。スフィンクスは、オイディプスに問うた。「朝は四つ足、昼は二つ足で夕方三つ足のものとは何か？」。この出会いを生き抜くために、オイディプスは私たちの狩猟仲間のように、いかに正しく応じるべきなのかを考え出さなければならなかった。スフィンクスが（わずかに）人間的なるものを超えたその位置から問うた謎かけに対する彼の答えは、「人間」であった。この応答は、スフィンクスの問いに照らしてみると、「私たちとは何か？」と問うことを求めている。

その非人間性にもかかわらず、私たちがなおまなざしを向け、応答しなければならない人間ならざるスフィンクスは、人間について知っていると自らが考えているものとは何かを、私たちに問うように求めている。そしてその問いは、私たちの答えについて何かを明らかにする。最初四つ足で次に二つ足、その後三つ足であるものとは何かを問うことは同時に、四つ足の動物性と私たちに特徴的な二つ足で歩き回る人間性という二つの遺産に加えて、私たちの限りある生――カジャ・シルヴァーマン（2009）が気づいたように、その最期が究極的に有限な存在であるという事実を共有するほかの存在全てへと私たちを結びつける――を手探りで進むために、私たちがこしらえ、そして自らの一部とする様々な種類の杖を思い起こさせる。

足もとがおぼつかない人の足取りとなり、目の不自由な人の導き手となる杖は、脆く死すべき運命にある自己とその先に広がる世界を媒介する。それをなすことで杖は、自己に対して、何らかの仕方で、世界の何かを表象する。誰かに対して世界の何かを表象するのに役立つ限りにおいて、多くのたぐいの自己にとって杖として機能するものが多く存在する。これらの全てが人工物だというのではない。それにこれらのたぐいの自己が全て人間であるわけでもない。実際のところ、有限性のほかにも、私たちがジャガーやそのほかの生ある諸自己――それはバクテリアの、花の、菌類の、あるいは動物の諸自己であろうとも――と共有するものとは、私たちが周囲の世界を表象するあり方が、何らかの仕方で私たちの存在を構成するという事実なのである。

杖はまた、正確には杖の端から端までのあいだの「どこから〈私〉が始まるのか?」を、グレゴリー・ベイトソンとともに問うてみるように促す(Bateson 2008:465)。そしてそのように表象の相反する性質――自己か世界か、物質か思考か、人間的かそうでないものか――を強調するなかで、杖は、スフィンクスの問いをあれこれと考えることが、オイディプスの答えをより包括的に理解する一助となることを示すのである。

本書は、アマゾニアでの人間ならざるものとの一連の遭遇に民族誌的に注意を向けることによって、スフィンクスの謎を考えるひとつの試みである。人間的なるものを一面において超えて存在する者と私たちとの関係に注意を向けることは、人間的なるものについての明晰な答えを問い直すように強いる。ここでの目的は、人間的なるものを捨ててしまうことでも、それを記述し直すことでもなく、それを開いてやることである。人間的なるものを再考しながら、この課題にあたるのに適切な人類学の再考に取り組まなければならない。今日の様々な形式の社会・文化人類学は、とりわけ人間的である属性――言語、文化、社会、歴史――を扱い、またそれらを用いて、人間を理解する道具をこしらえる。この過程において、分析対象はその分析と同形となる。その結果、人々をより広い生命の世界につないでいる数多くの道のりを、すなわち、いかにこの基礎的なつながりが、人間的であることの意味を変えるのかを理解できないのである。このために、人間的なるものの向こうに民族誌を拡張することが、これほどまでに重要となる。人間だけでなく、もしくは動物だけでもなく、いかに人間と動物が関係するのかについても民族誌的に焦点を当てることで、人間に特有なものによってとりわけ人間的なものを理解しようとするときに、私たちが閉じこめられてしまう閉包性を開くことができる。

人間だけでなく非人間を視野に入れることができる分析枠組みを創造することは、科学技術論（ＳＴＳ）（とりわけ、以下を参照。Latour 1993, 2005）、「マルチスピーシーズ」あるいは動物的転回（以下を参照。Haraway 2008; Mullin and Cassidy 2007; Choy et al. 2009。レヴュー論文としては、以下を参照。Kirksey and Helmreich 2010）、さらに、ドゥルーズ（Deleuze and Guattari 1987）に影響を受けた学識（例えば、Bennett 2010）の中心的な関心事であった。社会科学のもっとも偉大な貢献――社会的に構築された現実という分離された領域を認め、境界を設けること――は最大の災いでもあるという基本的な信念を、私はこれらのアプローチと共有している。加えて、この問題を超えて進む道を見つけることが、今日の批判的思考が直面するもっとも重要な挑戦のひとつであると感じてもいる。なかでも、他なるたぐいの生きものたちとの日常的な関与の周りに、理解することと関わりあうことの新たな可能性を開く何かがあるという、ダナ・ハラウェイの信念にとりわけ揺り動かされたのである。

これら「ポストヒューマニティーズ」は、批評と可能性のための空間として人間的なるものを超えた領域に焦点を当てることに、際立った成功を収めている。しかし、その領域にポストヒューマニティーズが生産的・概念的に関与することは、表象の性質について、人類学ひいてはより広く社会理論に共有されるいくつかの前提によって妨げられている。さらに、表象のこのような想定が引き起こす困難を言い表そうと試みる際に、ポストヒューマニティーズの論者たちは、自己と対象の区分を、そして人間とほかのたぐいの存在のあいだにある重要な区分を無きものとする、還元論的な解決法をとりがちである。

『森は考える』では、非人間的存在に対する人間的な関与を理解するためのより強固な分析枠組みを開発することで、人間を例外的なものとして――またそのようにして世界の残りの部分から根本的に分離されたものとして――取り扱ってきた方法に向けられる、ポストヒューマン批評（posthuman critiques）に寄与することに努めたい。そして、森が考えるということで、いったい何が言われようとしているのかをよく考えてみたい。つまり、（全ての思考の基礎を形成する）表象の諸過程と生ある存在のつながりを、人間的なるものを超えて広がるものに民族誌的に注意を向けることを通じてそれが明らかになるにつれて、つかみだすことにしよう。そこで、表象の本性について私たちが抱く前提を再考するに至った見識を用いることで、それが私たちの人類学的な概念をいかに変えるのかを探ってみるのがよいだろう。このアプローチを「人間的なるものを超えた人類学」と名づけようではないか[6]。

この試みで参照するのは、一九世紀の哲学者チャールズ・パース［(Peirce 1931, 1992a, 1998a)］の研究、とくに彼の記号論の研究（記号がいかに世界の中の事象を表象するのかを主題にする研究）である。なかでも、シカゴ大学で教育を受けた言語人類学者アレハンドロ・パスが「風変わりな」パースと呼ぶことでいわんとするものを、私たち人類学者が理解に困難を覚えるパースの著作のある側面――私たち人間が由来するところのより広い非人間的な宇宙の作用と論理のなかに表象を位置づけるために、人間的なるものを超えたところにまで達している部分――を本書に呼び出すとしよう。加えて、大いに参考にしているのは、テレンス・ディーコンによるパース記号論の生物学への、さらには彼が「創発」と呼ぶ問題への、とりわけ独創的な応用である（以下を参照。Deacon 2006, 2012)。

森はいかに考えるのかを理解するための第一歩は、何かを表象するとはいかなることなのかを、これまでのように考えるのをやめることである。私たちの想定に反して、表象は実際には規約的《コンベンショナル》、言語学的および象徴的なもの以上の何かである。アンデスの結縄が示す表象の論理に関するフランク・サロモンの先駆的な研究（Salomon 2004）とアマゾニアの音のイメージに関するジャニス・ヌコルズの研究（Nuchols 1996）からひらめきと勇気を授かり、この民族誌では言語を超えた表象の形式を探究しよう。そのことを成し遂げるには、人間的なるものを超え出ることになる。非人間的な生命形態もまた世界を表象する。このより拡張的な表象の理解を見定めるのが困難なのは、私たちの社会理論――人間主義者《ヒューマニスト》であれポストヒューマニストであれ、構造主義者であれポスト構造主義者であれ――が言語と表象を混同しているからである。

人間の言語が働くありようの想定に従って表象が働く仕方を考えてしまう傾向にあるという意味で、私たちは、表象と言語を一つにしてしまっている。言語的な表象は、互いに体系的に関係づけられ、また言及される対象に「恣意的に」関係づけられる、規約的な記号に基づいていることもあって、私たちは全ての表象過程がこうした特性を持っているのだと見なす傾向にある。しかし、諸々の象徴、すなわちとりわけ人間的な表象形式であり、またその特性が人間の言語を可能にする、規約に基づく(「イヌ」という単語のような)諸記号は、実際には、ほかの表象様態から出現し、それに関連づけられるのである。パースの用語法では、(広範な用語として)これらのほかの様態とは(表象する事物とのあいだに類似《ライクネス》がある記号を含む)「イコン的」であるか、(表象する事物から作用を受けるか、あるいはそうした事物と相関する記号を含む)「インデックス的」である。私たち人間は象徴的な生きものであることに加えて、これらの記号論的様態をほかの全ての非人間的な生命と共有している(Deacon 1997)。これらの非象徴的な表象様態には、生ある世界——人間的であり非人間的でもある——に浸透しており、また人間の言語を特別なものにしている諸特性とはまったく異なる、これまであまり探究されてこなかった諸特性がある。

パース的な記号の全域を研究することで象徴的なるものを超え出る人類学のアプローチにはいくつかあるとはいえ、それらは記号をもっぱら人間的な枠組みに位置づけるだけである。そのために、記号を使うのは人間だと理解されているし、また(言語が象徴的である以上の何かとして扱われうるということもあり)記号は言語外的なものでありうるのだけれども、記号を意味あるものとする文脈は人間的で社会文化的なものとなる(特に、以下を参照。Silverstein1995; Mannheim 1991; Keane

2003; Parmentier 1994; Daniel 1996。「文脈」については、以下を参照。Duranti and Goodwin 1992)。

これらのアプローチが見落としているのは、記号もまた人間的なるものをはるかに超えて存在すること(私たちが人間の記号過程を考えるべきあり方をも変える事実)である。生命は、構成的に記号論的である。つまり、生命とは隅々まで、記号の過程の産物なのである(Bateson 2000c, 2002; Deacon 1997; Hoffmeyer 2008; Kull et al. 2009)。生命を活力のない物理的世界から分け隔てるのは、生命形態が何らかの仕方で世界を表象すること、そしてこのような表象が、それら生命形態の存在に本来のものであるという事実である。すなわち、私たちが非人間的な生きものと共有するのは、現象学的アプローチのひとつによって考えられているような身体化ではなくて、記号とともに、そして記号を通じて生きているという事実である。私たちは皆、何らかの仕方で世界の一部を私たちに対して表象する「杖」として、記号を用いる。そうすることで、記号は私たちを私たちたらしめる。

表象のとりわけ人間的な形式である象徴とほかの諸形式の関係を理解することは、非人間から人間を根本的に分離することのない人類学を実践する道を見出すための鍵となる。記号過程(諸記号の創造と解釈)は、生ある世界に浸透し、それを構成する。さらに、私たちが部分的に共有する記号論的な性向を通過することによって、複数=種の諸関係を築き、さらには分析的に理解できるようになる。

記号過程をこのように理解するならば、自らが表象する世界から分離したものとして人間を描き出すような人類学に対する二元論的なアプローチを超えて、一元論的なアプローチに向かうことができる。そこでは、人間がジャガーを表象する方法とジャガーが人間を表象する方法とが、単一であるが無制限な物語の、不可欠であり、互換可能ではない部分として理解されるであろう。ますます増え広がるがゆえにより一層私たちを取り囲むようになった、ほかのたぐいの生命形態——愛玩動物、雑草、害虫、共卓動物、新種の病原菌、「野生」動物、科学技術でつくり出された「突然変異体」——とともに生きるようになることで提起される難問があるのを踏まえると、いかに人間的なるものがそのかなたにいるものから区別されると同時に連続するのかを分析する適切な道を切り開くことは、極めて重大で喫緊の課題となる。

人間的なるもののかなたにあるものに、とくに人間的なるものを超え出た世界の生命ある部分に対する私たちの関係に注意を向けるのにより良い方法を探求するならば、存在論的な主張——すなわち、実在性の性質についての主張——をすることから逃れることはできない。例えば、ジャガーが何らかの仕方で世界を表象するという事実は、世界のあり方についてのある洞察を踏まえた、一般的な説明を要請する。その洞察は、非人間との関わりに向けられる注意から蓄積されるため非人間を理解するための特定の人間的な体系によって完全に制約されることはないのである。

最近の論争が明らかにするように（Venkatesan et al. 2010）、私たちの学問分野である人類学において広まっているような意味合いにおける存在論は、扱いにくい術語である。一方では、究極的な真理の探求——することと見ることに関して非常に多くの異なるやり方があることを明らかにする民族誌的な資料ならそれを論破するのはお手のものだ——に否定的に関連づけられることもある（Carrithers 2010: 157）。他方で存在論は、なかでも所有代名詞がそれに先行する場合にあるように、文化の代わりとして機能する流行語以外の何ものでもないように思われる。例えば、私たちの存在論対彼らの存在論というように（Holbraad 2010; 180）。

存在論的に考えるためにアマゾニアの民族誌をここに呼び出すとき、私は、自らの研究に継続的に特段の影響を与えてきた二人の傑出した人類学者、フィリップ・デスコラとエドゥアルド・ヴィヴェイロス・デ・カストロの一門にある。二人の仕事が人類学において牽引力を獲得したのも、文化に転じることなく存在論を複数にするやり方のためである。つまり、異なった諸々の世界観ではなく異なった諸々の世界がある（Candea 2010; 175）。しかし多元的な実在性についての認識は、問いを横にそらすだけである。問題になるのは、人類学は、世界が存在する仕方について一般的な事柄を主張できるのだろうか、ということではないか[7]。一般的なものを主張することで生じる多くの問題——様々な形態の相対主義が躍起になって食い止めようとしている諸問題——があるにせよ、人類学にはそれができると私は考えている。さらに、人類学が世界に対して忠実であるには、そのような主張をする方法を探さなければならないのだと考えている。これから論じるように、部分的には、一般性そのものは世界の特性であって、私たち人間が世界の上に押しつける何かではないからである。そうではあるが、私たちが表象について抱いている前提を考慮すると、そのような主張はし難いように思われる。本書では、この袋小路を超えて先に進むことを目指そう。

そのときに、人間的なるもののほうから存在論的なるものに入っていこうとは思わない。私の目標は、特定の場所や時間のうちで生じる存在論的な命題の布置を切り出すことにはないからである（Descola 2005）。むしろ、より基本的なレベルからそこに入ることにしよう。また、そのレベルに居残ることによって習得できるのは何なのかを見るとしよう。世界にある異なる存在、動態、特性のある面を見せるような世界の部分との関与に注意を向けるとき、世界の性質をめぐるいかなる洞察が明らかになるだろうか。

要するに、人間的なるものを超えた人類学が存在論的になることは避けられない。すなわち、非人間に真剣に向きあうことによって、人類学の問いから次の制約を外すことが可能になる。人間がある特定の時間と場所において、いかに非人間を理解するようになるのか、ということに対する認識論的な関心という制約である。存在論的な試みとしてのこの人類学は、私たちが用いるある種の概念を再考し、新しい諸概念を創造する特別な場に、私たちを位置づける。この人類学が目指すのは、マリリン・ストラザーンの言葉を借りれば、「新たな思考の条件の創造」なのである（Strathern 1988:20）。

そのような試みは、人類学的な議論と洞察の基盤である民族誌的な経験が見られる日常的な世界から切り離されているように思えるかもしれない。しかしこのプロジェクト、そしてそれを公正に扱おうとする本書は、ここで焦点を当てる問いが長期にわたってフィールドに没頭することで経験できる多種多様な出会いから生じているという意味において、厳密に経験的である。そうした問いをさらに深めていくにつれて私は、その問いを、アヴィラの人々が異なるたぐいの諸存在と関わりあう方法に民族誌的に注意を向けようと取り組むことで増幅され、そして目に見えるようになった、一般的な問題の表現だとみなすようになった。

それゆえ、人間的なるものを超えたこの人類学は、ひとつの場所とそこで暮らす人々と深く継続的に関わることから生じている。私はアヴィラを、その環境とそこで生活する人々を、人間の一世代分にわたって知っている。つまり、一九九二年に最初の訪問で私が紹介された幼子たちは、私が最後に訪ねた二〇一〇年には若い親たちとなっていた。その親たちは、今や祖父母となり、その新しい祖父母たちの人々の何人かは既に死んでいる（図2を参照）。私はエクアドルに四年間住み（一九九六年－二〇〇〇年）、アヴィラでフィールドワークを行い、また定期的に訪問を続けている。

本書の経験的な基礎は数多くある。他なるたぐいの存在とのもっとも重要な遭遇は、ルナの狩猟者と森を歩いていたときのこともあれば、狩猟者が自らの獲物――回りまわったあげく私のところに戻ってきて狩られることになった獲物もいた――を求めて走って行ったために、何時間も森にひとり残されたこともあった。また、人々の家の周りを囲むマニオク畑の少し先の森で夕暮れ時にのんびりと散歩しているときに起きたこともあった。森の生きものの多くが夜の寝床を陣取る前に

図2　1992年頃のアヴィラ。著者撮影

図3　ビールを飲む。著者撮影

とる一連の行動の端緒に、出くわしたのだ。

私は、日常の文脈において人々がいかにほかのたぐいの存在とのあいだに自らの経験を関係づけるのかを、しばしばテープレコーダーを手にもちながら、聞き取ろうとすることに多くの時間を費やした。こうした会話は、親戚や隣人たちとマニオクのビールを飲んだりするあいだに、あるいは真夜中にかまどの周りでワユーサ茶（*huayusa*）をすすったりしているあいだになされることもあった（図3を参照）[8]。このときの発話者は、普段は人間であり、さらに通常はルナだった。しかし「会話」は他なるたぐいの存在を巻きこむこともあった。すなわち、家の上を飛び、鳴くことで、屋根の下での会話の流れを根本的に変化させるリスカッコウ、ときどき人が自分たちのことを理解させなければならない番犬、ウーリーモンキーと森に住まう強力な精霊、選挙の季節になると村までとぼとぼと歩いてやってくる政治家も然り。これら全てとの意思疎通の回路を探そうと、アヴィラの人々は奮闘する。

私は、ルナが巻きこまれている生態学的な編み目《ウェブ》の存在を具体的に示す手触りのある証拠を探そうと、また何百もの民族生物学的な標本を採集した。それらは専門家によって同定され、現在はエクアドルの主要な植物標本室や自然史博物館に収蔵されている[9]。これらのコレクションをつくることで、私はてっとり早く森とそこにいる多数の生きものに対するある種の足がかりを得ることとなった。そのことでまた、生態学的な諸関係を人々が理解するありようへと足を踏み入れることができたし、また、必ずしも特定の人間的な文脈によって境界づけられることがない森の世界に関連するほかの知識群とこのことをつなぐ方法を見つけることができた。収集することはそれ自体の諸構造を森の関係性に課すことである。また収集家としての努力が、ある重要な点において、森の諸存在とのルナの関わり方とまったく異なっていたという事実に加えて、このように確固たる知識を探求することの限界――および動機――についても、私は無自覚ではなかった（Kohn 2005）。

私はまた、森での経験に注意を払うように努めた。というのはそれらが、地上にそれほど根ざしていない別の舞台を通じて反響するからである。アヴィラの日常生活は、睡眠と夢見という第二の生活と絡みあっている。アヴィラにおいて眠ることとは、私たちのところで普通みられるような、固定され、孤独な、知覚を奪われた活動ではない。睡眠――電気がなく戸外に大きくさらされた、開けっ放しの草ぶき小屋の中で多くの人々に囲まれた状態での睡眠――には、睡眠と覚醒が断続的に交互する。真夜中に目覚めて火のそばに座って寒さをしのぐこと、あるいは湯気を立てているワユーサ茶がなみなみと注がれたヒョウタンの椀を受け取ること、あるいはときには、満月の期間にはタチヨタカの声がよく聞かれ、さらに遠くのほうでジャガーのうなり声を聞くことさえもある。聴こえてきたこれらの声について夜中にその場で注解するのを耳にして、目を覚ますこともある。このような絶え間ない中断のために、夢は覚醒へ、覚醒は夢へと、双方は絡みあいながら、こぼれ出す。夢――私自身のもの、同居人たちのものや私たちが共有した不思議なもの、さらにはイヌたちが見たものさえも――は、とりわけ森に住まう生きものや精霊を巻きこむことが非常に多かったために、私の民族誌的関心の大きな部分を占めるようになった。夢もまた、経験的なるものの一部であり、またある種の実在である。夢は世界から生じ、世界において作動するのであり、またその特別な論理と、その脆弱な効果の様式に通じることが、人間的なるものを超えた世界について何かを明らかにする助けとなる。

本書において思考は、イメージを通じて作動する。本書に出てくるイメージのうちのいくつかは夢の形式をとるが、ほかにも比喩や逸話、謎かけ、疑問、語呂合わせ、不可解な並置、さらに写真としても現れる。そのようなイメージは、そのままにしておけば、私たちに働きかけてくる。私のここでの目標は、このような思考を可能とするのに必要な条件の創造である。

本書は、ある出会いに出くわすこと、これらの振り返りを振り返ること、ルナ・プーマが私たちに求めることに向きあい、また応答を練り上げるひとつの試みである。その応答とは――パースが完成させることのなかった本のひとつのタイトルから取るならば（Peirce 1992）――、スフィンクスが提起した「謎を解くこと」である。スフィンクスの問いが人間的なるものを再構成するありように民族誌的に注意を向けることで習得できるものを、私はそのように理解している。人類学において、人間的なるものに関連しながらそれを超え出る主張をすることは、危うい仕事である。なぜなら、私たちは隠された文脈に訴えることで議論を掘り下げていく専門家だからである。この手はずは、よく訓練された人類学者が誰でも懐にしのばせている分析上の切り札である。ゆえにこの意味で、本書の取り組みはたぐいまれなプロジェクトであり、また読者にも、わずかな善意、忍耐力、意思が、求められよう。すなわち、ここでなされた仕事が、読者のうちで作動するよう努めることが、求められるのである。

本書は、それに注目することが非人間への人類学的アプローチの証明となるような、もつれあって入り組んでいる「自然的＝社会的」世界（Latour 1993）へと、読者をすぐに押し込めることはない。むしろ、本書では、成長するある種の思考に、より緩やかに没頭しようとする。とても単純な問題から始めれば、複雑さ、文脈、そしてもつれあいは、民族誌的な分析のための問われざる条件というよりもむしろ、それ自体が分析の対象となりうる。

そのために、前半のいくつかの章は、ルナの存在の仕方をとても深く特徴づける、複雑で歴史的に位置づけられ、権力に満ちた文脈の解説――民族誌に当然期待される解説――からは、かけ離れているように見えるかもしれない。しかし私がそこで試みることは、政治にとって重要なことである。つまり、ルナによる他なるたぐいの存在に対する関わり方に向ける注意から生じる諸々の手段は、可能性とその実現を分けて考える助けとなる。これは、ガッサン・ハージ（2012）が「もうひとつの政治」と呼ぶもの――現行の制度への反対あるいは批判からではなくもうひとつの存在の仕方に注意を向けることから生じる政治、ここでは、ほかの生ある諸存在を巻きこむ政治――を支持することになると期待している。

それゆえ、本書では、ある分析論の展開を試みることになるが、それは「人間的なるもののかなた」へ人類学を連れだしながらも、私たちが「あまりに人間的」でもあるという重要なあり方と、それが生きることにも影響する仕方を見失うことのない方法の探求である。この試みに向けた最初のステップであり、また第一章の主題である「開かれた全体」は、人間の言語を、そして非人間的存在とのあいだに共有されるほかの表象の形式との関係性を再考するものである。はっきりと述べられていようとそうでなかろうと、私たちの社会理論の多くによれば、言語とその独自の特性が私たちを規定する。社会的あるいは文化的体系、あるいは「アクターネットワーク」でさえ、言ってしまえば言語的体系に似た特性によって理解される。単語のように、それらの「関係項《リレータ》」――役割であれ、観念であれ、「行為者《アクタンツ》」であれ――は、体系のうちで互いの構成的な諸関係に先立つことはなく、その体系は、この事実のためにある循環論法的な閉包性を必ず示すようになる10。

多数の社会理論が、その閉包性の原因となる言語のような独特の現象の識別を強調するのを踏まえたうえで私が探究するのは、それぞれに独自の特性があるより広い表象の諸形式の内部に言語が収まっているおかげで、実際は、自らの周囲に出現する世界に対して私たちがいかに開かれているのか、ということである。端的に言うと、E・B・タイラー（1871）による基本的な定義（文化的な観念と社会的事実が、それらを支える社会文化的な体系の文脈によって相互に構成されている仕方を思い起こさせる定義）を引用すると、文化が「複合的全体」であるなら、それゆえに文化はある「開かれた全体《オープン・ホール》」でもあるというわけである。そのため、第一章は、人間的なるものを超えた記号の民族誌になる。そこで試みられることは、人間と非人間が必ずしも象徴的ではない諸記号――つまり、規約的ではない記号――をいかに用いるのかを民族誌に探究することであり、そうすることで、このような記号がなぜ象徴的なるものによって完全に境界づけられないのかを示すことである。

象徴による閉包性という確固たる事実にもかかわらず、いかにそのような隙間が存在するのかを探査すると、根本的な人類学的概念である文脈について私たちが抱く想定を再考しなくてはならなくなる。その先にあるのは、規約的な記号がいくつもある記号論的な様態のうちのひとつにすぎないのはいかにしてなのかを示すことで、それを異化すること、さらには、人類学の分析においては通常、象徴的なものに隠され、また象徴的なものの中に崩れ落ちているほかの記号論的な形式の大きく異なる非象徴的な特性を探求することである。人間的なるものを超えた人類学の多くは、いかに人間的なるものが人間的な文脈のかなたにあるものから産出されるのかを見定めることの習得にかかっている。

非人間に関心がある者たちは、人間的な意味が属する象徴的な領域とモノが属する意味を欠いた領域のあいだのよく知られたデカルト的な区分を、二項を結びつけることによって――自然＝文化あるいは物質＝記号論などの用語がこのことを示している――あるいはこれらの極のひとつをもうひとつの極へと還元することで、乗り越えようと試みることがあった。これに対して、「開かれた全体」が目指すのは、生命に特有で、また、ある意味で生命と同義のものとして表象の過程を認めることである。その上で世界の中に存在するためのとりわけ人間的なあり方を、より広く、ある記号論的な領域から創発し、それと連続するものとして、位置づけるようになることを示すことである。

もし、私が主張するように、象徴的なるものが「開かれている」のなら、それは正確にはいったい何に対して開かれているのだろうか。象徴的なるものを超えた諸々の記号をこのように探求し象徴的なるものを開くことによって、「実在するもの」という言い方でもって何が言われることになるのかを、私たちはよく考えてみなければならなくなるだろう。人類学の中でこれまで安定していた実在するものの基盤――「客観的なるもの」と文脈によって構成されるもの――が、人間的なるものを超えた世界の中で生まれ、成長し、循環する諸記号の奇妙な隠れた論理によって不安定になることを、考慮に入れる必要があるからである。

第二章「生ある思考《リヴィング・ソート》」は、人間でないものを含む全ての諸存在が構成的に記号論的であるという第一章で示された主張に含まれるものを考える。全ての生命は記号論的であり、また全ての記号過程は生きている。それゆえ、重要な仕方において、生命と思考はまったく同一なのである。つまり、生命は思考し、思考は生きている。

このことは、「私たち」が誰なのかということの理解に関わる。「生ある思考」があるところにはまた「自己」がある。「自己」とは、もっとも基礎的なレベルにおいて、記号過程から生じるものである。それは、生ある――どれほど萌芽的ではかないものであっても――動態の座であり、その動態において、記号は、記号過程の結果「自己」として出現する「誰か」に対して、周囲の世界を表象するようになる。このように、世界は「活力に満ちている」。「私たち」は、唯一のたぐいの〈私たち〉ではないのである〔訳注：併せて第三章と第六章を参照のこと〕。

世界はまた、「魅惑で満ちている／魔術化されている《エンチャンテッド》」。意味＝すること（すなわち、手段＝目的関係、意義、「関連性《アバウトネス》」、究極目的《テロス》）は世界の構成的な特徴であって、私たち人間が世界に押しつける何かではないのも、この生ある記号論的な動態ゆえのことである。このように生命と思考を見定めることによって、自己に関する私たちの理解は大きく変わる。つまり、諸自己とは何であるのか、そして、私が「諸自己の生態学」と名づけた、あの諸関係の複合的な編み目の中で、熱帯雨林を居場所とするほかの諸存在とある自己とが相互作用することで、諸自己はいかに出現し、消失し、さらには新たなたぐいである〈私たち〉へと合流するのかを理解することが問題になる。

ルナがこの諸自己の生態学を理解し、かつそれに入りこもうと奮闘するやり方は、生ある思考が何かと何かを関係づける、独特な連合の論理を増幅し、明らかにする。ストラザーン（1995）が論じたように、人類学が根本において「関係」を主題とする学知であるのなら、この諸自己の生態学に出現する奇妙な連合の論理のいくつかを理解することは、私たちの学問分野にとって重要な含意をもつことになる。後に見るように、そこから、区別のつかないことがいかに関係づけることの中心的な相として現れるのかが明らかになる。これは、関係性について私たちが抱く理解を変えることになる。つまり、差異はもはや私たちの概念的な枠組みの基盤という地位に留まることはない。さらにこのことで変わるのは、他性が私たちの学問分野において演じる中心的な役割に対する考えである。区別がつかないこと（本来的な類似性と混同してはならない）が作動する、この生きている記号論的な動態に焦点を当てることは、「たぐい《カインズ》」が人間的なるものを超えた世界の中にいかに出現するのかを理解する助けになる。たぐいは、生得的であろうと規約的なものであろうとも、単なる人間による知的なカテゴリーではない。これは、諸自己の生態学において存在が何らかの混同を伴うようにして互いに関わりあう仕方から生じる。

この広大な諸自己の生態学に住まう異なる諸存在と関わりあおうとする方法は、実存的であると同時に実用的な課題を引き起こす。第三章と第四章では、ルナたちがそのような課題にいかに取り組むのかを民族誌的に検討する。さらに、この二つの章は、このことから習得できる一般的なものを主題とする。

第三章「魂＝盲」で取り上げるのは、死がいかに生命にとって本来的なものなのかという一般的な問いである。狩猟し、漁撈し、罠をしかけることによってルナたちは、自らが生きる諸自己の生態学をつくり上げる多くの存在との特別な関係性によって、自らの位置を占めるようになる。これらの活動により、ルナたちは諸自己の観点を引き受けることになるのであり、さらには狩猟するこれら全ての生きものも、ひいては狩猟される動物たちが関わる多くのほかの生きものたちも観点をもつことを認めるようになる。そのためにルナたちは、これらの生きものが諸関係のネットワークに住まうことを認めるのだが、そのネットワークは、その構成員が生き、考える諸自己であるという事実にある部分基づいている。ルナたちは、この諸自己の生態学に自己として踏み入る。この諸関係のネットワークへと入りこむ――ほかの諸自己に気づき、関わりあう――自らの能力は、この生態学をつくり上げているほかの諸存在とのあいだでこの質を共有するという事実に基づいていると、ルナの人々は確信している。

宇宙に住まう多くの諸存在が自己であることに気づくことは、ほかにない試練を投げかける。ルナは、狩猟するために森の諸自己の生態学に踏み入るのだが、狩猟が意味するのは、他者を自己ではないものに変えるために、他者も自分たちと同じように自己であると認めることである。すなわち、対象化とはアニミズムの裏面であり、また、一筋縄ではいかない過程である。さらには、ある者がほかの諸自己を破壊する能力を持つのも、その者がはかない自己――自己であることがあまりにあっけなく途絶えてしまうかもしれない自己――であるためであり、この能力はその事実を強調する。「魂＝盲」という題によって、この章で見取り図を示すのは、ほかの諸自己を認識するこの能力が失われる契機であり、さらに、いかにその能力の喪失が、宇宙を構成する諸自己の関係論的な生態学からある存在が結果的に引き離されたときに、ある種のモナド的な疎外にまで至るのか、ということである。

死が生命に本来備わるものであるということは、コーラ・ダイアモンド（Diamond 2008）が「現実のむずかしさ」と呼ぶもののよい実例である。それは、その不可解さをもって私たちを困惑させる根本的な矛盾でもある。また彼女が強調するように、このむずかしさは、もうひとつの困難によって一層こじれたものとなる。そのような矛盾はときとして、さらにはある人に対しては、まったく目立たないものとなる。このことが生み出す分裂の情態《フィーリング》［訳注：パースによる用語。第一章参照のこと］もまた、現実のむずかしさの一部である。ある者が非常に多くのほかの諸自己との関係において自己の立場にあり、さらにほかの諸自己を殺さなくてはならないこの広大な諸自己の生態学にあって、狩猟をすることはそのむずかしさを前景化する。つまり、全宇宙は、生命に本来備わる矛盾と響きあうのである。

すなわち、この章で論じるのは、生命の中の死であるが、とりわけスタンリー・カヴェルが「日常生活」の「小さな死」と呼ぶ何かに関わるものである（Cavell 2005:128）。種類も規模も実に多数の死がある。私たちが自分自身やお互いに対して自己であることが途絶えてしまう、多くの道筋がある。関係から押し出される多くの道筋があり、関係が見えなくなり関係を殺しさえする数多くの機会がある。要するに、魅惑するものを失わせる、数多くの様態がある。ときとして、私たちが存在しているということのありふれた事実にまつわる恐怖が私たちの生に雪崩《なだ》れ込み、現実のむずかしさとなる場合もある。またそのことは、単に無視される場合もある。

第四章「種＝横断的ピジン」は、この広大な諸自己の生態学にある、無数のたぐいの自己との関係の中で生きることが引き起こす試練に関わる第二の章である。この章で焦点を当てるのは、宇宙に住まう多くのたぐいの諸存在といかに首尾よく安全に意思疎通するのかという問題である。人間の言語の理解力が常に論点となるような存在をいかに理解し、また、それらからいかに理解されるのか、ということにはそれ自体のむずかしさがある。さらには、首尾よくなされた場合でも、これらの存在との意思疎通は不安定なものになりうる。意思疎通《コミュニケーション》は常に、ある程度の交感《コミュニニオン》を巻きこんでいる。つまり、他者との意思疎通は、ハラウェイ（2008）がこれらの他者と「一緒になること」と呼ぶ手段を伴う。それは存在のありようを広げることを約束するが、ルナの人々がこのように拡張を望みながらも維持しようとする、自己をめぐるとりわけ人間的な感覚に対する大きな脅威ともなりうる。そのために、アヴィラの人々は、そのままにするにはあまりに発生的である逸脱的な過程に歯止めをかけるようにしながら、他なる諸存在との意思疎通の回路を開くための創造的な戦略を見いだしている。

第四章の多くを、イヌを理解し、またイヌに理解されようとする人間的な試みについての記号論的な分析にあてる。例えば、アヴィラの人々はイヌの夢を解釈しようとするし、またイヌに助言するために、幻覚剤を与えることさえある――予期されない特性により何らかの種＝横断的ピジンへと移り変わる過程において。

人間－イヌ関係は部分的には、ほかの諸関係に連結する仕方の点で特殊である。イヌとともに、またイヌを通じて人々が繋がる先にあるのは、より広い諸自己の生態学であり、アヴィラとその周囲の森を超えて広がり、さらに植民地的な遺産の層をとらえている、あまりに人間的な社会的世界である。第四章と続く二つの章では、この拡張された意味における関係性を考察する。すなわち、森の生きものたちに加え、森の精霊たち、さらにその風景の上に足跡を残してきた多くの権力のある人間存在とも、ルナはいかに関わりあうのかということである。

自らが飼うイヌに、森で生きている生きものたち《リヴィング・クリーチャーズ》に、霊妙（この世のものとは思われない）だが実在する精霊たちに、そして長い時間をかけてルナの世界で息づくようになった様々な他なる人物たち――地主や司祭、植民者――に、いかにルナが関わりあうのかということは、解きほどくことはできない。これらの全ては、ルナをルナたらしめるこの生態学の部分なのである。そうであるとはいえ、この関係的な結び目を還元不可能な複雑性として扱うことへの誘惑には逆らおう。異なるたぐいの諸存在との意思疎通が図られる特別な様態に細心の注意を払うことによって、私たちは、これら全ての関係――またより広義には、関係性――に関連するものを習得できる。意思疎通するためのこのような努力は、関係についてのある形式的な特性――何らかの連合の論理、つまりひとまとまりの制約――を明らかにする。その形式的な特性とは、地上の生物学による偶然の産物でも人間の歴史による偶然の産物でもないが、その双方のうちに例化《インスタンシエイト》［訳注：一般的なものが個物に現れること］され、かつその双方に形を与えるものである。

私が最も関心を寄せる特性は、階層性である。諸記号の生命は、一方向的で入れ子になっている論理的な特性――申し分のないほどに階層的である特性――によって特徴づけられる。しかしその一方で、私たちが育もうとしている希望に満ちた政治では、階層性《ヒエラーキー》よりも頂点のない並列構造《ヘテラーキー》、つまり、樹木状よりも根茎状のものに特権が与えられる。またそのような水平的な過程――遺伝子の水平伝播や共生、片利共生［訳注：片方に有利な共生関係］などのもの――が、非人間的な生ある世界に見出されるという事実を、私たちは祝福する。これは政治を基礎づけるには間違っていると私は考えている。象徴的なるもののように、道徳性は人間的なるもののうちに――かなたにではなく――出現する。正しくも平等性を特権化する私たちの道徳性を、論理的で存在論的だが道徳的ではない性質が、一方向的な入れ子となっている連合によって一部が構成されている関係的な領野に投影することは、人間的なるものを超えた世界の特性に自ら目を閉ざす、人間中心主義的な自己愛の一形式である。その結果として、人間的なるもののかなたにある特性を私たちは政治的に利用することができなくなるのである。そこで、この章における関心の一部は、そのような入れ子になっている諸関係が、道徳的世界の産物ではなく、道徳的世界に巻きこまれ、また作動するありようの案内図を示すことにある。

第五章「形式の労なき効力」は、形式の人類学的な重要性についてのこうした説明――これまで私がほのめかしてきたもの――を肉づけする章である。すなわち、特定の可能性の制約の布置がいかにこの世界のうちに出現するのか、つまりこの冗長性［訳注：冗長であることとはパターン化していることと同義であるという、ベイトソンの議論を受けて用いられている］が増え広がり、そして人間であれほかのものであれアヴィラの周囲の森にいる生命を左右する特有の作法が主題になる。

形式は人類学にとっては扱いがむずかしい。精神でも機構でもないそれは、私たちが啓蒙主義の時代から継承する二元論的な形而上学――今日でさえ私たちが必ずしも常に気づくことができない方法で、機械的なプッシュ＝プル理論、あるいは、一般的に人間的なるものの領域へと追いやるようになった意味・目的・欲望のいずれかの点から原因を理解するように私たちを仕向ける形而上学――に容易に合致することはない。これまでのところ本書の大部分はこの二元論のうちより持続性のある遺産の一部を解体することに関心を向けてきたが、そのために、広く定義すれば意味は人間的なるものを超えた生ある世界の一部であり一片である、と認識することに含まれるものを跡づけていたのである。それに対して、この章では、人間的なるものだけでなく生命をも超え出ることで、この企てをさらに推し進めることにしたい。そこで、生命を超える型が生命を通して利用され、育まれ、増幅されるという事実にかかわらず、そうした型が増え広がることの奇妙な特性を論じよう。非常に多くの生命形態で満ちている熱帯林において、これらの型は、かつてないほどにまで増殖する。森に親密に関与し、その関係論的な論理の中に踏み入り、その思考をもって考えるには、こうしたことに調和するようにならなければならない。

ここで「形式」という語を用いて私が指示しているのは、私たち人間が世界を把握するための概念構造――生得的なものであれ、後天的なものであれ――ではないし、プラトン的なイデアの領域でもない。むしろ、奇妙であるがそれにもかかわらず型が生み出され増え広がる現実世界的な過程、つまりディーコン（Deacon 2006, 2012）が「形式動態的」と特徴づけた過程――生ある諸存在（人間であれ非人間であれ）が利用することで、その独特の発生の論理が必然的にそれらの存在に浸透していく動態――のことを言っている。

形式は精神ではないからといって、モノのようなものでもない。人類学にとってもうひとつのむずかしさは、形式が標準的な民族誌的対象である感知できる他者性を欠いているということにある。人が形式の中にいるとき、押しても手ごたえはまったくない。つまり、形式は抵抗する仕方によっては規定しえないのである。形式は、このような触診、知る方法にかなうものではない。それは、脆く、はかなくもある。流れの速いアマゾン河上流でときどき形成される渦巻の渦のように、それを支える特定の幾何学的な制約が解消されると、あっけなく消えてしまう。要するに、形式は、私たちの標準的な分析の様態からは、大部分が隠されたままなのである。

森の動物たち、およびそれらを統制する霊的な主たちと私との関係をめぐる私が見た謎に満ちた夢を理解しようと集めた、多様な民族誌的、歴史的および生物学的な事例を吟味することで、この章では、形式ならではの特性のいくつかを理解するよう努める。問題となるのは次のことである。いかに形式が因果的な時間性に対して何かをなすのか。そして、形式が私たちを通じて増殖するに応じて、独自の「労なき効力」を示すようになるのか。私がとりわけここで関心があるのは、いかに形式の論理が生ある思考の論理に影響を与えるのかということである。思考がそれ自体の意図から自由になるとき、つまり、レヴィ゠ストロースの言葉では、私たちが思考に何の見返りも求めないときに(Lévi-Strauss 1966:219)、いったい何が起こるのか。いかなるたぐいの生態学をその思考は響き渡らせるのだろうか。またその過程において、いかなる新しい諸関係が可能になるのか。

その一方でこの章では、形式の内側に入り、形式とともに何かをなすという非常に実践的な問題についても注意を向ける。森の富——獲物であれ、取り出された価値あるものであれ——は、いくつかの型に応じて蓄積される。それを入手するには、これらの型の論理に踏み入る方法を発見しなければならない。したがって、この章ではシャーマンによるものやそのほかのものも含めて、このことを成し遂げるのに用いられる様々な技法の見取り図を示すことにもなる。さらには、長い時間をかけて巨大な力と富の貯蔵庫として役立つようになった多数の新たな形式に踏み入ることができないときに、ルナたちが感じる痛ましい疎外にも目を向ける。

形式を通じて原因を再考することによって、私たちは行為主体性をも再考しなくてはならなくなる。まったく何もしないことによって何かを成し遂げるというこの奇妙なやり方はいったい何なのか。連合を創造するこの独特な方法を通じて、いかなる政治が現れるのか。形式が森の中で、またそれに関わるものたちの生命――カワイルカであれ、狩猟者であれ、ゴム採取の親分であれ――の中で、いかに生じ、増え広がるのかを把握すること、そして、形式の労なき効力についての何かを理解することは、人間と非人間とを問わず、差異という量子からつくり上げられたのではない生命の中心にある、多数の過程に意識を向けることができる人類学を進展させるために最も重要なことなのである。

『森は考える』は根本的には、思考についての書である。ヴィヴェイロス・デ・カストロを引用すれば、人類学を「思考の恒久的な脱植民地化」(Viveiros de Castro 2009:4)のための実践にしようという呼びかけなのである。要点は、私たちは関係性について考えるある特定のやり方によって植民地化されているということにある。私たちはもっぱら、人間の言語を構造化する連合の形式についての想定を通じて、諸々の自己と諸々の思考が連合を形成する仕方を想像しているだけである。そのために、たいてい意識されることなく、このような仮説は非人間に投影される。そのことに気づかずに、私たちは自らの特性を非人間に与え、またさらにこのことをこじらせるかのように、非人間に対して、自らの矯正された鏡像をさし出すことを、自己陶酔するように求めるのである。

そこで、私たちはいかに森とともに考えるべきなのだろうか。非人間的世界から生じた非人間的世界の中にある思考が、私たちの思考を解放できるようにするには、私たちはいかにすべきなのだろうか。森は考えるのに良い素材である。なぜなら、森はそれ自体で思考するからである。森は考える。

このことを真剣に受け取り、そして問うことにしよう。私たちのかなたに広がる世界において人間であるとはいかなることなのかを。このように理解すべきであると定めることには、いったいどういった含意があるのかを。

一息入れよう。どのようにして森は考えるという主張までしえるというのだろうか。いかに人々は森が考えると考えているのかを問うことに、私たちは留まるべきではないのか。だがそれは私のすることではない。代わりに、ここで挑発しよう。私が示してみたいのは、森が考えると私たちが主張できるという事実は、ある奇妙な仕方で森が考えるという事実から生まれている、ということである。これら二つの事柄――この主張そのものと私たちがそのように主張できるという主張――は結びついている。私たちが人間的なるものを超えて考えることができるのは、思考が人間的なるものを超えて広がるからである。

それゆえ、本書を通して、私たち人間を例外的なものにするものに対してのみ――ほかの全てのものを無視する――向ける注意の結果から生じている積み重なった過剰な概念上の荷物から、私たちの思考を解き放つことへと歩みを進めよう。『森は考える』を通して、民族誌的に発見される人間的なるものを超えた世界の予期されない諸特性から、新たな概念の道具を創造する道を開くことにしよう。そうすることで、精神的な閉包性から私たちを解放するよう試みようではないか。人間的なるものを超えたところにあるものに民族誌的に注意を向けることを習得するにつれて、ある奇妙な現象が突然前景化し、私たちの生きる世界の一般的な諸特性を増幅し、その過程によってそれらの特性が例証されるようになる。もしこの分析の形式を通じて、さらにこれらの現象を増幅する諸々の方法を発見することができるのなら、それらの方法を概念として洗練させ、道具として動かすことができる。別の言い方をすれば、方法論的に比較や還元よりも増幅に重きを置くことで、いくぶん異なった人類学を創造できるということである。この人類学は、他なるたぐいの生命とも分かちあう世界にあって、いかに私たちがより良く生きる余地があるのかを理解するのに役立つに違いないのだ。

生ある動態の論理、そしてその副次的な現象、両者は創造的なことを行いそして進み続けるが、一見するだけでは奇妙で反直観的に思えるかもしれない。しかし、これからお見せしたいと思うが、それらは日常生活に浸透してもいるので、聞き取ることを習得できさえすれば、私たちの生を異なるかたちで理解する助けにもなるであろう。異化を強調すること――親しいものが奇妙に現れるようにと、奇妙なものを親しく見ること――は、(歴史的、社会的、文化的)文脈を見定めることが、存在の自然で不変の様態と私たちが受け止めているものをどのようにして不安定にするかに焦点を当てる人類学の長い伝統を思い起こさせる。しかし、より伝統的である解放へと向かう民族誌的な、あるいは系譜学的な取り組みに結びつく、距離を生み出す諸実践と比較するならば、人間的なるものを人間的なるものを超えたところから見ることは、自明とされるものを単に不安定にするだけではない。この試みは、分析と比較の用語そのものを変えることになる。

人間的なるものを超えたこの範囲は、文脈のような基本的な分析概念だけでなく、ほかにも表象や関係、自己、目的、差異、類似、生命、実在的なるもの、精神、人格《パーソン》、思考、形式《フォーム》、有限性、未来、歴史、原因、行為主体性、階層性、一般性などの概念についての理解を変えることになる。このような用語で言わんとするものやこれらの用語が指示する現象が位置づけられるところを変えるだけでなく、私たちが生きている生ある世界で、このような現象が及ぼす諸々の効果の理解をも変えることになる。

第六章「生ある未来《リヴィング・フューチャー》（と軽くなった死者のはかり知れない重さ）」では、本書の中で展開される、森とともに考える方法を確立するため、もうひとつの謎めいた夢に焦点を当てている。予言となるその夢を見た狩猟者は、夢の中で自分が（一人の白人の警察官として現れる）強欲な捕食者なのか、あるいは無力な餌食なのかを確信できなかった。この夢が提起する解釈上のディレンマと、それが暴き出す実存的で心理的な葛藤は、ルナが生きている諸自己の生態学——人間的なるものを超えたところに達するが、そのつるのような巻きひげが非常に多くのあまりにも人間的な過去の残骸も拾い上げてしまう、森の領域にたしかに根ざした生態学——において、自己であり続ける仕方と自己の継続が意味するものに関わっている。より広がりのある言い方をすれば、この章で論じることは、生存である。すなわち、不在に対する連続性と成長の関係である。ルナたちが生きている、植民地的に屈折した特定の諸自己の生態学における生存の問題に対して民族誌的に意識を向けることから、次のことについてより一般的な何かを私たちは学ぶことになる。そのような不在との関係において、私たちはいかに新たなたぐいの〈私たち〉になることができるのか。すなわちハラウェイ（Haraway 2008）の用語を用いるならば、この過程において、〈私たち〉はいかに「繁栄する」ことになるのか。

その夢が夢と生存について教えるものを理解することは、人類学の対象――人間的なるもの――だけではなく、人類学の時間的な焦点の転換を要求する。このことが私たちに求めるものは、生命――人間であれ非人間であれ――が、現在にかかる過去の重さから生まれたものであるだけでなく、未来が現在に影響するようになる奇妙な渦巻くような道筋から生まれたものでもあるのかを、より一般的に認識することである。

すなわち、全ての記号論的過程は、記号が事態の未来の可能な状態を表象するという事実をめぐって組織される。未来は生ある思考を左右する。未来は、あらゆるたぐいの自己の構成的な特徴である。それゆえ、記号の生命は現在だけにではなく、あいまいだが可能な未来にもある。記号は、未来の記号が事態のありうる状態に対する関係をおそらくは表象しているはずの道筋へと方向づけられる。つまり、諸自己は、パースがある「未来の存在」（Peirce CP 2.86）あるいはある「生ある未来」（CP 8.194）と呼ぶものによって特徴づけられる[11]。ある未来が記号の媒介によって現在に影響を及ぼすようになるというこの独特な因果論は、生命ならではのものである。

記号の生命において、未来は不在にも密接に関係づけられる。全ての種類の記号は、現前していないものを何らかのかたちで再＝現前する。さらに、あらゆる表象の根元には、もうひとつの不在がある。つまりその表象は、そうなるはずであったものをそれほど正確には表象しなかった全ての記号過程という歴史から生じたものである。そのため、ある存在が記号論的な自己であるということは、それでないものと構成的に関わっている。ある存在の未来は、不在の歴史の特別な幾何学から、またそれとの関係において出現する。生ある未来は、自らを取り巻く死者に常に「借りがある」。

あるレベルにおいて、生命が全てのその過去との否定的であるが構成的な関係において未来を生み出す道筋は、全ての記号過程の特徴である。ただし、その道筋とは、相互に構成し表象するという諸関係が例を見ないほどに豊かな諸層を通して、熱帯林で増幅される動態のことである。ルナたちがこの複雑な諸自己の生態学に関与することから、さらなる未来までもがつくられるのである。

すなわち、第六章の主要な議論は、この未来の特定の顕現に関わっている。つまり、森の奥深くに位置し、死者や森の動物たちを統制する霊的な主たちが住まう死後の世界のことである。この領域は、不可視の未来が、生命を可能にする死者たちの痛ましい歴史に対して持つ関係から産出される。アヴィラの周辺では、これらの死者たちは、ジャガー人間や主たち、悪魔、先スペイン期や植民地期や共和国期など非常に多くの過去の亡霊たちの姿をしている。これらの存在全てが、それぞれ独自のやり方で、生ある森に出没し続けている。

この章では、この霊妙な未来の領域が日々ルナが生きている具体的な領域にいかにして関わっているのかを跡づける。森の広大な諸自己の生態学との関係に生きるルナはまた、未来にも（in futuro）一歩踏み込み、生きている。つまりルナは、森の関係の編み目に宿るようになる未来と過去の道筋から現れ出た精霊の領域に、片足を置いて生きている。この他なるたぐいの「彼岸」、つまり、この死後の＝世界、この超＝自然は、正確に自然（あるいは、文化）であることはないが、それにもかかわらず実在する。それは、ある未来の現前において独自の特性とそれ自体の感知できる効力を備えた、独自なたぐいの還元不可能な実在なのである。

ルナの自己は自らが生きる諸自己の生態学に深く巻きこまれ、またそれによって特徴づけられているので、ありふれた現在とあいまいな未来のあいだの、分裂してはいるが欠かせない関係は、リサ・スティーヴンソン（Stevenson 2012; Butler1997）ならば、ルナの自己の心的生活と呼ぶであろうものの中に、特徴のある痛ましい仕方で展開する。ルナは霊的な世界に属するとともにそこから疎外されている。そして、生存するには、ある者の未来の自己の何か――森の主たちの霊的な領域ではかなく生きているもの――が、できれば応えてくれるかもしれない自らのよりありふれた部分を振り返り、呼びかけることが可能になる道を切り開くことが求められる。この霊妙なる連続性と可能性の世界は、種＝横断的で歴史＝横断的な無数の諸関係から現れ出たものである。その世界は、生ある未来を可能にする、多くの軽くなった死者たちのはかり知れない重さから生み出されたのである。

〈私〉として生存するという、狩猟者にとっての試練は、彼の夢において露わになり、この諸自己の生態学の中で展開されるように、彼が他者たち――人間かもしれないし非人間かもしれない、つまり肉体をもつかもしれないしあるいは仮想であるかもしれない他者たち――から、いかに呼びかけられるのかに左右される。さらに、いかに彼が応答するのかに左右される。彼は、自らを怯えさせるほどの血への渇きを抱く、ルナの隣人たちに敵意を見せるかもしれない白人の警察官なのだろうか。無力な餌食なのだろうか。あるいは、ルナ・プーマ、つまりジャガーにまなざし返すことさえできるジャガー人間ではないのだろうか。

このルナ・プーマ、私たちでもありまた私たちではないこの存在を、この「鬱蒼として、近寄り難い」森――言葉がどうしても出なくなってしまうこの「野生の森《セルヴァ・セルヴァッジャ》（selva selvaggia）」――をさまよう私たちの案内人、ダンテのウェルギリウスたらしめよう。この森林の領域に住まう多くの諸自己の生命に意識を向け、応答するもうひとつの方法を習得するという希望を胸に、このルナ・プーマに私たちを案内させせよう。

第一章　開かれた全体

情態《フィーリング》によって、それ自体の実定性のほかには何も持たない、そういう種類の意識の要素の証のことを言わんとしている…情態とは、絶対的に単一であり、そのため諸部分を持たない――ほかのいかなるものとも関係ないものであるがゆえに、そのことは明らかなのであるが――ので、それゆえに、全体以外の何かであるような、いかなる諸部分にも関係はない。

――『チャールズ・パース著作集』1・306―10

ある夕方、大人たちがかまどの周りに集まってマニオク・ビールを飲んでいるときのことである。マキシは家のより静かな隅のほうに退いて、十代の隣人ルイスと私に最近降りかかった、予期せぬ不運な出来事について語り始めた。「その日は」と切り出すと、こう続けた。一五分かそこらで、ひとりになって獲物を狩り始めたが、際限なく思われる時間、森の中で立ち止まっていた。さらに何かが起きそうだと感じて立ち止まっていると、突然、下生えを動き回るクビワペッカリーの群れのすぐそばにいることに気づいた。びっくりして、小さな木がつくる安全な場所へと身を移し、そこから引き金を引いてそのブタのうちの一頭を撃った。傷ついたその獣は小川に走っていき、そして…「ツプ（*tsupu*）」。

ツプ。私は意図的にマキシの発した言葉を訳さないままにしておいた。それはいったい何を意味するのだろうか。それはどのように響くのか。

ツプ、あるいはときどき発音されるように最後の母音が引き伸ばされ気音になるツプゥゥゥ（*tsupuuuh*）は、水のかたまりに接触し、その中に浸入するものを指示する。池の中に投げこまれた大きな石、あるいは川のよどみに突っこんでいく傷を負ったペッカリーという身の詰まったかたまりを考えてみてほしい。（もしあなたがエクアドル低地のキチュア語を話すのでないのならば）ツプはおそらく直接的には、そのようなイメージを思い起こさせるものではなかった。しかし、それが描くものが何であるかを知ると、あなたは何を感じるようになるだろうか。私が人々にツプとは何を意味するのかと問うと、しばしば、予期していなかった、それが意味する情態《フィーリング》を経験する。「ああ。たしかにツプだ！」

それに対して、久しく会わなかった誰かと会ったときに使われる挨拶表現「カウサンギチュ（*causangichu*）」が、「あなたはまだ生きているの？」を意味することを覚えた後でさえも、あなたはそのような情態をもたない、とあえて言ってみよう。カウサンギチュは、たしかにキチュア語のネイティブ・スピーカーには、その語が意味するもののように感じられるし、そして私も長年のうちに、それが意味する情態を感じ始めるようになった。しかしツプの場合に、キチュア語を話さない多くの人たちにとってでさえ、その意味を非常にはっきりさせるのはいったい何であるのだろうか。ツプにはどういうわけか、水に飛びこむブタのような感じがある。

ツプが意味をなすというのは、いかなることなのか。カウサンギチュのような語は、言語と呼ばれる類を見ないほどに人間的な意思疎通の体系において、歴史的には偶然である文法的で統語的な関係が密にもつれあった状態を通じて、抜け難く埋めこまれている仕方をもってほかの語とともに意味をなすのを、私たちは知っている。また、単語が意味するものは、言語そのものよりも広い社会的、文化的、政治的な文脈によることを私たちは知っているし、それらの文脈には歴史的に偶然な体系であるという特性が共通している。カウサンギチュにふさわしい感触を表現するには、それが位置している相互に関係づけられた単語のネットワークの全体的な何かを把握しなければならない。また、それが過去から現在に至るまで用いられてきた、より広い社会的な文脈についても把握する必要がある。私たちがつくり、かつ私たちをつくり出す、このような変化する文脈の内側に、私たちがいかに生きているのかを理解することは、長らく人類学の重要な目標とされてきた。人類学にとっての「人間的なるもの」は、ある存在として、またある知識の対象として、私たちがいかにこのような人間特有の文脈――E・B・タイラー（Tylor 1871）による文化の古典的な定義では「複合的全体」とされたもの――に埋めこまれているのかに注意を向けることではじめて出現する。

しかしもし、カウサンギチュがたしかに言語のうちにあるのなら、ツプは何らかの仕方でその外にあるように思われる。ツプは、言語に見られる一種の傍言語的な寄生物であり、言語は分け隔てなくこの寄生物を引き受ける。パースが言うように、ツプはある仕方では、「それ自体の実定性のほかには何ももたない」。また、この奇妙な小さな準＝単語が、その言語学的な文脈によってつくられることはないという、当たり前であるが些細な事実は、文脈を通じて人間的なるものを理解するという人類学的な企図を戸惑わせる。

カウサンギチュの語根、語彙素カウサ（*causa*）を取り出してみよう。それは人称を示し、またその状態を問いだと伝える接尾辞によって語尾変化している。

causa-ngui-chu（**カウサ＝ンギ＝チュ**）

生きる＝2（**二人称**）**＝INTER（疑問形）**(live-2-INTER)[1]

あなたはまだ生きている？　Are you still alive?

文法的な語尾変化によって、カウサンギチュはキチュア語をつくり上げているほかの単語と密接に関連づけられる。それとは対照的に、ツプは、ほかの単語とはまったく相互作用しないし、それゆえに、ありうる諸関係を反映するために、わずかにでも限定されることもない。「それ自体の実定性」があるために、文法的に否定されるようなことさえない。それでは、ツプとはどのようなたぐいのものなのだろうか。それは単語であるのだろうか。言語におけるその変則的な位置は、言語について何を示すのだろうか。そして、社会文化的文脈や歴史的文脈ばかりでなく言語的文脈が、人間的な生命と、それに注意を向ける私たちのやり方との両方の可能性の諸条件をかたちづくる多様な仕方を把握するという人類学の企図について、いったい何を示しているのだろうか。

正確には単語ではないのだが、ツプはたしかに記号である。すなわち、それはたしかに哲学者チャールズ・パースが言うように、「ある人にとって、ある観点もしくはある能力において何かを表すものである」（Peirce CP2.228）。それは、私たち人類学者が慣れ親しんでいるソシュール（Saussure 1959）のより人間主義的な記号の扱いとはまったく異なっている。ソシュールにとって、人間の言語は全ての記号体系の模範でありモデルである（Saussure 1959: 68）。これとは対照的に、パースの記号の定義は、記号が何であるのか、さらに、どのような他なるたぐいの諸存在がそれを用いるのかに関して、より不可知論的な立場にある。つまり、全ての記号が言語のような質をもっているわけではないし、また後に検討するように、記号を使うのがもっぱら人間だけだということもない。この記号のより広い定義は、ご存知の通り、記号が人間的なるものを超えてもつ生命に、私たちが慣れ親しんでゆく助けとなる。

ツプは、それならではの仕方で水に飛びこむブタについて、ある程度何かをとらえている。キチュア語の話し手だけではなく——不思議なことだが——その言語に慣れ親しんでいない私たちも、ある程度同じようにツプをとらえる[2]。このまったく＝単語に似て＝いない＝たぐいの＝記号に注意を向けることは、何を明らかにするのだろうか。「ほかのものとは無関係に、それ自体で」ツプを感じることは、言語の性質と世界「そのもの」に向かう、予期されない開かれについて何か重要なことを伝えてくれる。さらに、記号がいかに人間的な文脈に制約されるのかだけではなく、それを超えるところにいかにして到達するのかを理解する助けになる限りにおいて、つまり、記号がいかに私たちもまた感じることができる感性的世界の中にあり、そこから生じ、またその世界に関連するのかを明らかにする助けとなる限りにおいて、私たちを私たちたらしめる「複合的全体」の点から人間的なるものを理解することのかなたに向かう道のりを、ツプは伝えている。要するに、人間的なるものを超えて広がるものへと開かれている世界の中で「生きること」（キチュア語でカウサ＝ンガパ（*causa-ngapa*））の意味するものを見定めることで、私たちはもう少しだけ「現実世界的」になることができる[3]。

世界の中にあるものと世界から離れてあるもの

「ツプ」と口にすることで、マキシは森で起きた何かを家に持ち帰った。ルイスあるいは私、あるいはあなたがツプを感じる限りにおいて、私たちは水たまりに飛びこむ、傷を負ったブタの近くにいたマキシの経験を理解できるようになる。さらに、私たちはたとえあの日のように森にいなくても、この情態を抱くようになったのである。ツプだけでなく全ての記号は、この意味で何らかの仕方で世界に関連する。それらは「再＝現前」する。それらは、目下現存しない何かに関連する。

しかし全ての記号はまた何らかの仕方で世界の中にあり、そこから生じたものでもある。ちょうど私が描き出したような出来事を表象するために記号を用いる状況について考えるときには、この質は理解し難いかもしれない。草ぶき屋根の家の暗い隅っこに腰かけながらマキシが森について話すのを聞くことは、あのブタが川に飛びこんだのに居合わせることと同じではない。こうした世界との「根本的な不連続性」が、記号のもうひとつの重要な特質ではないだろうか[4]。記号が、表象するものについて、いかなる種類の直接的、絶対的な、あるいは確たる手がかりも与えないという限りにおいて、たしかにその通りだと言えよう。しかし、記号が常に媒介するという事実は、記号が、（人間の）精神のうちの隔てられた領域に必ず存在し、また記号が表すものからは切断されているということを意味しない。後に示すように、記号は世界のそばにあり、それをめぐるものであるだけではない。それらはまた、重要な仕方で、世界の中にある。

以下のことを考えてみよう。森を歩いて過ごした一日の終わりに、イラリオ、彼の息子ルシオと私は、林冠を動き回るウーリーモンキーの群れに出くわした。ルシオは発砲して一匹仕留めたが、群れの残りは逃げ去った。しかし一匹の若いサルが、群れから離れてしまったのである。そのサルは一匹になったことに気づいて、高い上のほうにある林冠から突き出た大きな赤い幹の樹木の枝に身を隠した[5]。

息子が撃ちやすいように、視界の開けた止まり木に移動させるために、そのサルを驚かせようとして、イラリオはそばにあったヤシの木を倒すことにした。

注意しろ！

タ・タ（*ta ta*）
木を　プ・オー（*pu oh*）**させるぞ**
気をつけろ。[6]

タ・タとプ・オーは、意味するもののように響くイメージである。タ・タとは、タップタップと、木を切り倒すイメージである。プ・オーは木が倒れるプロセスをとらえている。木がポキリと折れて倒れ始め、森の林冠から樹が音を立てて自由落下し、それが地面にぶつかったときの衝撃とそのこだまなどの全てが、この音響的なイメージに含まれている。

それから、イラリオは予告したことをしようと樹のほうに向かった。彼は少し歩いてから、ヤシの木を山刀《マテューテ》でリズミカルに叩き切り始めた。幹に鉄を打ちつけるのを、その日の午後に私が行った録音でもはっきりと聞き取ることができる（タ・タ・タ・タ…）——ヤシの木が倒れるのも（プ・オー）。

低地のキチュアには、タ・タ、プ・オーやツプのような「単語」が多数ある。これらは、ある行動が世界の中で展開するイメージを音響的に伝達するようにして、意味をなし、語りの中に、とりわけ森の話題によく現れる。ルナが世界に存在するあり方にとって、こうした単語が重要であることのひとつの証拠に、言語人類学者ジャニス・ヌコルズが、このことを取り上げた大著——題は『生命のような音』（Nuchols 1996）と適切につけられている——を書いたことがあげられよう。

ツプのような「単語」は、「記号媒体」（つまり、記号と見なされるもの、この場合ツプの音響的な性質）[7]と対象（この場合、この「単語」が真似ている川＝に＝飛びこむこと）[8]のあいだの差異が無視されるそのありようゆえに、その単語が表象する実物に似ている。パースはこのような種類の類似《ライクネス》の記号を、「イコン」と呼んだ。これは、彼の三つの広い記号分類のうち第一のものにあたる。

イラリオが予想したように、ヤシの木が倒壊する音はウーリーモンキーを驚かせ、止まり木から立ち退かせた。この出来事そのもの、さらに、単なる、事実＝に＝先立つその模倣ではないものもまた、一種の記号として受け取ることができる。それは、「何らかの側面、能力において、何かが誰かにとって何かを表す」という意味で、記号なのである。この場合、この記号が伝わる先の「誰か」は、人間ではない。ヤシの木の倒壊は、サルに対して何かを伝える。私たちだけが記号を解釈する唯一の存在ではないために、意味作用とは排他的に人間の領域であるわけではない。他なるたぐいの存在が記号を用いることは、人間の精神および人間的な意味の体系を超えた世界の中に表象がある様相の一例である。

ヤシの木の倒壊は、その模倣であるプ・オーとは異なるようにして意味をなすようになる[9]。プ・オーは、ある点ではそれ自体がその対象のようであるという意味において、イコン的である。つまりそれは、私たちがプ・オーとプ・オーが表象する出来事とのあいだの差異に気づかずにいるときに、イメージとして働くのである。差異に対する注意の不在によって、それは意味をなす。あるものを独創的なものにするおびただしい数の特徴を無視することによって、非常に限定された一連の特徴が増幅されるのだが、ここでは、その行動を真似る音もまたこれらの特徴をたまたま共有するという事実のためにそのことが起こる。

倒壊するヤシ自体は、別の力によってサルに対して何かを表すようになる。倒壊は、記号としては、それが表象する対象の類似《ライクネス》ではない。代わりに、それは別の何かを指差《しさ》する。パースはこの種の記号を「インデックス」と呼ぶ。インデックスは、記号の広いクラスである第二のものの一部である。

インデックスについてさらに検討する前に、手短に、「象徴」――パースの記号の第三のもの――について紹介しておきたい。生ある世界にある全ての表象の基礎となるイコン的およびインデックス的な指示とは違い、象徴的指示は、少なくともこの地球上では、人間だけに特有な表象の形式である。人間的なるものを主題とする人類学者として、私たちは、その独自の特性にもっとも慣れ親しんでいる。象徴は、単にイコンの類似性を通じても、もっぱらインデックスの指差《ポインティング》を通じても、指示することはない。むしろ、カウサンギチュという単語の場合と同じように、象徴は、それがほかの同じような象徴と体系的に関係するようにして、間接的にその対象を指示する。象徴は規約《コンベンション》を必然的に含んでいる。カウサンギチュが意味する――また、意味があると感じられるようになる――のに拠り所となるのが、キチュア語においてほかの単語とつくる確立された関係性の体系しかないのも、このためなのである。

イラリオがその日の午後倒壊させたヤシは、サルを驚かせた。それはインデックスとして、何が起きているのかはっきりとはしないけれど[10]、とにかく何かが起きたのだとサルに気づかせることになった。イコンは気づかないことを含む一方で、インデックスは注意に的を絞る。イコンが、それが表象するものが存在するかどうかにかかわらず「それ自体の中に」あるのだとすれば、インデックスは事実「それ自体」を必ず伴う。誰かがそこでそれを聞いたのかどうか、サルがいたのかどうか、あるいは、その件に対して、ほかの誰かがこの出来事を意義のあることだととらえたのかどうかにかかわらず、ヤシはそれ自体で静かに倒壊していったのである。

対象と共有する類似性によって表象するイコンとは違って、インデックスは「それら［訳注：対象］に対して実在するつながりによって」表象する（Peirce 1998C: 461; CP2.248）。林冠にまで伸びた木のつるや、つる植物の茎を強く引っ張ることは、身を隠している止まり木から出てくるようにサルを脅かすひとつの戦略である（本章冒頭の写真を参照）。そのような行動がサルを驚かせる点で、これは別々のもののあいだに「実在するつながり」によるものだと言える。つる植物を通じて、狩猟者による引っ張りが、隠れているサルが腰かけている木のてっぺんの腰かけ台を形づくるまでに集積した着生植物、つる植物、苔、有機廃棄物《デトリトゥス》からできた、高所のもつれにまで伝わる。

つる植物ともつれによって広がったので、狩猟者が引っ張ったことが安心していたサルを振り落としたという人もいるかもしれないが、いかにこのサルがこの引っ張りを記号ととらえるようになったのかを、原因と結果の決定論的な連鎖へと還元することはできない。そのサルは当然のように、揺れる腰かけを何らかの記号であると感知する。そのようにすることで、サルが知覚する出来事においては、その反応は、つる植物の長さによって増大させられた、引っ張る力の結果以外の何かになるはずである。

インデックスは、機械的な効果以上の何かを含む。何かそれ以上のものとは、逆説的に、それ以下のものである。つまり、不在である。気づかれる限りにおいて、インデックスはその解釈者たちを、ある出来事とまだ起きていない潜在的な出来事のあいだにつながりを生み出すように駆り立てる。サルは動く腰かけを記号として、それが表す何かほかのものにつながっているととらえる。それは、サルが抱く当座の安全の感覚とは危険なまでに異なる何かほかのものにつながっている。おそらく、彼女が乗った枝が折れようとしている。おそらくジャガーが木を登っている…。何かが起きようとしている、そして、自分はそれに対して何かをしたほうがよかった。インデックスは、今起きていることと起きるかもしれないことのあいだにつながりをつくり出すよう促すのである。

生ある記号《リヴィング・サインズ》

記号がツプのような音響イメージを含んでいるかどうか、あるいはヤシが倒壊するといった出来事を通じて意味するようになるかどうか、あるいはそれらの感覚が本書をつくるページに印刷された単語の相互に関係づけられたネットワークのように、より体系的で分布したやり方で現れるのかどうかを問うならば、私たちはその触知可能な質の状態にある差異によって、記号を考えるようになるだろう。しかし記号は、モノ以上である。それは、音、出来事、言葉の中にきっちりと収まるものではない。厳密に身体に存在するのでもなく、ましてや精神のうちにさえたしかに存在するものでもない。それは現在進行している関係上の過程であるために、正確にはこのようにして位置づけられるものではないのかもしれない。その感覚的な質は動態の一部をなすだけで、その動きを通じて、記号は世界の中に現れ、成長し、効果を生み出すようになる。

言いかえれば、記号は生きている。倒壊するヤシの木——記号としてとらえられる——は、それが成長しうる限りにおいて、生きている。記号は、ありうる未来へと広がる記号の連鎖において、次に起こる記号として解釈されるようになるであろう限りにおいて、生きている。

びっくりしたサルが高い止まり木に飛び移ったことは、この生きている記号連鎖の一部である。それはパースが「解釈項《インタープリタント》」と呼んだもの、先立つ記号がその対象に関係づけられるやり方を解釈する新たな記号である[11]。解釈項は、世界についての何かをさらに一層とらえ、そしてこの関連性《アバウトネス》に向けて解釈する自己を導く、記号産出と解釈という現在進行形のプロセスを通じて、さらに特殊化される。記号過程《セミオシス》とは、この生きている記号のプロセスを表す名であり、それを通じて、ひとつの思考が別の思考を引き起こし、次に別の思考へとつながり、さらには潜在的な未来を引き起こすことになる[12]。記号過程は、生ある記号が今とここだけではなくて、可能なるものの領域に存在する様相もとらえる。

記号過程は機械論的な因果以上の何かであるのだけれども、思考は隔てられた観念の領域だけに限定されるものではない[13]。記号には効果がある。そしてこのことが、正確に解釈項が意味することなのである。すなわち、「記号が生み出す固有の表意効果」(CP 5.475)である。倒壊するヤシに対する反応が引き金となって、あのサルのジャンプは、危険に先行する記号の解釈項へと達する。

解釈項は、全ての記号のプロセスに特徴的である活動的な構成要素を、純粋に「心的な」ものだと思われるものでさえも、可視化する[14]。記号過程は、エネルギー論および物質性以上の何かであるのだけれども、全ての記号のプロセスは、結果的には世界の中で「何かをなす」。これこそが、記号過程を生きたものにする重要な部分である[15]。

記号は精神に由来しない。むしろ逆である。私たちが精神あるいは自己と呼んでいるものは、記号過程から生じる。倒壊するヤシを意味あるものと見なすその「誰か」は、人間であれ非人間であれ、この記号とそれに似た多くのほかのものの「解釈」のための座となる——どれほどはかないものでも——おかげで、「時間の流れにおいてちょうど生まれたばかりの自己」（CP5.421）である。実際に、パースが扱いにくい「解釈項」という用語をつくり出したのは、自己をある種のブラックボックスと見なす「ホムンクルスの誤謬」（私たちのうちなる小人ホムンクルス）（以下を参照。Deacon 2012: 4）を避けるためであった。ブラックボックスとしての自己とはこれら記号の解釈者であって、それ自体は記号の産物ではない。人間であれ非人間であれ、単純なものであれ複雑なものであれ、諸自己は、その結果が未来の自己であるような新たな記号解釈の出発点であると同時に、記号過程の効果である。さらにそれらは、記号過程の中継点なのである。

これらの諸自己は、「ちょうど生まれたばかりであり」、世界から遮断されていない。精神の「内側で」生じている記号過程は、複数の精神のあいだで起きるものと本質的に異なるものではない。森の中で倒壊したヤシは、それぞれ異なる創発的な諸自己が織りなす生態学に埋めこまれたものとして、この生ある世界で起きる記号過程を描き出す。イラリオによる落下するヤシのイコン的なシミュレーションは、彼が実際に倒すことになるヤシとともに、その後に実現されることになる可能な未来の経路を示す。その衝撃音は続いて、その音を自らが働きかけなければならない記号として受け取ったおかげで自らの生命が変わっていく、別の存在によって解釈される。現れ出るのは、高度に媒介されていたとはいえ壊れていない連鎖である。その連鎖は、人間的な発話の領域から人間的な身体や行動の領域へ、そしてこれらの領域から、倒壊するヤシのような、実現され、具体化された意図が現勢化する世界の＝中の＝出来事へ、さらにはここから樹木の高いところにいる異なるたぐいである霊長類における、この出来事の記号過程的な解釈が引き起こすのと同等の身体的な反応へと飛躍する。倒壊するヤシとそれを倒した人間は、サルから身体的に切り離されているにもかかわらず、サルに対して影響を与えるようになる。記号は、物理的な因果関係には還元されないとしても実際的な効果を持つわけである。

そのような熱帯における種＝横断的な意思疎通の試みは、記号過程の生きた現実世界的な本性を明らかにする。全ての記号過程（そして、転じて思考）は世界＝内＝の＝精神＝のうちに起きる。この記号過程の特徴を強調するために、パースは一八世紀のフランス貴族にして近代的な化学の祖アントワーヌ・ラヴォアジエの思考過程を次のように描いた。

ラヴォアジエの方法は…ある長く複雑な化学過程が特定の効果をもつであろうと想像することであった。避けられなかった失敗に続いて、退屈な忍耐とともにそのことを実行し、修正し、それが別の結果をもたらすと夢想し、そして最後の夢を事実として公表することによっ

て終えるのである。彼の手法は、言葉や空想の代わりに、実際のモノを操作することで開かれた目をもってなされる、新たな推論の概念を示しながら、精神を実験室に持ちこみ、文字通りにランビックやフラスコから思考の道具をつくり出すことだったのである（Peirce CP 5.363）。

どこにラヴォアジエの思考と夢想は位置づけられるだろうか。膨らんだガラスである蒸留器とフラスコ、そして注意深く境界を定められた不在と可能性の空間の中身である混合物からなる、この現れつつある世界でないのなら、彼の精神、未来の自己はどこに存在することになるのだろうか。

不在

ラヴォアジエの膨らんだガラスのフラスコは、記号過程のもうひとつの重要な要素に目を向けさせる。この奇妙なかたちをした容器のように、記号には重要な物質性がある。つまり、記号は感性的な質を所有している。記号は記号を産出し、また記号によって産出される身体に関連するように例化《インスタンシエイト》される。そして記号は、それが関連する世界において差異を生み出すことができる。また、しかし、フラスコの壁によって仕切られた空間のように、記号はまた、重要な仕方で非物質的である。ガラスのフラスコは、それであるものに関係するのと同じく、それではないものに関係する。フラスコは、ガラス工によって膨らませて象《かたど》りされた容器——さらに、その創造行為を可能にした全ての物質的な性質と技術的、政治的および社会経済的な歴史——に関係するのと同じく、それが境界づけるようになる、特定の不在の幾何学にも関係している。そのフラスコの中では、そこから除外されるほかの全てのおかげで、特定の種類の反応が起こりうる。

こうした不在は、生命と精神を支えまた例化する記号過程の中心にある。このことは、私たちがサルを狩猟するのに出かけたあの午後に、森で起きたことにおいて顕著だろう。若いウーリーモンキーが周囲よりもむき出しになった止まり木に移った瞬間に、ルシオは、彼の口装式の黒色火薬の散弾銃でそれを狙撃しようとした。しかし、引き金を引くと、撃鉄が発火管の上でカチッと鳴っただけだった。ルシオは欠陥のある管をすばやく交換して、再び装弾した——このとき銃身に追加の一発分の鉛弾を込めたのである。サルがより見晴らしのきく地点にまで登ったとき、イラリオは息子にもう一度撃つように促した。「急げ、今！　すぐ！」しかし、銃の不安定さが気になり、ルシオはその前に「テエエイエ（*teeeye*）」と言った。

「テエエイエ」は、ツプ、タ・タとプ・オーのように音に宿るイメージである。それは銃がうまく発火し、的に当たることのイコンである。それを発音する口は、発火する銃の様々な形状を真似ているフラスコのようである。まず、閉鎖子音を発音するために、撃鉄が発火管を打つように舌が口蓋を叩く。それから発火管に点火された火薬の爆発によって発射されて散弾が銃身から噴射するように、長く引き伸ばされた母音を発音するために、口はより一層広げられる（図4）。

次の瞬間ルシオは引き金を引いた。そしてこのとき、大きなテエエイエという音とともに銃が撃たれた。

テエエイエは、多くのレベルで、そうではないものの産物である。口の形状は、息が有声音化されたならば生み出されただろう多くのほかの音全てを、効果的に排除している。残されるのは、不在の多くの音のおかげで、表される対象に「適した」音である。物理的に存在しない対象が、第二の不在を構成する。最後に、テエエイエは、この——まだ——ないものが現在に影響を及ぼすという期待のうちに、現在にもたらされるある未来の表象であるという意味において、もうひとつの不在を含んでいる。ルシオは引き金を引くとき、銃がうまくテエエイエを発火するのを望んでいる。彼は、そうなってほしいと自ら望む可能世界から現在に、このシミュレー

図４　口装式の猟銃。筆者撮影

ションを持ちこんだのである。この未来を可能にするのに必要なあらゆる措置をとることができるようにルシオを導く、この可能な未来もまた、構成的な不在である。テエエイエであるもの——その意味効果、すなわち、その意味作用——は、そのものではない、これら全ての事柄によっている。

魔術的と呼ばれるものに限らず全ての記号は、テエエイエがするように、未来と取り引きする。それらは不在だが再＝現前される未来を通じて、現在に作用する呼び声である。そして、その未来は、この呼び声のおかげで、現在に影響を及ぼすことになる。「急げ、今、すぐに」は、息子が発砲する直前にイラリオが懇願するように口にしたときには、撃たれる「それ」が、まだ上のほうにいるだろうという予言を含んでいる。それは、現在において再＝現前された未来からの呼び声なのである。

古代中国の哲学者老子が、とりわけいかに輻《や》の空洞が車輪を有用なものとするのかを考えたことに触発されて、テレンス・ディーコン（Deacon 2006）は、車輪の輻、あるいはフラスコのガラス、あるいは「構成的な不在」として「テエエイエ」と言うときの口の形状によって定まる特殊な種類の無の状態について述べている。ディーコンによれば、構成的な不在は、人工物あるいは人間の世界だけに見られるのではない。それは、生物学およびある種の自己にとって欠くことのできない、空間的あるいは時間的には居合わせていないものとの関係である（以下を参照。Deacon 2013:3）。それは、「精神の世界において、無の状態——『でない』もの——が原因となりうる」（Bateson 2000a:458、Deacon 2006 にも引用されている）特有のあり方に目を向けさせる。本章で、また後の章でも議論するように、構成的な不在は進化のプロセスの中心にある。例えば、有機体のある系統《リニージ》が特定の環境に一層適したものとなるのは、選択的に排除された全てのほかの系統の「不在」の結果である。また、生物学的な生命に直接関連するものだけではなく、全ての様式の記号過程は、不在によって意味をなすようになる。イコン性は、気づかれないことから生じる。インデックス性には、いまだ存在しないものについての予言が含まれる。さらに、象徴的指示は、イコン性とインデックス性もそのうちに巻きこんだプロセスを通じて、不在の世界を指差し、イメージする。そのようになるのも、あらゆる所与の発話が意味するものにとって、不在となる文脈を構成する象徴的体系にそのような指示が埋めこまれている仕方のためである。「精神の世界」では、構成的な不在は、不在の未来が現在に影響を与えるようになる特定の媒介的な方法である。このために、究極目的《テロス》、つまり現在における何かが存在するための未来を、およそ生命がある限りどこにでもある現実の因果的な様態であると見なすのが適切なのである（以下を参照。Deacon 2012）。

今ここにあるものと不在のあいだの止むことのない遊びが、記号に生命を宿す。それは、記号を記号以前にあったものの効果以上のものにする。その遊びは、記号を潜在的にありうる何かのイメージや暗示にする。

言語を地域化する《プロヴィンシャライジング・ランゲージ》

倒壊するヤシの木、ジャンプするサルやツプのような「単語」について考えるならば、私たちは表象が人間の言語よりも一般的であり、さらに広く分布する何かであると見るようになる。そう考えることで、言語が依拠する象徴性の諸様態によって示されるものとはまったく異なる特性がほかの表象様式にはあることが見えてくる。つまり、象徴的なるものを超えて出現し広がるそのようなたぐいの記号を考えるならば、言語を「地域化する」必要があることに気づくのである。

言語を地域化することを呼びかける際に私が想起するのが、ディペッシュ・チャクラバルティーの『ヨーロッパを地域化する』(Chakrabarty 2000) である。その著作では、南アジア人および南アジアの研究家が、南アジアの社会的現実を分析するためにいかに西洋の社会理論に頼っているのかが批判的に記述されている。ヨーロッパを地域化することとは、そのような理論(そして進歩、時間などについてのその想定)が、それ自体が産出された特定の文脈に置かれていることを認めることである。チャクラバルティーが主張するように、南アジアを取り上げる社会理論家たちは、この状況的な文脈に目をつむったまま、あたかも普遍的なものであるかのように、そのような理論をあてはめる。チャクラバルティーが要求するのは、普遍的だと見なされてきたヨーロッパ的な理論に、いったん囲むように線を引いた上で、問いに対して、どのような理論が南アジアあるいはほかの地域から現れる可能性があるのかを考えてみることなのである。

特定の一群の社会理論の文脈から生み出されること、またこの理論があてはまらないほかの文脈があることを示すことで、チャクラバルティーは暗に、そのような理論が理解しようとする現実の象徴的特性を議論している。文脈とは、象徴的なるものの結果なのである。すなわち、象徴的なるものがなければ、私たちは自らが理解するような言語的、社会的、文化的あるいは歴史的な文脈を持つことはない。しかしながら、この種の文脈は私たちにとっての現実を全的に生み出し、それを囲む線を引くことはない。なぜならば、私たちはまた象徴的なるものを超えた世界に生きているからでもある。そして、私たちの社会理論は、このことに取り組む方法を探さなければならないのである。

それゆえ、文字通りに受け止めると、チャクラバルティーの議論は究極的には社会的現実についての人間主義的な想定とそれに注意を向けるために発展している理論の内部にあるために、人間的なるものを超えた人類学への適用は限定的なものになる。それにもかかわらず、地域化は、象徴的な領域や特性、分析が常により広い記号過程の領域によって囲まれ、その内側にぴったりと収められていることを思い出させるものとして有用な比喩であると考えている。

私たちは言語を地域化する必要がある。私たちは表象と言語をひとつのものであると考えていて、この合成が私たちの用いる理論にも伝わっているからである。私たちはまず、全ての表象は人間的な何かであり、ゆえにあらゆる表象には言語のような特性があると見なすことによって、このとりわけ人間的な傾向を普遍化している。特殊なものとして限定されるべきものが、代わりに私たちが表象について抱く想定の岩盤となってしまっている。

私たち人類学者は、表象を厳密に人間的な事柄であると見る傾向がある。そして私たちはただ象徴——その極めて人間的な記号過程の様態——による表象だけに照準を合わせる傾向にある[16]。象徴による表象は、言語の中にもっとも明瞭に表れるが、規約的で「恣意的」でほかの同じような諸々の象徴からなる体系の中に埋めこまれている。その体系は、今度は同様に体系的で規約的な特性のある社会的、文化的、政治的な文脈の中で維持される。先に記したように、今日の社会理論の基礎をなす暗黙の体系となっているソシュールに結びつく表象体系がもっぱら射程に入れるのも、この種の恣意的、規約的な記号である。

言語が地域化されなければならないもうひとつ別の理由がある。明らかに言語や象徴的なるものに頼るべきでないときでさえ、理論的な道具のせいで、私たちは言語と表象をひとつに合成してしまっている。こうした合成は、私たちが民族誌的な文脈に対して抱く想定にもっとも顕著である。単語は体系的に関係づけられているほかの単語からなるより大きな文脈によってのみ意味を獲得することが知られているように、社会的な事実はほかの事実からなる文脈からはずれたところでは理解できない、というのが人類学の公理である。また同じことが、文化的な意味の編み目あるいはフーコー流の系譜学によって明らかにされた偶然による言説的な真理のネットワークに対してもあてはまる。

しかしながら、このようにして理解された文脈が、人間的な規約による象徴的指示の特性であり、私たちをとりわけ人間的にする言語的、文化的、社会的な現実を創造する。象徴的なるものによって完全に囲われることはないにもかかわらず記号過程的である、人間–動物関係などの領域に、文脈は完全にはあてはまらない。全ての生命形態に共有されるたぐいの表象の様態――イコン的およびインデックス的な様態――は、象徴的な様態がそうであるように、文脈依存的であることはない。つまり、こうした表象の様態は、象徴的な様態が機能するように、記号の諸関係による偶然の体系――ある文脈――によって機能することはない。そのため、文脈はいくつかの記号過程的な領域にはあてはまらない。人間的なるものの領域では、それがあてはまるが、後に示すように、こうした文脈には浸透性がある。これは、人間的なるものを超えてあるものに注意を向けることによって理解することができる。要するに、複合的全体は、また開かれた全体なのである――本章のタイトルはここから来ている。さらに、開かれた全体は、人間的なるもののかなたにまで到達する――ここに、この人間的なるものを超えた人類学が由来する。

この表象と言語の合成――全ての表象の現象には象徴的な特性があるとする想定――は、文化的、象徴的、あるいは言語的なアプローチを明白に批判するような企図にさえ確認される。それは象徴的なるものや文化的なるものについての古典的な唯物論の批判においても明らかである。それはまた、人間中心主義的な精神についての語りを避けるために、私たちが非人間存在とも共有する身体経験へと向かう、より現代的な現象学的アプローチにおいても明らかである（以下を参照。Ingold 2000; Csordas 1999; Stoller 1997）。特筆すべきであるが、それはまた、エドゥアルド・ヴィヴェイロス・デ・カストロの多自然主義においても顕著である（詳しくは、第二章で論じる）。ヴィヴェイロス・デ・カストロが「パースペクティヴは表象ではないというのは、表象が精神あるいは魂の性質だからであり、それに対して観点は身体の中に位置づけられる」（Viveiros de Castro 1998:478）と記すとき、彼は身体（およびその自然）に着眼することによって、表象によって提起される悩ましい問題を避けて通ることができると踏んでいる。

一方に人間、文化、精神および表象、他方に非人間、自然、身体および物体を並べることは、人間を残りの世界から分離されるものと解釈するために打ち立てられてきた境界線を消し去ろうとするポストヒューマン的なアプローチにおいてでさえ、安定したままである。これは例えば、ジェイン・ベネット（Bennet 2010）が示すようなドゥルーズ的なアプローチにもあてはまる。彼女は、表象と究極目的《テロス》の分析的な利点を完全に否定した――なぜならこれらは、せいぜい人間の心的な事柄に限られることだからである。

この並びはまた、科学技術論（ＳＴＳ）の試みにおいても明らかである。とりわけ、ブルーノ・ラトゥールによる研究では、人間から志向性と象徴的な全能性を奪うと同時にモノに対して少しだけ多くの行為主体性を与えることで、感受性のない物質と欲望をもつ人間のあいだの不均衡を対等なものにした。例えば「発話障害」に関連するイメージによってラトゥールは、語る科学者と彼らが想定している口を利かない研究対象のあいだの分析的なギャップの橋渡しとなる表現様式を見つけ出そうとして、次のように記した。「科学者について語るときには、口の中でビー玉を転がすほうがよい。そのようにして、無言のモノから専門家の議論の余地のない言葉へと、気にも留めないうちに滑るように進む」（Latour 2004:67）。表象と人間の言語をひとつにしているために、人間と非人間を同じ枠内に入れようとするラトゥールの唯一の望みは、文字通り言語とモノを混ぜる――ビー玉を口の中に入れて喋る――ことなのである。しかし、この解法はデカルト的な二元論を永続させることになる。なぜなら、人間の精神と感受性のない物質は、デカルトがかつて夢想したよりも徹底的に混ぜ合わされているという事実にもかかわらず、さらには、たとえそれらを混ぜ合わせることが、その理解に先行するのだと主張されたとしても、分解不可能な要素は依然として人間の精神か感受性のない物質かのどちらかだからである。混合に由来するこの分析論は、あらゆるレベルにおいて小さなホムンクルスを生み出す。ラトゥールの「自然－文化」の中のハイフン（Latour 1996:206）は、この分析が全ての尺度においてはからずも発生させる小さなデカルトのいわゆる脳の中の松果体である。人間的なるものを超えた人類学が見つけ出そうとするのは、この混合による分析論を超えて進む道のりである。

人間の精神と残りの世界のあいだの区分けを消すこと、すなわち、代替として精神と物質のあいだの対称的な混合に向けて取り組むことは、ただこの隙間を再びほかの場所に出現させるのを促すだけである。本章での重要な主張であり、本書全体でもこれから展開する議論のための重要な土台、すなわち、この二元論を克服するもっとも生産的な方法は、表象（転じて、究極目的《テロス》、意図、「関連性《アバウトネス》」、自己であること《セルフフッド》）を捨て去ることや、あるいは人間的な種類の表象を別のところに投影することではなくて、私たちが表象であるはずだと受け取るものとはいったい何であるのかを根本的に考え直してみることである。このためにまず求められるのは、言語を地域化することである。ヴィヴェイロス・デ・カストロの言葉では、「思考を脱植民地化する」ことが、私たちに伴うのが求められる。考えることは必ずしも、言語や象徴的なるもの、人間的なるものによって囲まれていないことを理解するためにも、そうしなければならない。

このことは、この世界で誰が表象するのかを、それに加えて、表象として見なされるのはいったい何なのかを再考することを含む。さらには異なる種類の表象がいかに作用するのか、そしてこのような異なる表象が様々なかたちで、いかに相互作用するのかを理解することを含む。内面的な人間の精神にとらわれているのを超えて、言語を使う能力といった、とりわけ人間的な傾向を超えて、さらにそのような傾向が生み出すとりわけ人間的な関心事を超え出ていくことで、記号過程が帯びるようになるのはいかなる生命なのだろうか。人間的なるものを超えた人類学が促しているのは、人間的なるものを超えて、記号がいかなるものであるのかを探査することである。

そのような探査は可能なのだろうか。あるいは、私たちが住まうあまりにも人間的な文脈は、そのような試みから私たちを締め出してしまわないだろうか。私たちは永遠に言語的および文化的に媒介された考え方の内側にとらわれたままなのだろうか。私の考えでは、そうではないはずである。より完全なる表象の理解は、例外的なものとして人間的なたぐいの記号過程が生み出され、より広く分布するほかの表象の様態と絶えず影響を及ぼしあうその仕方を説明するものであり、そのことは、例の頑強な二元論から離れて、より生産的であり、分析的にもより強健な方法を示すことになる。

現在において未来を表象することによって未来のために事をなすのは、私たち人間だけではない。全ての生ある諸自己が、何らかのかたちでこのことをする。表象、目的、未来は世界の中にある——しかもそれらは、私たちが人間の精神として限定する世界のその部分だけにあるのではない。それゆえに、人間的なるものを超えて広がる、生ある世界の中に、行為主体性があるというのが適切である。しかし、行為主体性を、原因と結果——「影響を及ぼす」こと——に還元してしまうと、行為主体性を授けるのが人間的かつ非人間的な仕方で「思考する」方法であるという事実を脇へと追いやってしまう。人間も非人間も同じように表象されうる（あるいは、これらの表象をひとつにできる）こと、そして、これらがまさしく人間に似た語りにあずかっているという事実から、人間と非人間（そのようなアプローチにはモノが含まれている）が共有するいくつかの総称《ジェネリック》的な傾向へと行為主体性を還元するとき、思考する方法は区別されなくなってしまう。そのために、とりわけ人間的な思考の方法が（象徴による表象に基づいて）あらゆるものに分別なくあてはめられてしまうので、思考することはつまらないものになってしまう。

挑戦すべきは、私たちがその特性をとても自然なものと感じる記号の恣意性を異化することである。なぜなら、その恣意性は人間や人間が知ることを望みうるもの全てにともかく浸透しているように思われるためである。キチュア語を知らずともツプは感じられることを踏まえると、言語は奇妙なものとして立ち現れる。このことが示すのは、私たちが取り扱う全ての記号が象徴なのではないし、非象徴的な記号が言語に似た境界づけられた象徴的な文脈から逃れ出る重要な道があるということである。キチュア語を話すことなしになぜツプを感じることができるようになるのか、ということだけでなく、なぜイラリオが非象徴的な存在と意思疎通できるのかを、それは説明してくれる。実際のところ、驚いたサルのジャンプ、そしてそのサルを支える生態系総体は、人間である狩猟者側に特有の記号過程が独特な織り糸のひとつでしかないような、記号過程の編み目を構成している。

まとめよう。記号が排他的に人間的な事態であることはない。全ての生ある存在が記号を用いる。私たち人間は、それゆえ多数の記号的生命に慣れ親しんでいる。私たちの例外的な地位は、私たちが住みなれたと思っている壁に囲まれた屋敷なのではない。私たち人間が非人間的存在に対して持つ関係に焦点を当てる人類学は、人間的なものを超え出る一歩を踏み出すよう私たちに迫っている。そのプロセスの中で、私たちが人間の条件であると思っていること——すなわち私たちの自然は私たちがつくり上げた「非自然的な」世界に浸って生きることであるという逆説的かつ「地域化された」事実——は少しだけ奇妙な姿をとるようになる。このことを受け止める方法を習得することが、人間的なるものを超えた人類学がまさに目指しているところである。

根本的な分離の感覚

生命がアマゾニアにて織りなす多くの層は、これらの人間的な記号過程の編み目よりも大きなものを増幅し、はっきりとさせる。その森が私たちを通じてそのありようを思考するのに任せるならば、私たち自身もまた常に何らかの仕方でいかにそのような編み目に編みこまれているのかを、そして、この事実と一緒にいかに概念的な作業をすることになるのかを、見定めることができよう。このことが、私をこの場所まで導いた。しかしまた、象徴的なるものを超えて広がるより広大な記号の編み目から私が切り離されていると感じるようになった機会に注意を向けることで、習得してきたものもある。そこで、キトからアマゾン地域まで何度も通ったバス旅行のうち、ひとつの旅での経験を振り返ろう。私がこの旅で起きたことについての情態を伝えるのは、個人的な気まぐれではなく、それが思考のうちの象徴的な様式ならではの特性のひとつ——象徴的思考は、そこから出現するより広い記号過程から飛躍しなければならず、その過程において私たちを取り囲む世界から私たちを切り離すという傾向——を示していると考えるからである。それで、この経験が私たちに教えてくれるものはまた象徴的思考が連続しており、そこから出現する世界にある別のたぐいの思考に対する関係を理解する方法に関連している。この意味で、この私の経験の省察は、次の二つの節で展開される、私たちが用いる多くの分析枠組みの土台にある二元論的な想定に向けられる、より大きな批判の一部なのである。アンデスの東、エクアドルのアマゾン地方エル・オリエンテへと下っていく旅の途上で、より広い記号過程の環境から剥がされていったと感じたこと、二元的になるという経験を、語りによる行程によって探査しよう。本章で取り組んでいる概念的な作業からの小休止となることに加えて、アヴィラ自体が、歴史を含みながら、風景に埋めこまれているありようも感じ取られることだろう。そのようなわけで、この旅は多数のほかの旅の道のりを辿るものであり、そうした旅の全てが、この場所を多くの編み目の中にとらえている。

その前の数日は、アンデスの東側の斜面ではたいがい雨だったので、低地へと下る主要道路は断続的に浸食されていた。エクアドルに親戚を訪ねてきた私のいとこヴァネッサとともに、私はオリエンテ行きのバスに乗った。そのバスは、後列の座席に座ったスペインの旅行者グループを除くと、ナポ地方の中心地でありバスの最終目的地でもあるテナや、またバスの路線沿いに住む現地の人たちで満員だった。これは、今までに私がいく度も経験した旅と同じで、このバスに乗って、アマゾン河流域とインター・アンデス渓谷を隔てるキトの東に広がるコルディエラ山系の高い山々を越えて、高地と低地の生産物が流通する主要な交易路のひとつに沿って点在するスペイン植民地以前の雲霧林の入植地パパジャクータ村へと下っていくという旅程を立てていた（一三頁の図1を参照）。パパジャクータはアマゾン地域にある資源の揚水場となっているが、一九七〇年代から国内経済を変容させオリエンテを開発に開いてきた原油と、より最近ではアンデス東部の河川流域からキトのために取水される飲料水がともに引き揚げられている。いまだに頻繁に地理学的な活動が行われている連山に半ば隠れているが、そこは人気の温泉地でもある。現在パパジャクータには、路線沿いに数多くあるほかの雲霧林の町と同じように、高地からの移住者たちが住んでいる。道は、先スペイン期と初期植民地期のキホの首長制社会の本拠地であったところを通り抜ける、キホ川渓谷の切り立った峡谷から切り拓かれている。アヴィラのルナの祖先たちは、この同盟の一翼を担っていた。農民たちは牧草地をつくるために木々の生い茂った険しい斜面を開くことで、千年来居住している台地を定期的に陽のもとにさらしている。路線は、一九六〇年代まではアヴィラと同じようなほかの低地のルナの村々を八日間の困難な旅によってキトに結びつけていた、山道の軌道に沿って続いている。私たちは、アヴィラとアルチドーナと同じく、アマゾン河上流に最初に築かれたスペイン人居住地バエーサの町を通るこの道を進もうとしていた。バエーサは、アヴィラを完全に破壊し、事実上そこにいたスペイン人の住人全員を死に至らしめた、地域で連動し成し遂げられた一五七八年の先住民反乱——シャーマンによる牛＝神のヴィジョンから引き起こされた——によってほとんど破壊し尽くされたも同然となった。今日のバエーサには、その歴史的な町の面影はほとんどない――一九八七年の大地震の後、数キロ離れた場所に移されたのである。バエーサのちょうど手前に道の分岐点がある。そのひとつは、北東のラゴ・アグリオの町に向かっている。これがエクアドルにおける原油採取の最初の中心地であり、その地名は文字通りに英語に訳すならサワー・レイク、テキサスにおいて原油が最初に発見された場所（そしてテキサコ［訳注：アメリカ合衆国の石油会社］が誕生した街）である。もうひとつの分岐点から、テナの町に向かうより古い路線に並行して道が走っており、私たちはそちらを辿ることになっていた。テナは、一九五〇年代には文明と東の「野蛮な」異教徒たち（ワオラニ）の境界を表していた。今は、古風な町である。険しく不安定な地形を曲がりくねった後に、コサンガ川を越えることになる。そこでは一五〇年前にイタリア人探検家ガエタノ・オスクラティが、雇ったルナのポーターに見捨てられ、ジャガーから逃れるようにして、たったひとりでみじめな幾晩かを過ごすことを強いられたのである（Osculati 1990）。この川を渡った後、ワカマヨス・コルディエラ山系の最後の上り道となる。それは、アルチドーナとテナへと続く暖かい低地へと下る前に越えなければならない最後の山岳地帯である。晴れた日にはここからずっと下のほうに、アルチドーナにある金属製の屋根が反射してチラチラ光るのに加えて、丘の険しい傾斜に赤土の細長い土地を横切るようなテナからプエルト・ナポに通じる道を目にすることができる。プエルト・ナポは、アマゾン河に流れこむナポ川に位置する長らく見捨てられていた「港」（図1の中で小さな錨で示した）である。その町は、危険な渦だまりの少しだけ上流に位置しているという不運があった。雲がなければ、ふもとにアヴィラがあるスマコ火山の狭い円錐形をした頂を見ることもできる。山頂と多数の傾斜地が位置している二十万ヘクタールに近い土地は、生物圏保護区である。この保護区は、今では国有の森に指定され、もっと大きな地域に囲まれるようになった。アヴィラ地域は、西の端でこの広大な場所との境界となっている。

いったん山間から出ると、低地のルナたちが暮らしている小さな村々を過ぎるにしたがって、空気は暖かく、重くなる。最後に、テナに到着する一時間前の別の分岐点で、私たちはバスを降りて、よりローカルな路線を走る二つ目のバスを待つことになる。このガタガタの道でバスの運転手は、エクアドルじゅうで朝食のジュースをつくるのに使われるぴりっとしたナラニージャの実[17]が入った箱を仲買するために停車するかもしれない。あるいは、いつもの乗客を数分待つようにと言われるかもしれない。この道は比較的新しく、一九八七年の地震の後に、米陸軍技術者たちの完全に無私無欲とは言えない支援によって完成した。それは、スマコ火山の周りをまわる小さな丘を蛇行した後に、ロレトでアマゾン平原を横断するように突き進み、そして、コカ川とナポ川の合流地点にあるコカの町で終わる。テナと同じく、ただし数十年遅れで、コカもまたエクアドル国家の管理をこの地域深くにまで広げるための最前線の地として機能した。この道はコタピノ、ロレト、アヴィラ、サンホセというルナの村々の狩猟のテリトリーであったところを横断するのだが、その村々は一握りの「白人」によって所有される大農園やアシエンダ、ロレトのカトリックのミッションを除けば、一九八〇年代以前にこの地域にあった唯一の居住地だった。今日これらの狩猟テリトリーの大部分は、外来者――より人口の多いアルチドーナ地方のルナ（アヴィラの人々がより都市的であるという事実を指して、ボウル（*boulu*）、すなわち、プエブロ（*pueblo*）から来たと呼ぶ者たち）か、兼業農家およびしばしばコロノ（*colonos*）（あるいはキチュア語でハワ・ジャクータ（*jahua llacta*）、文字通りには「高地人」）と呼ばれる海岸地または高地出身の商人たち――によって占拠されている。

この路線沿いには米軍から寄贈された構造物がよく見られるのだが、そのひとつである、スノ川にかかる巨大な鉄の羽目板の橋を渡るとすぐに、教区の中心地であり道路沿いの最大の町ロレトでバスを降りる。私たちはイタリア人司祭が運営するジョセフィン・ミッションで、その夜を過ごすことになる。翌日、徒歩あるいはピックアップトラックで来た道を戻り、橋を越え、入植者の農園と牧草地を通ってスノ川に続く未舗装道に沿っていくと、アヴィラへと続く山道へと行き当たる。長年にわたって、エクアドル東部の道路は、ときどき思い出されたかのように延長されてきた。道路整備は、普通は地方の選挙キャンペーンと同時に行われる。私が最初一九九二年にアヴィラを訪ねたときにはロレトからは徒歩用の道がひとつしかなかったので、イラリオの家に行くには、よくて一日の大半を要していた。しかし最近の訪問では、雨の降っていない日なら、アヴィラ地方のもっとも東の地域にまでピックアップトラックで行くことができる。

これが、私たちが進もうとした経路だった。実際には、私たちはその日にロレトまでたどりつかなかった。パパジャクータを過ぎてからそれほど遠くないところで、激しい雨が引き起こしたいくつもの地滑りのうち、最初のものに出くわしたのである。そして、トラックやタンクローリー、バス、自動車がどんどん連なるようになるなか、私たちの乗ったバスがこの状態が解消されるのを待っているうちに、背後で起きた別の地滑りに巻きこまれてしまったのである。

その場所は、険しく、不安定で危険な地形にあった。こうした地滑りはこの道を旅してきた十年のあいだの心かき乱すイメージを、とりとめもないかたちで私の中に再び呼びさました。私たちがそこに着く前に道路を押し流した巨大な土石流の中で、八の字を描くようにして遡上していたヘビ。上流の山が緩くなり、流れてきた岩と水の混じった懸濁液《けんだくえき》によってつぶれたソーダの缶のように半分曲がってしまった鉄橋。前夜、谷間に突進した運搬トラックが唯一残したしるしである黄色いペイントがはねかけられた崖。ただ、地滑りは、たいていの場合、遅延という事態を引き起こすだけである。すみやかに解消されなかった地滑りは「トラスボルドス」、つまり、目的地に到着できない運行中のバスが引き返す前に、乗客をそこで載せ替える措置をとるための場所になった。

この日、トラスボルドはまったく不可能だった。交通は両方向で詰まり、さらに私たちは数キロの距離にわたって散見されるいくつもの地滑りによって足留めされていたのである。上のほうの山が私たちの上に崩れかかっていた。ある場所では岩が崩れ、バスの屋根に降ってきた。私は恐怖を感じた。

しかし、ほかの誰も自分たちが危険な状態にあると思ってはいないようだった。おそらくあまりの緊張、運命論、あるいは何よりも旅を終わらせる必要から、運転手も助手も冷静さを失わなかった。ある程度までなら、このことは理解できる。私を困惑させたのは旅行者たちだった。中年のスペイン人女性たちは、ナポ川沿いの雨林と先住民の村々を訪ねるツアーを予約していた。私が気になったのは、この女性たちが冗談を言ったり笑ったりしていることだった。ある場所でひとりがバスを降り二、三台の車を越え、運搬トラックのところまで歩いていって、そこでハムとパンを買ってグループのためにサンドイッチをつくったのである。

旅行者たちの無頓着さと私の危険の感覚との不一致は、私の中に奇妙な情態を呼び起こした。私の中で休みなく続く「たられば《ワットイフ》」が、物事をあまり気にしないお喋りな旅行者たちからますます離れていったので、はじめは不安の広がる感覚であったものがすぐに深い疎外感へと変わっていった。

　私の世界認識と私の周りの人たちのそれとのあいだにある食い違いが、世界とそこに住まう人たちから私を切り離したのである。私がとり残されたところにあったのは、未来の危険を考えることを制御できずにぐるぐると回り続けてしまう私自身の思考だった。その後さらに厄介なことが起きた。私の考えが周囲の人たちとの継ぎ目を失っていると感じるやいなや、そこにあると私がいつも信頼してきたものに対するつながりを疑い始めたのである。そのものとは、私自身の身体である。別の状況では私の思考に所在を与え、その明白な現実をほかの人たちと共有している世界の中にこの所在を位置づけるであろう身体である。別の言い方をすれば、私は、所在のない存在という希薄な感覚——私の存在自体を問題とする根なし草《デラシネーション》の感覚——を覚えるようになったのである。なぜなら、もし私が確信した危険が存在しないなら——そもそものバスにいたほかの誰もが、その山が私たちの上に崩れ落ちてくるなどとは恐れていないように思えた——、なぜ私は、世界に対する私の身体のつながりを信じることができるのだろうか。なぜ私は、「私の身体」に対する「私」のつながりを信じなければならないのだろうか。そしてもし、私が身体をもたなければ、「私」とは何なのだろうか。私は生きていたのだろうか。このように考えて、私の考えは暴走した。

　この根本的な疑いの情態《フィーリング》、その存在をもはや信じることができなくなった自らの身体と世界から切り離されてしまったという情態は、何時間も経って地滑りが解消されそこを通り抜けることができたときにも消えることはなかった。それは、最終的にテナに着いたときにもおさまることがなかった（その夜は遅かったので、ロレトまで行くことができなかった）。昔なじみのホテル・エル・ドラドで、比較的落ち着いた状態にあっても、なおも心安く感じるようにはならなかった。この簡素ながら心地よい家族経営の宿泊所は、ナポ川にあるルナのコミュニティを調査していたときの休息場所だった[18]。このホテルは、エクアドルがその領土の三分の一とアマゾン河へのアクセスを失ったエクアドルとペルーとの短い戦争の兵役経験者である――そのことを証し立てる傷がある――ドン・サラサルの持ちものだった。エル・ドラドというそのホテルの名前は、アマゾニアの奥深くのどこかにある、決して到達することがかなわない黄金の都市に敬意を表することで、申し分ないかたちでこの喪失を示している。

落ち着かない夜を過ごした翌朝もまだ、気分がすぐれなかった。別の危険なシナリオを想像するのを止めることはできなかったし、まだ身体から切り離され、周囲の人たちから切り離されているように感じていた。もちろん私は、そんなことを感じていないようにふるまった。また、個人的な不安に社会的な位置を与えることができずにいたためにその不安がさらにこじれていたので、ともかく普通にふるまうためにも、私は、テナの町を半分に分けるミサワジ川の川岸を散歩しようといとこを連れだした。数分歩いてカビの生えた燃え殻のかたまりとカドのとれた川の丸石がある薄汚れた町はずれに行き当たると、灌木の中でフウキンチョウが餌を食べているのを見つけた。私は双眼鏡を持ち歩いていて、少し探した後、そのトリの場所を特定した。焦点合わせのつまみを回して、そのトリの分厚い黒いくちばしが鮮明になったとき、私は突然の変化を感じた。抱えていた分離の感覚が、すっと消えた。そして、フウキンチョウに焦点が定まると、私は急に生命の世界に戻ったのである。

オリエンテへの旅で私が感じたことには名前がある。不安。心理学者の故リサ・キャップスと言語人類学者エリノア・オクスによって書かれた、ある女性の生涯にわたる不安との闘いについて注目すべき記述のある『パニックを構築する』(Capps and Ochs 1995)を読んで、私はこの状況には象徴的思考の特別な質のうちの重要なものが示されていると理解するようになった。以下では、二人が記述した女性であるメグが、象徴的な想像力が開いた未来のあらゆる可能性という息苦しい重みをいかに経験するのかが示されている。

ときどき私は一日の終わりに近づくと、「そのことが起きたらいったいどうなっていたのか」「このことが起きたらいったいどうなるのか」ということを考えて疲れ切ってしまった。それから私はソファの上に座っていたことに気づいた――それが私で、私自身の考えこそが私をおかしくしていたのである。(Capps and Ochs 1995:25)

キャップスとオクスはメグを「普通の人々のものであると彼女が見なす現実を自ら経験」することを「自暴自棄《デスパレート》」であると描いている(Capps and Ochs 1995:25)。メグは「彼女自身を自覚することや、既知で親しみのあるものとしての周囲の環境から切り離されている」と感じている(Capps and Ochs 1995:31)。自分の経験が、ほかの人たちが言う「起こったこと」とは一致しないと感じていて

(Capps and Ochs 1995:24)、そのため、世界の共通のイメージを、すなわち、世界がいかに動いているのかについての想定を共有する人は誰もいないと感じているのである。さらに、彼女は、特定の場所に自分自身を接地させることができていないように思われる。メグはしばしば、彼女の実存的な窮状を表現するために、「ここに私がいる」という構文を用いたが、ある決定的な要因が見落とされていた。すなわち、「彼女は対話の相手に存在するということを伝えるが、彼女が具体的にどこにいるのかを言わない」(Capps and Ochs 1995:64)。

『パニックを構築する』というタイトルは、いかにしてメグがとりとめもなく自らのパニックの経験を言説のかたちで構築するのかを指示しようという著者の意図によるものである――彼らの想定では、「人々は物語ることによって、自らが誰であるのか、またいかに世界を見るのかを構築する」。しかし私は、そのタイトルはパニックについてより深い事柄を示していると考える。それはまさしく、不安を可能にする象徴的思考の構築的な質である。すなわち、象徴的思考が非常に多くの仮想世界を生み出すことになるという事実である。メグは言語的、社会的、文化的に、言いかえれば象徴的に、パニックの経験を構築するのではなくて、パニックそれ自体が、象徴的構築が暴走する徴候なのである。

キャップスとオクスによるメグのパニック経験をめぐる議論を読み、そしてそれを記号論的に考えてみることで、私はオリエンテへの旅の途上で何が起きたのか、すなわち、私の中にパニックを生み出し、またその霧散へと至った諸要因を理解しえたと思う。自分なりには筋の通った恐怖が社会的に認められなかったという状況に、最初の不安の経験を位置づけるメグの場合と同様に

(Capps and Ochs 1995:31)、十分に根拠のある恐怖とバスに乗り合わせた旅行者たちの呑気な態度とのあいだの断絶に私が直面したときに私の不安が出現したのである。

暴走する象徴的思考は、身体が通常は与えてくれるだろうインデックス的な接地から根本的に切り離された精神を生み出すことになる。私たちの身体は、全ての生命と同様、記号過程の産物である。私たちの感覚的経験は、もっとも基礎的で細胞的な、そして新陳代謝のプロセスでさえも、表象的な――必ずしも象徴的でないのだけれども――関係によって媒介されている（第二章参照）。しかし暴走する象徴的思考は、全てのものから区別されたものとしての「私たち自身」を私たちに経験させる。つまり、私たちの社会的な文脈、私たちが生きている環境、さらには私たちの欲望や夢でさえも。このようなことにならない限りは、「私たちの」身体に、自らを超える世界にインデックスによって接地されている身体に、この特別なたぐいの思考を接地するはずの、インデックス的なつながりを疑うほどに、私たちは場所から切り離されるようになる。つまり、我思うゆえに我であることを疑う。

このことは、どのようにして可能になるのか。またなぜ私たちは、懐疑的なパニックが常である状態で生き長らえることはないのだろうか。私の不安による疎外感が、フウキンチョウが焦点に入りこんできた瞬間に霧散したことから与えられるのは、象徴的思考がその世界から根本的に分離されることに加えて、その思考が落ち着きどころを取り戻すことが可能になる条件の洞察である。私は決して熱帯の自然をロマン化したり、それに結びつく者を特権化したりしようとしているのではない。この種の再接地は、どこででも起きる。それにもかかわらず、みすぼらしい町のはずれの藪の中で、あのフウキンチョウに焦点があったことが私に教えてくれたことは、この濃密な生態学に身を浸すことが、すぐれて人間的であるものを超えたより広大な記号過程の領域、つまり、私たち全てが――普通――置かれている領域を増幅し、目に見えるものにするやり方なのである。あのフウキンチョウを見ることがより広いもののうちにあの根本的な分離の情態を位置づけることになったので、私は正気を取り戻したのである。そのことが人間的なるものを「超えた」より広い世界に私を位置づけ直すことになった。私の世界についての思考が再び世界の思考の一部となったのである。人間的なるものを超えた人類学は、このようなつながりの重要性を把握することに努める一方で、なぜ私たち人間がそれらを見失う傾向にあるのかを理解することも視野に入れている。

連続性の外にある新奇性

このようにパニックを考えることによって、いかにしたら象徴的思考がつくり出す分離をもっともうまく理論的に分析できるのか、というより広い問いへと導かれていった。私たちは、象徴的なるものに似たものはすぐれて人間的なものであり、そして当然（少なくとも現実生活に関する限り）新奇であるために、それはもともと由来するものからも根本的に分離されていると見なす傾向にある。これは、私たちが継承するデュルケーム学派の遺産である。社会的事実には、それ独自の新奇な現実があり、先行してある何か——心理学的なものであれ、生物学的なものであれ、身体的なものであれ——によってではなく、ほかの社会的事実によってのみ理解されうる（以下を参照。Durkheim 1972:69-73)。しかし私が経験した根本的な分離の感覚は、身体的にも耐えがたい。それどころかある意味で、生命が拒否する。またこのことによって私は、そのような分離をその出発点と見なす分析的アプローチに何か問題があるのではないかと疑うようになった。

もし、私が主張するように、生命にとって本来的な記号過程の産物である限りにおいて、私たちのとりわけ人間的な思考と森の思考とが何らかの仕方で連続線上に位置するのであれば（第二章参照）、人間的なるものを超えた人類学は、人間的な思考の特性を、より浸透性のある記号過程の論理との関係を見失うことなしに説明する方法を見出さなければならない。この新奇な動態が由来するものに対してもつ関係を概念的に説明することによって、私たちがとりわけ人間的だと受け止めるものと私たちのかなたにあるものとのあいだの関係をよりよく理解できるだろう。この点で、私がここで考えてみたいのはパニックのことであり、とりわけその解決が私に教えてくれたことである。そこで、一連のアマゾニアの事例を生かしてイコン的、インデックス的、象徴的な過程が互いに入れ子状になっているありようを辿ることとしよう。象徴はその存在をインデックスに依存し、インデックスはイコンに依存する。このために、私たちはこれらの各々を独特なものにする何かを、それらもまたいかに互いに連続性の関係にあるのかを見失うことなく見定めることができる。

ディーコン（1997）に倣って、記号過程の縁《へり》にある反直観的な事例から始めよう。人目につかないように偽装するアマゾニアの昆虫で、細長い胴の部分が枝のように見えるため、英語ではウォーキング・スティック、歩く枝切れとして知られるナナフシを考えてみよう。そのキチュア語の名前はシャンガ（*shanga*）である。昆虫学者たちは、それを適確にファスミド（phasmid）――幽霊《ファントム》のよう――と呼び、Phasmidae 科 Phasmida 目に位置づける。ぴったりの名前ではないか。この生きものをほかから明確に区別するのは、区別の欠除である。この虫は背景へと幽霊のように溶けこむ。いかにしてそれほどまでに幽霊のようになったのだろうか。こうした生きものの進化は、記号過程の「幽霊のような」論理の特性について、重要な事柄を明らかにする。同じように、生命「それ自体の」反直観的な質――アマゾニアで、またその場所でルナのように生きることで増幅される質――を理解することの助けにもなる。こうした理由で、本書の様々なところでこの事例へと戻ることになるだろう。ここでは、異なる記号過程の様態――イコン的、インデックス的、象徴的――には、いかにそれ自体の特性があるのか、同時に、互いに対する入れ子状の連続性という関係に位置しているのかを理解するために、この虫に焦点を当てよう。

ナナフシはいかにしてほとんど目につかない、幽霊のようなものとなったのだろうか。ナナフシが枝切れのように見えることは、誰かがこの類似性――通常私たちが理解する、類似《ライクネス》が働くありよう――に気づくことによるのではない。むしろ、その類似とは、潜在的な捕食者の祖先たちがナナフシの祖先たちに気づくことがなかったという事実から生じたものである。潜在的な捕食者たちが、ナナフシの祖先たちと実物の枝の違いに気づかなかったのである。進化の時の流れとともに、気がつかれなかったこれらのナナフシの系統のものたちが生き残った。周囲の環境と異なっていたために気がつかれた――そして食べられた――始原のナナフシのおかげで、ナナフシはますます自らの周りにある枝切れの世界に似たものになったのである[19]。

ナナフシが不可視になったそのありようは、イコン性の重要な質を明らかにする。イコン性は記号過程のもっとも基本的な種類のものであるが、きわめて反直観的である。というのは、それは二つのものが区別されないプロセスを含むからである。私たちはイコンを、私たちが異なると知っているもののあいだの類似性を示す記号として考える傾向にある。私たちは例えば、トイレのドアにある男性のイコン的な棒のようなシルエットが、そのドアを通過する人物に似ているが同じではないことを知っている。しかし私たちがこの種の事例に焦点を当てるときに見逃してしまう、より深い事実がイコン性にはある。記号過程は、本来の類似性あるいは差異の認識から始まるのではない。それは、差異に気づかないことから、つまり区別しないことから始まるのである。このためにイコン性が記号過程のもっとも縁《へり》の部分の場所を占めている（なぜならまったく何も気づかないことについては、記号的なものは何もないからである）。それが思考の始まりと終わりを印づける。イコンがあるので、新しい解釈項——対象についてさらに何かを特定するだろう次に起こる記号——は、もはや産出されることはない（Deacon 1997:76,77）。イコンがあるので、思考は静止する。何かを理解することは、その理解がいかに暫定的なものであろうとも、ひとつのイコンを含んでいる。それは、その対象に似た思考を含む。それは、その対象の類似《ライクネス》であるイメージを含む。このために、全ての記号過程は究極的には、より複雑な記号のイコンへの変容に依存している（Peirce CP2.278）。

もちろん、記号は情報を与える。それは、私たちに何か新しいことを伝える。差異を伝える。そのことが存在理由である。記号過程はそのため、類似《ライクネス》以上の何かを含む。それはまた、何かを指差する記号過程の論理——インデックス的な論理——を含んでいる。類似《ライクネス》による記号過程の論理と差異のそれとは、互いにいかに関わりあうのだろうか。再び、ディーコン(Deacon 1997)に従って、イラリオとルシオが驚かして隠れた林冠の止まり木から出そうとしたウーリーモンキーが、倒壊するヤシを危険の記号として解釈するようになった筋道の図式的な説明を考察してみよう[20]。ウーリーモンキーが聞いた雷が落ちるような倒壊音は、イコンにより過去にあった同様の倒壊の経験を呼び起こしたであろう。このような倒壊音を聞いたという過去の経験のあいだには、互いに付加的な類似性があるのだが、それは何か危険なこと——枝が折れることとか、捕食者が接近すること——がともに起こるといったことである。そのためそのサルは、イコンによりこうした過去の危険を相互に結びつけるであろう。倒壊する木によって生み出された音が危険を示しているということは、つまり、一方で、大きな騒音と別の大きな騒音のイコン的な連合であり、他方で、危険な出来事と別の危険な出来事とのイコン的な連合の産物なのである。これらのイコンによるふた組の連合が相互に繰り返し結びつけられることで、今まさに急に大きな音を聞いたという経験が、危険な出来事に結びつけられるものとして見られるようになる。しかし今では、この連合もまた類似《ライクネス》以上の何かである。その連合が、倒壊がそれ以外のこと、異なる何かに結びつけられるに違いないと「推測する」ようサルを駆り立てる。風向計が、インデックスとしてそれ以外のこと、すなわち風が吹いている方向を指差していると解釈されるのと同じく、この大きな騒音は騒音以上の何かを示していると解釈される。それは危険な何かを指差している。

それゆえ、インデックス性はイコン性以上のものを含んでいる。しかしそれはイコン同士の一組の複合的な階層をなす連合の結果として創発する。イコンとインデックスの論理的な関係は一方向的である。インデックスは、イコン同士の特別な階層的関係から生じたものであるが、その逆ではない。倒壊する木に対するサルの洞察のうちに含まれるより高位に位置するものなど、インデックス的な指示は、三つのイコンのあいだの特別な関係がつくるものである。インデックス的な指示は、三つのイコンのあいだの特別な関係がつくるものである。倒壊が別の倒壊を思い出させる。こうした倒壊に連合する危険が別の連合を思い出させる。そして同じように、こうした連合が今起きている倒壊に連合される。イコンのこの特定の配列のために今起きている倒壊が直ちに存在するのではない何かを指差することになる。つまり、「危険」である。このようにインデックスは、イコンによる連合から創発する。こうしたイコンのあいだの特別な関係性は、独自の特性を備えた指示の形式となる。その特性は、インデックスが連続しているイコンによる連合の論理と共有されるものではないが、イコンによる連合に由来する。インデックスは情報を与える。それは直ちに存在するのではない何かについて新たな何かを伝える。

象徴ももちろん情報を与える。それがいかにして情報をもたらすのかは、インデックスと連続していると同時に異なっている。インデックスがイコン同士の諸関係の産物であり、このようなより基礎的な記号との関係で独自の特性を示すように、象徴はインデックス同士の諸関係の産物であり、それ独自の特性がある。この関係性も一方向にのみ進む。象徴はインデックス同士のある複雑な層を成した相互作用を材料に打ち立てられるが、インデックスは象徴を必要としない。

ウーリーモンキーを指すアヴィラの名のひとつであるチョロンゴ（*chorongo*）のような語は、特段の象徴である。これは、インデックス的な機能を働かせるのだけれども——何か（あるいは、より正確には誰か）を指差する——ほかの単語との関係によって、間接的になされる。つまりそのような語のある対象に対する関係は、もとはほかの単語に対して獲得していた規約的な関係の結果であって、記号と対象のあいだの相互連関の働きによるのではない。インデックス的指示をイコン的諸関係の特別な配列の産物として考えることができるように、象徴的指示をインデックス的諸関係の特別な配列の産物として考えることができよう。インデックスの象徴に対する関係とはどのようなものなのだろうか。キチュア語を学ぶことを想像してみよう。チョロンゴのような語は、比較的学びやすい。それが英語でウーリーモンキーと呼ばれているものを指示するということを、すぐに学ぶことができる。そうだとすれば、それは象徴的にはまったく機能していない。この「語」とサルのあいだの指差的関係性は、もともとインデックス的である。イヌが学ぶ命令は、まさにこのようなものである。イヌは座れという「語」を、あるふるまいに結びつけるようになる。ならば、「座れ」はインデックス的に働いていることになる。イヌは、「座れ」を象徴的に理解することなしに理解する。しかし、単語とそれが指示するものを記憶することで人間の言語を習得できる程度には限界がある。なぜなら、忘れずにいるには、あまりに多くの個別的な記号—対象の関係性があるからである。さらに、記号—対象の相互関係を機械的に覚えるのでは、言語の論理をとらえ損ねてしまう。本章の前のほうで論議した、カウサンギチュのようなより複雑な語を取り上げてみよう。キチュア語の話者でない者は、それが挨拶である（ある文脈のみで発せられる）ということはすぐに学ぶが、それが意味するものと意味する方法を感じ取ることができるようになるには、それがいかにほかの語に、さらにはより小さな言語学的単位にまでも関係するのかを理解する必要がある。

チョロンゴ、座れ、あるいはカウサンギチュのような語は、もちろん世界の中の事柄を指示するが、象徴的指示においては、単語の対象に対するインデックス的な関係は、単語の体系における単語同士のインデックス的な関係に従属するようになる。外国語を学んだり、あるいは幼児がはじめて言語を覚えたりするときには、言語的記号をインデックスとして用いることからより広い象徴的な文脈で理解することへの移行がある。ディーコン（1997）は、そのような移行がとりわけ明白になる、ひとつの実験的な状況を描き出している。彼は、日常生活で記号をインデックス的に解釈することに既に熟達したチンパンジーたちが、この解釈の方策を象徴的な方策に置き換えるための訓練を受けるという長期間の実験室での実験を議論している[21]。

その実験では、まずチンパンジーたちは、ある記号媒体（この場合、その上に何らかのかたちが記されたキーボードのキー）を（特定の食料品あるいは行動のような）ある対象か行為のインデックスとして解釈しなければならなかった。次に、そのような記号媒体を、ある体系的な仕方で、相互にインデックス的に関連づけられるものとして見なければならなかった。最後にもっともむずかしく重要なステップは、解釈上の移行を含んでいたが、それによって対象はもはや、個別のインデックス的な記号によって直接識別されず、間接的なかたちで識別されるようになる。そのようになるのは、対象を表象する諸記号が相互に関係するあり方と、対象それ自体が相互に関係すると考えられるあり方にこれらの記号の諸関係がマッピングされているあり方とを通してのことである。これら二つのレベルのインデックス的な連合（対象と対象を結びつけ、記号と記号を結びつけること）は、イコン的である（Deacon 1997: 79-92）。個別のインデックス的な連合に気づかないことを必然的に含むため、ある体系の中の諸記号を結ぶ諸関係といくつかの諸対象を結ぶ諸関係のあいだのより包括的な類似《ライクネス》を見ることで、対象を選びだすことが可能になる。

ここまで来たところで、象徴的なものが創造する分離の感覚――先述したバスの乗車時のパニックとして私が経験したもの――を説明するのがよいだろう。そこで、象徴的なものが関係づけられまた連続する、より基礎的な指示の形式との関わりからその説明を試みよう。

象徴的なものは、ディーコンが「創発」と呼ぶ動態の主たる例である。ディーコンにとって創発する動態とは、可能性の制約の特定の配列がより高位のレベルで、これまでになかった特性を生み出すものである。しかしながら、決定的なことであるが、創発するものは、それが由来し、また入れ子になっていたものからは決して切り離されることはない。なぜなら、その特性については、これらのより基本的なレベルになおも依存しているからである（Deacon 2006）。象徴的指示をほかの記号過程の様態との関わりから創発するものとして考察する前に、非人間的な世界において、いかにして創発が起きるかを考えることは有効だろう。

ディーコンは、一連の入れ子状をした創発する閾《しきい》を認めている。そのひとつに、自己組織化がある。自己組織化においては、適切な環境下で形態《フォーム》が自然発生的に生成し、維持され、増え広がる。相対的に持続せず、またまれなことでもあるとはいえ、自己組織化は無生物の世界にも見られる。自己組織的な創発する動態の例としては、アマゾニアの河川でときどき形成される環状の渦、あるいは水晶や雪片の幾何学的な格子などがある。自己組織する動態は、そこから創発し、またそこに依存している物理的なエントロピーの動態――例えば、部屋の暖かい部分から寒い部分への熱の自然発生的な流れの中にある動態——よりも規則的で制約されている。水晶、雪片、渦などの自己組織化を示すものは生きてはいない。また、その名前にもかかわらず、そこには自己は含まれていない。

対照的に、生命は自己組織の内側に入れ子になっている、続いて創発する閾である。もっとも基礎的な有機体が表象しているものであっても、生ある動態は、それ独自の定まった自己組織的な配列を選択的に「記憶する」。その配列は、自己——周囲の世界に対する一層良好な適応を示すようにして何世代にもわたって再構成され増え広がった形態——として理解されうるものの持続のうちに様々に保持されるようになっている。生ある動態は、私が以下の章で詳細に検討するように、構成的で記号過程的である。生命の記号過程は、イコン的でインデックス的である。象徴的指示は人間を無比のものにするとはいえ、生命がそこから創発し、また依存しているより広い記号過程に収められている創発的な動態なのである。

自己組織的な動態は、そこから創発しながらも連続する、そのうちに収まる物理的なプロセスとは別のものである。同じく、生ある動態は、そこから創発する自己組織的な動態に類似した関係を備えており、また同じことが、象徴的な記号過程がそこから創発するより広いイコン的かつインデックス的な記号過程的なプロセスに対して持つ関係にも言える（Deacon 1997: 73）[22]。それゆえ創発する動態には、論理的および存在論的意味の両方において、方向性がある。つまり自己組織化によって特徴づけられる世界は必ずしも生命を含むわけではないし、生命の世界は必ずしも象徴的な記号過程を含むわけでもない。しかし生命の世界は、自己組織化するものであるに違いなく、また象徴的世界は生命の記号過程と入れ子になっているのに違いないのである。

ここまでくれば、象徴による表象の創発的な特性に戻ることができるだろう。この表象の形式は、ほかの創発する動態と同じく、先行する指示の様式には象徴同士の体系的な構造の下図は描かれていないという点で、イコン的かつインデックス的な指示に対して創発している（Deacon 1997:99）。ほかの創発する動態のように、象徴には独自の特性がある。象徴は、それ同士相互の体系的な諸関係によって指示する力を獲得する、という事実が意味するのは、インデックスとは反対に、指示対象が不在であっても、安定した指示の力を失うことはない、ということである。このことが、象徴にそれならではの特徴を授けることになる。象徴的指示の対象になるのは今ここだけでなく、「たられば《ワットイフ》」でもあると認めることでもある。象徴的なるものの領域においては、物質性およびエネルギーからの分離が大きくなり、またその因果的なつながりには多くが巻きこまれているので、指示は真の自由を獲得する。このために私たちは、あたかも世界から根本的に分離されているかのように象徴を取り扱うに至るのである（以下も参照。Peirce CP6.101）。

しかし川の流れの中につくり出された渦などの創発する動態と同じように、象徴的指示は、そこから創発している、より基本的な動態にも密に結びついている。このことは、象徴が構築される仕方にも、また象徴が解釈される仕方にもあてはまる。象徴はインデックス同士の特別な関係性の結果であり、同じくインデックスは、イコンを特有の仕方で結ぶ特別な関係性の結果なのである。また象徴的解釈は、インデックス的な諸関係の組み合わせと対になることで作動するが、そのインデックス的な諸関係は、そのあいだにイコン性を認めることで最終的な解釈に至る。すなわち、全ての思考は、イコンとともに終わる。そのため象徴的指示は、究極的には、イコン同士の高度に入り組んだ体系的な諸関係から生じている。しかしその一方で、イコン的あるいはインデックス的な様態と比較すると、象徴的指示には独自の特性がある。つまり、ほかの種類の記号関係を締め出すことはない。言語などの象徴的な諸体系は、ツプなどの「単語」の場合のように、相対的にイコン的な記号を組み入れることができるだけでなく、たいていそのようにする。さらに、様々なレベルのイコン性に加えて、記号同士のあらゆる指差的関係にも、また記号の諸体系とそれらが表象するもののあいだの指差的関係にも依存している。象徴的指示は、最終的に全ての記号過程と同様に、そこから創発するより基本的な物質的、エネルギー的、自己組織的な過程に結局は依存している。

象徴的指示を創発するものとして考えるならば、象徴を介することで、指示はいかにして、世界の型、習慣、形式および出来事から影響にさらされているという質を完全に失わずに、徐々に世界から分離されるのかを理解できるようになる。

象徴的指示、ひいては人間の言語と文化を創発したものとして見ることは、（人間の）精神を（非人間の）物質から区別しようとする二元論の試み――パースが「斧をもって分析することで、相互に無関係となった存在の細切《こまぎ》れを究極の要素として残す哲学」(Peirce CP7.570) として鋭く特徴づけたアプローチ――に向けられるパースによる批判の精神の流れを汲んでいる。創発論のアプローチは、いかにして象徴的なるものが物質に連続しているのかと同時に、いかにしてそれが可能性をめぐる新奇な因果律の場となるのかを理論的かつ経験的に説明できる。この連続性によって、極めて独自であり分離されているものでも、残りの世界との関わりを絶たれることがありえないということを私たちは認識するようになる。このことは、人間的なるものを超えた人類学が、人間的なるものがそこから創発するより広い世界において、人間に特有のものの場を定めようと努める方法にとって重要であるということを暗示する。

パニックとその霧散はこれらの象徴的な記号過程の特性を示している。それらが指差するのは、制約のない象徴的思考による現実的な危険とそのような思考が再接地されるありようである。トリを見つめることが、象徴的指示が入れ子になっている記号過程的な環境を再＝創造することで、私の思考を、ひいては私の創発する自己を再び接地させる。持っていた双眼鏡というよくできた装置を通して、ちょうど私の前で鮮明に焦点が合うようになったそのイメージを見定めることができたという事実のおかげで、私はインデックス的に一羽のトリと一直線でつながるようになった。この出来事は、ソファの上で、ひとりで考えにふけっているメグが簡単には見つけられそうになかった何かの中に、私を再び浸すことになった。すなわち、知りうる（および共有されうる）環境、そして私自身を超えて広がるが私もまたその一部になることができた今ここに、たしかに位置づけられていたという、ある種の瞬間的な実存の確信である。

パニックは、根本的な二元論のような手触りがあるものと、私たち人間にとって二元論がなぜこれほど説得力があるのかを暗示するものをもたらしてくれる。その耐えがたい影響を辿ることでパニックのうちに認められたものは、二元論に向けられる直感的な批判と、それに付随することもある懐疑論である。パニックが消え去るときには、二元論に向かう特定の人間的な傾向がほかのものに解消されることに対する感覚を得ることにもなる。どこで見出されようとも、二元論は、創発するところから切り離されているかのように、創発する新奇なものを見る視座だと言えるかもしれない。

創発する実在

あの朝テナの川岸にいたトリを見ることで、私はたしかに話し言葉的な意味合いにおいて、頭から抜け出すことができたのであるが、ではいったい何に踏み込んだのだろうか。その行動が巻きこむ、関わることのより基礎的な記号過程の様式によって、私は文字通り自らの感覚を取り戻すことができたし、またその過程で私自身を超えた――私の精神を超え、規約を超え、人間的なるものを超えた――世界の中に私を再び接地させることになったのだけれども、この経験は、象徴的なるものの かなたにあるものとはいかなる世界なのかを問うように、私を導いているのではないだろうか。言いかえると、この経験は、私がここで発展させようとしている人間的なるものを超えた人類学の文脈の中で理解される限りにおいて、私たちが「実在」ということによって何を言わんとするのかを再考するように迫っているだろう。

私たちは一般に、実在するものを現存するものとして考える。森で倒壊するヤシの木は実在する。落下の結果として残った、剪断された枝と押しつぶされた植物は、そのすさまじい事実性の証である。しかし、実在するものを起きた物事——そこにある法則と結びついたもの——として限定的に特徴づけることでは、自然発生性、すなわち成長に向かう生命の傾向を説明できない。またそれは、生きているものによって共有される記号過程——生命の世界から創発し、究極的には私たち人間を基礎づける記号過程——も説明できない。さらに、そう特徴づけてしまえば、私たちが人間的な精神として境界づける、あの切り離された存在のまとまりに対して、あらゆる可能性を二元論によって再び刻銘することになるだろう。そのとき、そうした精神、つまりその記号論と創造性がいかに創発したのか、あるいは、そうでなかったのならほかの何ものにも関係しえなかったのかを示唆することもないだろう。

パースは、自然的で非二元論的な宇宙の理解にとってよりふさわしく、より広がりのある実在をいかに想像するのかという課題に深く関心を抱いていたのであり、またその経歴を通じて、自らの哲学的なプロジェクトの全体——記号過程を含む——を、より広い枠組みのうちに実在を包含する特別な実在論のうちに位置づけようと努めたのである。その実在論は、人間および非人間の世界における自然発生性、成長、記号の生命に対する実在の関係を説明する。ここで、その枠組みを手短に示すことにしよう。というのもその枠組みには、生ある精神と生なき物質を包含する実在を見る見方に加えて、生ある精神が生なき物質から創発するときに通る多くの過程が備わっているからである。

パースによれば、私たちが意識しうる実在するものには、三つの相がある（Peirce CP1.23-26）。もっとも容易に理解される要素はパースが「第二性」と呼んだものである。倒壊するヤシは、第二の典型である。第二性は他性や変化、出来事、抵抗、事実を指示する。第二は「荒々しい」（Peirce CP1.419）。それは物事がいかなるものであるのかを想像するときの習慣的なやり方の外から私たちに「衝撃を与える」（Peirce CP1.336）。それは「私たちがこれまで考えてきたこととは別の仕方で考える」ことを私たちに強いる。

パースの実在論はまた、彼が「第一性」と呼ぶものを包摂する。第一とは「単に諸々のはっきりしない事柄、必然的には実現されないもの」である。それとほかの何かとの関係にもかかわらず、それ自体の斯様性《サッチネス》の中に（Peirce CP1.424）、自然発生性、質、あるいは可能性を備えた特別な実在を含んでいる（Peirce CP1.304）。ある日森に出かけたイラリオと私は、上のほうで食べものをあさっているサルの群によって打ち倒されてしまった一房の野生のパッションフルーツをたまたま見つけた。私たちは歩みを止めてサルの食べ残しを口にすることにした。私がその果実を割ると、ちょっとのあいだシナモンの刺激臭が漂った。口に運ぶと、匂いは消えた。匂いを嗅ぐ経験それ自体は、どこから来るのか、何のようであるのか、あるいは何と結びついているのかに注意を向けなくとも、第一性に匹敵する。

最後になるが、第三性が、本書の議論にとってもっとも重要なパースの実在論の相である。中世のスコラ哲学者に触発されながら、パースは「一般は実在する」と主張した。つまり、習慣、規則性、型、未来の可能性、目的——彼が第三と呼ぶもの——は、最後に生じる効果を有しており、さらに人間の精神の外にある世界に生じ、表れるようになることもある（Peirce CP1.409）。世界は「習慣を形成しようとする万物の傾向」によって特徴づけられる（Peirce CP6.101）。つまり、エントロピーの増加へと向かう宇宙の一般的傾向は、ひとつの習慣である。河川の中の環状の渦や結晶の分子構造の形成のように、自己組織的な過程に見られる規則性の増加へと向かう、より共通性が低い傾向もまた習慣である。そしてこれらの規則性を予知し利用し、その過程において、新奇な規則性の配列を創造するその能力をもって、生命は習慣獲得《ハビットテイキング》に向かうこの傾向を増幅する。この傾向は世界を潜在的に予測可能にするものであり、また結局は推論によっている、記号過程としての生命を可能なものとする[23]。なぜなら、規則性の外観さえあれば、世界は表象可能になるからである。記号は、習慣についての習慣である。熱帯林は共進化した生命形態のつくる多くの層を通して、この習慣獲得の傾向を極限まで増幅する。

媒介を含む全ての過程は、第三性を示す。したがって、全ての記号過程が第三性を示すのは、それが「何か」とある種の「誰か」のあいだをある仕方で媒介する第三項として働くからである。しかしながらパースにとって、全ての記号は第三であるのだけれども、全ての第三が記号ではないと強調することは重要である[24]。一般性、つまり、習慣に向かう傾向は、記号的な精神が世界に押しつける特徴ではない。それはそこにある。世界の中の第三性は記号過程にとっての条件であって、記号過程が世界へと「もたらす」ものではない。

パースにとって、全てのものがある程度まで、第一性、第二性、第三性を示す（Peirce CP 1.286, 6.323）。異なる種類の記号過程はこれらのうちのいずれかの面を、ほかのものの否認に至るまでに増幅する。全ての記号は、それらが全て誰かに対して何かを表す点で、本来的には三項的であるとはいえ、それぞれのたぐいの記号は、第一、第二、第三のいずれかに、より注意を向ける。

第三としてのイコンは、それがほかの何かとの関係にかかわらず、その対象と同じ質を持つという事実によって媒介するという点において、相対的には第一である。キチュア語のツプのようなイメージ的な「単語」は否定形になったり、語尾変化させられたりすることがないのもこのためである。それ「自体の斯様性《サッチネス》」において質となる道がそこにある。第三としてのインデックスは、相対的には第二であるのも、その対象から影響を受けることで媒介をするからである。倒壊するヤシがサルを飛び上がらせたのである。それとは対照的に、第三としての象徴は二重の意味で三項的であるというのは、一般的な何か——創発的な習慣——を指示することで、媒介するからである。象徴が意味をもつのは、それを解釈するようになるだろう象徴の習慣的および抽象的体系——習慣の体系——に対する関係のおかげである。カウサンギチュを理解するには、キチュア語全体に慣れ親しむことを必要とするのもこのためである。象徴的なるものは、この惑星のどこにも先例のない程度までに、習慣を生み出す習慣についての習慣なのである。

私たちの思考が世界のようなものであるのは、私たちが世界に属するからである[25]。（あらゆるたぐいの）思考は、習慣獲得に向かう世界のうちの傾向から創発し、それと連続し、多くを巻きこんでいる習慣である。このようにして、パースによる特別なたぐいの実在論によって私たちは、人間ならではの知る方法の限界を認識するだけでなく、それを超え出るようにして、世界に関連するものとなりうる人類学を思い描くまでに至ることができる。記号過程の再考は、そのような取り組みの出発点である。

実在するものについての拡張されたこの見方を通じて、双眼鏡の中にフウキンチョウが焦点を結んだときに、私が抜け出したものが何であったのか、また私が踏み入れたあの過程において、実在するものは何であったのかを、私たちは考えることができる。キャップスとオクスが抜け目なく指摘するように、パニックの周囲にあって大いに心かき乱すものとは、他者と同調できなくなるという情態である。思考を生み出すより広い習慣の領域からますます切り離されるような思考のために、孤独になる。言いかえれば、習慣をつくり出す象徴的思考のたぐいまれなる能力ゆえに、私たちが組みこまれている習慣から私たちを引きずり出しかねない危険が常に存在する。

しかし生ある精神は、このようにして根から断ち切られることはない。成長し、生きている思考は、たとえその何かが潜在的な未来の結果であったとしても、常に世界の中の何かに関わっているる。思考の一般性の一部――その第三性――は、単一の安定的な自己のうちだけに位置づけられるのではない。むしろ、それは複数の身体にわたって分布する、ひとつの創発する自己の構成要素である。

ある者はひとりである限りにおいては全体ではない…社会のありうる成員である。とりわけ、孤立しているときには、ひとりの経験とは何ものでもない。もしほかの人が見ることができないものを見るのであれば、それは幻覚と呼ばれる。「私の」経験ではなく、「私たちの」経験こそが、考えられなければならない。そして、この「私たち」というものは、無限の可能性を有している（Peirce CP 5.402）。

この「私たち」が一般である。

パニックになると、習慣を獲得する私の精神、習慣を獲得する他者たちの精神、および私たちが世界の習慣を見つける経験を共有する能力を結びつけていた三項関係が崩れてしまう。さらに私的になっていく精神をそれ自体、独我論的に包みこむことは、恐るべきことへと帰結する。すなわち自己の内破である。パニック時に自己は残りの世界から切り離されたモナド的な「第一」となる。つまり、ハラウェイ（Haraway 2003）が世界に対するより「肉的な」つながりと呼ぶものの存在を疑うことがその唯一の能力であるような、「社会のありうる成員」である。その結果は、要するに、懐疑的なデカルトのコギトである。あらゆる「無限の可能性」を備える、成長し、望まれ、そして創発する「わたしたち」の代わりに、固定された「私（だけ）が（象徴的に）考える、ゆえに私は存在する（ということを私は疑う）」[26]。

創発的な「わたしたち」に帰結するこの三項的な一列線はインデックス的およびイコン的に獲得される。イラリオが切り倒したヤシの木近くの樹の先の小枝に驚いたウーリーモンキーをルシオが射撃した後に、続けざまにルシオが口にした論評を考えてみよう。

そこ
ちょうどそこ
そこ
何が起きるのだろうか？

そこ、ボールのように丸まっている
ひどいケガを負っている[27]

視力がルシオのように良くないイラリオは木の上のサルをすぐに見つけることができなかった。ささやくように彼は息子に「どこ?」と尋ねた。そしてそのサルが突然動き始めたのでルシオは応えた、「見ろ! 見ろ! 見ろ! 見ろ!」

命令法の「見ろ!」(キチュア語の「リキ」"*ricui !*")は、ここでは、枝の隅から隅まで横切るようにそのサルの動いた道筋に沿って、イラリオのまなざしを方向づけるためのインデックスとして働いた。そうすることで、樹木に隠れるサルと向かい合うようにして、イラリオとルシオを一列に並べていたのである。さらに、ルシオの命令のリズミカルな繰り返しは、枝に沿ってそのサルが動く歩調を、イコン的にとらえていた。イラリオもまた共有することになるであろうこのイメージを通じて、ルシオは、父親が実際にそのサルをなんとかして見ることができるかどうかにかかわらず林冠を動き回る傷を負ったそのサルを見るという自らの経験を「直接知らせる」ことができるのである。

私の双眼鏡の中でフウキンチョウが焦点を結んだ瞬間、私を世界へとつれ戻したのは、まさにこのようなイコン的でインデックス的な一列線《アラインメント》である。灌木の中のちょうどそこに座っているトリの生き生きとしたイメージが、共有しうる現実に、私をもう一度接地させたのである。イコンとインデックスが世界について直接的に得られるものを私たちに与えない場合でさえ、こうしたことが起きる。全ての記号は媒介を含み、また私たちの全ての経験は記号過程によって媒介される。媒介されない身体的、内面的そのほかの経験や思考など存在しない（以下を参照。Peirce CP 8.332）。さらに、実在するフウキンチョウが、川岸の実在する草木を食べるというこの現実には、本来的に対象であるものは何もない。なぜなら、この動物とその低木の小枝は——私と同じく——隅々まで記号的な生命だからである。これらは、表象の諸々の帰結であり、熱帯林の生命を構成する、増殖する慣習の編み目がつくる整列線が増加し続けるという進化的プロセスの帰結である。そのような諸習慣は、私がそれらを見定めることができようができまいが、実在する。私が川の端であの朝あのフウキンチョウに対して感じたように、これらの諸習慣のある部分を表す感触を手にすることで、私は、他者がこの経験を共有できる道筋を通ることで、より広い「私たち」と列をなすことが可能になる。

私たちの思考と精神のように、トリと草木は創発する実在である。生命形態は世界の諸習慣を表象し、また増幅させるので、新たな諸々の習慣を創造し、またそれとほかの有機体たちとの相互作用がさらなる諸々の習慣をも創造する。それゆえ、生命は習慣を増殖する。高度なバイオマス、並ぶもののない種の多様性と複雑な共進化による相互作用がある熱帯林は、習慣獲得に向かうこの傾向をけた外れなまでにしている。狩猟やそのほかの生存活動を通じて森に深く巻きこまれているアヴィラのルナのような人たちにとって、このような習慣を予測することは、この上なく重要なことなのである。

私をアマゾニアへと引きつけるものの多くは、あるたぐいの第三（世界の諸習慣）が、また別のたぐいの第三（この世界の中に生き、この世界を構成する人間的および非人間的な記号論的自己）によって表象されるありようであり、そのことによってより多くのたぐいの第三が「繁栄」するようになる（以下を参照。Haraway 2008）。生命は習慣を増やし広げる。熱帯の生命体は習慣を極限にまで増幅させるのであり、またこの生物学的な世界に没頭しているルナやほかの人たちは、これをさらに増幅することができる。

成長

生きていること——生命の流れの中にあること——には、増加し続ける創発する習慣を私たちが後押しすることが含まれている。しかし生きていることは、習慣の中にいること以上のことである。記号的な動態の生き生きとした繁栄の原因と結果を私は自己と呼ぶが、それはまた、崩壊と衝撃から生じたものでもある。パースが「新たな習慣を形成したり、古い習慣を失ったりする力を喪失してしまった精神」として特徴づけた、動かない物質とは対立するものとして、精神（あるいは自己）は、著しいほどに、諸々の習慣を獲得し、そして諸々の習慣を捨てるという習慣を手に入れたのである（Peirce CP 6.101）。

特定の習慣を選択して捨てるというこの習慣から、より高位のまた別の習慣が創発することになる。言いかえれば、成長は、周囲の習慣の何かを習得することを私たちに求めているが、しかし他方で、私たちには習慣となっている、世界のありようへの期待が崩壊してしまうこともある。射撃したブタが川へ飛びこんだ――ツプ――とき、マキシは獲物を捕獲したと思った。それは、間違いだった。

馬鹿なことに「これは死ぬだろうな」と私が考えている
そのときに
それは突如として逃げ去った[28]

死んだと思われたイノシシが突如飛び上がって逃げ去ったことをきっかけとしたマキシの困惑の情態は、ハラウェイが「世界が持つ独自のユーモア感覚についての何らかのセンス」と呼んだもの(Haraway 1999: 184)の何かを示す。さらに、世界の習慣は、そのような「衝撃」という契機において露わになる。つまり、私たちは、そのうちに住まう習慣に普通気がつかない。世界の諸習慣と私たちの期待が衝突するときにだけ、他性としてある世界と、私たちが現在そうである以外の何かとしての現存する事実性が、露わになる。この崩壊に続く試練は、成長することである。このなじみのない習慣を包含する新しい習慣を創造すること、またそのプロセスにおいて、どれほど瞬間的であろうと、私たちを取り巻く世界とともにあるものとして、私たち自身を新しくつくり変えることが、その試練となる。

熱帯林の中で、またそこに接して生きるには、その諸習慣の多くの層を理解する能力が欠かせない。このことはときには、習慣を崩壊させるように思われるような要素を認めることで成し遂げられる。また別のときに、森の中をイラリオとルシオの父子と一緒に歩いていると、小さな木の枝に止まっているトリ、英語ではカギハシトビ[29]として知られる小さな獲物のトリに出くわした。ルシオはそれを射撃したが、撃ち損じた。びっくりしてそのトリは、奇妙な仕方で飛び去った。猛禽類がするように低木層を抜けてすばやく飛ぶのではなく、とてもゆっくりバタバタと羽を重そうに動かしていた。トリが逃げた方向を指差しながら、ルシオは言った。

それはゆっくりと飛び去った
トゥカトゥカトゥカトゥカ
そっちに[30]

トゥカトゥカトゥカトゥカ。その日一日じゅうルシオは、ゆっくり、ためらいながら、またいくらか不器用に羽がばたつく音響イメージを繰り返した[31]。そのトビの不恰好な飛び方がルシオの注意をとらえたのである。そのことが、猛禽類はすばやく力強い飛び方をするという期待を崩壊させることになった。同じく、鳥類学者のヒルティとブラウン（Hilty and Brown 1986: 91）は、カギハシトビについて、際立った「広い骨皮だけの羽根」を持ち「どちらかと言えば静かで反応が鈍い」と記述している。すばやく飛行するほかの猛禽類と比べると、このトリは例外となる。私たちが猛禽類について抱く想定を崩壊させるので、その習慣は興味を集める。

別の例を見よう。ある朝狩猟明けで家に戻ると、イラリオが網袋から紫色の花が点々とついた着生サボテン（*Discocactus amazonicus*）を取り出した。彼はそれを「ヴィニャリナ・パンガ（*viñarina panga*）」あるいは「ヴァニャリ・パンガ（*viñari panga*）」と呼んだ。というのは、彼が説明するには、「パンガマンダ・ヴァニャリン（*pangamanda viñarin*）」、つまり「それは葉から生育する」からである。ランのようなほかの多肉の着生植物のように、やせ衰えた茎が切り傷に効く良質の湿布をつくり出すと彼は考えたのだけれども、実際には何の特別な薬用もなかった。ところが葉がほかの葉から成長しているように見えるので、この植物には奇妙なところがあるとイラリオは気づいたのである。「ヴァニャリ・パンガ（*viñari panga*）」という名前は、進化論的な過去へと深く広がる植物学上の習慣をとらえている。葉はほかの葉から成長するのではない。それは小枝や茎、枝上の芽に位置する成長点の繊維のみから生育することができる。着生サボテンの起源であるサボテンの祖先集団は、始原において、層状の光合成をする葉を失い、多肉性の丸い層状の茎を発達させたのである。着生サボテンに見られる、互いから成育するその平たい緑の構造物は、それゆえに本当の葉ではない。それらは実際には葉として機能する茎であり、またこの理由から、それらは互いから生育することができる。これらの葉のような茎は、葉が茎から成長するという習慣を疑問に付すことになる。このことが、この植物を興味深いものとする。

部分に先立つ全体

生物学と同じく、記号論においては全体が部分に先行する。つまり、類似性は差異に先立つ(Bateson 2002: 159 を参照)。思考も生命も全体として始まる——それが、たとえ極端にあいまいで、非特定的であろうとも。どんなに単純で分化していないとしても、単細胞胚は、発達した後になるであろう多細胞有機体と同じくらい、全体的なのである。イコンは、類似《ライクネス》としてとらえられる限り、どれほど原始的であろうとも、不完全なかたちでその類似性の対象を全体としてとらえる。分化した部分が最初で、組み立てられた全体がその次に来るのは、機械の領域だけである[32]。記号論と生命は、それとは対照的に、全体から始まる。

それゆえ、あるイメージは記号論的な全体であるが、それゆえに、イメージが表象する諸習慣の非常に大雑把な似姿となりうる。ある日の午後アスセンシオの家でマニオク酒を飲んでいると、私たちはアスセンシオの娘サンドラが、少し離れた場所にある庭から、「ヘビだ！ 殺しに来て!!」[33]と叫んでいるのを聞いた。アスセンシオの息子オスワルドがあわてて飛び出し、私はぴったりとくっついてその後に続いた。問題の生きものは、害にならない無毒のヘビであることがわかったのだけれども[34]、オスワルドは山刀の峰の一撃でとにかく殺し、切り刻んで、その頭を土中に埋めた[35]。家に戻るときに、私がつまずいた小さな切り株をオスワルドは指差して、父親と義理の兄弟とともに先日アヴィラの西の険しい森の斜面に一日かけて狩猟に出かけた後に、その道に沿っての帰りがけに、まさにその切り株で私がつまずくのを彼は見ていたのだと指摘した。

オスワルドと一緒に家に帰る道すがら、私の歩行の習慣が世界の習慣と不完全ながら合致したのである。疲れとほどよい陶酔のため（最初、私がその切り株につまずいたときには、一〇時間以上もたいへん険しい地形を歩き回ってクタクタだったし、二回目はマニオク酒の入った大きなボウルを何杯も飲み干したところだった）、私はその道には突き出たところがあると、その道の特徴を正確に解釈することができなかった。あたかも何の障害物もないかのように行動したのである。私がこのことをうまくやりとおせたのは、私のいつもの足取りが、手近にある課題に対して十分に適合する解釈的な習慣――道のイメージ――だったからである。私たちが直面していた状況では、私の歩き方がその道の特徴に完全に合っているかどうかは、さほど重要ではなかった。しかしながら、もし私たちが走ってきたのなら、もし重い荷物に苦しんでいたのなら、あるいは激しい雨が降っていたなら、私がもう少しばかり酔っている状態だったなら、その適合の欠除は増幅されたかもしれず、わずかにつまずく代わりに、そのまま転んだかもしれない。

ほろ酔いだったか疲労した状態にあった私による森の道の表象がたいそう未発達であったために、私はその違いに気づくことができなかった。オスワルドがそのことを私に示してくれるまで、私はその切り株に、さらには私がそれにつまずいたこと――二度も！――にも気づいていなかったのである。私のつまずきは、おのずと固定した習慣となったのである。私の不完全な歩き方という習慣が帯びた規則性のために――二日続けて同じ切り株を繰り返し蹴ってしまうほどまでに規則的――、それは、それ自体の変則的な習慣として、オスワルドの目に留まるようになった。しかしその一方で、その道との調和がどんなに不完全であろうとも、私の歩き方は十分に適合的なものであった。家にたどりつくことができたわけである。

それは、「十分に適合的」な習慣だった。しかし、機械的なものになったために、失われたものがある。おそらくアスセンシオの家に歩いて戻ったその日に私は一瞬、より物質――「習慣が固定化される精神」――のようになったのであり、そのために、習得し、望み、生きそして成長する自己には、それほどなっていなかったのである。

私たちの道を遮る切り株が突然現れること――私たちがそれになんとかして気づこうとするとき――あるいはマキシのイノシシが突如として生き返ることといった予期せぬ出来事は、世界のありようについて私たちが抱く想定を崩壊させる。そしてまさにこの崩壊、古い習慣の失調と新しい習慣の構築こそが、世界の中にあり、また生きているという私たちの情態《フィーリング》を構成する。世界が私たちの前に現れるのは、私たちが習慣を持つようになるという事実によってではなく、古い習慣を捨てるように強いられて、私たちが新たな習慣を受け入れるようになる契機においてのことである。ここで私たちもまた寄与することになる創発する現実のほのかな光――どのように媒介されようとも――を、私たちは垣間見ることができる。

開かれた全体

いかに記号過程が象徴的なるものよりも広いのかを認識すれば、私たちは人間的なるものを超えて絶えず＝創発する世界に住まう方法を理解することができるようになる。人間的なるものを超えた人類学は、私たちがそうであると信じている例外的な存在に自らを仕立て上げるようなひとつの習慣——象徴的なるもの——の限界を超えたところに達することを目指している。目的は、この習慣が持つ独特の効果を最小化することではなく、象徴的なものである全体が私たちを超えた世界において増殖することができ、そして増殖していく、多くの異なる習慣に対して開かれた異なる道をいくつか示すことにある。目指されるべきは、要するに、そこでは私たちが開かれた全体となる道に向かう感覚を取り戻すことである。

私たちが開かれている人間的なるものを超えた世界が、「そこにある」何か以上のものであるのも、実在するものが現存するもの以上だからである。それに応じて、人間的なるものを超えた人類学は、今ここにある現実的課題のかなたを見るために、束の間、焦点をわずかに置き直すことを求める。もちろん、この人類学は、制約や偶然性、文脈、可能性の諸条件を振り返らなければならないが、諸記号の生命、そしてそれらを解釈するようになる自己の生命は、現在の中に、あるいは過去の中だけに位置づけられるのではない。それらは同様に、未来の可能性に広がっている存在の様式を分かちあう。ゆえに、この人間的なるものを超えた人類学は、これらの一般に想定される実在性と同じく、未来の現在に生じるであろうその効果にも注意を向けることを目指している。もし私たちの主題である人間的なるものが開かれた全体ならば、私たちの方法もまたそうであるべきである。人間的なるものを超えた世界に人間を開く特定の記号論的な特性こそが、民族誌的かつ分析的な正確さをもってこのことを探求することを人類学に可能にする。象徴的なるものの領域が開かれた全体であるのは、それがより広く、異なるたぐいの全体によって支えられ、また究極的にはその中で利を得るからである。そのより広い全体とは、イメージである。ロイ・ワグナーをパラフレーズしながら、かつてマリリン・ストラザーンが私に言ったように、「あなたは半分のイメージを持つことができない」。象徴的なるものは、イメージを感じるようになる、人間に特有のある決まったやり方である。全ての思考はイメージに始まり、イメージに終わる。全ての思考は、それをもたらすだろう道がどれほど長くとも、全体なのである[36]。

記号論と生命と同様に、この人類学は、差異、他性あるいは通約不能性からは始まらない。本来の類似《ライクネス》から出発することもない。それは、静止＝した＝思考の類似——それを崩壊させるようになるだろう、そのような起こりうる差異にいまだに気づいていないことの類似——とともに始まる。ツプなどの類似は、特殊な開かれた全体である。一方でイコンは、一項的であり、ほかのものとかかわりなく、自らのうちに閉ざされている。それは、その対象が存在するかどうかにかかわらず、その対象のようである。私はあなたが感じようと感じまいと、ツプを感じる。しかしその一方で、それが何かほかのものを表す限り、なおそれは開かれたものである。イコンには、「思いがけない真実を明らかにする力」がある。つまり、「それを直接観察することによって、その対象に関するほかの真理が発見されうる」（Peirce CP 2.279）。パースが事例にしたのは、代数学の公式である。数学の等号の左辺は、右辺に対してイコン的なので、私たちは前者を考察することで後者についてより多くを学ぶことができる。左辺にあるものが全体である。左辺は、その全体性の中で、右辺にあるものをとらえる。しかしそのプロセスの中で、「想定されている事態の新しい局面を、非常に正確なやり方で」（Peirce CP 2. 281）示唆することもできる。これは、この全体性を表す一般的な仕方のために可能になる。記号が対象を表すのは、「全ての点においてではなくて、ある種の観念との指示において」（Peirce CP 2.228）である。どれほどあいまいであろうと、この観念が全体なのである。

イメージの啓示的な力に注意を向けることが示唆するのは、民族誌的な事項をより広い何かに関連づける人類学を実践する道である。低地キチュアに見られるイコン性の過度な強調は、ちょうどパニックがほかの特性を強調し、それゆえに明確なものとするように、言語の何らかの一般的な特性と、言語のそれを超えるものに対する関係を増幅し、明確にすることになる。このような増幅あるいは強調は、自らの対象について一般的なものを示すイメージとして機能することになる。こうした一般は、特定のものに属する具体性や、正しくも人類学が拒否した推定される普遍性に関わる固定された規範性を欠いているという事実にもかかわらず、実在する。人間的なるものを超えた人類学が示す手ぶりは、そのような一般的な実在に向けられている。ただし、著しいほどに現世に即した仕方でそうするのだが。この人類学は、民族誌的な契機に現れ出る日常的な奮闘とつまずきの中に自らを接地するが、その際にはこうした偶然の日常が一般的な問題に関わる何かをはっきりと示すありように視線を向けている。

この人類学がとらえるかもしれない新たな予期せぬ習慣のいくらかに対して、自らを開くことができると期待しよう。自らを新奇なもの、イメージと情態《フィーリング》へと開くことによって、この人類学は、主題と方法において、第一性の新鮮さを探し求めている。私が読者に求めるのは、自らツプを感じてもらいたいということであり、そしてこれは私からは強いることのできないものである。しかしこれはまた第二性の人類学でもあるのだが、それは、種々雑多な住まうものたちが互いに関わりあい、理解しようとする全ての方法から創発するように生み出されたごたまぜの世界で、第二性が差異を生じさせるにつれて、自らが自発性の効果にいかにさらされているのかを記録することを期待しているためである。最後に、これは一般的なものに関わる人類学である。というのもそれが目的としているのは、個別の身体や種、さらには具体的に今あることの限界を超えるひとつの〈私たち〉が、現在のかなたに広がることが可能になるような機会を認識することだからである。この〈私たち〉――そして、私たちにそれを想像し、理解するように誘う希望に満ちた世界――が、開かれた全体なのである。

第二章　生ある思考

フネスは、あらゆる森の、あらゆる木の、あらゆる葉を記憶しているばかりか、それを知覚したか想像した場合のひとつひとつを記憶していた。……しかし、彼には大して思考の能力はなかったように思う。考えるということは、様々な差異を忘れることである。

――ホルヘ・ルイス・ボルヘス「記憶の人、フネス」

アメリガとルイーサは、かつて自身の菜園であった鬱蒼とした藪の中で魚毒用[1]の根を収穫していたので、事が起きたときには耳の届く範囲にいた。家に戻り、マニオク酒の杯を重ねながらデリアと話していると、ルイーサは家族の藪越しに聞こえたイヌの吠え声を真似た。「赤面」という異名をもつ、女たちお気に入りのイヌのプカーニャ、その年老いたつれあいであるクキ、そしてウィキは興奮した様子で吠えていた。「ゥアッ、ゥアッ、ゥアッ、ゥアッ、ゥアッ、ゥアッ、ゥ

アッ、ゥアッ」。獲物を追跡するときの吠え声だった。次に彼女が聞いたのは、「ヤ、ヤ、ヤ、ヤ」という襲いかかろうとするときの吠え方だった。しかし、続いて、不安を大いに掻きたてることが起きた。イヌたちが「アヤーイ、アヤーイ、アヤーイ」という甲高い叫び声をあげ始めたのだった。それは、今やイヌたちが反撃を受け、激しい苦痛を味わっていることを示していた。「そして、それでおしまい。イヌたちはただ、静かになったの」[2]と、ルイーサは言った。

沈黙 *Chun*（チュン）

物事はどのようにしてこれほど突然に変わりえたのだろうか。女たちからすれば、その答えは、イヌたちが自らを取り巻く世界をいかに理解していたのか、より正確に言えば、理解し損ねていたのかを想像することで定まるものだった。ルイーサが、最初の二つの吠え声を思い返しながら言うには、「何か大きなものにイヌが出くわしたときにしそうなことだ」。つまり、大きな獲物に出くわしたときに、イヌたちはそのようにするだろうということだ。「彼らはシカに向かって吠えているのかな？」ルイーサはそう自問したのを覚えていた。もっともな話である。数日前にイヌたちはシカを追いつめ、襲いかかり、殺したのだった。そして私たちは、まだその肉を食べているところだった。

だが、イヌたちには獲物のように見えながらも、急に襲いかかってきたのは、どのような生きものだったのだろうか。女たちは、考えられるのはひとつだけだと結論づけた。イヌたちはヤマライオンをアカマザマジカと見まちがえたに違いなかった。両者の毛皮はともに黄褐色であり、大体同じ大きさである。ルイーサはイヌたちが考えていたことに思いをめぐらせようとしていた。「あれはシカみたいだな。噛みついてやろう！」

　イヌたちが混同していたことに対する苛立ちをデリアは簡潔に語った。「とても、とても愚かだ」。アメリガは詳しく説明した。「なんで、イヌたちはわからなかったのかな。なんで、それに襲いかかるかのように、『ヤウ、ヤウ、ヤウ』と（吠えることを）考えたのかな」

　それぞれの吠え声が意味するものが明白であったのも、これらの吠え声は、アヴィラの人々がその意味を知っていると見なす、イヌ科の発声《ヴォーカリゼーション》の総覧にあったためである。イヌの観点に立つとあまりはっきりしなかったのは、イヌたちがこうした仕方で吠えるように差し向けたものとはいったい何だったのか、ということである。イヌたちがヤマライオンとシカを識別できなかったのだろうと想像すること、そして、その混同がもたらした悲劇的結末——イヌたちが大きくて黄褐色なものを見て襲いかかった——を描き出すには、イヌたちが特段行ったことだけではなく、自らを取り巻く世界を理解するに至ったそのありようが、いかにイヌたちの行為を動機づけていたのかに考えが及ばなければならなかった。こうしてこの会話は、イヌがどのように考えるかという問いをめぐって進むようになったのだった。

　本章ではまず、人間のみならず、あらゆる生ある存在は思考するという主張を展開し、続いてそのことに密接に関連するもうひとつの主張を展開しよう。すなわち、あらゆる思考は生きている、というものである。つまり、「生ある思考」を取り上げる[3]。考えることとは、いったい、何を意味するのか。生きているということは、何を意味するのか。なぜ、この二つの問いが関連しているのか。さらに、異なるたぐいの存在と関わりあうという課題から見るとき、こうした問いに対して私たちがとるアプローチを通じて、関係性や「人間的なるもの」に対する理解はいかに変わるのだろうか。

もし、思考は生きており、生きている事物が思考するのであれば、おそらく、生ある世界は魅惑するものに満ち溢れている。私が言わんとするのは、人間的なるものを超えた世界とは、人間によって意味を与えられる意味なき世界ではない、ということである[4]。むしろ、「意味＝すること」――つまり、手段＝目的関係、労力をかけること、目的、究極目的《テロス》、意図、機能、意義といったもの――は思考を規定し統制しようとする私たちのあまりに人間的な試みによっては完全に論じ尽くされることなしに、人間的なるものを超えた生ある思考の世界に出現する[5]。より正確に言えば、アヴィラ周辺の森は活力に満ちている《アニメイト》。つまり、その森は、必ずしも人間を中心にまわるのでもなく、人間に由来するのでもない「意味＝すること」が出現する別の座をいくつも宿している。森は考えると言うときに私が言わんとするのは、このことである。人間的なるものを超えたこの人類学が今着手するのは、そのような思考を吟味することである。

もし、思考が人間的なるものを超えて存在するならば、私たち人間はこの世界に住まう唯一の自己ではないことになる。要するに、私たちは、唯一の〈私たち〉というたぐいではない。アニミズム、つまり、人間以外の諸々の座をもまた魅惑するもので満たすこととは、信念、身体化された実践、あるいは西洋の機械論的自然表象を私たちが批判するための引き立て役以上のものである——同時にこれらのうちのいずれでもありうるのだが。そのため、私たちは、ある種の人間がどのようにして、ほかの諸存在、諸実体を、活力のあるもの《アニメイト》として表象するようになるのかだけを問うべきではない。それらを活力あるものにするものは、何に関連するのかということも、より広く考え合わせる必要がある。

アヴィラの人々が、森にいるいくつもの存在を創造し、つなげ、維持する関係性の論理をうまく見通すことができるのだとすれば、彼らはこの基礎となる活力ある状態《アニマシー》をどうにかして認識しているに違いない。つまり、ルナのアニミズムとは、世界における生ある思考に注意を向ける方法のことであり、それが生命と思考の重要な特性を増幅し、明かすのである。ルナのアニミズムは、世界を思考するひとつの形式であり、世界＝内＝思考の独特な属性のいくつかを可視化するようにして、特定の状況でその思考に親密に関与することから生じる。世界の中の生ある思考とのそうした関与に注意を向けることは、人類学を異なった仕方で考える後押しとなる。すなわち、人間的なるものを超えて広がる世界の中でいかに私たちは生きるのか、ということに応じて私たちの生活が形づくられるありように注意を向けるのに有効な概念的道具立てを思い描く助けとなる。

思考するがゆえに自己であるものの一例として、イヌをあげてみよう。しかし、いささか信じがたいことには、彼らが思考する証は、デリアの言葉にあるように、「とても、とても愚か」であること——とても無頓着で、とてもまぬけになりうることでもある。イヌは森でヤマライオンとシカを混同するかもしれないと考えられていることは、重要な問いを示唆する。思考の生命とそれらを宿す自己にとって、見分けないこと、取り違えること、忘れることが決定的なまでに重要であるというのは、いったいどういうことなのだろうか。生ある思考において混同がもつ奇妙で生産的な力のために、社会理論において、一方で差異と他者性が、他方で同一性が果たす役割の基礎となっている前提のいくつかに異議が示されることになる。このことは、諸自己が関係をつくる多くの可能な方法に、言語的な関係性の論理の前提をあてはめてしまいがちな私たちの性分のかなたに私たち自身を連れだすようにして、関係性の再考を促すのである。

非人間の諸自己

女たちはイヌの吠え声を解釈できるとたしかに思っていたが、だからといって、彼女たちはイヌを自己として認識するわけではない。そのイヌを自己にするのは、イヌの吠え声は自らを取り巻く世界をイヌがいかに解釈したかを示している、という事態である。そして、女たちは十分に理解していたように、これらのイヌが自らを取り巻く世界を解釈した内容が、生命を左右するものとなった。つまり、私たち人間は、世界を解釈する唯一のものではない。「関連性《アバウトネス》」——もっとも基本的な形式をとった表象、意図、目的——は、生物界における生ある動態に本来備わる構造化の特徴である[6]。

本来的な記号論的特徴は、全ての生物学的過程にあてはまる。オオアリクイの細長く突き出た鼻と舌の進化適応を例にとってみよう。オオアリクイは、アヴィラではタマヌワ（*tamanuhua*）として知られているが、追いつめられたときには、命を脅かす動物になることもある。私がアヴィラにいるとき、現地のひとりの男がオオアリクイに殺されかけたほどである（第六章を参照）。そして、ジャガーでさえも、それを遠巻きにして近寄らないと言われている（第三章を参照）。オオアリクイはこの世のものとは思われないものでもある。私は、ある日の午後遅く、スノ川上流にある尾根でイラリオとルシオと共に丸太に腰かけて休んでいるとき、森の中ですばやく動くその姿を遠くから見かけたことがあった。今日でも、その姿はくっきりと私の心に焼きついている。先細な頭とずんぐりした胴体、扇のように広がる巨大な尾、日暮れ前の陽光がその毛を縁取るように射していた。

オオアリクイは、もっぱらアリを食べる。長く伸びた鼻をアリの巣穴に差しこんで、アリを捕食する。アリクイの鼻と舌の独特な形状は、その環境のいくつかの特徴、すなわち、アリの巣穴の形状をとらえている。この進化適応は、後の世代によって、この記号が関連するもの（例えば、アリの巣穴の形状）との関係から解釈される限りにおいて、記号である（この際、解釈は意識や内省を伴うものではないため、非常に身体的なやり方で行われる）。続いてこの解釈は、そうした適応を組み入れるようにして、後に続く有機体が発達させる身体のうちに現れる。この身体（とその適応）は、同様に、さらに後に続く世代のアリクイの身体が生じる発達に際して、次の世代のアリクイによってそのように解釈される限り、環境のその特徴を表象する新しい記号として機能する。

幾世代にもわたって、アリクイの鼻は、アリの巣穴のかたちの何かをさらなる確度をもって表象するようになった。その鼻と舌が関連する環境の特性（例えば、アリの巣穴の形状）をより正確にとらえなかった「アリクイの祖先」の系統は生き残らなかったためである。その結果、それらアリクイの祖先と比べて、今日のアリクイは、その環境の特性に対して、比較的高い「適応性」（Deacon 2012）を示すようになった[7]。今日のアリクイは、その環境の特性の、より緻密で、より余すところのない表象である。進化適応の論理が記号論的であるというのは、この意味においてである。

すなわち、生命とは記号過程である。パース（Peirce CP 2.228）による記号の定義にあるように、「何らかの側面、能力において、何かが…誰かにとって何かを表す」あらゆる動態が、生きているのだろう。長く伸びた鼻と舌は、未来のアリクイ（ひとつの「誰か」）に対して、アリの巣の構造に関する何かを表す。パースの記号論でもっとも重要な貢献のひとつは、何かが別の何かを表すことを記号とするような、伝統的で二項的な理解のかなたを見すえていたことである。代わりに、記号過程における還元不可能な要素として、極めて重要な第三の変項を認めるべきだと彼は主張した。つまり、記号は、ある「誰か」にとって何かを表すのである（Colapietro 1989: 4）。オオアリクイの例が示すように、この「誰か」――あるいは、私が好む呼び方をすれば、ある自己――は、必ずしも人間ではないし、そうしたものと見なすために、自己を表す表象にしばしば私たちが結びつけてきた、象徴的指示、主体性、内面性の感覚、意識を伴わなければならないことなどはない（Deacon 2012: 465-66）。

さらに言えば、自己であるのは、脳をもつ動物だけに限られない。植物もまた自己である。さらに自己の質は身体的に境界づけられた有機体と同じ広がりをもつわけでもない。つまり、自己の質は複数の身体にわたって分散することもあれば（ゼミナールや雲、もしくはアリの巣穴も自己として活動することができる）、ひとつの身体の内部にあるほかの多くの自己のひとつでもありうる（個々の細胞にも最小の自己という質がある）。

自己は解釈過程の起源であり、かつその産物でもある。それは、記号過程における中継点であるように して記号論的な動態の外に位置するのではない。むしろ、自己であることは、先行する記号を解釈する新しい記号を産み出す過程の帰結として、この記号論的な動態から出現する。そのために、非人間の有機体を自己として、また、生物の生命を記号過程として見なすことが、それらが大いに身体化されており、また非＝象徴的であるときがあるにもかかわらず、適切なのである。

（第一章を参照）。自己は、「自然」、進化、時計職人、ホムンクルスの生命力、（人間の）観察者のよ

記憶と不在

自己としてのオオアリクイは、その形態を選択的に「記憶する」形態である。つまり、後続の世代は、先行する世代の類似《ライクネス》、その祖先のイコン的表象である。しかし、後続世代のアリクイは先祖に似ている（ゆえにそれの記憶のようなものである）一方で、同時にそれとも異なっている。なぜなら後続世代のアリクイは、先祖の鼻と比べたときに、鼻がアリの巣穴によりぴったりと合うだろ

うし、その鼻と舌を用いることで、自らを取り巻く世界の相対的により細部にまで行き届いた表象となる可能性を持っているからである。つまり、アリクイが先行世代を記憶する、もしくは再＝現前するやり方は、「選択的」である。そうであるのも、ある部分は、その鼻が自らの環境に「適応」しなかったがためにある意味忘れられてしまった、アリクイの祖先であった諸自己のおかげである。

記憶と忘却のこの遊びは、生命に固有であり、かつその中心をなす。生ある有機体のあらゆる系統――植物であれ、動物であれ――は、この特徴を見せるだろう。対比のために、雪の結晶を例にあげよう。ある雪の結晶がとる特定の形態《フォーム》は、雪が地面に落ちるにあたって、環境と相互作用した結果であり、歴史的に偶然な産物である（雪の結晶が何らかの個性を示すと考えられているのはこのためである。二つとして同じものはない）が、その形態は決して選択的に記憶されることはない。つまり、いったんそれが溶けてしまうと、その形態は、後に続く雪の結晶が地面に落ちるにあたってとる形態とはまったく関連をもたないのである。

生きものが雪の結晶とは異なるのは、生命は本来、記号論的であり、常に記号過程は自己を表すからである。個々のアリクイがとる形態は、その形態の未来における例化へと向かい、その系統が進化の時間にわたって適応してきた環境を表象することになる。アリクイの諸系統は、その環境に対して、かつての適応を選択的に記憶している。雪の結晶はそうではない。

すなわち、自己とは、個々の形態を維持し、永続させる、生命に固有な過程の産物であり、その形態は、数世代にわたって反復されるにしたがって、周りの世界に適合するようになり、同時に、それではないものとの関連において築かれた自己同一性を維持する、ある環状の閉包性を表すようになる（Deacon 2012: 471）。アリクイは、その系統において、アリの巣穴のかつての表象を再＝現前するが、アリクイ自体がアリの巣穴であるわけではない。自身の形態を維持しようと努める限り、自己は自らのために活動する。それゆえ、「皮膚によって境界づけられた」ものであろうが、またはより分散したものであろうが、自己は行為主体性と呼ばれるであろうものの座なのである（Deacon 2012：479-80）。

オオアリクイは記号である。そのため、それが何であるかということ――その特有の形状、例えば、何かしら別のかたちではなく、細長く突き出た鼻をしていること――は、それが関連するもの、つまり、私がつい先ほど描写した動態を通して、その形態がますます適合するようになる、関連性のある環境を考慮せずには理解しえない。それゆえ、記号過程は身体化されたものであるが、身体以上の何かを常に含んでいる。記号過程が関連するのは、不在の何かである。すなわち、過去の世代が適合した環境に似ているはずである、記号論的に媒介された未来の環境である（第一章を参照）。

ひとつの生ある記号は、パースが習慣と呼ぶものの述部である（第一章を参照）。別の言い方をすれば規則性、まだ現存していないがいずれは存在するようになるであろうものに対する期待である。突き出た鼻は、それではないもの、すなわち、突き出た鼻を持ったアリクイが住むようになるであろう環境にアリの巣穴があるという可能性から産出されたものである。それは期待――未来が含むものに対する大いに身体化された「推量」――から生じたものである。

このことは、もうひとつの重要な不在の帰結である。先に述べたように、突き出た鼻、およびアリクイが周りの世界に適合するやり方は、これまで全ての間違った「推量」の結果――アリの巣穴の世界に比較的似ていない鼻をした過去の諸世代――である。このアリクイの祖先たちの鼻は、ほかの鼻ほどアリの巣穴のかたちに適合していなかったため、その形態は未来にまで生き残らなかった。

諸自己が「不在の」未来を予測しようと努めるこのような方法は、アメリガのイヌたちがとったとされた行動にも現れている。女性たちが想像するには、イヌたちはシカであると予測し、そう信じたものに向かって吠えていたに違いなかった。より正確に言えば、おそらく、彼らは大きくて黄褐色に見えたものに吠えていた。しかし不幸なことに、ヤマライオンもまた、大きくて黄褐色をしている。記号論的に媒介された未来――シカのように見えたものを襲う可能性――は、現在に影響を与えるようになった。それはイヌの判断――後から考えれば、「とても愚か」であったもの――に影響を与え、獲物だと思った生きものを追いかけるように、イヌたちを動かしたのだった。

生命と思考

記号の系統は、個々の例化を未来のものによって解釈可能にするようにして先行するものを解釈する限りにおいて、創発する習慣として未来へと広がることが潜在的には可能である。このことは、生物学的有機体にも、本書にも等しくあてはまる。生きものの場合、その子孫が未来に生き残るかどうかは定かではないし、本書の場合、その見解が未来の読者の考えに引き継がれるかどうかはわからない（Peirce CP 7.591）。そのような過程が、生命を構成する。つまり、あらゆるたぐいの生命は、人間的であれ、生物学的であれ、あるいは、いつの日にか現れるかもしれない無機的な生命でさえも、身体化され、局在化され、そして、表象的である、未来を＝予測する動態をおのずから示すだろう。そうした動態は、未来におけるその例化のうちに、習慣獲得をする傾向をとらえ、増幅させ、広げる。別の言い方をすれば、関連性《アバウトネス》の座を表すいかなる要素も、未来へと広がることが潜在的に可能であるそうした座の系統において生きていると言える、ということである。生命の諸々の源は——どのようなたぐいの生命であれ、森羅万象のどこにあっても——必然的に記号過程と自己の源のしるしとなる。

その源は思考の源のしるしにもなる。人間であれ、非人間であれ、諸々の生命形態は本来、記号論的であるため、パースが「『科学的』知性」と呼ぶものを表している。「科学的」といっても、彼が言わんとするのは、人間的、意識的、合理的でもあるような知性のことではなく、ただ単に「経験に基づいて習得できる」ことである（Peirce CP 2.227）。雪の結晶とは対照的に、諸自己は経験に基づいて習得できるが、記号過程を通して諸自己は成長できるという、ここまで描写してきたことがその事実を別様に表現している。そして同じく、諸自己が考えるということは、その事実を言いかえている。こうした思考は、私たちが狂信的にリアルタイムと呼ぶような時間尺度のうちに必ずしも生じるわけではない（Dennett 1996: 61）。つまり、それは皮膚によって境界づけられた有機体一体の生命の内部で必ずしも生じるわけではない。生物学的な系統もまた、考える。これらも、数世代にわたり、自らを取り巻く世界について経験から習得することで成長できる。そのようなものとして、これらもまた「『科学的』知性」を示している。要するに、生命は記号論的であり、記号過程は生きているがゆえに、生命と思考の双方を「生ある思考」として扱うことは道理にかなったことなのである。本書で展開する、人間的なるものを超えた人類学の核となるのは、このように深められた、生命、自己、思考のあいだにある近しい関係の理解である。

諸自己の生態学《エコロジー・オブ・セルヴズ》

生命が持つ記号論的な特性——生命のとる諸形態とは、生ある自己が自らを取り巻く世界を表象するあり方から生じるという事実——は、熱帯の生態系を構造化する。全ての生命は記号論的であるのだけれども、その記号論的な特性は、類を見ないほど多種多様な自己がひしめく熱帯雨林において増幅し、より明確になる。森が考える方法に注意を向ける方法を私が見出そうとするのはこのためである。熱帯林は、生命が考える筋道を増幅し、さらに、その筋道をよりはっきりと私たちに示してくれる。

諸自己が表象する諸世界は、モノだけで構成されているわけではない。それらは多くの場合、異なる記号論的自己によっても構成されている。アヴィラの森の内部とその周りに広がるいくつもの生ある思考が織りなす編み目を諸自己の生態学《エコロジー・オブ・セルヴズ》として指示するのも、このためである。アヴィラの内部とその周辺における、こうした諸自己の生態学には、ルナと彼らや森と相互行為するほかの人間が含まれており、その布置には、森にいる多くのたぐいの生ある存在のみならず、本書を締めくくるにあたって論じることになるが、私たちを生ある今の私たちにする精霊や死者も含まれている。

あるたぐいの存在がそれとは異なるたぐいの存在を表象し、また表象されるありようが、アヴィラ周辺の森における生の図柄《パターニング》を規定する。例えば、ハキリアリ（ハバチ科アッタ属）に関して言えば、普段は、その姿は、梢から摘みとった草木の切れ端を巣まで運ぶ働きアリの長い行列を通してのみ観察できる。だが、年に一度、彼らのコロニーがその活動を変貌させるときがある。ほかのコロニーからやってきたアリと交尾させるため、数分にわたって、広く分散したそれぞれのコロニーが同時に、数百の丸まると太った羽つきの処女女王アリを吐き出し、早朝の空に解き放つ。この出来事は多様な難問と機会を引き起こすが、実際にはそれが引き起こすものによって構造化されている。遠く離れたコロニーに住むアリは、いかにしてそれぞれの飛行群をうまく調整しているのだろうか。捕食者は、この豊かだが、束の間現れるだけの備蓄をいかにして利用するのであろうか。そして、どのような戦略を用いて、アリは食べられるのを防いでいるのだろうか。こうした羽アリは、貯蔵脂肪を有り余るほど蓄えており、アヴィラの人々やアマゾニアに住むほかの多くの者たちにとって垂涎のごちそうである。単にアニャング（añangu）、つまりアリと言えばそれを指す事実からも、それがどれほど珍重されているのかがわかる。塩をまぶしてあぶれば珍味となるこのアリは、鍋で集められ、入手可能なのはわずかな期間だが、重要な食料源となる。いかにして、人々は毎年、このアリが地中の巣から出てくる数分間をうまく予測するのだろうか。

アリがいつ飛ぶのかという問題には、いかに雨林がそうであるはずのものになるのかについて、私たちに教えてくれることがある。すなわち、相互に構成し、成長する、いくつもの生ある思考からなる、創発しまた拡大する、多層的だが不協和音を奏でる編み目であることを教えてくれるのである。赤道付近の熱帯域は、日射量や気温の季節変化に乏しく、それに伴い、春の一斉開花もないために、森に住まう存在の相互作用のほかには、アリが飛ぶ時期を左右したり、あらかじめ知らせてくれたりするような定まった合図はない。この出来事に適したタイミングは、季節性の気象学的な規則性と、異なり、競合し、そして解釈しあう種の編成がかみ合った予測の産物なのである。

アヴィラの人々によれば、羽アリは雷鳴と稲妻、川の氾濫を伴う豪雨の期間の後の穏やかな時期に現れる。この嵐の期間をもって、通常八月あたりに起こる比較的乾燥した時期は終わりを迎える。人々は、アリの出現を果物の実り具合、昆虫の増加、動物の活動の変化に関わる様々な生態学的兆しと結びつけることによって、それが起こるときを予測しようとする[8]。様々なしるしが「アリの季節《アニャング・ウラス》」（*añangu uras*）が近いことを告げるようになると、人々は夜中じゅう、数回にわたって、アリがもうすぐ飛び立ち始めるようになることを示す明白な兆しを探しに家の周りにあるいくつかの巣に向かう。そうした徴候とは、残骸でできた入り口を片づける護衛のアリがいることであったり、のそのそと出てくるのだが、いまだどこか無気力な羽アリを数匹見かけたりすることである。

このアリが飛び立つタイミングに関心を向けるのは、アヴィラの人々だけではない。カエルやヘビ、小型のネコ科動物[9]といったほかの生きものが、アリやアリに誘われてきた動物に引きつけられてやって来る。こうした生きものはおしなべて、アリが巣から出てくる瞬間に関連する何かの兆しを求めて、アリを監視し、またアリを監視している動物に対して目を配っている。

アリが飛び立つ日は気象状況に密接に関わっており、どうやらアリはそれとの関係によってほかの巣のアリとのあいだで飛行を調整するようなのだが、その日のうちでアリがまさしく飛び立とうとする時間帯は、進化の時間にわたって定着するようになったのであり、潜在的な捕食者に気づかれるか否かということに対する反応でもある。アリが飛び立つのが夜明け直前であるのは偶然ではない（私が時間を測ることができた際には、五時一〇分きっかりであった）。アリが巣穴にいるときには、攻撃的なコロニーの護衛アリが彼らをヘビ、カエル、そのほかの捕食者から守っている。しかし、アリがいったん巣から飛び立てば、護衛アリはそばにはいない。アリは、たそがれ時にいまだに外に居残っている果実食のコウモリの餌食となることがある。コウモリは、飛行中のアリに襲いかかって、脂肪が詰めこまれて丸々と太った腹部を噛みちぎってしまう。

コウモリはいかに世界を見るのかということが、飛行するアリの生命を左右する。アリが飛び立つのがこの時間帯であることには理由がある。いまだに外をうろつくコウモリは多少いるが、この時間帯になれば、コウモリが活動できる時間はあと二〇分か三〇分程度である。トリが出てくる頃

（朝六時の日の出からほどなく）には、アリのほとんどが既に分散しており、雌の中には交尾をすませて、新しいコロニーを築くために地面に降りた個体もあるだろう。アリが飛行する正確なタイミングは、記号論的に構造化された生態学の帰結である。アリは、夜行性と昼行性の捕食者からもっとも見つかりにくい時間帯である夜明け――夜と昼のはざまの不明瞭な域――に姿を見せる。

一年にわずか数分だけ巣穴から飛び立つタイミングでアリを捕まえるために、人々はアリの生活を構造化する記号論的ネットワークの論理の中に入りこもうとする。ある夜、アリたちが飛び立とうとしていたとき、フアニクは、邪魔な雨雲を追い払うために、自らの「生命の息吹《サマイ》」（*samai*）がしみこんだ煙草の煙を吹き付けることができるからと言って、私に紙巻煙草をねだった。もしその晩に雨が降っていたら、アリは出てこなかっただろう。しかし、彼の妻オルガは、雨雲を追い払わないようにしきりに勧めた。彼女が気にかけていたのは、ロレトの市場に出かけていた息子たちが翌日まで戻ってこないかもしれないことだった。家のそばにあるたくさんの巣から溢れ出してくるアリを捕まえるには、彼らが必要だったのである。アリがその夜飛ばないようにするため、彼女は自宅周辺の巣をいくつも踏みならした。こうすれば今晩アリが出てこられなくなるだろうと言いながら。

フアニクは、アリがついに飛び立つだろうと確信した夜、私が真夜中に彼の子どもたちと巣を調べに行く前に、巣を蹴ったり、その周りを強く踏みつけたりしないようにと念を押した。その後、フアニクと私は、午前五時少し前、家からもっとも近い巣の入り口から四メートルほど離れたところに、灯した灯油ランプ数台と私のろうそく数本、さらに懐中電灯を置いてきた。羽アリというのは光に魅かれて、その光源に誘引されるものである。ただし、灯りは、護衛アリが脅威と見なすことのないよう、十分に離れたところに設置された。

アリが現れ始めるにつれ、ファニクはひそひそ声だけで話すようになった。五時からほどなくして、羽アリが巣穴から出てきて、飛び立つときに立てるブンブンという羽音が聞こえるようになった。それらの多くが光に引かれて、空を飛ばずに私たちに向かってきた。そのときファニクは、二つの異なった音の高さが交互に入れ替わる、サイレンのような口笛を吹き始めた。ファニクは、これは、羽アリたちが「母親たち」の呼び声と理解するものだと、後に説明した[10]。アリたちがこちらに向かってきたとき、私たちは乾いたリサン（*lisan*）の葉[11]でできた松明でその羽を焦がした。そのため、私たちは覆いがしてある鍋にアリを難なく入れることができた[12]。

ハキリアリは、ほかならぬその存在を形づくる、諸自己の生態学に入りこんでいる。夜明け直前に巣から出てくるという事実は、おもにそれらを食べる捕食者による解釈の傾向からもたらされている。アヴィラの人々もまた、アリとそれに連なる多くの生きもののあいだの意思疎通の世界を利用しようとする。そのような戦略には、実用的な効果がある。それに基づくことによって、大量のアリを収穫することができるようになる。

意図を持って意思疎通する自己としてアリを扱うことで、ファニクは、アリと森に住むほかの諸存在とをつなぐ様々な連合を理解することができるようになった。たしかにそうした理解は、決して完璧にはならないが、アリが飛び立つ一年のうちのわずかな時間を正確に予測するには十分なものである。彼はアリたちと直接的に意思疎通をして、死へと誘い込むこともできた。こうして、フアニクは実質的に森の思考の論理に入りこむことができたのである。これが可能であったのは、彼（と私たち）の思考が、重要な側面において、森を森たらしめる生ある思考の絡みあう諸関係を構造化するものと類似しているからである。すなわち、密で、繁栄する、諸自己の生態学である。

記号論的な濃密さ

この密な諸自己の生態学における非常に多くの記号論的な生命形態の相互関係は、生命が地球上のほかの場所において表象する仕方と比べると、相対的により微細で徹底的で隅々まで行き届いた仕方で周りの環境を表象している。つまり、熱帯林で生まれる「思考」は、世界を相対的により詳細に表象するようになる。例えば、多くの熱帯樹種は白砂土壌でのみ育つことに特化した種として進化してきた。熱帯白砂土壌には、熱帯粘土土壌とは対照的に、栄養分に乏しく、水はけがよく、高い酸性度のため、植物の成長を遅らせることもあるという特徴がある。しかし、白砂土壌に根づくことに特化した種があることを説明するのは、土壌の状態そのものではない。むしろ、そのように特化した種があることは、また別の生命形態、つまり、植物を食べる有機体、すなわち草食動物との関係の結果なのである（Marquis 2004: 619）。

こうした白砂土壌の極めて貧しい状況のため、植物が草食動物から被る程度の栄養損失を耐えるのに十分な速さで自己修復するのは困難である。そのため、そのような栄養が乏しい土壌で生活する植物には、非常に特化された毒性化合物や、草食動物に対するほかの防衛手段を発達させることに多大な選択圧がかかっている（Marquis 2004: 620）。

しかしながら、興味深いことに土壌の違いが直接、どのようなたぐいの植物がどこに育つことができるかに影響を与えるわけではない。ファイン、メソネス、コーレイ（Fine et al. 2004）が明らかにした限りでは、草食動物を貧しい土壌の区画から実験的に取り除き、そこに豊かな土壌の種を実験的に移植してみたところ、実際には富栄養土壌の種のほうがやせた土壌に適応したものよりもよく成長した。

つまり、熱帯の植物は、土壌環境の違いを増幅し、それゆえに植物にとってその違いを重要なものとする草食動物との相互作用のために、その土壌環境に関連するものを表象するようになっている、と言えよう。つまり、ほかの生命形態がいなくなれば、土壌のタイプの違いが植物にとっての差異になることはないだろう。このため、実験的に草食動物を取り除いた貧栄養土壌の区画では、エネルギーの面では高コストである毒物を合成する必要のない富栄養土壌の植物が、貧栄養土壌の植物よりもよく育つのである[13]。

食虫性の草食動物がはるかに少ない温帯域では、熱帯域よりも土壌不均一性（すなわち富栄養土壌と貧栄養土壌の併存）がより高い地域であっても、土壌のタイプに応じた植物の特化はほとんどない（Fine et al. 2004: 2）。これを言いかえると、熱帯の植物は、温帯のものと対照的に、その環境特性に対する、相対的により微細な表象を形づくるようになる。熱帯の植物は相対的により密な生ある思考の編み目にとらえられているために、土壌のタイプのあいだにさらなる差異化をもたらすのである。

草食動物が土壌の差異を増幅するこの作用は、植物にとどまることなく、諸自己の生態学にわたって増え広がり続ける。例えば、タンニンは、アマゾニアにおける貧土壌の植物の多くが草食動物に対して発達させた化学的な防衛手段である。微生物はタンニンが多く含まれた落葉を容易には分解できないため、この化合物は川に溶け出すのだが、魚をはじめ多くの有機体にとって有毒である。結果として、広大な白砂土壌から水が流れこむ川と結びついた生態系は、多くの動物の生命を育むことができず（Janzen 1974）、そして歴史的には、このことがアマゾニアで生活する人間に重大な影響を与えてきた（Moran 1993）。生態学的に関係のあるあらゆる生命のたぐいがとる多様な形態は、土壌の特徴に還元できるものではない。私は、環境決定論を支持する議論をしているわけではない[14]。それでもなお、こうした複数種からなる集合体は、この諸自己の生態学のうちに存在する諸々のたぐいの自己のあいだの（ほかの生態系と比べて）より多数の関係のまさに関数として、土壌の条件の差異に関する何かをとらえ、増幅するのである。

要するに自己とは思考であり、そのような自己が互いに関わりあう諸様態は、その構成的な記号論的性質と、ひとつの自己が引き起こす、特定の連合論理とに起因している。諸自己がこの自己の生態学において関わりあう論理を検討することによって、私たちに求められるのは関係性——私たちの分野における根源的な関心事であり、中心的な分析概念であるもの——を再考することである（Strathern 1995）。

もし、自己が思考であり、それらが関わりあう際の論理が記号論的であるならば、関係とは表象のことである。つまり、自己の関係を構造化する論理は、記号の関係を構造化する論理と同じであるということである。このこと自体は、目新しい考えというわけではない。自覚的に私たちがそのような考え方をしているかどうかはともかく、社会や文化を理論化する際に既に表象という観点から関係性を考える傾向がある。さらに、私たちは、人間的な象徴による表象の働き方についての想定に基づいてそうする（第一章を参照）。単語が言語を形づくる規約的な関係的な布置の中にあるように、ひとつの文化や社会を構成する関係項——概念であれ、役割であれ、あるいは制度であれ——がこの事実によって必然的に閉じてしまうようになる体系において、これらの関係項が互いを構成しあう関係性に先立つことはない。

ブルーノ・ラトゥールの「行為者《アクタント》」、アクターネットワーク理論におけるネットワーク、ハラウェイの「構成的内＝行為」（Haraway 2008: 32, 33）といったポストヒューマン的な関係性概念でさえも、人間の言語に見られるような特別なたぐいの関係の特性に起因する、関係性についての前提に依存している。実際に、アクターネットワーク理論を扱ういくつかの著作には、はっきりと言語に似ているものとして、人間と非人間的な諸存在をつなぐ関係的ネットワークを描くものもある（Law and Mol 2008: 58）[15]。

しかし、論じてきたように、表象に関する私たちの考えがどれほど言語によって植民地化されてきたのかを考慮すると、表象とは、私たちが念頭に置くものとは異なり、さらに広がりのあるものとなる。言語的な関係性を非人間に拡張することは、人間的なるものを超えて広がるものに対して、自己陶酔的に人間的なるものを投影することである。そして、言語の後を追うようにして、体系性、文脈、差異に関する前提の一群が到来する。これらの前提は、人間による象徴的指示ならではの特性に由来するものであり、生ある思考が関係をつくる、より一般的な仕方に必ずしも関連するわけではない。そうした過程においては、関係性をより広くとらえることを可能にするかもしれないほかの特性が覆い隠されてしまう。要するに私が主張したいのは、記号論的ではあるが、必ずしも言語のようなものではないものとして関係性を理解することによって、人間的なるものを超えた人類学は関係性という概念を再考できるだろう、ということなのである。

この観点から、二十世紀初期の動物行動学者ヤーコプ・フォン・ユクスキュル（von Uexküll 1982）による今では古典となったある関係、ダニとそれが寄生する哺乳類の関係を検討してみよう。ユクスキュルによれば、ダニは酪酸の匂い、温かさ、そして潜り込むことができそうな哺乳類の皮膚がむき出しとなった部分を見つける能力を通じて、自らが吸血する哺乳類を認識している。その経験世界、もしくは彼の術語に倣えば「環世界」は、こうした三つの要素だけに限られている（von Uexküll 1982）。ユクスキュル、および彼の著作を取り上げた者の多くにとって、ダニが多くの存在を区別しない点で、ダニの経験世界は閉じた「貧しい」ものである（以下を参照。Agamben 2004）。しかし、私は、この単純化がもつ生産的な力を強調したい。このような単純化は、生ある思考と、その産物である諸自己のあいだに現れる諸関係にとって、中心的な位置を占める。そして私がことさらに強調したいのは、その関係性論理は記号論的ではあるが、とりわけ象徴的であるわけではない、ということである。

ダニは、数ある哺乳動物のあいだに区別を設けない。例えば、イヌは、捕食者であるヤマライオンとアカマザマジカのような潜在的な獲物とを見分けるほどに賢いだろうが、ダニにとっては何の違いもない。ダニは、両者を混同するだろうし、その両者をイヌと取り違えることもある。

ダニは、寄生虫の媒介動物でもある。ダニが見境なく、哺乳動物の血を吸い、それらを区別できずにいることのおかげで、寄生虫はある種から別の種へと移動することができる。こうした見境のなさは混同のひとつのかたちであり、もちろんそれには限度がある。もし、ダニがまったくあらゆるものを取り違えていたら、そこには思考はなく、生命もない。混同は、制約されることではじめて生産的になる。

パースの用語を使えば、ダニにとって、あるたぐいの哺乳類とは、別のたぐいに対してイコン的である。前章で紹介した、イコン性に関するこのような見解を強調しておこう。というのもこれは、この術語に関する私たちの日常的理解に反しているからである。私たちがイコン（類似性を介して意味する記号）を扱うときには、異なっていることを既に知っている何か別のものの相に似ていると受け取ることが想定される。先に述べたように、私たちは洗面所のドアに掲示された棒のような姿をした男性の図と、ドアを通って入ってくるかもしれない人を取り違えることはない。しかしここで示唆されるのは、あらゆる記号過程に通底する、より根源的な――だが誤解されることもよくある――イコンの特性である。自らが寄生している存在のあいだの違いに気づかないために、ダニにとっては、諸々の哺乳動物は等価である。

このイコンによる混同は生産的である。それは「たぐい」を創造する。成員のあいだに区別を設けることのないダニが成員全てに気づく仕方のために、個々の成員が互いに結びつけられるような、存在の一般的なクラスが出現する。こうした一般的なクラスの出現は、関係する諸存在にとって重要なことである。ダニが温血性の動物を取り違えるため、寄生虫はダニを介してそれら(「哺乳動物」)のあいだを移動できる。実際に、このようにして、ライム病がシカから人間に感染する。

生ある存在の世界はただの連続体でもなければ、人間の精神が――社会的な規約や生得的な傾向に基づいて――分類するはずのバラバラな特異性の集まりでもない。たしかに、範疇化は社会・文化的に特殊なものでありえるし、範疇化されるものの独自性を消去する点において、ひとつの形式の概念的な暴力に至ることもある。人間の言語の力が、細部に対してより一層無頓着になるようにして、局在するものを飛び越えるその能力にあることも、また確かである。ある日本人の昆虫収集家について、ヒュー・ラッフルズは以下のように記している。

長年にわたり収集をしてきたので、今では彼は「虫」の目をもっており、自然のあらゆるものを昆虫の目を通して見ている。それぞれの樹はそれぞれ独自の世界であり、葉は一枚ごと

に異なっている。昆虫が彼に教えたのは、昆虫、樹木、葉、とりわけ、自然といった一般名詞は、細部に対する感受性を損なうということだ。そうした名詞は、私たちを概念的にも、物理的にも乱暴にする。「あ、昆虫だ！」と私たちは言って、その存在そのものではなく、範疇のみに目を向けている。(Ruffles 2010: 345)

それでもなお、実際のところ、「虫の目」で世界を見ることには、多くの場合、私たちがそれぞれ異なるものだと見なす諸実体を混同することが含まれている。そして、こうしたたぐいの混同は人間に限られたことでもなければ、もっぱら破滅的なことでもない。

本章のエピグラフに掲げた、ボルヘスが描く人物イレネオ・フネスは、暴れ馬から振り落とされ、頭に傷を負ってから、何も忘れられなくなってしまった。彼は「記憶の人」となった。しかし、生ある自己は、「あらゆる森の、あらゆる木の、あらゆる葉」それぞれの固有の特徴を忘れることができないフネスとは、似ても似つかない。ボルヘスが指摘しているように、フネスの特徴は思考ではない。諸思考の生命は、混同すること――差異に気づくのを「忘却」するようなこと――によっている。諸々のたぐいやクラスといった一般は、混同に基づいて関わりあうという形式を通して、世界に出現し、繁栄する。実在するものとは、ほかのあらゆるものから異なった、唯一の特異性のことだけではない。諸々の一般もまた、実在する。そして、一般の中には、人間的なるものを超えた生ある思考のあいだの諸関係から生じるものもある。

知らずして知ること

アメリガ、デリア、ルイーサは、彼女たちのイヌたちが考えていたことをいかにして推測できたのだろうか。より一般的に言えば、私たちは私たちが関わりあう、ほかの生ある自己たちを知ることまでもいかにして望みうるのだろうか。たとえ、非人間の生命形態が自己であるのを認めたとしても、デリダ（Derrida 2008: 30）が言う、私たちとそれらのあいだを分かつ「深淵なる裂け目」が存在し、そうした非人間の生命形態が有する自己は「概念化を拒む存在」（Derrida 2008: 9）であると考えたほうがよいのではないか。こうした「絶対的な他者（たち）」は、ウィトゲンシュタインのライオンのようなものではないだろうか。たとえそれらが話すことができたとしても、言っていることを誰が理解できるだろうか。トマス・ネーゲル（Nagel 1974）は、「コウモリであるとはいかなることか」と哲学者仲間たちに問うたが、その問いに対する自らの答えは決定的だった。たしかに、コウモリであることのようなものは存在する――コウモリは実質的に何らかの自己である質を持つ――が、それを私たちは決して知ることができない。私たちはあまりにも違うからである。

たしかに、ネコ科動物に襲われる少し前、それに向かって吠えていたときにイヌたちは何を考えていたのかを、アメリガ、ルイーサ、デリアが確実なかたちで知ることは決してない。とはいえ、彼女たちはすぐれた推量をすることはできた。それでは、他なる存在について何か確実な知識を求めることから始めるのではなく、イヌたちがしていたかもしれない推量を推量するようにと、女性たちを制約し導いた何らかの暫定的な推量から出発するとき、関わりあうことの理論とは、いったいどのようなものになるだろうか。そのような理論は、ハラウェイ（Haraway 2003: 49）が「還元不可能な差異」と呼ぶものから始まることはないし、概念化されることの拒否、もしくはその論理的対立項である絶対的な理解を実現可能な終止点として受け取ることもない。

絶対的な他者性、還元不可能な差異、共約不可能性。これらは、関わりあうことをめぐる私たちの理論が乗り越えようと努めなければならない障害となるだろう。根本的に想像も及ばないほどの差異があること――あまりにも想像できないので、パース（Peirce 1992d: 24）が批判的に「認知不可能」であると呼ぶような差異――は、正反対のものを示唆する。すなわち、可知性は本来的な自己類似性に基づいている。このことが示唆するのは、その全き特異性において「それ自身であるもの」としての事物が存在するが、「虫の目」を持つことさえできればその特異性は理解されるかもしれない、ということである。これらの極は、存在がそれぞれ互いに関わりあい、互いを知る仕方を規定するのに持ち出されることになる。

しかし、「生ある思考」のことを考えてみれば、類似性と差異は、（未来に起こりうる影響を伴う）解釈を行う上での位置どりとなる。類似性と差異とは、直接的に明らかであるような、本来的な特徴ではない。パース（Peirce CP 8.332）は、「あらゆる思考と知識は、記号によるものである」と記している。つまり、考えることと知ることとの全ては、何らかのやり方で媒介されたものである。

このことには、関わりあうことの理解にあたって重要な示唆がある。生き、考え、知る自己を構成する生ある思考の連合と、異なるたぐいの諸自己が関わりあい、そうして連合を形づくることのあいだには、本質的な違いがあるわけではない。さらに言えば、諸自己は生ある思考の座——動態的な過程において束の間立ち現れる中継点——であるために、一元的な自己は存在しない。何か「である」かもしれないものは、ただのひとつもない。「ある『人格』が、絶対にひとりの個人であるというわけではない。彼の考えとは、彼が『彼自身に語りかけている』ことである。つまり、彼は、時間の流れの中で今まさに生まれようとしているほかの自己に語りかけているのである」(Peirce CP 5.421)。あらゆる自己にとって、あらゆる経験と思考は記号によって媒介されているため、内観、人間と人間のあいだの間主観性、さらには種＝横断的な共感・意思疎通も、カテゴリー的に見れば異なるわけではない。これらはおしなべて、記号過程である。パースにとって、デカルト的コギト、「我、考える」は人間に限られたものでもなければ、精神に宿るものでもない。さらに、コギトは、そのもっとも親密な対象を、排他的に、あるいは媒介せずに自らのものとすることもない。もっとも親密な対象とは、思考するものとして通常想定される、自己である。

パースはこのことを、赤色が他人にどう見えているだろうかと想像するように呼びかけることによって例証している。彼が論じるところによると、これは私秘的《プライベート》な現象にはほど遠く、むしろ何らかの感性を共有できると私たちは確信している。これまで赤色を見たことがないが、他人から聞くなどしてその色はトランペットの音に似ていると理解する盲人にとって、その色がどのようなものであるかについてさえも、私たちは何らかの理解を持つことができる。「私がある種の類似性《アナロジー》を理解することができるということは、赤色に対して私の抱く情態が、盲目の男が話を聞いた人々の抱く情態と似たものであることを示すだけではない。彼がトランペットの鳴り響く音に対して抱く情態が私のものと非常によく似ていることもまた示している」（Peirce CP 1.314）[16]。自己＝知識とは、究極的にはこのような過程に似ているという示唆とともに、パースは結論する。「形而上学的なところがある私の友人は、私たちが他者の情態に入りこむことなどいったいできるのだろうかと問うのだが……昨日の赤色の見え方が、今日の見え方のようであったのかどうか確信はあるのか、ということを私に尋ねてみたらどうだろうか」（Peirce CP 1.314）。内観と間主観性は、記号によって媒介されている。私たちは、記号の媒介を通してのみ、私たち自身や他者を理解することができる。解釈する自己がまた別の身体のうちにあろうが、「時間の流れの中で今まさに生まれようとしている別の自己」――私たち自身の心理学的自己――であろうが、どちらにも違いはない。なぜなら、思考、精神そして自己としての存在そのものが出現する記号過程において、新しい記号によって解釈されるものが、ひとつの記号だからである。

こうした媒介は、諸自己について知ることを不可能にするというよりも、知るという可能性の基礎となる。絶対的な「認知不可能性」は存在しないため、絶対的な共約不可能性も存在しない。赤色が盲目の人によっていかに経験されるのか、コウモリになるとはいかなることなのか、あるいは、イヌたちが襲われる前に何を考えていたのか、これらについて私たちは、いかにその理解が媒介され、暫定的で、誤りやすく、根拠の薄いものだったとしても、何かを知ることができる。思考が関わりあう道程に、諸自己も関わりあう。つまり、私たちは皆、成長を続ける生ある思考なのである。

図5　インコには猛禽のように見えるモノ。筆者撮影

ある単純な例がこの点を説明している。ルナは、トウモロコシ畑からメジロメキシコインコを追い払うために、案山子《スケアア・クロウ》［訳注：直訳すればカラス嚇《おど》し］、より正確には「インコ嚇し」を次のようにつくる。同じ長さの平らなバルサ材の板を十字に組み合わせ、赤と黒のしまをそれぞれ、アチョーテ[17]と炭を使って描く。板の上部に顔を彫り、大きな目も描いておく。尾と翼を表象することになる板の末端部に、独特のしま模様がある実際の猛禽類の尾羽を差しこむこともしばしばある（図5を参照）。

ルナは案山子をこうして入念に飾りつけるが、それは、人間の観点から猛禽類を「写実主義的に」描いているわけではない。むしろ、それは、インコのパースペクティヴから猛禽類はいかに見えるかを想像する試みである。案山子はイコンである。それは、誰か――ここではインコ――にとって、それが猛禽類と似ていることによって、猛禽類を表しているのである。しま模様、大きな目、本物の尾羽によって、案山子は、インコにとっての猛禽類に似ているものの何かをとらえている。その証に、こうした案山子はうまくインコを遠ざけており、そのためアヴィラでは毎年つくられている。私たちは、インコであるとはいかなることなのかについて、何かを知ることができ、インコの考え方についての私たちによる推量がインコに対して及ぼす効果を通して、そのことを知るのである。

魅惑《エンチャントメント》／魔術化《エンチャントメント》

現代的な分析枠組みでは、生物界を生ある諸思考によって成り立つものと理解するのは非常にむずかしい。近代世界における脱魔術化というマックス・ヴェーバー（Weber 1948a, 1948b）の診断に従えば、このことは、部分的には科学的合理主義の普及がもたらした結果である。私たちがますます機械論的に世界を見るようになるにつれて、かつて世界において認められていた究極目的《テロス》、意義、手段＝目的関係――それらを意味＝することと呼ぶことによって、手段と意味との密接な関係を強調しよう――が見失われている。世界に目的がもはや見出されないという点において、世界は脱魔術化され、魅惑するものを失っている。世界は文字通り、意味を欠いたものとなる。こうした科学の視座《ヴィジョン》がより多くの領域を取り囲むように拡大するにつれて、目的はますます縮小し、日常世界から切り離された人間的、あるいは霊的な領域に追いやられてしまう。

もし、非人間の世界を操作する知識と方法の近代的な形式が、世界を機械仕掛けとして見る理解によって特徴づけられるのであれば、脱魔術化は当然の結末である。物質的対象としての機械は、その定義上、およびその設計上、外部にある目的を達成するための手段である。機械――例えば、食器洗い機――について考えるとき、私たちは実際にはその存在本来のものである目的を、すなわち、それは誰かによって何らかの目的のためにつくられたということを括弧に入れる。この論理を人間以外の生ある世界にあてはめ、自然を機械として見るのに必要になるのが、似たような括弧入れの作業であり、その後に目的を人間、神々、自然に帰することである。二元論はこうした括弧入れのひとつの帰結である。もうひとつの帰結は、私たちが目的を完全に見失い始めているということである。どこを見ても、目的など存在せず、それゆえ意味も存在しないのかもしれないと私たちが疑うようになるにつれて、脱魔術化は人間的なるものや霊的なるものの領域にまで広がっていく。

しかし、目的は世界のどこか外にあるのではなく、常にその内側で繁栄する。それは、生命の領域本来のものである。生ある思考は未来を「推量」し、それゆえ、そこに向かい自らをかたちづくる未来を創造する。生ある世界を構造化する論理は、機械の論理には似ていない。生ある思考は、機械と違って、事態の外にいる誰かによって複数の部品から組み上げられる代わりに、全体を明らかにする。人間的なるものを超えた人類学を通して本書で成し遂げようとしているように、ルナとほかのたぐいの諸存在との関わりあいを注視することで、私たちは、記号——魅惑するものの座——の生命における中継点として（人間と非人間、両方の）自己を見定めることができるようになる。このことは、私たちが生きる人間的なるものを超えた世界における、異なった繁栄のあり方を想像する助けとなる。

私は今、生命「そのもの」の特性について、いくらかの主張を行っている。生命そのものなども歴史的に外延を規定されうること——何らかの概念は特定の歴史的、社会的もしくは文化的文脈においてのみ、思考可能となること（Foucault 1970）——を私は承知しているが、ここで第一章でより詳しく論じたことを振り返っておくべきだろう。私たちの思考と行為の多くを条件づける言語、そして関連する言説の体制は、閉ざされてはいない。もちろん、言語（さらに転じて、社会的に固定化された思考と行為の諸様式）が思考の範疇を自然なものとすることに注意深くなければならない。だが私たちは、このことを前景化する言語には完全に制約されないようにしながら、生命「それ自体」である何かについて、踏み込んで議論ができる。

それゆえ、非人間の諸自己には、それを構成する記号論的な本性と結びつく、存在論的に固有の特性がある。私たちは、それらの諸特性を一定程度、知ることができる。さらに、そうした特性が、諸自己を物体や人工物から分け隔てるのである。しかしながら、非人間をひとまとめに扱う――モノと存在とを見境もなくひとつにまとめる――と、この点を見逃してしまう。私の考えでは、非人間を考慮に入れるように社会科学を拡張するための主流なアプローチである科学技術論にとって、この点がもっとも大きな弱点である。

科学技術論が非人間と人間とを同じ分析枠組みの俎上にのせるのも、行為主体性、表象といった概念を検討しないままにしておく還元論の一形式を通してのことである。結果として、これらの概念のとりわけ人間的な例化が、あらゆる行為主体性と表象の代理となる。それが行き着くところは、人間と非人間が、モノのような特性と人間のような特性のごたまぜを手に入れる二元論の一形式である（第一章を参照）。

例えば、こうしたアプローチを主導するラトゥール（Latour 1993, 2004）は、表象されうるもの、および、私たちが表象しようとする試みに抵抗できるものに行為主体性を帰している（Pickering 1999: 380-381）。しかし、こうした特徴は、問題となる要素のうち、パースの用語で第二性と呼ばれるであろうもの、その要素の写実性や純然たる事実性しかとらえていない――なぜなら、どんなモノでも、潜在的には表象されたり、それに抵抗したりしうるのであるから。そして、このことによって、科学技術論が乗り越えようとしたモノと意味のあいだの分断が、容易に復活してしまうのである。私たちはいまだに、片手に（今や行為主体性を備えた）物質を、もう一方の手には、モノを（ときに誤って）表象する（今では少し鈍感になり、自らの全知への確信が揺らいでいる）人間性を握りしめている。

しかし、抵抗は行為主体性ではない。抵抗と行為主体性をひとつにしてしまうと、人間的なるもののかなたに実際に存在する諸々の行為主体性に対して、私たちの目は閉ざされたままとなる。究極目的《テロス》、表象、志向性、自己という質にはさらなる記述が必要であり、そのような諸過程が人間的なるものを超えて出現し、作動する道筋は理論化されていない。ラトゥール流の科学論は、人間的なるものを超えた世界における工作員としての人間のような表象と志向性の形式を拠り所にしている。さらにそうした概念は、たとえ比喩であろうとも、もっぱら第二性において理解される諸実体に対して適用されている。

例えば、物質的実体は「苦難」という試練を経験し（Latour 1987: 88）、しばしば、「英雄」（Latour 1987: 89）として出現することがある。エンジンのピストンは、人間の操縦者よりも信頼できる。「なぜなら、それはカム軸経由で、蒸気の正しいタイミングに関して、言ってみれば、直接的な関心を抱いているからである。間違いなく、それはどの人間よりも、より直接的な関心を持っている」（Latour 1987: 130; ラトゥールによる強調）。科学者は、「人間の諸アクターを徴募し、関心を持たせるためのひと組の戦略と、さらにそれらの諸アクターを支えるために、非人間の諸アクターを徴募し、関心をもたせるための第二の組の戦略」を使う（Latour 1987: 132）。

非人間の行為主体性に対するこうしたアプローチは、非人間の一部、すなわち、生あるものが自己であることを見過ごしている。自己として、それらは表象されるだけでなく、表象することもできる。そして、そうするのに「話す」必要はない。それらは「代弁者」を必要としているわけでもない（Latour 2004: 62-70）。なぜなら、第一章で論じたように、表象は象徴的なるものを超え出ており、ゆえに人間の言語を超え出ているからである。

たしかに、私たち人間は、文化的、歴史的、言語学的に固有の多くのやり方で生ある非人間的な諸存在を表象している。そして、このことは、私たちとそのように表象される諸存在の双方にとって、間違いなく影響をもたらしている。私たちは、そうした諸自己が私たちを表象するありようが、生死を左右しかねないような世界にも生きている。ゆえに私の関心は、総称的なかたちでの非人間との相互作用――つまり、対象、人工物、生命を等価値のものとして扱うこと――にではなく、生ある非人間的な諸存在を自己とするような固有の特徴の観点から、そのような非人間とのあいだの相互作用を探求することにある。

モノではなく、自己が行為主体に値する。抵抗は行為主体性と同じではない。ベネット（Bennett 2010）の議論とは反対に、物質性は生命力をもたらさない。自己とは、不在、未来、成長、そして、混同する能力を備えた、ある特定の関係的な動態から産出される。そしてそれは、生ある思考とともに出現し、かつ、それに固有なものである。

アニミズム

本書の冒頭にあげた逸話を振り返ってみよう。私が狩猟で森にいたとき、必ず仰向けで寝るようにと言われたことを思い出してほしい。そうしていれば、たとえジャガーが通りかかっても、私をまなざし返すことができる存在と見て、放っておいてくれる。もしうつ伏せで寝ると、通りすがりのジャガーは私を獲物として扱い、襲ってきかねないと注意された。この逸話は、ジャガーが私たちをどのように見るのかが私たちにとって決定的であると認識するよう迫るものであり、そうであれば、人類学は人間がどのように世界を見るかを問うだけにとどまることはできない、と言うことができるだろう。まなざし返すことによって、私たちはジャガーに私たちを自己として扱う可能性を与えようとしている。もし、反対に私たちがそっぽを向けば、ジャガーは私たちをモノとして扱うであろうし、そうして実際に私たちはモノ、文字通りの死肉、アイチャになってしまうかもしれない。

言語学者エミール・バンヴェニスト（Benveniste 1984）は、〈私〉、〈あなた〉という代名詞は対話者が互いに呼びあうことを通して間主観的に彼らを位置づけると述べている。彼はそれらを真の「人称《パーソン》」代名詞と見なす。対照的に、第三人称はより正確には「非《ノン》＝人称《パーソン》」的なものである

(Benveniste 1984: 221)。それは、発話の相互行為の外部にあるものを指示している。種＝横断的な遭遇にまでこの論法を拡張すれば、ジャガーと人間は、見つめ返しあうという行為において、ある意味、互いに「人格《パーソン》」となる。そして、ルナもある意味、その過程においてジャガーとなる。

序論で述べたように、実際にエクアドル低地部にあるいくつかのルナの集落の間で、アヴィラのルナは、ジャガー人間に変身する能力をもつことで知られ、さらには恐れられてもいる。ジャガーに獲物として扱われた人間は、死肉になりかねない。対照的に、ジャガーに捕食者として扱われた者は、別の捕食者となる。捕食者と獲物――プーマとアイチャ――は、ジャガーが認識する二つのたぐいの存在である。ダニと同様に、ジャガーがほかの諸存在を表象するありようは、存在をたぐいにする。そして、いかなるたぐいの存在になるかが、重要なのである。

キチュア語の「プーマ（*puma*）」は、単に「捕食者」を意味する。例えば、カニクイアライグマは、数ある餌の中でも甲殻類と軟体動物を食べるものであり、アヴィラにおける名前は「チュル・プーマ（*churu puma*）」、つまり、カタツムリ（腹足類）の捕食者である[18]。ジャガーは捕食の典型を体現しているため、それは単にプーマとして知られている。それゆえ、そのような捕食者との遭遇を生き抜いたルナは、定義上、ルナ・プーマ、ジャガー人間なのである（「ルナ」という言葉は民族名称であるだけではなく、「人格」も意味する。［訳注：第六章を参照］）。人間は、プーマによって獲物だと悟られなければ、生き残る。しかしその過程において、その者は別のたぐいの存在、つまり、プーマにもなる。新たに見出されたこの身分は、ほかの文脈へと翻訳され、新たな可能性を創造する。

プーマは関係的範疇であり、そうした側面において、〈私〉、〈あなた〉といった代名詞と似ている（第六章を参照）。プーマを見つめ返すことで私たちがプーマになれるということは、両者はともにある種の〈私〉である――両者はともに人格のたぐいである――ということである。ほかのアマゾニアの先住民と同様に、ルナは、ジャガーやほかの非人間的な諸存在の多くを、魂をもち、記号を用い、意図をもつ自己として扱っている。彼らは（最近、復活した言葉を使うとすれば）アニミストである。彼らにとって、非人間は生気あるものであり、人格なのである。

現在、デスコラ（Descola 2005）やヴィヴェイロス・デ・カストロ（Viveiros de Castro 1998）らによって理論化されているアニミズムは、社会進化論的でときに人種主義的でさえあったかつての姿とは大きく異なっており、この新たなアニミズムは、西洋の機械論的な自然表象を批判するための重要な裏面を提供している。そうではあるのだが、「西洋」における私たちが自然を表象するやり方に対するそのような批判は、ほかの人間がいかに諸々の非人間を命あるものとして扱うようになるのかを問うのみである。この点について、こうしたアプローチは、レヴィ＝ブリュルの *How Natives Think*（『未開人の思惟』Levi-Bruhl 1926）におけるアニミズムの古典的な取り上げ方と地続きである。ジャガーの事例は、このプロジェクトをわずらわせる。ジャガーもまた私たちを表象するのであれば、私たちが問うべきは、私たち人間の中にたまたま、そのようなことをする存在としてジャガーを表象する者がいるということはいかなることなのか、という論点に限られないのである。

私の考えでは、アニミズムは世界の特性に関して、さらに遠くにあるものをつかんでいる。これが、この概念をもって考えることが人間的なるものを超えた人類学において中心的な位置を占める理由である。その概念は、生命とともに出現する活性《アニメーション》をとらえており、この事実から本書の題である *How Forests Think*（『森は考える』）が来ている。というのは、ルナのアニミズムは、その全き多様な状態にある自己として、記号論的な自己と関わりあう必要から生じているためである。ルナのアニミズムは、ひとつの存在論的な事実に根ざしている。すなわち、他なるたぐいの思考する自己が人間的なるもののかなたに存在する、という事実である。

もちろん、私は、アニミストと呼ばれる者たちがあらゆる種類の実体に活力ある状態《アニマシー》を認めるであろうことを承知している。そのなかには、例えば、石のように、本書で展開される枠組みにおいては、生ある自己と認められないものもある。仮に私がある特定のアニミズム的な世界観の内側から議論を組み立てていたのだとすると、つまり、例えばルナが考え、言い、行うことに沿って、私の主張全てを導いていたのだとすると、この矛盾は問題だろう。しかし、私はそうしてはいない。人間的なるものを超えて広がるものに向かって、人類学を開いていこうとする私の試みには、世界について一般的な主張をする道筋を見出すことも含まれている。そうした主張は必ずしも、ある特定の位置にあるそれぞれの人間の観点、例えば、アニミスト、科学者、人類学者のそれと整合性があるわけではない。

「森について、現地人はいかに考えるか（How Natives Think, about Forests）」(Sahlins 1995) ではなく、「森はいかに考えるか（How Forests Think）」。もし私たちが、自らの思考を、ほかの人々がいかに考えるのかを通して考えることに制限するのであれば、私たちは常に存在論を認識論で囲い込むことに陥ってしまうだろう（第一章はこの問題に対する解決法を提案している）。本書で論じているのは、自己であることをめぐる一般的な主張であり——部分的には民族誌に基づいて示唆され、探求され、弁護されてはいるが、民族誌的文脈の内側に制限されていないという点で、必ずしも民族誌学的ではない——、そこで言わんとするのは、生ある諸存在は自己であることの座であるということである。この主張は、経験に基づいている。つまり、民族誌学的に明らかになる、ルナと非人間的な諸存在との関係に注意を向けることから生まれている。その諸関係は、世界のうちのいくつかの特性を増幅する。さらには、この増幅作用が世界に関する私たちの思考に入りこみ、影響を与えることもある。

アニミストにとっては動物の人格が森羅万象のモデルであり、私たちにとっては機械がそれであるという人がいるかもしれない。存在論的に言えば、各々にそれなりの真実がある。動物は人格であり、世界には分割可能な機械に似たところがある（これが、還元主義的科学がここまで成功を収めた所以である）。しかし本書の目的は、どちらが正しいかを論じたり、各々のモデルがどこで失敗するかを指摘したりすることにはない。むしろ、ある特定のたぐいの関わりあいが、そこから生じてきた前提に基づいて、予期しないが実在する世界の特性を増幅するありようを見ることである。そしてこの特性は、私たちのよく知る世界としての人間的なるものを超えて思考するときに活用可能なものである。

ルナのアニミズムは、実用的に方向づけられている。森にいる諸存在と、目的の多くが食べることにあるようなかたちで、密接に関わりあうルナにとっての難問は、こうした広大な諸自己の生態学の豊かさを一部利用するために、そこに入りこむ方法を見つけることである。そこで必要になるのが、私たちが他なる諸自己と共有する予期せぬ親和性に調和しながらも、同時に、森に住まう数多のたぐいの諸自己を区別する差異を認識することである。

パースペクティヴ主義

このことに接近するためにアヴィラの人々がとる方法が、多くのアマゾニアの先住民と同じく、ヴィヴェイロス・デ・カストロ（Viveiros de Castro 1998）が「パースペクティヴ的」と呼んだ他者理解である。この立場は、諸自己のあいだの根本的な類似性を前提としている。つまり、全てのたぐいの自己は、〈私〉である。しかしそれは、異なるたぐいの諸存在を特徴づける固有な性質を説明する道筋をも与えてくれる。それは二つの絡みあった前提を伴っている。第一に、精霊であれ、動物や人間であれ、意識をもつあらゆる存在は、自らのことを人格として見ている。つまり、それらの主観的世界は、ルナが自らを見るやり方とまったく同一である。第二に、あらゆる存在は自らのことを人格として見ているのではあるが、ほかの存在が自らを認識する仕方は、観察する存在と観察される存在のたぐいに依《よ》る。例えば、アヴィラの人々が言うには、私たちには腐肉の悪臭と感じられるものは、コンドルにとって、湯気を立てるマニオクの塊茎が入った鍋から立ちのぼる、甘い匂いのする蒸気として経験される。コンドルは、その種に特有の習慣と気質のために、ルナのそれとは異なった世界に住みついている。しかし、コンドルの主観的な観点は人格のそれであるので、コンドルは、ルナが自らの世界を見るのと同じやり方で、こうした異なった世界を認識している(Viveiros de Castro 1998: 478)[19]。

アヴィラの日常生活には、物事を観点的にとらえる傾向が浸透している[20]。例えば、なぜアマゾンコロコロトゲネズミ[21]がとてもうるさい鳴き声をあげるのかを説明する神話は、かつて、この生きものが倒木に対して、倒木の視点からは女性器がどのように見えるのかと尋ねた顚末を物語っている。倒木となった丸太は、女性が菜園を横切る際に好んで通る道となるので、ネズミは丸太がこのことを知る特権的立場にあると考えたのだった[22]。ネズミの豊かな洞毛《どうもう》を暗にほのめかして、「君の口のようなものだ」と倒木は答えた。このことを聞いて、ネズミは「おい、よせよ」[23]と答えた後、下品に爆笑した。今では、このときの笑い声が、うるさくて、長く、止めることのできないように思われる独特な歯切れのよい鳴き声と、グングタ(*gunguta*)という擬音的な名前とに結びつけられている[24]。アヴィラの人々にとって、この神話が持つ滑稽さに関連しているのは、性的に露骨な表現と並んで、観点的な論理なのである。

アヴィラに加え、ほかのルナの村でもよく知られた、パースペクティヴ的な冗談の形式が、二人の人間が同じ名前をもつときに現れる。私があるアヴィラの男と同じ下の名前だったために繰り返された冗談があり、それは彼の妻は私と結婚しているというものだった[25]。彼の姉は冗談で私のことをトゥリ(*turi*)(姉妹にとっての兄弟)と呼び、私は彼女をパニ(*pani*)(兄弟にとっての姉妹)と呼んだ。同様に、私の姉と同じミドルネームをもつ女は、私を兄と呼び、私の母と同じ名を持つ者は私を息子と呼んだ。こうした全ての事例において、同じ名前をもつことによって、同じパースペクティヴに住まうことが可能になっていた。このことによって、私たちの世界がこれほど異なっているにもかかわらず、愛情のこもった関係を築くことができたのだった。

たしかに、パースペクティヴ主義は歴史的に偶然の美的な志向であるという意味で、ヴィヴェイロス・デ・カストロには失礼ながら、それを「文化」的と評することもできるかもしれない。しかし、この志向は、私たちとのあいだの連続性を認識しながら同時に差異も認める仕方で、記号論的な諸自己を理解する必要性がもたらした、生態学的に偶然の増幅作用でもある。それは、人間的なるものをはるかに超えて関係の編み目が広がる諸自己の生態学において、生き延びていくという難問への応答であり、森にいるいくつもの存在とのあいだの日常的な相互行為から出現するものである。

アヴィラの人々は、森に住まうこうした多様な自己の見方を理解しようとすること、そして、異なったパースペクティヴがいかに相互行為するかを想像することで、これら諸自己のことを理解しようとする。ある男は、オオアリクイがアリを騙すためにいかにアリのパースペクティヴをとるのかを喜んで説明してくれた。アリクイがアリの巣の中に舌を差しこむとき、アリはそれを枝と見て、疑わずにそれを登ってしまうのだという。動物との相互行為において、ルナは様々なやり方で、アリクイに張りあおうとする。彼らは、別の有機体の観点を、より大きな全体の部分としてとらえようと企てる。このことは、案山子の制作にも必要になるし、魚を捕まえる技法としても採用されている。昔、ヴェントゥラの父は、ショウガと遠い類縁関係にあるシャングの果実[26]を砕いて、自らの手を濃紫色に塗っていた。そうすることで、ヨロイナマズ[27]は彼が川の岩石の下から自分をつかもうとしていることに気づかなくなるのだという。

アリクイがアリを食べる方法、インコを怖がらせる案山子を制作する方法、ナマズに気づかれずに捕らえる方法を了解するという、生態学的な課題をやりとげることに必要なのは、ほかの有機体がもつ観点に対する深い注意である。こうした注意深さは、アリ、インコ、ヨロイナマズ、そして、雨林をつくり上げるあらゆる生命形態が自己であるという事実から生じている。それらが誰であり、何であるかは、隅々まで、それらが自らを取り巻く世界を表象し、解釈する仕方、および、その世界にいる他なるものたちがそれらを表象する仕方が産み出したものである。要するに、森の生命形態は観点を持つ自己である。この事実がそれらを活性化し、その与えられた活性が世界を魅了するもので満たすのである。

思考の情態

アヴィラの人々は、複数のパースペクティヴを包含する視座を見出すことに大いに喜びを認めている。ひとつのアヴィラの神話が、パースペクティヴ的な美学のこうした側面を鋭くとらえている。その物語は、英雄が屋根の上で補修しているところから始まる。人喰いジャガーが近づいてくると、英雄はジャガーに「義理の息子よ、草葺き屋根に空いた穴から棒を通して、私が穴を見つけるのを手伝ってくれ」と呼びかけた。家の中にいる者から見れば、日光が穴を通り抜けて差しこむため、草葺き屋根の漏れを見つけるのはたやすい。しかし、屋根はとても高いので、この位置からそれを補修するのは不可能である。他方で、屋根の上にいる者は、穴を繕うことはたやすくできるが、見ることはできない。このため、屋根を補修するときには、家の中にいる者に穴から棒を通すように頼むことになる。これには、内側と外側のパースペクティヴを特別な仕方で一列に並べる作用がある。こうした二つのパースペクティヴをより大きなものの一部と見ることで、内側からのみ見ることができるものが、突如、外側にいる者にも見えるようになり、今では彼は、何かをなすことができるようになった。英雄はジャガーを義理の息子と見ており、そう呼びかける。そのように呼ばれたジャガーは、この役割に課せられた働きを果たすことが義務だと感じる。ジャガーが内側に入ったとたん、英雄は扉をバタンと閉め、その建物は突如、ジャガーを捕らえる石の檻となった。

たしかにパースペクティヴ主義的な身構えは、内側と外側の視点をつなぐのに使われる棒のように実用的な道具であるが、それとはまた別のものも与えている。それが可能にするのは、同時に二つの観点に、シャーマンのように気づくこと、そして二つの観点が突如としてそれらを包含するより大きなものにつながっているのに気づく空間——ぱっと閉まる罠のような——に居残ることである。アヴィラの人々がこうした自覚の契機に向ける注意が、アマゾニアにおける多自然的なパースペクティヴ主義の署名なのである。これは、シャーマニズム的な成分をはぎ取られた、包括的だが特色のない分析概念として、多自然的なパースペクティヴ主義が取り上げられるときに消えてしまう（例として次を参照のこと。Latour 2004）。

このパースペクティヴ主義的な神話――英雄が多岐にわたるパースペクティヴを、全てを見渡せる高みから統合するようになる神話――は、生命「そのもの」に関する何かをとらえ、吟味し、利用可能にしている、と言うことができよう。それは、森で芽吹くいくつもの思考に備わるひとつの論理に関わる何かをとらえている。さらに、この生ある論理に生きることの情態を、それが出現する契機のうちにとらえている。要するに、この神話は、考えるとはどういうことなのかをとらえている。

外側と内側の視点を包含するより大きなもののおかげで、両者が見えるようになるというこの経験について、円状の軌道を平行に空中に描くように、両手を同時に逆の方向に動かすことを習得する経験に関するパースの議論を考えてみよう。「これを習得するには、まず、その運動の異なる部分における異なる所作に注意を払う必要があり、不意にその所作が一部となる全体像がふと生じれば、簡単にできる」（Peirce 1992c: 328）。

パースの例のように、ジャガーを罠にかける神話は、ある自己が、異なるパースペクティヴを統合するより包括的な全体の一助となるものとして異なるパースペクティヴを「不意に」見るようになる際に、感じられるものをとらえている。そうした点で、ベイトソン（Bateson 2002）が生命と精神にとって中心的な位置を占めると見なす、「二重記述」を思い起こさせる。二重記述について考えるにあたって、フイ、キャッシュマン、ディーコン（Hui, Cashman, and Deacon 2008）によるこの概念の分析を——ただしそれを単純化しながら——参照しよう。ベイトソンは両眼の視覚の例をとって、二重記述とは何かを記述している。脳は、それぞれの目が見るもののあいだにある類似性を認識し、また、その違いを体系的に比較し、「二重記述」を実行することで、そうした個々の入力をより高い論理階層におけるより包括的なものの一部として解釈するようになる。そのとき、新奇な何か——奥行きの感覚——が立ち現れる（Bateson 2002: 64-65）。

ベイトソンは次のように問う。「カニをエビと結びつけ、ランをサクラソウと結びつけ、これら四つの生きものを私自身と結びつけ、その私をあなたと結びつけるパターンとは？　そしてわれわれ六個の生きものを、片やアメーバへ、片や病棟の檻の中の統合失調症患者へ結びつけるパターンとは？」（Bateson 2002: 7=2001:9）。彼は次のように答える。二重記述が、そうした存在を、そうした存在とし、そしてそれらがつながるありようを規定する形態生成の動態において働いている。「カニの祖先」のうちにおおよそ似ている足の系列が産み出されていたので、進化というスケールでの時間にわたって、足が適応分化すること（例えば、爪になる足もある）が可能になっていたのであり、適応分化によって、全体としての有機体がその環境に対してよりよく「適合」すること、すなわち環境をよりよく表象することが可能となった。脳が視覚的な像というズレをはらんだ複製を比較することで、奥行きが生まれるように、ある特定のニッチに適合した（例えば、海底で横歩きできるようにするような）総体的な形態をもつ有機体としてのカニは、しだいにズレをはらんでいく足の複製の解釈を身体化したものとして現れる。両者ともに、二重記述を含んでいる。

エビも、ズレをはらみながら外肢を複製していく二重記述を身体化することから生じた形態として出現する。(各々の花粉媒介者に適応した)ランとサクラソウの花がもつ固有の総体的なかたちのそれぞれも、異なった遺伝的メカニズムを通して、ズレをはらみながら花弁を複製していく二重記述からもたらされている。カニとエビを比べそれらと二つの花を比べるとき、私たちもまたベイトソンのように、二重記述を行っている。つまりは、それらのあいだの類似性を認識し、差異を体系的に比較することで、各々の有機体をそのようにつくり上げるのに作用している二重記述を明らかにしている。私たちがこうした認識にたどりつくための二重記述の使い方と、生物の形態が発生する際に二重記述が働く仕方とを比べると、私たちの思考の形式は、生物の世界にまつわるものであり、それに似たようなものであることがわかる。そのうえ、二重記述そのものが、概念的対象として、より高位に属するこの二重記述のおかげで出現する。

したがって、精神の発生様態としての二重記述を明るみに出そうと、世界に現れる二重記述から二重記述を展開させるとき、私たちがさらに経験することになるのは、世界において作動する二重記述をもって思考することにも似た何かである。このことを本書の用語で言いかえてみよう。森とともに考えるならば、私たちは次のことに気づくだろう。生ある思考の森のような特性が現れるためには、いかに私たちが森のように考え、いかに私たちがこの特性を経験するのか、ということに。

シャーマニズム的でパースペクティヴ的な美学は、この過程を洗練させ、映し出している。ジャガーを罠にかける神話では、より高位にある観点が「突然…生じ」て、より大きなものの構成要素として内側と外側のパースペクティヴをつなぐ。このことによって聞き手は、新たな生ある思考の情態が出現するように、その情態を経験することになるのである。それは、考えるとはどういうことなのかをとらえている。アヴィラではこの情態はシャーマンという人間のかたちをとっているが、そのシャーマンとはアマゾンにおける自己の精髄であるがために、あらゆる自己は自己としてシャーマンであると見なされ（Viveiros de Castro 1998）、そして、あらゆる自己は森のように思考するのである。

生ある思考

生命と思考は、別個のたぐいではない。思考がほかの思考との連関によって成長するありようは、諸自己が互いに関わりあうありようと、カテゴリー的に見れば異なるところはない。自己は記号であり、生命は思考であり、記号過程は生きている。ゆえに、世界には活力が宿っている。アヴィラのルナのように、生ある思考がつくる複雑な編み目に入りこみ、その諸要素を活用しようとする人々は、生ある思考の論理に呑みこまれるが、その論理によって、生命をめぐる人々の思考は、生ある思考に固有な質のいくらかを例化するに至る。こうした者たちは、森の思考をもって思考するに至り、ときには、思考そのものに備わる森のような特性のいくらかを明らかにすることによって、森の思考をもって思考する自分たちを経験することとさえある。

生ある思考と、それから生まれる諸自己の生態学を認識することは、生命に固有のものがあることを強調している。生命は考えるが、石はそうしない。ここでの目的は、何らかの本質的な活力に名前を与えることではないし、人間をほかの生命や世界から分かつ古い二元論にとって代わる新しい二元論をつくり出すことでもない。むしろ目的は、物質性の観点から、もしくは象徴性に基礎づけられた言語的な関係性に関連する（しばしば、隠れた）私たちの前提から、人間と非人間を、そしてその相互行為を理論化する際にあいまいにされてしまう、生命と思考に備わる特別な特性のいくらかを理解することなのである。

ベイトソンによれば、「差異」が「差異を産み出す」のが可能になる仕方によって生命が特徴づけられるとき、生命は独特なものになる（Bateson 2000a: 459）。土壌における差異は、生ある表象的な諸関係からなるいくつもの層のおかげで、複合的で記号論的な生態学に深く入りこんだ植物にとっての差異を生み出す。こうした差異は、ほかの生命形態にとっての差異も生み出すことがある。記号過程は、明らかに差異を含んでいる。思考と生命は、世界における差異をとらえることで成長する。そして、ある特定の差異を見定めることは極めて重要である――イヌはヤマライオンとシカを区別できなければならない。

しかし、生ある思考にとっては、差異が全てではない。ダニはヤマライオンとシカの差異に気づかないが、この混同は生産的である。他なるたぐいの自己が世界に住まい、それに活力を与えるやり方に注意を向けることは、差異に基づいて組み立てられた関係性について私たちが抱く観念の再考を促すことでもある。諸自己が関わりあう仕方は、私たちが言語と呼ぶ体系において、単語が互いに関わりあう仕方とは必ずしも似ていない。関わりあうことは、本来的な差異に基づくわけでもなければ、本来的な類似性に基づくわけでもない。本章では、私たちが通常、差異や類似性として認識するものの以前にある過程、混同というひとつの形式による過程を探求してきた。生ある思考において混同すること（もしくは忘却すること、違いがわからないこと）の役割を理解することは、人間的なるものを超えた人類学を前進させるための助けとなるだろう。そのとき人類学は、生きることと思考することの中心的な位置を占める差異からつくり出されるのではない、多くの動態に注意を向けることができるようになるだろう。

第三章　魂＝盲

眠りの外に目覚めあり
目覚めの外に眠りあり
生も死も越えていく
深みのさらなる深みへ？

――ラルフ・ワルド・エマーソン「スフィンクス」

教師の義理の弟で一〇歳になるラムンは、イラリオの家の戸枠からそのやせ細った体を乗り出し、「プカーニャ！」と、必死に叫んだ。そのときには、何か悪いことが起こったのだと私たちはほぼ確信していた。イヌのプカーニャとクキはまだ家に戻っていなかった。ネコ科の動物に殺されていたとはまだ知らなかったものの、私たちはそうではないかと疑い始めていた。ウィキは少し前に、後頭部にぽっかりと開いた傷を負ってよろよろと歩いてきた。イラリオは、私の救急箱にあった消毒用アルコールで辛抱強くその傷を消毒していた。ラムンは、プカーニャは戻ってくるだろうという一縷《る》の望みをまだ心に抱いていた。そこで、そのイヌの名をもう一度叫んだ。プカーニャが現れないので、ラムンは私たちのほうを振り向き、こう言った。「何とかってやつ。糞になるやつのことだよ」。アメリガは応えた。「あの子は糞になったに違いないわ。ジャガーの仕業よ。ジャガーたちはイヌたちをただの糞にして出すの」[1]。

女たちが魚毒を集めていた場所であり、イヌたちの最後の鳴き声を耳にした場所でもある、森林と休閑地がまだらになっているところまで引き返して、私たちはついにその死体を見つけた。正確に言えば食べられてはいなかったが、イヌたちはたしかにネコ科の動物に殺されていた。家族が後に結論づけるには、殺したのはジャガーであって、女たちが当初、イヌたちがシカと勘違いしたに違いないと思い込んでいたヤマライオンではなかった。ウィキは朝まで持ちこたえることができなかった。

プカーニャのような、あるいは私たちのような諸自己は、はかない生きものである。諸自己は――プカーニャのように、つけられた名前に応答することができる十全に相互に影響しあう主体ではもはやないが、かといって、死肉、アイチャ、あるいはジャガーの糞のように、生命のない対象にはいまだに変わりきってもいない者として――あいまいな空間に住まうようになることもある。さらにいえば、諸自己は静寂というあの最後の空間――「チュン」という語が、ルイーサがそれを描写するのに用いた語である――に完全に住みつくこともできない。むしろ、諸自己は生と死のあいだにある空間のどこか――「何とかってやつ」(キチュア語でマシュティ(*mashti*))[2]という、ほとんど名もないあいまいな空間のどこか、私たちのいるまさにここでもないが、完全に別のところでもないどこか――にとらわれるようになる。

本章は、マシュティという言葉がとらえるもの、空間と変身のようなもの、反転《フリップ・フロップ》、むずかしさ、パラドックスに関するものである。また、自己という質が消失してしまう様々な道のりと、このことからもたらされる、諸自己の生態学に生きる諸存在にとっての試練も主題にする。こうした消失は様々なかたちをとる。もちろん、まずは有機体的死というカタストロフィーがある。しかし同時に、多様なたぐいの脱身体化や、ひとつの全体から別の自己にとっての対象である部分へと諸自己が還元される道筋もまた数多くある。さらには、自己としてほかの諸自己を知覚し、ほかの諸自己と触れあう能力を失うにつれて、諸自己が分解される道筋もいくつかある。

本章は、諸自己と対象、そしてそれらの相互構成に、とりわけ諸自己がいかに対象を創り、また諸自己がいかに対象になるのか、ということにも関連する。さらにまた、本章で議論するのは、生のこの現実が私たちに提示する諸々のむずかしさについてであり、また、それがアヴィラ地域に特有の諸自己の生態学において増幅されるあり方であるがために、人間的なるものを超えた人類学がそうしたむずかしさについて習得できることについてでもある。

ジェスパー・ホフマイヤー（Hoffmeyer 1996: viii）が見事に言い表したように、この地球上の生命の誕生は「何か」が「誰か」になる瞬間を表しているとはいえ、ある「誰か」が存在する前にその「何か」は厳密には存在してはいなかった。モノを知覚する存在の前にモノが存在しなかったというのではなく、むしろ生ある思考がこの地球に出現する以前には、何ものもひとつの対象ないしは自己として別の自己との関係において立ち現れることはなかったのである。対象も、自己のように、記号過程の効果なのである。そしてそれらは人間的なるものを超え出る記号論的動態から現れる。

そのため本章は、生あるものが引き起こす、自己の様々な消失に関するものである。それはスタンリー・カヴェル（Cavell 2005: 128）が「日常生活」の「小さな死」――関係の外に私たちを引きずりだす多くの死――と呼んだものだが、死が生命の中心的部分であるということは、コーラ・ダイアモンド（Diamond 2008）が「現実のむずかしさ」と呼んだものを例化する。それは完全なる不可解さでもって私たち人間を困惑させることもある根本的な矛盾である。さらにこのことは、別のむずかしさによっていっそうこじれたものとなる。というのも、そうした矛盾はときに、そしてある者に

図6　狩猟により死んだ動物が持ち帰られると、子どもたちは好奇心とともにそれを優しく撫で、大人たちは慎重にそれを無視する。筆者撮影

とっては、まったく目につかないからである。この認識の欠如が引き起こす分裂の情態《フィーリング》もまた、現実のむずかしさの一部である。この果てしなく広い諸自己の生態学において、狩猟はそうしたむずかしさを前景化する。狩猟することにおいて、あるものは自分が殺そうとする非常に多くのほかのたぐいの諸自己との関係において、自己の位置を占拠しなければならないからである。つまり宇宙全体は、生命本来の矛盾と反響する(図6)。

皮膚を超え出る生命

ひとつの自己を構成する物質と意味の特定の布置には、束の間だけ存在するものが含まれている。プカーニャとほかのイヌは、ジャガーに殺された瞬間にまさしく自己であることを止めた。生ある自己は、そうした脆い身体の周りに局在化されている。自己が局在化されているといっても、パースが批判的に表現したような「肉と血の箱の中に閉ざされた」身体(Peirce CP 7.59; CP 4.551)、あるいはベイトソンの言葉では「皮膚によって境界づけられた」(Bateson 2000a: 467)身体の内側に、必然的に、あるいは排他的にあることを意味するわけではない。生命もまた、自己という質が身体化される特定の座の制約を超えて広がる。生命が潜在的に存在できるのは、何らかの記号論的な系統のうちであって、後続の自己を左右するような仕方で諸自己がほかの諸自己を表象するありようのおかげなのである。

それゆえ、個人の死を超えたところには何らかの生命が存在する。そして生命の一般性、未来へと広がるその可能性は、事実、こうした特異な死が開く空間に依存している（Silverman 2009: 4）。私がアヴィラにいるとき、ヴェントゥラの母であるローサが亡くなった。しかし彼女は存在することを完全に止めたわけではなかった。彼女の息子が言うには、彼女は霊的な主たち――森の動物を所有し守護する存在者たち（第四章から第六章を参照）――の世界の「内側《ウクマン》」（ucuman）に行き、彼らのうちのひとりと結ばれた。私たちの日常的経験の世界である「上の《ハワーピ》」（jahuapi）世界に彼女が残したのは、彼女の「皮膚」が全てであった。ヴェントゥラによれば、母は精霊の世界へと赴く際に「彼女の皮膚をただ捨てた」[3]のであり、この皮膚は彼女の葬儀で埋葬するために、子どもたちに残されたのだという。霊的な主たちの世界で、ローサは若くて魅力ある永遠の花嫁として古い皮膚の外で永遠に生きたのである。

私たちは皆、ゆくゆくは諸自己であることを止めるだろう。しかし、私たちが自己であるために必要とするものを構成するその独特な布置の痕跡には、皮膚によって境界づけられた死を免れない私たちの身体を超え出る力があるし、そしてこのようにして、何らかのかたちで、「皮膚」の死後に、おそらく「私たち」は存続するだろう。第二章で論じたように、自己は記号過程の帰結である。それらは解釈項の形成――ある記号が新しい記号を生むかたちでほかの記号によって解釈される過程――が身体化される座である。したがって自己とは、後続の自己が、固有の身体化された座をもって、自らが自己として現れる記号論的過程の一部として未来を再＝現前する限りにおいて、未来に広がりうる記号なのである。それゆえ生命は、完全に肉体を離れることなく、皮膚で境界づけられた自己によってさしあたっては局在化されているが、その自己を超え出ていく可能性がある。以下で論じるように、死とは自己が今ある身体的な制約を超える道のりの中心にある。

自己は身体化されていると同時に、身体を超え出るものとして存在する。それらは局在化されているが、個人を超え、人間的なるものすらも超えてゆく。自己が身体を超え出て広がるありようをとらえるひとつの方法は、自己には魂が宿っていると主張することである。アヴィラにおいて、魂――あるいは、スペイン語起源の語を使って呼ばれる言い方では「アルマ」(*alma*)――は、記号論的な自己がほかのそうした自己との相互作用によってともに構成されるありようを表象する。魂は、私たちが通常は存在のたぐいのあいだに認識する境界をぼかすかたちで、魂を持ったほかの自己との相互作用において関係論的に出現する。

魂《アルマ》をもつということが、アヴィラ・ルナが住まう諸自己の生態学における関係性を可能にしている。アヴィラの人々によれば、動物は他なるたぐいの諸存在を「意識している」[4]がゆえに、魂を持つ。例えば、ペッカリーと並んで典型的な獲物と考えられている、森に住む大型の食用げっ歯類であるアグーチ《アイチャ》とイヌはいずれも、自らに対して捕食者あるいは餌食としての関係に位置を占めるこれらの存在を「意識するようになる」[5]。つまりそれらに気づくという能力ゆえに魂を持っている。アグーチは捕食者であるイヌがそばにいることを察知できるがゆえに、魂を持っている。この関係論的能力は具体化される。つまり、身体のうちに物理的な位置を占めているのである。アグーチの胆嚢と胸骨は意識の器官の役目を果たす。この諸器官を通じて、アグーチは捕食者がそばにいることを察知する。人間の場合も、他なる諸存在に対する意識は肉体的に局在化される。例えば筋肉の痙攣は、訪問者や毒蛇などの危険な動物がそばにいることを人々に警告する。

魂は、関係論的な質として、身体の特定の部位に位置づけられているために、それらの部位が食べられると他者に渡ることもある。例えばイヌはアグーチやほかの獲物を察知する能力ゆえに魂を所有する存在だと同定されている。またイヌは、アグーチがイヌの存在を察知するのに欠かせない器官を摂取することで――餌食を察知する能力が向上すると考えられるように――意識を高めることができる。そのためアヴィラの人々は、ときおり、アグーチの胆汁や胸骨をイヌに食べさせる。同様の論理に従い、アヴィラの人々は自らも動物の身体部位を摂取することで、他なる諸存在に対する意識を高める。シカの胃からたまに見つかる未消化物が固まってできた結石は、捕食者を察知するシカの意識の源泉であると考えられているために、より簡単にシカに遭遇できるよう、狩猟者はその削りくずの煙を吸い込むこともある。アヴィラの人々には、ジャガーの胆汁を飲むことで、ルナ・プーマになる者もいる。このことは彼らが捕食者の視点をとる助けとなり、それによって、死んだときには自らの魂がジャガーの身体へと移りやすくなるのである。

アヴィラの人々と同じように、パースは魂を自己のあいだの意思疎通と交感のしるしと見なす。魂とは記号論的なほかの諸自己との構成的な相互作用において、生ある記号論的自己に本来備わる一般的な特性をとらえるものだと見なすのである[6]。したがってパースは、「魂の座」は常に身体に結びついているが、必ずしもある身体のうちに位置するわけではなく、間主観的である記号論的な解釈項の効果と位置づけている。「私の情態《フィーリング》が彼に伝わり、また彼が感じているものを私が意識するために、非常に共感する友人に自分の思考と感情を伝えるとき、私は自分自身の脳だけでなく彼の脳にも生きてはいないだろうか?――それも、文字通りの意味で」(Peirce CP 7.591)。パースによれば、魂とは一元的に局在化された存在を伴うモノではなく、その複数の例化が同時に異なる場所において存在しうるという点で、むしろ言葉に似た何かである。

生ある思考は身体を超え出て広がる。しかしこの事実はそれ自体に備わる問題を提起する。諸自己はいかにして自らが宿る身体の制約を超えて広がるのだろうか。そして、いつどこでそうした諸自己は決定的に終わりを迎えるのだろうか。自己という質を有限性という事実にもつれさせるようにしながら、いかにして生命は身体を超えて広がるのか、ということは一般的な問題である。これは生命にとって本来的な問題であり、さらに、死はいかに生命のうちにあるのかを人間的なるものを超えた人類学が習得できるようになる道のりにおいて、この自己の生態学が増幅する問題でもある。

アヴィラでこの問題は、ルナ・プーマとのあいだに人々が持つ相互作用にとくに顕著である。ジャガー人間はあいまいな生きものである。一方でそれは他者――獣や悪魔、動物、敵――であり、他方では生きている親族に対して強い感情的なつながりと義務の感覚をもつ人間《パーソン》である。

このあいまいな状態は、いくつかの深刻な難問を突きつける。最近亡くなったヴェントゥラの父のプーマは、息子が飼っていたニワトリを一羽殺した。ヴェントゥラはこの出来事に怒りを覚え、さらに今ではジャガーとなった父がなおも自分を息子だと考えているかどうかを疑った。そこでヴェントゥラは家の近くにある森へ行き、そしてそのあたりのどこかにいて、ジャガーの身体と視点のうちに棲む父に向けて、大声で話しかけた。

「俺は他なる者ではない」と彼に言った。
「俺はあなたの息子だ」
「俺がいなくても、
あなたは俺のニワトリの世話をしなければならない」[7]

ヴェントゥラは、ニワトリを強奪するのではなく、自力で森の奥で狩猟するはずの本当のプーマのようなふるまいをしない父を非難し続けた。「森に向かわずに、そうすることがあなたのやり方なのか」。ヴェントゥラは続けた。「もしこのあたりに居続けるなら、少なくとも俺のために何かを捕まえるべきだ」。その後まもなく――「狩猟にはそれほど多くの時間がかからない。三日もあれば足りるだろう」――、ヴェントゥラの父のプーマはついにその義務を果たした。「言われた通り、彼は上等なアグーチを捕まえて俺にくれたよ」

ヴェントゥラは、父からの「贈り物」を次のようにして偶然見つけた。彼はまず、家の近くの茂みで殺害現場を発見した。ジャガーが「ぴっかぴかになるまで」空地を「踏みならした」ことがわかった。ヴェントゥラは、この踏みならされた空地からジャガーが茂みを通って死体を引きずった跡を辿っていった。

そして俺は見たんだ。
この、
この頭、切り離された頭をここで。
……
そのあと俺はあたりを見回し、はらわたに気づいた。
……
それからプーマはそれをさらに引きずった。

ヴェントラは両手を使って身振りを交えながら、ついに見つけた獲物をこう描写した。

ここから上は全て、食べられていた。
だが両足はまだ食べられていなかった。

父のプーマは、息子に極上の切り肉を残しただけではなく、まるで婚礼に招かれた親族に贈られる燻し肉のように、切り肉を包んでもいた。

葉っぱでそれを包んだんだ。
それを葉っぱの内側に包んで、

彼は残していった。

プーマからの贈り物は、半分食べられ、はらわたを引き抜かれたアグーチの死体——もはや自己としては認識されず、包まれた肉の切り身に変わった身体——であった。

ジャガー人間はあいまいな生きものである。本当にまだ人間であるかどうかは決して定かではない。ジャガー人間は親族としての義務を果たすことを忘れているのだろうか。その凶暴な他者性を帯びた状態にいるその者たちに森で遭遇するとき、〈私たち〉が義務を負う人格でもありうるのではないだろうか。

狩猟に出かけたある日、フアニクはジャガーに偶然出くわした。彼は大型のネコ科の動物に対してあまり効果的ではない小型の口装式の散弾銃でジャガーを撃った。次のように、まさにイコン的な音響的イメージの直列的な連鎖によって、彼はその出来事を再現した。

tua（ツァ）
（うまく発射された銃）
tsi'o——（ツィオー）
（撃たれたジャガーの発声）
teje——（ティエー）
（的に当たった弾薬）

bouu—[b]（**オゥウーッ**）
（**ジャガーのもうひとつの発声**）

その後すぐに、そしてやや静かに、ファニクはジャガーの歯に当たった鉛玉の音を真似た。

tey tey tey tey tey（**テェイ　テェイ　テェイ　テェイ**）

銃弾はジャガーの歯を打ち砕き、髭をわずかに断ち切った。ジャガーが逃げた後、ファニクは吹き飛ばされた髭を拾い上げ、それ——ウオ——をポケットに押し込んで、ジャガーに半分食べられている獲物を拾い上げて、家に戻った。

その夜、ジャガーはまだ彼とともにいた。ファニクは私に語った。「一晩中、彼は私に夢を見させた」。この夢では、死んで久しいファニクの「代父《コンパドレ》」が彼のところにやってきた。まだ生きていた頃と同じような姿をしていたのだが、話をしようと口を開くと、砕けた歯が見えた。「代父にあんなことをしたときはどんな気持ちだったんだ」と代父はファニクに尋ねた。「これでどうやって食べればいいんだ」。ファニクの代父は一息置き、ジャガーがするように「アァー」と唸り、こう続けた。「見ての通り、私は食べることができない。こうして、私は死ぬだろう」。「そしてこんな風に彼は私に何が起きたかを語った。……こうやって、夢を見ている夜に魂が語りかけてくるのだ」とファニクは締めくくった。しばらくして、ファニクはこう付け加えた。「私はあれを撃った。私はあれを追い払った」[8]。

ルナ・プーマは奇妙な生きものである。なぜなら彼は、代父という自身の正体を明らかにするものの、ジャガーのようにアァーと唸るのだから。ファニクは儀礼的な親族の紐帯を通して〈彼〉に結びつけられているが、〈それ〉を撃ったことに何らの自責の念も抱いていない。ファニクに語りかけたルナ・プーマは自己である。彼が狙撃したそれとまったく同じ者はモノである[9]。

この矛盾したプーマの性質は、イラリオと家族が、彼らのイヌたちを殺したジャガーの正体について話し合ったときにも話題に上った。ラムンがプカーニャの名前を叫んでから数時間後、家族はクキの死体のそばでバラバラになったプカーニャの死体を森の中で発見し、そのあたりの足跡と後頭部に残された咬み跡から、イヌたちを殺したのはジャガーだと結論づけた。

しかし、どの「たぐい」のジャガーの仕業なのかをイラリオたちはまだ知らなかった。イヌたちを殺したのはいつもの単なる「森のジャガー」、サチャ・プーマ（*sacha puma*）ではなく、ルナ・プーマではないかと疑ったが、しかし、それだけではまったくもって満足のいく答えではなかった。家族のひとりはその不満を次のように言い表した。「誰のプーマが私たちをこんなにも悩ますのだろう」。その晩、彼らはある答えを得た。皆がイラリオの死んだ父の夢を見たのである。アメリガは、義理の父がハット帽を被って彼女に近づき、彼が贈った獲物の肉の大きな包みをとっておくようにと告げる夢を見た。一方ルイーサは、父の睾丸が見え、腸が肛門から出てくる、という夢を見た。その晩遅くに、彼女は黒い子牛と斑模様の子牛の夢を見たのだが、彼女が推論するには、牛は父の所有物に違いなく、父は今では森の霊的な主たちの属する死後の領域で、ひとりの主になっているという（第六章を参照）。

イラリオの息子ルシオは、家にはいなかった。彼はこの突然の出来事を家族から知らされておらず、事の後まで家に戻ることはなかった。だがルシオも祖父の夢を見ていた。「そこでただ語り、笑っていた」。彼にとってこのことは、ジャガーの正体を確信させる出来事だった。「それは間違いなく死んだ祖父だった――あたりを彷徨っていたのは祖父だったんだ」。すなわち、あのプーマは間違いなくジャガーの身体に宿った彼の祖父の魂だったのであり、それが家の近くの茂みを彷徨い、ジャガーの目を通して世界を見ることで、家族のイヌたちを餌食として見ていたのである。

ルシオは凶暴なジャガーの夢は見なかったが、愛しい祖父の夢は見た。二人はともに語らい、そして笑っていた10。泣き声やあくびのように、笑い声は伝染する。他者のもとに笑い声を誘発する。そうして、ある種のイコンを通じて、共有された感情のうちに一体となるものとして人々を結束させる（Deacon 1997: 428-429）。パースの言葉でいう「反応の連続性」において、それは人々を結束させる（Peirce CP 3.613）。ルシオと祖父は一緒に笑うことで、束の間、意思疎通による交感の中で単一の自己を形成したのである。

しかしイラリオや彼の家族に分かりえた限りでは、このジャガー――最愛の祖父――はまっとうな理由なくイヌを攻撃したのだった。ルナ・プーマには、ある親族の死後に定められたタブーを親族の者が守らない場合にイヌを襲うものがいる。これはここでの事例にはあてはまらない。そして先の攻撃が不可解なものであるのはこのためである。ルシオにとって、このジャガー人間は「良くない」ものだった。イラリオにとって、彼は「悪魔」すなわち、ある「スパイ（*supai*）」だったのだ。「それはほかに何だったというのだ？」、と彼は尋ねた。「あぁ」、ルイーサはこう述べた。「悪魔に変身したんだ」。いつも質問しては「なぜか」を知りたがるアメリガは、誰に尋ねるでもなくこう言った。「人間《パーソン》でありながら、彼がそんな生きものになってしまったのはどうしてだろう」。アメリガがほのめかしたように、魂は私たちと同じように人格《パーソン》であり、あのような方法で夢の中で私たちと交流する。しかし森のジャガーのように、人格は他なるたぐいの存在のひとつ——もはや共有したり、ケアしたりする能力をもたないたぐい、死者以下のたぐい、魂なきたぐい、人格なきもの——になるかもしれない。

ルシオが経験した二つのこと、最愛の祖父との夢の時間における触れあいと、森の中であの悪魔のようなジャガーのそばにいたこととは、まったくもって同一のものである。「あんな夢を私が見たのは、祖父が訪ねてこようと降りてこなければならなかったからだよ」とルシオは振り返った。アメリガはこれに同意した。ジャガー人間たちは、人が暮らすところから遠く離れた山の上にいるとされる。ルシオの祖父が森の中の住まいから降りてきたからこそ、ルシオが夢を見た夜に、祖父の魂と孫の魂が一緒に笑うことができたのだった。ある意味でこのことはイヌへの攻撃を説明するものでもあった。

その晩遅く両親の家で、ルシオは最近森でジャガーと遭遇したことを思い出した。その状況と夢見を踏まえて、これもまた祖父の現れだったという結論に至った。ルシオはこのプーマを殺したがっていた。彼自身の回想では、それを人格ではなくモノとして描写することで、「殺してよい」(Haraway 2008: 80) ものだとしている。彼はここで、キチュア語でジェンダーや地位に関係なく三人称を示すために用いられる有生代名詞パイ（*pai*）の代わりに、非有生代名詞チャイ（*chai*　あれ）の短縮形チ（*chi*）を用いた。

chillatami carca（**チジャタ－ミ　カルカ**）

あれがそうだった！

そして、銃がうまく動かず、撃ち損じたので彼は怒りを覚えた。「ちくしょう！」ジャガーに祖父の魂が宿っていることを知った後も、ルシオはこのジャガーを殺そうとしたことを後悔することはなかった。夢では三人称以上の存在だった——事実、笑いの中でルシオと一体になった〈私たち〉のたぐいだった——祖父は、ルシオにとって単なるモノになったのである。

死を完結させる

生と死の境界が完全に明確になることは決してない。しかしその境界を明確にしなければならないときがある。ある者が死ぬと、その者の魂——あるいは諸々の魂、というのもパースが言うように、魂は多数であることができると同時に異なる場所に存在することができるからである——は肉体を離れる。だがルシオの祖父のものと同じく、魂はジャガーの身体に入りこむことも、またキリスト教のいう天国に「昇る《スィカン》」（*sican*）ことも、さらには動物の霊的な主たちの領域で主となることもある。

後に残されるものは「アヤ」（*aya*）である。アヴィラのキチュア語である「アヤ」には、二つの意味がある。ひとつは、単なる動けない死体という意味で、ヴェントゥラやほかの子どもたちが埋葬するようローサが残した皮膚の袋のことでもある。もうひとつは、身体と魂の両方を奪われた、彷徨える死者の亡霊という意味である。魂は意識を持ち、それに付随してほかの諸存在に共鳴し共感する能力を持つ。アヤが魂を持たないという事実ゆえに、アヤは人々に害を及ぼすものになる。それは「シカン（*shican*）」、つまり存在の「もうひとつのたぐい」[11]――ある者が私に説明したように、「もはや人々を愛する能力のない」存在――となったのである[12]。このことはとくに、アヤがその家族に対して持つ関係性にあてはまる。アヤはもはや親族を愛すべきものとして認識することはない。アヤは自分の死後に生まれた赤子に対する関係がずっと希薄であるために、そうした赤子から二重に遠ざけられる。ゆえに赤子はアヤが引き起こす病にかかりやすい。アヤは意識と魂を欠いているにもかかわらず、再び生者の世界の一員になろうと空しい努力をしながら、生前によくいた場所を徘徊する。こうすることで、彼らはワイラスッカ（*wairassca*）として知られるたぐいの「悪い風」（*mal aire*）を通じて、家族に病を引き起こすのだ。

アヤは混沌とした空間に住まう。私たちはアヤが死んでいることを知っているが、アヤは自らがまだ生きていると考えている。そのため、死者が埋葬されてから二、三週間後に行われるアヤ・ピチュカ（*aya pichca*）[13]という儀礼的饗宴は、まだそこにあるアヤの危険を生者から取り除き、生なきものの領域と生ある諸自己の領域を決定的に分離するために執り行われる。この儀礼は宵に始まり、ゆうに翌日の朝まで続く。そしてその後に特別な食事がふるまわれる（第四章を参照）。先のアヤ・ピチュカは、ローサの夫であり、ヴェントゥラやアンヘリシア、カミロの父であるホルヘが死んだ後に執り行われた。第一部は宵に始まり、明け方まで夜通し続く。それは空き家になっていたホルへの家での酒宴であった。

アヴィラでの喪中でしばしば耳にする、叫びや詠唱のような特徴的な嘆きが聞かれることもあったが、大方の雰囲気は喜びに満ちていた。事実、ホルへはまるでまだ生きているかのような扱いを受けていた。ホルへの娘アンヘリシアが到着すると、彼女は父がかつて寝ていたベッドのそばに家で醸造したヴィニージュ（*vinillu*）酒のボトルを一本置いて、言った。「さぁ、この甘い水を飲んで」[14]。ほかの者はその後、魚のスープが入ったボウルを彼に差しだした。ある隣人がヴィニージュ酒を座椅子に置くと、別のボトルがそこから床に落ちた。これがきっかけで、既に軽く酔っぱらっているホルへが瓶をひっくり返したことに誰かが気づいたのである。私たちが近所のカミロの家に行こうとすると、アンヘリシアの夫セバスチャンは言った。「わかったよ、お爺ちゃん。待ってて。少ししたら戻ってくるからさ」[15]

まるでまだ生者の親密な社交――最後の夜通しの宴会に夢中にさせようとホルへに冗談を言い、彼と語らい、食事と飲み物を彼と共有し、一時の別れと再会について話をする――の一員であるかのようにホルへを扱う人々のこうしたやり方とは裏腹に、この儀礼の目的は、実はホルへのアヤを確実かつ永遠に送り出し、彼が生まれたときに両親が住んでいたワタラク川の近くに埋められた彼自身の胞衣《プフ》（*pupu*）と再び結びつけることだった[16]。アヤが示している自己の空虚な遺物が、自己が身体化される固有の座としてホルへが出現したことを表示している胎盤のなごりと再び同列になることではじめて、その亡霊は危険な徘徊を止める。

私たちは一晩中寝ずに、ホルへのベッドのそばで酒を飲み、冗談を言い合った。日光が差し、ホルへがいつも狩猟に出かける時間になると、雰囲気は変わった。誰かがやってきて、アチョーテ〔訳注：ベニノキの仮種皮から採れる染料。第二章、注17参照〕を私たちの顔に塗った。赤みがかったオレンジ色の顔料は、人間的な諸自己である私たちの本性をホルへのアヤに見えなくする一種の覆いの役割を果たす。ホルへはもはや私たちを人間《パーソン》として見ることはできず、私たちの存在に気づくことはない。このようにして、彼は、自分の安息の地から向きを変えて立ち去ることができなくなる。

ことはこのようにあるべきなのである。アヤは生者にとって極めて危険であり、それを見たり、それと話したりするなどの媒介のない間主観的な邂逅は、死を招きかねない。そのような邂逅は生なきものや自己ならざるものの視点から世界を見るように要求するからである。逆にいえば、このことは私たちの自己という質が根本的に消失すること——私たちが生き抜くことのできないもの——を暗示しているのだ。

アチョーテで顔を彩った私たちは籠いっぱいのホルへの所有物を外に出し、自らの胞衣と再び結びつくためにホルへのアヤが辿るであろう道にそれらを置いた。とくに、子どもたちはそこに居合わせ、「さぁ、行こう！」といった言葉で先へと進むようホルへを説得しながら、まるで彼が生きているかのように彼に話しかけるよう言いつけられていた。そうこうしているうちに、ホルへの近しい親族は小道を通って、森の中に隠れた。このようにして、彼の家族や友人、そして隣人を認識できなくなったアヤは、巨大で刺さらない変種の刺草《イラクサ》であるアヤ・チニ（*aya chini*）の葉っぱで道すがらあおがれた[17]。何人かはホルへのアヤが去ったときにそよ風を感じた。ホルへの荷籠のひとつに入れられたメンドリは怯え始めたが、それはアヤが去ろうとしていることをほのめかしていた。

あの宵のはじめには、ホルへは死んではいたが、生きている親族にとってはまだ人間《パーソン》であり、親族がともにあの晩に食べ、飲み、笑い、話した誰かだった。しかし、夜が終わりを告げる頃には、ホルへは共食《きょうしょく》の領域から締め出された。生者から切り離された死者の社会的かつ関係的な領域へと永遠に送り出されたのである。

配分された自己

脱主体化は、死、すなわち自己という質が身体化される座の物質的な消失によってのみ引き起こされるわけではない。ほかにも、生きているにもかかわらず自己がほかの諸自己から自己として扱われなくなってしまうような、考えるべきありようがある。アヴィラの人々は、イヌをそれ自身の能力ゆえに自己として認識するが、道具として扱うこともある。折に触れてイヌを銃になぞらえるときに、そこに含意されているのは、「武器」のようなイヌとは人間の狩猟能力の拡張部分であるということである。アヴィラの人々は、狩猟に役立つ用具に関して特別な手はずを守るように注意を払う。例えば、彼らが殺した動物の骨は全て、その動物を殺した際に使用した銃や罠が「壊れた状態《ワヒリスカ》」(*buaglirrisca*)にならないよう、洗い場でもあり飲み水を汲む場所でもある川の近くで処理する。

イヌもそうした潜在的な穢れの影響を受けやすい。イラリオの家族はイヌたちが襲われる前の週に、イヌたちが殺したシカの大きな骨を餌として与えないよう注意を払っていた。骨はきちんと小川に捨てられた。この場合、イヌ——銃でも罠でもない——がシカを殺したので、彼らもまた「壊れる」恐れがあった。イラリオが述べるように、彼らの鼻が「塞がった状態になるかもしれず」[18]、そうなれば彼らは森で獲物になる動物に気づくことができなくなる。つまりイヌたちは特定の文脈では銃に似たものである。イヌは、人間的な自己の質の座を広げる拡張部分——武器——となるのだ。

人もモノに似た道具になることができる。より大きな全体の部分、より大きな自己の付属物になることができる。ある酒宴のとき、二〇代前半のナルシサは、前の日に家の近くの森で、雌ジカと雄ジカ、そして子ジカに遭遇したことを私たちに語った。シカは獲物としては絶好の動物であり、ナルシサはそのうちの一匹を殺したいと思っていた。しかしいくつか問題があった。まず、ふつう女性は銃を持たないこともあって、彼女自身も武器を持っていなかったことを後悔した。「もう!」と彼女は語気を強めた。「あれ[——つまり散弾銃——]を持っていたら、よかったのに!」[19]。二つ目の問題は、彼女の夫が、近くにいて銃を手にしていたのだが、シカを見ていなかったということである。しかしナルシサが言うには、幸いにも、その前日に「よい夢を見た」。そしてその夢は、二人がシカの一頭を得ることができると彼女に思わせるものだった。

そこでナルシサは、彼女自身の存在をシカに警戒させることなく、シカの存在を夫に知らせるという課題に直面した。声量を増す代わりに声を長く延ばすことで力強く、かつ静かに「大声で叫ぼうとした。

「『アレハァァンドルゥ』、私は静かに叫んだ」

喉の緊張は、メッセージの切迫さの度合いを減らすことなく声の大きさを緩和した。こうすることでシカに聞き取られないことを期待した。しかしその試みは失敗した。

そうやって呼んだあと、
雌ジカは気づいた
そしてゆーっくりと振り向いた［逃げようとしていた］

より正確にいえば、シカに自分の存在を気づかせまいとするナルシサの試みは、部分的に失敗しただけだった。雌ジカとは対照的に、雄ジカは「まったく気づかなかった」からである。

シカに気づかれることなく、シカのことを夫にだけ伝えようというナルシサの試みは、いかに行為主体性が異なる諸自己に配分されるようになるのかに加え、その過程でいかにこれら諸自己のいくつかが行為主体性を失うのかを示している。ここではナルシサが最も重要な行為主体である。夢見は経験と知識の特権的な形式《フォーム》であり、夢を見たのは夫ではなく彼女だった。ナルシサの「良い夢」は、その主たる作用だった。動物を撃つという彼女の夫の能力はただ単に、このことの直接の拡張部分だった。

ナルシサの行為主体性が原因の所在——彼女の夢こそが影響力をもっていた——であるが、しかし彼女の意図をうまく実現できるただひとつのやり方は、対象を通じて彼女自身を拡張することだった。銃なしでは、シカを撃つことはできない。アヴィラでは銃を持つのは一般的に男性であるため、彼女は夫を巻きこまなければならなかった。しかしながらこの文脈においては、彼は実際には人格ではなく、むしろ銃のように、ナルシサがそれを通じて自分自身を拡張できる対象であり、道具であり、そして部品になっていた。

ナルシサが望んだこの状況における自己と対象の配分は、おそらく次のようなものだった。ナルシサとアレハンドロは、「反応の連続性」において単一の個として結合され、ここでは餌食という対象と見なされていたシカの殺害に対して同じ捕食者の立場をとる。換言すれば、ナルシサとアレハンドロは、二人を取り巻く世界に対する共有された反応によって二つの自己がひとつになることで、創発する単一の自己になるはずだったのだ（Peirce CP 3.613）。パースが述べたように、そのような「存在の連続性」（Peirce CP 7.572）は、「個々の有機体の人格よりも高い位置との関連において、緩やかに手を結んだある種の自己」（Peirce CP 5.421）を創造する。この創発する自己は、必ずしも平等な配分を必要としなかった。ナルシサはこの行為主体性の所在そのものであり、アレハンドロは、イラリオのイヌのように、武器——それを通じてナルシサが彼女の行為主体性を拡張する対象——になるはずであった。

しかし事はそう運ばなかった。反応の連続性は、種の線に沿ってではなく、ジェンダーの線に沿って自らの方向を定め、そしてこの線はナルシサが望んだ捕食者／餌食という特定の配分を乱すように種の境界と交差した。雌ジカはナルシサに気づいた。雄ジカもナルシサの夫もどちらも何事にも気づいていなかった。これはナルシサが望んだところのものではなかった。ここではナルシサと雌ジカが感覚の鋭い自己であり、不覚にも一体となったのだが、それが生じたのは、より高位の単一の自己としての存在の連続性のためである。「何事にもまったく気づかない」がゆえに、夫と雄ジカは対象となったのである。

自己を超えて見る

アレハンドロと雄ジカは、そうしたほかの諸自己にまったく気づかないでいた。これは危険なことである。種＝横断的な相互作用が、ほかの存在が自己であることを認識する能力に依っているのであれば、この能力を失うことは、森に宿るこの自己の生態学を構造化する捕食の編み目にとらわれるこの二体の雄のような存在に悲惨な結果をもたらす。特定の状況下において、私たちは皆、この宇宙に住まう精神や人格、自己といったほかの諸存在を認識するよう強いられる。アレハンドロと雄ジカを巻きこむこの特定の自己の生態学では、ほかの諸自己と交流するために、諸自己はそれらの霊質《ソウル・スタッフ》を認識しなければならない。

つまり、この諸自己の生態学では、自己に留まるために、全ての自己はこの宇宙に住まう魂をもつほかの諸自己の霊質を認識しなければならない。この諸自己の生態学において、魂を所有するほかの自己に気づき、またそれらと関わりあうことのできない状態に陥る、魂の喪失という衰弱している形式を記述するために、私は「魂＝盲《ソウル・ブラインドネス》」という言葉を選んだ。この言葉はカヴェル（Cavell 2008: 93）から採用したものであり、カヴェルはこの語を、ある者が他者を人間として見ることがかなわないかもしれない状況を思い描くために使用している[20]。ただこの諸自己の生態学においては、全ての自己は魂を持っているために、魂＝盲は単なる人間的な問題ではない。それは、宇宙的な問題なのである。

アヴィラの諸自己の生態学において、魂＝盲は、モナド的な独我論という孤立した状態――自分自身あるいは自らのたぐいを超えて見る能力の欠如――によって特徴づけられる。それが生じるのは、いかなる存在にせよ、宇宙に住まう他なる存在の自己であることを認識する能力――霊質――を失うときであり、それはまたいくつもの領域に出現する。ここで、この現象の幅と広がりを明らかにするために、いくつかの例をあげよう。例えば、狩猟者が森にいる餌食に気づくことができるのも、狩猟の魂[21]として知られるもののおかげである。シャーマンはこの魂を盗むことができるが、盗まれた者は動物を察知することができなくなる。この魂なき狩猟者は、「魂＝盲」となる。こうした狩猟者は、餌食となる存在を自己として見なす能力を失うために、身の回りの環境から動物を識別することがもはやできなくなってしまう。

　餌食が魂を喪失することによって、狩猟は容易になる。夢の中で動物の魂を殺す男は、その翌日に動物を簡単に狩ることができるのだが、それは獲物が既に魂のない状態であり、魂＝盲になったからである。このような動物はもはや人間の捕食者に気づくことができない。

　シャーマンは狩猟者の魂を盗みうるだけではなく、魂＝盲になる植物の効果を利用して、敵対するシャーマンが持つヴィジョンを生み出す植物、アヤ・ワスカ（*aya huasca*）の魂を盗むことで、この植物を魂＝盲に陥れることもできる。そうなった植物を摂取しても、ほかの魂の行動に対する特権的な意識はもはやもたらされない。

　シャーマンが被害者を攻撃するのに用いる不可視の投げ矢は、彼の魂を収めた生命の息吹《サマイ》（*samai*）の力で飛んでいく。投げ矢はこの息吹を失うと、魂＝盲になる。つまり、投げ矢は特定の自己に向かうことがもはやできず、意図もなく、その軌道でたまたま出くわす人々を傷つけながら、当てもなく進んでいく。ホルへのアヤは、このシャーマンの役に立たない投げ矢によく似たかたちで魂＝盲になったのであり、生きている親族たちとの規範的な社会関係に従う能力を欠き、それゆえ危険であると見なされた。

　大人たちは、髪の束をパンッという音が鳴るまで引っ張ることで、子どもたちに罰を与えることがある。子どもたちは一時的な魂＝盲になり、ぼうっとして他者と交流することができなくなる。

頭頂部、特にひよめき[22]は生命の息吹と霊質が通過する重要な入り口である。魂＝盲を引き起こすために、ひよめきを通じて生命の息吹を取り除くこともある。デリアはイヌを殺したジャガーのことを「イヌの、動物を＝追う＝頭頂部にタッ（*ta'*）っと咬みついた」[23]と表現していた。タッとは、イコン的副詞、音響イメージであり、「二つの面が、とりわけそのうちひとつの面が、行為主体性の点でもうひとつのものよりも高位の力によって操作されている二面が接触する瞬間」（Nuckolls 1996: 178）を言い表している。これはジャガーの犬歯がイヌの頭蓋骨に衝突して貫通するさまを正確にとらえている。アヴィラの人々がそのようなひと咬みを致命的と考えるのは、身体のこの部位が間主観性を可能にするそのありようと大いに関係がある。すなわち、イヌの死は、「動物を＝追う」能力の完全な喪失——根本的かつ瞬間的に魂＝盲を押しつけること——の結果なのである。

他者の動機のような概念は、意思をもつ存在が住まう世界で生き延びていくために必要である。私たちの生は、ほかの諸自己の動機について私たちが暫定的に行う憶測を信じ、またそれに基づいて行動する能力によっている[24]。この諸自己の生態学の中で、森に暮らす無数の存在を活力にあふれた生きものと見なさない限りは、アヴィラの人々はそれらを狩猟し、関わりあうことができないだろう。この能力を失うことは、この関係性の編み目からルナを切断することになるだろう。

捕食

諸自己の生態学の中で狩猟することは、慎重を要する仕事である。その一方で、食料や飲み物を分かちあうこと、とりわけ肉を共有することは、アマゾニアの至るところで、共同体の基礎となるたぐいの対人関係を創りだす上では極めて重要なことである。育ち盛りの子どもたちには十分な量の肉が必要であり、祖父母や名づけ親は肉の贈り物を定期的に受け取らなければならず、森を切り開いたり家を建てたりする際に力を貸してくれる親族や友人、そして隣人たちにも肉が供されなければならない。アヴィラにおける肉の共有は、社会的な紐帯を実現するのに中心的な役割を果たしている。しかし共有され消費される肉は、ある意味ではひとつの人格でもあった。ひとたび人が動物の人格性を認識すれば、そこには狩猟と交戦を、また共食とカニバリズムを混同する危険が常にある[25]。

この諸自己の生態学に生きる様々な存在に気づき、関わりあうためには、様々な存在を人格と見なさなければならない。しかしそれらを食料として食べるとき、それらは結局のところ、対象、死んだ肉にならなければならない。狩られる自己が人格であるのなら、ゆくゆくは人も、人間ではなくなった捕食の対象になるのではないだろうか。事実、ジャガーはまれに、森にいる狩猟者を攻撃し、妖術師たちは捕食者である猛禽類の外見をとることができる。ヴェントゥラが述べたように、このことが、巣に向かって走るアグーチを殺してはならない理由である。なぜなら、そのアグーチは間違いなく、猛禽類の姿をした捕食的な妖術師から逃げまどう餌食へと姿を変えた親族だからである。捕食は、ある諸自己の生態学において自己が対象になるとき、あるいは他なる自己を対象として扱うときに必然的に生じる困難を示している。

既に述べたように、人々は、動物そのものの自己の質のいくぶんかを獲得しようと、肉としてではなく自己として、動物を消費することがある。男たちはプーマになるためにジャガーの胆汁を飲み、アグーチの胸骨や魂を収めたほかの部位を猟犬に食べさせる。食べられる生物の自己の質を損なうことがないように、これらの身体的実体は調理せずに生《なま》のまま消費される。カルロス・ファウスト（2007）が記しているように、これは結局、カニバリズムの一種なのである。対照的に、共食をしようとするとき、つまり食べられる者とのあいだではなく、食べる者同士のうちに交感があるときには、食べられる者は対象へと変わらなければならない。調理をはじめとする脱主体化の過程がこのことの中心にあり、この点についてはアマゾニアに暮らす多くの人々と同じように、アヴィラ・ルナは徹底的に肉を煮ることで、焼くといった生《なま》の部分を残しかねない調理法を避ける（Lévi-Strauss 1969）。

諸自己の生態学は、相関的な代名詞の体系である。つまり、〈私〉ないしは〈あなた〉と見なされる者と、〈それ〉になる者は相対的であり、入れ替わることもありうる[26]。誰が捕食者で、誰が餌食であるのかということは文脈に依存し、アヴィラの人々はこれらの関係がどのようにして反転することもあるのかということに大きな関心を向ける。例えば、大きな陸ガメ（ヤワーティ・*yahuati*）を襲おうとするジャガーは、その犬歯をカメの背甲にひっかけてしまい、獲物だけではなく、カメの甲羅にひっかかって砕かれた歯も諦めなければならなかった、といわれる。今や歯なしとなったジャガーは狩猟もできずに、たちまち飢え始めた。ジャガーがついに息を引き取ると、腐肉を大いに好む陸ガメは、甲羅にジャガーの犬歯が刺さったまま、かつての捕食者の腐肉を食べ始めた。こうして、ジャガーは以前の餌食の餌食と化した。この典型的な〈私〉は、〈私〉が〈それ〉――アイチャないしは餌食――に対してもつ関係性によってのみ〈私〉なのである。この関係性が変化するとき、陸ガメがプーマになるとき、ジャガーはもはや捕食者ではない。ジャガーは常にジャガーであるわけではない。ときにカメこそが本当のジャガーとなる。あるものがどのたぐいの存在になるのかは、そのものがいかに他なるたぐいの諸存在を見て、また他なる諸存在に見られているのか、ということから生じるものである。

この諸自己の宇宙的生態学において、種＝横断的な関係性は圧倒的に捕食的であるために、それにきちんとあてはまらない生きものはとりわけ興味深い。そのような注意が向けられる存在のクラスとして、ナマケモノやアリクイ、アルマジロといった、一見すると共通点のないように思われる生きものを含む、異節上目の哺乳動物があげられる。リンネの体系において、これらを表す別の名は貧歯類（Edentata）となる。まさしくこれはラテン語で「歯の抜けた状態」を意味し、生物学者とアヴィラの人々の双方にとって、この集合をひとつのたぐいとする最も際立った特徴を示唆している。この目に属するものには「真の」歯が欠けている。つまり乳歯は発達せず、犬歯や門歯、臼歯もない。この目《もく》に属するものは止め釘のような歯だけをもつか、あるいはどのような歯ももたない（Emmons 1990: 31）。

歯は捕食者という地位の主たるしるしである。イラリオは一度、アヴィラの人々が何年も前にどうにか殺すことのできた巨大なジャガーのことを語ってくれた。そのジャガーの犬歯は、小さなバナナほどの大きさで、その歯を目にすると、村の女たちはその歯で何人殺されてしまったのかと想像しながら、涙を流したという。捕食者の本質は犬歯のうちに身体化されるので、子どもたちもまたプーマになるようにと、ジャガーの犬歯を使って子どもたちの目のあたりに唐辛子をまぶす〔訳注：第四章を参照〕。犬歯のないジャガーはもはやプーマではない。人々が言うには、犬歯が摩耗するとジャガーは死ぬ。

この文脈において、「歯のない」目《もく》に属するものは極めて特徴的である。伝説が伝えるところでは、ミナミコアリクイ（スス（*susu*））はナマケモノ（インディジャーマ（*indillama*））とよく闘うのだが、ナマケモノに向けてこのように言う。「おまえには歯があり細長い腕がある。もし私に歯があれば、今よりもずっといい身体つきになるだろう」。ナマケモノには退化した止め釘のような歯があるが、陸生のオオアリクイ（タマヌーワ（*tamanuhua*））同様、樹上に暮らすミナミコアリクイにはまったく歯がない。歯なしであるにもかかわらず、アリクイは恐るべき捕食者である。ミナミコアリクイは、イヌを簡単に殺してみせる上に、また屈することなどない。倒れ込むまでに何発もの銃弾に耐えることで知られ、ゆえにいったん崩折《くずお》れても、狩猟者が棒でその頭部を強く叩いて殺さなければならないこともある。オオアリクイは生まれながらにプーマであると考えられている。歯はないが、鋭く尖ったかぎ爪は致命傷を与える。私がアヴィラにいたとき、ファニクはアリクイに殺されかけたことがあった（第六章を参照）。ジャガーでさえ、オオアリクイを恐れているといわれている。ヴェントゥラによれば、ジャガーが木の根っこのあいだで寝ているオオアリクイに遭遇すると、静かにするよう、全員に合図するという。「しー。［木の根っこを］叩くな。義兄が寝ている」と[27]。

アルマジロは本当の歯を持っていないため、対象の創出を通じて永続可能になる捕食者／餌食という生態的循環に容易になじむことはない。ミナミコアリクイとは対照的にアルマジロは攻撃的ではまったくなく、決して恐るべき捕食者とは見なされえない。次のようにエモンズ（1990: 39）はアルマジロの無害な性質を記している。「［アルマジロは］鼻をふんふんいわせ、鼻と前足で地面を掘りながら、転がったり急ぎ足で走ったりして、まるでねじ巻き式のおもちゃのように小走りで駆けていく。一、二フィート以上先のことにはまるで気づかない」

アルマジロには、それらだけを所有し保護する、そのたぐいに固有の霊的な主であるアルマージュ・クラガ（*armadilu curaga*）すなわち「アルマジロの主」がいる。おあつらえ向きなことに、この主の家への入り口は、アルマジロの巣のようなトンネルになっている。アヴィラの男が森で道に迷うと、やがてこの主に見つけられ、ともに食事をするため家に招かれたという伝説がある。食事が運ばれると、男は調理されたばかりで湯気が立っている山積みのアルマジロの肉を目の当たりにした。それとは対照的に、アルマジロの主は同じ料理を調理されたウリ科の植物として見ていた。ウリ科の植物のように、アルマジロには堅い「外皮」がある。私たちの目にはアルマジロの腸に見えるものが、主の目には、ウリ科の植物の中にある繊維が多くねばねばした果肉に包まれた種が絡まったかたまりに見えるのだ。

自分が所有するアルマジロのように、その主には歯がなく、男が驚いたのは、その主は調理された食べものの湯気を鼻から吸い込むだけで「食事をし」続けたということだった。食事し終えてもなお、男にはその食事がまだ完全な状態、つまり手つかずの肉の切り身に見えた。しかし既にそれらの生命力をすっかり消費し尽くしたアルマジロの主は、男の狼狽をよそに、その切り身を排泄物だと見なして捨ててしまった。

アルマージュ・クラガのような森の霊的な主たちは、ジャガーのように捕食性であり、そしてときどき悪魔のようなものだと見なされる。しかしジャガーやほかの悪魔のように肉と血を食べる代わりに、アルマジロの主は、「真の」捕食者のしるしである歯を持たないため、生命の息吹だけを「食べる」。ラムンはジャガーの体を通ってプカーニャが糞になったと想像したのだが、そのジャガーとは異なり、この奇妙な捕食者には肉を食べるための歯が欠けている。そのため彼は本当の糞を出さず、脱主体化の過程は決して完結しえない。それどころかこの主は、自分の出した排泄物を顔料のように自分に塗りたくる。

この主は所有するアルマジロを自分の庭で飼っており、ウリ科の植物にするようにそれが「熟して」いるかどうか、食べるに適しているかを判断するために、アルマジロをポンポンと叩く。アルマジロの主は道に迷った男に親切で、こうした「ウリ科の植物」のひとつを持ち帰るようにと言うのだった。しかし男が植物をつかもうとすると、例外なく植物は皆——蔓草や葉っぱなど全てが——逃げようとした。

折に触れて人々は、捕食者 - 餌食の関係性が潜在的には反転可能であるという事実を利用しようとする。例えば、男たちは、動物や時には女性を魅惑し誘惑するためにまじない《プサンガ》（*pusanga*）をかけることがある。それを用いる際には、自分たちの目的を隠そうとする。そこで、最も重要な呪物をつくるのにふさわしいのがアナコンダの頭蓋骨と歯になる、というわけである。ジャガーのほかに、アナコンダも恐れられている捕食者である。しかしジャガーとは異なり、アナコンダは魅了し誘惑することで餌食を捕まえる。動物と人々を同じようにして、森で迷わせる。ある種の酩酊状態で、犠牲者は円を描くようにふらふらと歩き始め、その渦はだんだん内側に向かって旋回し、最後には抱き締めて犠牲者を圧殺しようと待ち構えるアナコンダが隠れている場所へとたどりつく。アナコンダは、狩猟者がなりたいと憧れるたぐいの捕食者である。初めは狩猟者だと認識されないからである。

狩猟や愛のまじない用の成分として利用される様々な有機物のうちでも、ファニクがカンダリーラ（*candarira*）[28]と呼ぶ、メタリック・ブルーに色づいたウィップラッシュ・ビートル［訳注：ハネカクシの一種か］がおそらく視覚的には最も魅力的なものである。ファニクとともに採集のために森に行ったとき、私は一度、いつまでも互いの周りをぐるぐるまわり続ける、眩惑的に輝くすらりとした甲虫のつがいを見つけようと、腐葉土層を掘り返したことがある。ファニクによれば、粉状にしたこの昆虫の遺体を、誘惑したい女性の料理や飲み物に入れることがあるという。このまじないにかかった女性は、それをしかけた男性に気が狂ったようについて行く。この昆虫は、狩猟袋に入れて、ペッカリーを狩猟者のほうへ引きつけるために用いることもできる。己の尾を咬んでいるウロボロスのヘビのように、一緒にぐるぐるまわる終わりなき仕方で、これらの昆虫は、その役割を混同させるかのように、捕食者と餌食をひとつに結びつける。これが誘惑である。餌食は今では捕食者であり、その独創的な捕食者は、その捕食の様式に見せかけの反転を組みこんでいる。誘惑は、捕食の宇宙的編み目を通じて主体と対象が互いを互酬的に創造する、必ずしも平等でないあり方をとらえる。

これに類似した反転が、若い男の妻が妊娠したときにも起きる。アヴィラでは、そのような男たちはアウカシュ・ヤヤ（*aucashu yaya*）と呼ばれており、それは「まだ完全な人間になってはいない存在の父」といったことを意味する（アウカとは、キリスト教の洗礼をまだ受けていない者や、野蛮な人々を指し示す）。胎児の成長には、精液とそこに含まれる霊質を継続的に提供することが必要である。イラリオが説明したように、セックスの最中に女性に「精液がいきわたるとき」、「魂もまた交わる」[29]。妊娠中に起きる霊質の喪失によって、男性は弱まる。ロサリナはかつて隣人に対して、息子の妻が妊娠してから息子はまったく怠け者になり狩猟ができなくなったとこぼしたことがある。魂を喪失した結果、彼は森にいるほかの自己に対して魂＝盲になった。アヴィラの人々はこの穢れた状態をアウフアス（*ab^u mas*）と呼ぶ。もうすぐ父親になる男は妊娠中の妻のようにつわりを経験し、子どもが生まれると、様々な制限を通じて擬娩を行わなければならない。さらに、妻の妊娠中にはより攻撃的になり、血の気が多くなる傾向がある。

こうしてもうすぐ父親になる男たちは、魂＝盲に陥るために、有能な捕食者となる能力を失う。このことは、森の諸自己の生態学の至るところで感知されてしまう。動物はもうすぐ父親になる男たちの罠に入ることを突然拒絶し、また共同で出向く漁撈でそうした男たちが魚毒を水に入れると、魚の漁獲量は著しく低下する。

獲物となる動物たちは、この新たな状態を認識すると、そのような状態にある狩猟者をもはや恐れることはない。動物たちは、狩猟者を卑しいものだと感知し、恐れる代わりに彼らに対して怒り、攻撃的になる。さらには、何にでもすぐに驚く草食動物でさえ、かつては恐れた狩猟者たちを餌食と見なす。シカやハイクビモリクイナ（プスラ（*pusara*））といった、普段は従順で用心深い森の動物たちも、突然ひどく腹を立て、この状態の男たちを襲ったりもする。ヴェントゥラが私に詳しく話してくれたのだが、彼の妻が妊娠したとき、森にいたシカは突然彼に突撃をしかけてきた——別々のときに二度も！　しかも、一頭のシカは彼の胸を蹴りさえしたという。

ヴェントゥラの姉妹アンヘリシアは、子どものハナグマをくくり罠で捕まえ、ペットとして飼おうと考えた。私はこの生きものを腕で抱きかかえてじっくりと考えながら、このハナグマが私に攻撃してくることはないか、と彼女に尋ねた。私が独身であることを知る彼女は笑ってからかうように答えた。「もしあなたがアウカシュ・ヤヤだったらね…」

もうすぐ父親になる男が陥る、魂＝盲で弱った状態は利用することができる。クチジロペッカリーの一群がアヴィラ地域を通り抜けていた頃、狩猟者たちはそうした男を森に連れていき、動物を誘惑するためのまじないとして利用していた。衰弱し魂＝盲状態にある餌食としての生贄にペッカリーが猛烈な勢いで突撃——突然捕食者に変身して——してきたとき、隠れて待ち伏せている生贄の仲間たちが、ペッカリーに飛びかかって殺したのである。

ここでも、誘惑の過程を通じて、捕食者と餌食の役割は反転している。森にいるほかの自己を知覚できなくなった、もうすぐ父親になる男たちは対象となる。彼はペッカリーにとってアイチャ――死肉――であり、仲間にとっては道具、まじないである。捕食者‐餌食の関係は常に入れ子状態にあり、このこともまじないを発動させるのに重要である。ある階層で自己‐対象の関係の反転（もうすぐ父親になる男たちはかつての餌食に狩られる）であるものは、捕食の方向を定めなおす、より高位の階層の関係性の入れ子になっている。つまりルナ――ここでは一斉に活動する狩猟者集団という形象のうちに分布した一種の自己――は、もうすぐ父親になる男が一時的な脱主体化の状態にあったおかげで、本当の捕食者に復帰し、またペッカリーは肉となったというわけである。

一般的に狩猟のまじないは、「優秀な《シンチ・》ランナー《プリ》」（*sinchi puri*）と考えられている動物を誘惑する。そうした動物には、バクやシカ、ホウカンチョウが含まれている。これもまた、狩猟と愛のまじないの目的は十全に意図をもつ自己を男たちのもとに来させることである、という考えと一致する。対照的に、ほとんど動くことがなく動いたとしても非常にゆっくりとしているナマケモノは、まじないで引き寄せられることはない。まじないは、多くの明らかな「行為主体性」を持つと見なされる存在に対して用いられる。誘惑できる相手とは、とてもよく動く存在――はっきりとした志向性を備えている存在――だけである。まるで捕食者であるかのように活動する能力によって特徴づけられるその行為主体性こそが、彼らを誘惑可能にする。獲物の肉、アイチャは、死を迎える前には生きていなければならない。

この点において、アヴィラに見られる全ての狩猟と愛のまじないは、事実上、動物からもたらされることは、記しておくべき興味深いことである[30]。しかし注目すべき例外がひとつある。それはブヒュ・パンガ（*bulyu panga*）というサトイモ科に属する小さな半着生植物であり[31]、次のような珍しい特性を備えている。葉っぱの切れ端は、川に投げこまれると水面の上で踊り出す[32]。この名は、川の合流点でアマゾンカワイルカ、ブヒュ（*bulyu*）が遊んでいる様子にその動きが似ていることからきている。カワイルカの歯のように、この植物はまじないの材料となる。この葉っぱの一片一片は水面で互いに引っ張り合い、「互いにくっつく《ジュタリムン》」（*llutarimun*）ため、それを使った者に獲物や女性をおびき寄せることができる。一般的に、狩猟と愛のまじないは、誘惑の成就という目的に応じて、動物だけがまじないの材料として用いられるのだが、それは、その材料が動くことのできる有機物に由来するからである。自ら動く葉っぱブヒュ・パンガは、この規則を立証する例外なのである。

捕食者／餌食の区別のように、この諸自己の生態学では、ジェンダーが入れ替わりをする代名詞的な標識［訳注：言語学的な意味では、語や文に付いたりそれらを変更したりすることによって文法的機能を示すもの］として機能する。私が狩猟と採集を目的に森にいたとき、同行者のルナは何度も獲物を見つけ、後ろで待つように言うと、銃の撃鉄を起こし前方に駆け出し、引き金を引く準備をした。私は静かに彼が戻ってくるのを待ったが、彼が追跡した獲物は私に向かってきた、ということがたびたびあった。私は何度もこうした経験をした。高い林冠にいるウーリーモンキーの一群がぐるりと円を描くように私のほうに戻ってきたこともあった。オマキザルが私の頭上すれすれにある枝をすばやく移動したこともあった。一頭でいたマザマジカが私を越えて飛び出してきたこともあった。さらにはクビワペッカリーの小さな群れが触われそうなぐらい近くまで進んできたこともあった。なぜ動物たちは狩猟者ではなく私のほうへ向かってきたのかを尋ねると、答えはこうだった。女性と同じく私は武装していないので、動物たちは私を危険な捕食者とは見なさず、私がいることに怯えていなかったのだと。

人間的なるものを異化する

異質な社会の生き方――言語や慣習、そして文化――への徹底的な没頭を伴う民族誌的フィールドワークは、批判的な内省のための人類学的技法として伝統的に好まれてきた。しばしば痛みや混乱を伴うが、最終的には解放へと向かう過程を通して、その論理や意味、感情がなじみ深いものとなるまで、私たちは不可思議な文化へと自らを没頭させる。そのようにして、私たちがかつて当たり前だと思っていたこと――私たちの自然でなじみ深いもののやり方――が、家に帰ると奇妙に見えてくる。別の文化に足を踏み入れることで、フィールドワークは私たちが束の間、自文化の外へと出ていくことを可能にしてくれる。

人類学は私たちが自文化を超えていくことを可能にするが、私たちは決して人間的なるものから大きく離れることはない。私たちが足を踏み入れるとされるものは、常にほかの文化だからである。ところがアヴィラの内省的な異化の技法やルナの人類学的な散策の形式は、異なる文化への旅にではなく、異なるたぐいの身体を受け入れることに基づいている。ここでは文化ではなく自然こそが奇妙なものとなる。身体は多様かつ可変的なものであり、人間の身体は自己が宿る様々なたぐいの身体のひとつにすぎない。この人間的なるものを異化する形式を通じて、どのような人類学が姿を現しうるのだろうか。

食べることは顕著な身体的変化《へんげ》（transmutation）の過程を伴うため、この再帰性の形式はしばしば食物摂取と関わっている。アヴィラの人々には、冗談めかして、食用のハキリアリを人のコオロギ（ルナ・ヒヒ *runa jiji*）と呼ぶものもいる。サルはコオロギを食べるが、人がアリを――全身を、そしてときには生のままで、ぼりぼりと外骨格もまるごと――食べるとき、ある意味で彼らもサルになる。ほかの例をあげよう。インガ（*inga*）、つまりマメ科に属する森の木および植林された木の多くの種はキチュア語でパカイ（*pacai*）と呼ばれる。これらはもぎ取って食べることのできる果物を実らせる。種子の周りの果肉は綿毛に覆われ、白く、水っぽく、そして甘い。同じ亜科に属するほかのマメ科の植物（学名：*Parkia balslevii*）は、果実の見た目はパカイに似ている。この樹木の果実も食用に適しているのだが、その枝は非常に高いところについており、なかなか果実には手が届かない。だが、その果実は過熟するか腐ると地面に落ちてくる。果肉は発酵し始め、香りのない糖蜜のように、茶色いシロップ状になる。この木は、イジャワンガ・パカイ（*illahuanga pacai*）、つまりコンドルのパカイと呼ばれる。コンドルの観点では、腐敗した食物は甘いのである。ルナがコンドルのパカイを食べるということは、コンドルの視点を取り入れるということであり、腐った果実をまるで新鮮であるかのように楽しむようになる、ということである。

昆虫を食べられる物だと見たり、腐敗したものを甘味と見たりすることは、他なるたぐいの身体がすることである。コオロギとしてのアリや、甘味としての腐ったコンドルのパカイを食べるとき、私たちは自らの身体を出て、他なる諸存在の身体へと足を踏み入れる。そのようにして私たちは、別のたぐいの身体化に備わる視点、主格である〈私〉から、異なる世界を見るのである。束の間、私たちは異なる自然に生きることができる。

パースペクティヴの場所を定めることへの過剰な関心は、ほとんど禅に似た、いかなるときにおいても存在の正確な状態に心づけするよう促す。以下のルイーサの回想は、彼女のイヌが茂みでジャガーに殺されたまさにその瞬間に彼女が考えていたことである。その平凡さは、そのとき同時に起きていた攻撃とは著しい対照をなしている[33]。

> 私は、どこか別のところのことを考えていた
> 考えていたのはこんなこと。「マリーナのところへ行ったほうがいいかしら、でなければ
> 何？」
> どこかほかのところにある私の心で、考えていた
> 「そこに行くために、
> ただただ急いで、
> 服を着替えなきゃ。
> でも着替えるのに良い服はもうないわ」と、私は考えた…。

ルイーサは、慎重にこの白昼夢を位置づけたが、それにもかかわらず、彼女が言うように、彼女自身が広がるので、彼女は今ここではない別のどこかにいる。彼女が自分自身をここに位置づけるのに自分の思考を配置するのが、異なるここ、つまりジャガーがイヌを襲った現場である。

当の襲撃は、アメリガとデリア、ルイーサが、魚毒やチュンダヤシ（*chunda*）の実そのほかの生産物を集めるために足しげく通う、休閑地と森がつぎはぎになっている場所、放棄された菜園という女性の親密圏で起きた。この領域を侵害するようにして、ジャガーは森深くにある本来の縄張りの外を彷徨っていた。あるとき、ルイーサは怒りながら尋ねた。「スノ川の岸にあぜはなかったのかしら」。ジャガーにとって「ああいうあぜこそふさわしい場所なの」と彼女は願うように言った[34]。イヌを殺したジャガーが、私的な菜園と休閑地に足しげく通う女性たちを間違いなく見ていたため、アメリガとデリア、ルイーサは憤慨したのだ。彼女たちは、この親密圏にジャガーがいることが侵略的であると感じたのだった。デリアは、そのような場所は、捕食者からは守られていなければならないと言った。以下は親密な空間へのジャガーの侵犯行為についてアメリガが述べたことである。

どんな種類の獣がうろつくの
私たちの古い居所の周りを
私たちがおしっこしている音を聞きながら

私たちがおしっこしたあたりを、あのジャガーはうろついていたの。

非常に私的な場面をほかの存在に見られていると想像するのは、とても不快なことである。それはまた、非常にわずらわしい部類としての異化の形式でもある。孤立した自己、すなわち、他者から切り離され、また強力な捕食者にさらされた者への縮減——魂＝盲——の脆弱な本性を際立たせるからである。

魂＝盲

自らの魂に対して盲目的になるまさにその過程において自分自身を「見る」とはどのような事態だろうか。夜明け前にワユーサ茶を少しずつ飲みながら、イラリオが甥のアレハンドロに物語った、フリ・フリ（*juri juri*）という悪魔の根絶に失敗するアヴィラの神話は、この恐ろしい可能性を探っている。強調すべきことは、この神話が、スペイン人を皆殺しにした一五七八年の反乱に関するスペインの報告と奇妙にも類似しているということである。報告によれば、ある先住民の男が結婚を望んだために、ある若い女性だけは難を逃れたという（序章を参照）。

キノボリトカゲの助けで、人間たちはチュンチュの木（*chunchu*）の高いところにあるフリ・フリの最後の潜伏場所を見つけた[35]。彼らは山積みになった唐辛子で木を取り囲み、悪魔を窒息させるために火をつけた。一匹を除き全てが落ちて死んだ。最後のフリ・フリがついに地面に落ちたとき、彼女の姿は美しい白人女性の姿をしていた。ある若い男は彼女を気の毒に思い、彼らは結婚して家族となった。子どもたちを風呂に入れているとき、悪魔が子どもたちをこっそりと食べてしまった（「彼らの脳みそを、ツォツォ（*tso tso*）と頭のてっぺんから吸ったんだ」と言って、アメリガはイラリオの話に割り込んだので、イラリオは苛立った）。ある日、夫はシラミに悩まされて、魔術による眠りから目覚めた。無邪気にも、彼は妻に頭のシラミをとってくれるよう頼んだ。そこで妻は夫の背後にまわり、夫からは自分が見えない位置——彼が振り向くことのできない位置——に座り、夫の髪の毛を指で梳《す》き始めた。そこで、夫は何か奇妙なものを感じ始めた。

彼の首は
焼けるよぉぉぉに熱くなった[36]。

そこで、彼はあらゆる感情から距離を置いて、淡々と述べた。

「俺は血ぃぃぃを流している。
どうやら、
け、けぇぇがをしているみたいだ」

そして抑揚のない声で、また一切の感情ももたず、こう結論づけた。

「おまえは、俺を食べている」

イラリオが説明するには、「彼は怒っていたということでもなかった」。彼が生きたまま食べられているという単純な事実を——「そんな感じだ」——彼は単に述べていた。

そして彼は眠りについた…
妻は彼を死へと誘ったのだ。

この男は生きたまま食べられたが、主体のパースペクティヴからこれを経験することはなかった。後ろに座って自分を食べている妻を、本当の意味で「見る」ことは決してなかった。この男は妻に視線を返すことができない。それどころか、外部からの脱身体化した立場から、ただ己の死を経験することしかできない。自分が傷ついていること、そしてそれゆえに生きたまま食べられていることを、この行為が生み出す物理的な現象から、論理的に推定することしかできない。この男は、自己である自分自身に対して完全に「盲目」となっていた。痛みを感じず、苦しむこともなかった。ただ、頸部が燃えているという感覚を述べたにすぎない。後になってようやく、これが自身の頭から流れる自分の血のせいだという認識に彼は至るが、悪魔の妻は夫に、自らの身体の外部から死を経験させる。自らの命が輪郭なき場所の中に消えてゆく前に――「眠りの外に目覚めあり／目覚めの外に眠りあり／生も死も越えていく／深みのさらなる深みへ？」――感情なきカタトニア［訳注：緊張型分裂病。統合失調症の一型に見られる］から眠りへ、眠りから死へと至る前に、彼は自らにとって対象となる。動作が鈍くなり、何も感じなくなる。わずかに残った意識が――といってもそれはごくかすかなものだが――、この出来事を感じている。ここに、情態と目的を持ち、思考し、身体化され、局在化された自己から行為主体性が切り離されるようになる世界がディストピアとしてわずかに姿を見せている。これが自己であることの終着点である。つまり、根本的な魂＝盲、生命の魅力を欠く世界の暗示、自己も魂も未来もない、ただ効果があるだけの世界である。

第四章　種＝横断的ピジン

〈なんじ〉を語るひとは、対象といったようなものをもたない。なぜならば、〈なにかあるもの〉が存在するところには、かならずほかの〈なにかあるもの〉が存在するからである。それぞれの〈それ〉は、ほかのそれと境を接することによってのみ存在する。しかるに、〈なんじ〉が語られるところでは、〈なにかあるもの〉は存在しない。〈なんじ〉は限界をもたない。〈なんじ〉を語るひとは、〈なにかあるもの〉をもたない、否、全然なにものをも、もたない。そうではなくて〈なんじ〉を語るひとは、関係の中に生きるのである。

——マルティン・ブーバー「我と汝」

森の中で殺された日に、イヌたちは自分の身にいかなることが降りかかるのかを知っているべきだった。イヌの死体を埋葬し、家に戻ってほどなくして、アメリガは、デリアやルイーサと会話するなかで、大きな声で驚きを語った。アメリガの家の伴侶犬たちは、なぜ自分たちの死を予見できなかったのだろうか。さらに、イヌの飼い主である彼女は、なぜイヌたちに降りかかる運命に気づかなかったのだろうか、と。アメリガは、「私が火のそばにいたとき、イヌたちは夢を見てなんかいなかったわ」と言った。「あのイヌたちは、そのときは、ただ寝ていたの。いつもなら夢を見るの。普段なら火のそばで寝ているときに、ゥアッゥアッゥアッって、吠えることがあるの」。私が学んだのは、イヌが夢を見ることと、イヌが夢を見るのを観察すれば、人々はその夢が何を意味するのかを知ることができるということだった。アメリガが示したように、もし、飼いイヌが寝ているときに「ゥアッゥアッ」と吠えていたのであれば、それは、イヌが獲物を追跡する夢を見ており、翌日森のなかで獲物を追跡することを知らせていた。それが、イヌが獲物を追いかけるときの吠え声だからである。それに対して、その夜、「クアイ」と吠えていたのであれば、そのことは翌日にジャガーがイヌたちを殺害することの確かな知らせだった。それが、ネコ科の動物に襲われたときのイヌたちの鳴き方だからである[1]。

ところがあの夜、イヌたちはまったく吠えなかった。飼い主にとって大きな驚きだったのは、イヌたちが自らの死を予期するのに失敗したことだった。デリアがはっきりと言った。「そうなのだから、イヌたちは死ぬべきじゃなかったの」。イヌたちを理解するために用いられる夢解釈の体系に誤りが生じたという理解が、ある種の認識論的な危機を引き起こした。女たちは、物事を知ることができるのかどうかについて、疑問を抱き始めたのである。アメリガは、見るからに失意を抱えて、「いったいどうしたら、私たちは知ることができるの？」と尋ねた。ルイーサが、「知るってどういうことなの？　人が死のうとしているときでさえ、知ることなんかできない」と口にすると、皆は不安げに笑った。アメリガは、「それは、わかるようなものじゃなかったの」とあっさりと結論づけたのである。

　イヌたちの夢と欲求については、原理的には知ることができる。人間だけでなく、全ての存在が世界と関わり、また、観点を持つ存在である諸自己として、互いに関わりあっているためである。他なるたぐいの諸自己を理解するためには、様々に身体化されている観点のなかに住まう方法を習得することがどうあっても欠かせない。それゆえ、いかにイヌが夢を見るのかという問いは、極めて重要である。夢が予知を可能にするだけではなく、イヌの思考はわかるものではないと想像することは、あらゆるたぐいの自己の意図と目的を知ることができるのだろうかという問いを投げかけることになるためである。

　他なる存在の観点を受け入れることは、諸自己のたぐいを分け隔てる境界をあいまいなものにする。一緒に生き、互いを理解しようとする試みのなかで、例えば、イヌと人は、何らかの共有された種＝横断的な慣習行動《ハビトゥス》をますます分かちあうようになる。それがなければつくりだされていた自然と文化の分断を、この慣習行動は解消するわけである。とくに、ルナとイヌたちを結びあわせる階層的な関係は、人間がイヌによる社会組織の形式を活用するのを可能にする方法に加えて、アヴィラの人々を、村を越えて白人＝メスティーソの世界へと結びつける、アマゾン河上流域の植民地期の歴史的遺産にも基づいている。

種＝横断的な意思疎通は、危険な取引である。一方では、人間的な自己の完全な変化《へんげ》は避けるようにして――誰も永遠にイヌになることは望まない――、他方では、この変化《へんげ》の独我的な裏面である、前の章で魂＝盲と呼んだものによって表象されるモナド的な孤立を避けるようにして、種＝横断的な意思疎通は行われなければならない。アヴィラの人々は、そのような危険を軽減するために、いくつもの種＝横断的な意思疎通の策を巧みに利用する。そのような策は、人間的なるもののかなたに危険を省みずに進む必要と、人間的なるものを失うことなくそれを成し遂げるという難題について重要な事柄を明らかにする。さらには、記号過程本来の論理について重要なことを示す。つまり、これらのことを理解することが、本書で展開している人間的なるものを超えた人類学の中心にある。これらの諸特性のいくつかを解き明かす探求のために焦点を絞るのに有用な装置として、些細なことだが悩ましい、次のような民族誌的な謎を取り上げることにしよう。アヴィラの人々がイヌの夢は逐語的（その通り）に解釈する（例えば、もしイヌが眠っている間に吠えたら、それは翌日に森で同じように吠えることの前兆であるという解釈）一方で、多くの場合、夢を比喩的に解釈する（例えば、もし男がニワトリを殺す夢を見たら、翌日森の中で獲物となるトリを獲るだろうという解釈）のは、いったいなぜなのだろうか。

あまりに人間的な

ルナとイヌたち、そして森の多くの存在が住まう諸自己の生態学は、人間的なるものをはるかに超えているが、それはまた「あまりに人間的な」ものである[2]。この表現を用いることで、私たちの生と他なる存在の生が、私たち人間の紡ぎ出す道徳の編み目にとらわれているありさまを指示することにしたい。私たちのかなたにいるものたちとの関係に注意を向けることで、人間的なるものをより広く理解することを目指す人類学にとっては、諸存在がとりわけ人間的なるものからも影響されうるありさまを通して、そのような関係を理解することが必要である。ここではそのことを示してみよう。

第一章で、象徴的指示は、とりわけ人間的であると、つまりほかから区別されるようにして人間に割り当てられていると論じた。象徴とは、（地球上で）人間だけにある。道徳もまた弁別的に人間的なのである。道徳的に考え、倫理的に行動するには、象徴的指示が必要だからである。ありうる未来におけるふるまい――私たちではない他者にとって潜在的によいことであると私たちが見なすふるまい――を再帰的に考えるには、世界から、そして世界内での活動から、瞬間的に距離を取る能力が欠かせない。象徴的指示を通じて、この引き離しが行われる。

ここでこのようなことを述べるのは、何が適切な道徳的体系なのかをめぐる普遍的な理解にたどりつくことを意図しているからではない。また、他なる存在と共に良く生きること――ハラウェイが「繁栄」と呼ぶもの（Haraway 2008: 288-89）——が、合理的な抽象化、すなわち道徳性を必要とすると主張しているわけでもない（善について考えるには欠かせないとしても）。しかし、あらゆるところに人間的な性質を投影するだけではない、人間的なるものを超えた人類学を思い描くには、存在論的に道徳性を位置づけなければならない。つまり、いつの時点から、どこから、道徳性が存在するようになったのかを正確に把握しておかなければならないのである。大胆な言い方をすれば、人類がこの地球を歩く以前には、道徳性も倫理もなかった。道徳性は、私たちがこの惑星に共に生きる非人間的な存在から構成されるものではない。私たち人間が起こす行動を道徳的に評価することは、潜在的には正しい。ところが、このことは、非人間にはあてはまらないのである（Deacon 1997: 219）。

これに対して、価値は生命に本来的であるため、より広く、非人間の生ある世界にも本来的にあてはまるといえる。生ある自己とそれらが成長するための潜在能力にとって、良いこともあれば悪いこともある（Deacon 2012: 25, 322）。ただ、「成長」という語を用いることでいわんとするのは、経験によって習得する可能性であることに注意してほしい（第二章を参照）。生ある非人間の諸自己は成長することができるので、それらが良く成長するため——繁栄するため——の潜在能力に対して、私たちの行動が持つ道徳的な含意を考えるのは適切であろう[3]。

象徴と同じように、道徳もまた弁別的であるということは、道徳的なるものが、それが出現するところから切り離されているということではない。象徴的指示がインデックス的な指示に対して創発的で連続する関係にあるのと同じように、道徳性は価値に対して創発的で連続する関係にある。

価値は、人間的なるものを超えて広がる。それは、生ある諸自己の構成的な特徴である。私たちの道徳世界が非人間的存在に影響を与えるのは、正確には、非人間にとって良いものもあれば悪いものもあるからである。私たちの生がもつれあっているこれらの諸存在に耳を傾けられるようになれば学ぶことになるであろうが、非人間にとって良かったり悪かったりするものには、私たちにとっても良かったり悪かったりするものがある。

私たちをかたちづくるこの〈私たち〉が、いかに到来する布置のうちに多くのたぐいの存在を組み入れることができる創発する自己なのかを考えてみれば、こうしたことにはまさしく真実味があることがわかるだろう。私たち人間は、私たち自身を生み出し永続させるような多様な非人間的存在から、生み出されたものである。私たちの細胞は、ある意味、そのものが自己である。また、細胞内小器官はかつては自由に＝生きるバクテリアの自己であった。つまり、私たちの身体は、巨大な諸自己の生態学なのである (Margulis and Sagan 2002; McFall-Ngaiet et.al. 2013)。これらの諸自己は、創発する諸特性（人間の場合でいえば、道徳的に思考する能力のような特性）を持つより大きな諸自己に包摂されるとはいえ、それ自体が道徳的なふるまいの座になることはない。

ハラウェイが示唆しているように、複数種の出会いは、倫理的な実践を切り開くためにとりわけ重要な領域である。その出会いのなかで、私たちは、ハラウェイが「重要な他者性」と呼ぶものとはっきりと向きあうことになる (Haraway 2003)。そこで私たちは、根本的に（重要なまでに）他者である他者性に直面する――ただ、その他者性とのあいだに共通の尺度がないこともなければ、その他者性は「知覚不能」になることもない、ということは補足しておこう（第二章を参照）。それにもかかわらず私たちは、根本的に私たちではないこれらの他者たちと親密な（重要な）関係に入りこむ道をそこにこそ見出すことができる。私たち自身ではないこれらの自己の多くはまた、人間的ではない。すなわち、象徴的な生きものではない（つまり、道徳的判断を下す座でもないことを意味する）。それゆえ、これらの他者は、自分たちに耳を傾ける新しい方法を見つけるように私たちに迫る。言いかえれば、他者性を持つ存在は、より公平でより良い諸世界を想像し、実現する助けとなる仕方で、道徳世界のかなたを考えるよう私たちに迫る。

他なる諸自己が住まう世界にいかに生きるのかを見出すことに細心の注意を向ける、より射程の広い倫理的実践は、他なる諸存在とともに生み出そうと、私たちが想像し、そのように努めるありうる世界のひとつの特徴となるだろう。いかにこうしたことに取りかかるのか――そして、全ての繁栄の土台となる多くの死のための場所をつくりだすのか――、といった単純な問い自体が、道徳的な問題である（Haraway 2008: 157, 288）。道徳性は、私たち人間の生を構成する特徴である。それは、人間の生のむずかしさのひとつである。人間的なるものを超えた人類学を通じて、私たちは、その理解をより一層深めることができるだろう。道徳は、象徴なしに生み出されることはない。そのため、記号過程と道徳性は同時に考察されなければならないのである。

「あまりに」という修飾語は、（「とりわけ／弁別的に」とは対照的に）価値中立的ではない。「あまりに」は、それ自体の道徳的判断を伝える。ここに、問題となるかもしれない何かがあることが暗示されているだろう。植民地期の歴史による数多くのあまりに＝人間的な遺産がアマゾン河流域のなかでもこの地方の生に影響を与えているのだが、そこにルナの人々が浸りこんでいる入り組んだありさまを開くことで、本章と続く章では、この問題に注意を向けることになる。これらの章では、権力を巻きこむ諸問題を開くことに着手しよう。

イヌ－人間のもつれあい

アヴィラのイヌと人々は、多くの点において、それぞれの独立した世界に生きている。たいてい人々はイヌを軽視し、いったん成長して成犬となると、飼い主たちは必ずしもイヌに餌を与えない。イヌにしても、人々にほとんど注意を向けることがないようである。イヌたちは、軒下の涼しい日陰で休んだり、隣の家の雌イヌを追いかけたり、あるいは殺害される数日前にイラリオのイヌがそうしたように、勝手にシカを追跡したりする――イヌは、おおむね独自の生を送っている[4]。そうではあるものの、イヌたちの生はまた、人間の飼い主たちの生に密にもつれあっている。このもつれあいに含まれるのは、家や村の内側に限定された文脈だけではない。イヌと人が、森の生物の世界と、さらにまた植民地的な歴史の遺産が二つの種を結ぶアヴィラを超えた社会政治的な世界と相互作用することから生み出されたものも含んでいる。イヌ－人間関係は、これら二つの極から理解される必要がある。イヌ－人間関係の土台にある階層構造は、同時に（だが、等しいわけではなく）、生物学的な事実であり植民地的な事実である。例えば、捕食をめぐる諸関係は、ルナとイヌたちが、森だけでなく、白人たちの世界とも、いかに関わっているのかを特徴づける。

ブライアン・ヘアら（Hare et al. 2002）が「系統発生的な文化適応」と呼ぶ過程を通じて、イヌたちは、（食料の場所を示すための異なる指差形式のような）人間の意思疎通のある相を理解する点ではチンパンジーさえも上回るほどに、人間の社会的世界に入りこんでいる。適切なやり方で人間的になることは、アヴィラでイヌとして生き抜くのに極めて重要である[5]。人々は、若者が大人になるのを手助けするのとほぼ同じような手順で、イヌを導こうとする。また、いかに正しく生きるのかを子どもに助言するように、イヌたちにも助言する。そのため例えば、ツィタ（*tsita*）という名で広く知られる、植物とアグーチの胆汁のような物質の混合物をイヌに摂取させる。その材料の一部には幻覚作用があり、極めて有毒でもある[6]。このような方法でイヌに助言することで、アヴィラの人々は、イヌたちも共有しなければならない、人間的なふるまいのエトースを強化する[7]。ルナの大人と同じく、イヌは怠けものであってはならない。イヌにとってこのことが意味するのは、ニワトリやほかの家畜を追い回す代わりに、森の獲物を追跡しなければならないということである。さらに、人間と同じく、イヌは暴力的であるべきではない。これは、イヌが人間を咬んだり、人間に向かって大声で吠えるべきではないということを意味する。最後に、イヌたちは、飼い主たちと同じく、セックスに全てのエネルギーを使い果たすべきではない。私は、人々がツィタをイヌに与えるのを何度か見たことがある。ヴェントゥラの家で起きたことは、多くの点で典型的なものだった。ヴェントゥラによると、彼のイヌのプンテーロは雌イヌを見初める以前にはよい猟犬だったが、いったん性的に旺盛になると、森の中で動物に気づく能力を失ってしまった。セックスにより、精液を通じて、魂体《ソウル・サブスタンス》が発育中の胎児へと伝えられるため、第三章で論じたもうすぐ父親になる男のように、プンテーロは魂＝盲となったのである。そのため、ある朝早く、ヴェントゥラと家族は、プンテーロを捕まえて、鼻先をつる草で閉じて、両手両足を縛った。その後、ヴェントゥラはツィタをプンテーロの口へと流し込んだのである。そのようにしながら、次のような文句を唱えた。

げっ歯類を追いかける
それは、ニワトリを咬んではいけない
すばやく追いかける
それは、「ゥアッゥアッ」と言うべきだ
それは、嘘をついてはいけない

ヴェントゥラは極めて独特な仕方でイヌに話しかけている。この点については後述することにして、ここでは、概略的な注釈のみを示しておこう。まず一行目の「げっ歯類」は、イヌが追跡すると想定されているアグーチのことを遠まわしに言っている。二行目では、家畜に危害を加えるのではなく、代わりに森の動物たちを狩るべきだという説諭である。三行目は、イヌに動物たちを追いかけろ、それ以外では狩猟者の前に出て走ってはいけないとけしかけている。四行目は、よいイヌならば何をすべきであるのかを再確認している。つまり、獲物を発見し、「ゥアッゥアッ」と吠えることである。最終行は、「嘘」をつくイヌがいるという事実を述べている。イヌは動物がいないときにも、「ゥアッゥアッ」と吠えることがある。

ヴェントゥラが液体を注ぐと、プンテーロは吠えようとした。口が縛られて閉じていたので、イヌたちは吠えることができなかった。ようやく束縛から解き放たれて、プンテーロはよろめき、一日じゅう朦朧としていた。そのような処置には実際のリスクがある。数多くのイヌは、この苦難を生き抜くことができない。このことは、イヌが物理的に生存するためには、いかに人間的な質を見せることが不可欠であるのかを示している。ルナ社会には、動物＝としての＝イヌの居場所はない。

しかし、イヌは単に人間＝になる＝動物ではない。イヌは、典型的な捕食者であるジャガーの質も身につけることができる。ジャガーのように、イヌは肉食である。（飼いならされることによる怠惰に屈していないなら）イヌは生まれながらの性分によって、森で動物を狩る。ヤシの芯のような植物性の餌を与えるときでさえ、アヴィラの人々はイヌの前ではそれを肉と呼ぶ。

人々はまた、イヌを潜在的な捕食者と見る。征服の時代に、スペイン人は、アヴィラ・ルナの祖先たちを襲うのにイヌを使った[8]。今日、このイヌ科の捕食者の本性は、私が前章で述べた、アヤ・ピチュカとして知られる祭礼の一部を成す特別な儀礼の食事において可視化される。調理したヤシの芯からつくられるこの食事は、死者の亡霊が生まれた場所へと送り返されたあとに後産と再び結びあうようにと、朝早くに食べられる。その食事のあいだ手をつけられずに残される長い管状の芯は、人骨に似ている（これとは対照的に、ヤシの芯が日々の食事として準備されるときには、細かく刻まれる）[9]。この食事に出される骨に似たヤシの芯は、ある種の「葬送のエンド・カニバリズム」［訳注：故人の身体（に似たものなど）を身内の者が食べる葬送］の宴会では、遺体の代用物として扱われる。それは、死者の骨が遺族によって消費される（以下を参照。Fausto 2007）、アマゾニアに見られるほかの宴会にも似ているところがある（また、歴史的にはアヴィラ地方でも同じことがあった。Oberem 1980:228）。私たちがホルへの亡霊を送った後に出席した人たちは、どんな状況であっても、イヌがヤシの芯を食べてはならないことを強調した。ヤシの芯を肉として見るイヌは、一段とすぐれた捕食者であり、ジャガーや人を喰う人間たちのように、人を獲物として扱うようになるからである[10]。

そのように、イヌはジャガーの属性を身につけることができるが、ジャガーもまたイヌ科動物になることができる。捕食者としての明確な役割にもかかわらず、ジャガーは、森の動物たちの主である霊的な存在に従うイヌでもある。ヴェントゥラによれば、「私たちがジャガーと考えるものは、実際には「動物の霊的な主たちの」イヌなのだ」

アヴィラではこれらの動物の霊的な主たちが[11]ジャガーをイヌとして飼う、権力のある白人の土地所有者や聖職者として描かれる点は、特筆すべきだろう。人々は、霊的な主たちが所有し保護する獲物を、白人が牧場で所有する牛の群れになぞらえる。それゆえに、ある意味で、アヴィラのルナは、人間と非人間の社会性はまったく同じものだと理解する多くのアマゾニアの先住民たちとそれほど違わない。すなわち、多くのアマゾニアの先住民にとって、人間社会における社会性は、森における動物や霊の社会を構成するものと同一である。このことは、双方向的である。つまり、人間の社会性が非人間の社会性の取り決めを特徴づけるのと同じように、非人間の社会性は、人間の社会性の取り決めを特徴づける（Descola 1994を参照）。ところが、アヴィラは、森の諸自己の生態学のなかに完全に浸りこんでいると同時に、常により大きな政治経済の一部であり続けてきた。このことは、より広い植民地的、さらに今では共和国的な舞台にいる他者に対するルナの負荷の多い関係についての何らかの感覚も、ルナの「社会」は含んでいるということを意味する。結果として、森の非人間たちにまで広がる社会性は、ルナの人々が、世代を超えるなかでもつれあうようになった、あまりに＝人間的な歴史によっても特徴づけられている。このことこそが、森の奥深くに住まう動物の主たちが白人である理由なのである（ここで「白人」であることが正確に何を意味するかについてのさらなる議論は、第五章、第六章を参照）。

ジャガー人間――ルナ・プーマ――もまたイヌである。ヴェントゥラが最近亡くなった自分の父を引き合いに出して私に説明したように、「ジャガーとともにある」者（プマユ（*pumayu*））が死ぬと、彼あるいは彼女の魂は「イヌになるために」森へと向かう。ジャガー人間は、動物の霊的な主の「イヌたち」になる。つまり、アヴィラの人々が働き手として仕事に行く際に、白人の土地所有者や司祭に対して従属的な関係に入るのと同じ仕方で、ジャガー人間は動物の霊的な主たちに従うようになる。そのため、ルナ・プーマは、潜在的なネコ科の捕食者であるルナであると同時に、白人の動物の主に付き従うイヌでもあるのだ。

イヌは、同時に捕食者にして餌食であり、支配者にして被支配者であるというルナの窮状を象徴することに加えて、村を超えた世界のなかの人々のふるまいの拡張部位となる。イヌは主人たちよりも前に獲物を察知する偵察隊として働くこともあるために、森におけるルナの捕食の取り組みを拡張する。イヌはまた、人間とともに、ジャガーによる捕食の脅威にもさらされている。

イヌは、人が森にいる存在に一歩先んじることを助けるつながりであるのに加えて、村を超え出たところにあるほかの世界——アヴィラの領土のそばに農園を所有する白人＝メスティーソの入植者たちの領域——にルナの人々が到達するのを可能にする。アヴィラのイヌたちは、痛ましいほど餌を与えられていないため、極めて不健康になることも珍しくない。このため、イヌが丈夫な仔を産むことはほとんどない。アヴィラの人々は、仔イヌをもらうために、しばしば外部の者たちをあてにしなければならない。つまり、人間が引き起こすイヌの繁殖の失敗のため、イヌの出産を外部の者に頼ることになる。アヴィラの人々はまた、入植者たちが使うイヌの名前を採用する傾向にある。この点に関して、プカーニャとウィキは例外である。より一般的なのは、マルケサ、キテニャ、さらにはテウィンザ（ヒヴァロ語を起源とする地名で、エクアドルの一九九五年に起きたペルーとの領土問題紛争の場所を表している）といった名前である。イヌの名前は地域内の社交の産物でもあるとはいえ、入植者に好まれるイヌの名前を使うこの実践は、イヌがルナをより広い社会的な世界に常に結びつけるそのありようを示すもうひとつの指標である。

森と外の世界とを結びつける存在として、イヌは多くの点でルナに似ている。ルナは、「キリスト教の原住民」として、白人の都市世界とアウカの森の世界、あるいは、とりわけワオラニのような非キリスト教徒で「未征服の」先住民とのあいだを媒介する役割を歴史的に担ってきたからである（Hudelson 1987; Taylor 1999:195）[12]。およそ一九五〇年代まで、ルナは、ワオラニの居住地を見つけ出して襲撃する手助けをするために、農園の地主たちによって実際に徴募されていた。皮肉なことに、スペイン征服者のマスティフ犬がルナの祖先を追いつめるために用いられていたように[13]。さらに農場の働き手として、例えば、土地所有者のために狩猟することで、入植者が森に関わる手助けを続けている。

また、アヴィラの人々が植民者から手に入れるイヌの種類の多くは、識別可能などの血統種にも属さないという点についても、特記しておくべきだろう。スペイン語圏エクアドルの大部分では、そのようなイヌは軽蔑の意を込めて「ルナ」と描写される（「ルナ犬《ペロ・ルナ》」のように）――つまり、雑種犬である。これとは対照的に、キチュア語で「ルナ」は人間《パーソン》を意味する。この語は――全ての自己が自らを人間《パーソン》とみなすために――主語の位置の代名詞的な指標として用いられ、民族誌や人種差別、アイデンティティ・ポリティクスのような対象化の実践においてのみ、民族名称として実体化されることがある（第六章を参照）。ところが、「人間《パーソン》」を意味するキチュア語は、スペイン語では、雑種犬を指示するのに用いられるようになった[14]。多くのエクアドル人にとって、ルナはある種の文明化の状態を欠いた、シン・クルトゥラ（*sin cultura*）、つまり文化を持たない雑種犬を意味すると言ってもそれほど間違いではない。この植民地的な原始主義者の論理によれば、あるたぐいのイヌと特定の先住民の集団、すなわちキチュア語話者であるルナは、動物性から人間性に向かう想像上の経路に沿って、標識の役割を果たすようになったのである。

種＝横断的な諸関係には、重要な階層的要素が含まれることがある。人間とイヌは相互に構成的ではあるが、その双方にとって根本的に不平等な関係が見られる[15]。約一万五千年前に始まったイヌの家畜化（Savolainen et al., 2002）は、部分的には、イヌの祖先が、確固たる支配の階層に生きる高度に社会的な動物であったという事実を土台としている。家畜化の過程は、イヌが群れの新たなリーダーとしての人間の飼い主から刷り込みを受けるようにして、階層の頂点が入れ替わることを部分的に含んでいた。人間－イヌ関係は、イヌ科と人間の社会性が混じりあう仕方に依拠している。また、ある意味で、それは常に、目下の支配と服従の関係の秩序に基づいている（Ellen 1999:62）。アヴィラに住む人々が巻きこまれている、植民地的およびポスト・コロニアルな状況において、こうした混じりあいは刷新された意味合いを持つようになっている。ルナが、歴史的に白人の土地所有者、政府関係者および聖職者への服従を強いられてきたのと同じように、イヌは人間の主人に服従する（Muratorio 1987）。しかし、この位置関係は固定されてはいない。低地部に暮らすルナは、高地のキチュア語話者である先住民たちとは対照的に、政府当局との関係において、常に相対的に高い自律性を維持してきた。そのため、低地ルナと伴侶犬は、動物の主たちに服従するイヌであるだけではなく、捕食者であるジャガーのようでもある。

他なるたぐいの存在の観点をある程度受け入れることとは、私たちがその存在「と一緒に」他なるたぐいに「なる」ことを意味する（Haraway 2008:4, 16-17）。しかし、このようなもつれあいは危険である。アヴィラの人々は、宇宙に住まう諸自己に気づく能力を失ってしまう、私が魂＝盲と呼ぶモナド的な孤立状態を避けようとする[16]。彼らは、この宇宙における人間存在としての位置づけに特有の自己の質を完全に消失することなく、他なる存在と一緒になろうとする。魂＝盲と、ある＝他者＝とともにある＝他者は、諸自己の生態学に住まうその仕方の全域に及んでいる連続体の両極である。そのために、種の境界をあいまいにすることとそれらの差異を維持することのあいだには、絶えざる緊張があり、問題は、どちらの極にも引き込まれることなく、この緊張を生産的に維持するための記号論的な手段を見つけることである[17]。

夢見

夢は、根本的に異なるたぐいの存在との接触が魂を通じて可能になる、意思疎通の特権的な様態であるために、この交渉のための重要な現場になる。アヴィラの人々によれば、夢とは魂が動き回ることで生み出される。眠っているあいだ、魂は身体、つまりその「主」[18]から離れ、そして他なる存在の魂と交流する。夢は世界に対する注釈ではない。世界のうちで起きていることなのである(Tedlock 1992)。

アヴィラにおいて議論される夢の大多数は、狩猟かあるいはそれとは異なる森での遭遇に関連する。多くは比喩的に解釈され、飼いならされた空間と森の領域のあいだに対応関係を打ち立てる。例えば、もし狩猟者が家畜のブタを殺す夢を見たとすると、彼は翌日に森でペッカリー、つまりノブタを殺すだろう。その夜の出会いは、二つの魂――ノブタと狩猟者の魂――の出会いである。飼いならされた夜行性のブタの顕現を殺すことは、翌日にその狩猟者が出会うはずの森でのブタの顕現を魂なきものにすることなのである。魂＝盲となっているこの生きものは、森であっさりと発見され、狩られてしまう。自らの前に捕食者として姿を現すかもしれないほかの自己をもはや認識しえないからである。

比喩的な夢は、意思疎通の可能性を失わずに存在のたぐいのあいだの差異を認識し、維持するようにして、それらのあいだにある何らかの生態学的なつながりを経験する方法である。このことが成し遂げられるのも、比喩によって、分離してはいるが類似する、つまりそれゆえに関係する諸要素が結びつけられるという事実による。比喩はつながりを指摘するようにズレも認識する。ルナは夢では飼いならされたブタとして見ていようとも、通常の覚醒状態では野生動物として森のペッカリーを見る。しかし物事はより複雑である。この動物たち（目覚めているときにはルナにはペッカリーとして現れるもの）を所有し世話をする動物の霊的な主たちは、それらを自身が飼っているブタとみなす。つまり、人は夢を見ているときには、森の動物たちを、霊的な主たちの視点から――飼いならされたブタとして――見るようになる。重要なのは、動物の霊的な主たちは、支配的な存在者とみなされていることである。こうした主たちのパースペクティヴからは、ノブタとブタのあいだの比喩的な関係の逐語的な地《じ》は、家畜＝としての＝動物にある。逐語的なものと比喩であるものが、入れ替わっている。私たちが「自然」と考えるであろうもの（例えば、「実在の」森の動物）は、動物の主たちにとっては基礎ではない（Strathern 1980:189）。ペッカリーは、実在的に飼いならされた動物である。つまり、支配的なパースペクティヴでありそれゆえに一層の重みを備えたパースペクティヴである、動物の主のパースペクティヴから見れば、ある狩猟者が見るブタの夢が逐語的な基礎、すなわち、地であり、翌日に森でペッカリーと狩猟者が出会うことはその比喩となるだろう。アヴィラでは、逐語的なものは、所与の領域の内部にある、世界に対する慣習的な解釈を指示する。対照的に比喩は、異なる世界に住まう存在の状況的な視点を並べるために用いられる。すなわち、図と地の区分は、文脈によって変わりうる。一定に留まるのは、比喩が異なる領野に住まう存在のたぐいのあいだでパースペクティヴの差異を確立するということである。二つの存在の視点をつなげると同時に、これらの存在が住まう異なる世界を認識することで、比喩は決定的な制動装置として機能する。その制動装置は、ルナが他なるたぐいの存在と相互作用する仕方に本来備わる区分をあいまいにするような性向に対して作動する。

イヌ科命令法

前章を思い起こせば、夢はイヌを殺した捕食者の身元を確かなものとしたのだった。イラリオの死んだ父のプーマが犯人だったのである。しかし、いまだにアメリガの問いには回答が与えられないままである。なぜイヌは自らの死を予見できなかったのか。アメリガは、イヌの夢は、ジャガーと森で遭遇するという真の姿を示すべきだった、と思っていた。

アメリガはいかにして、自らのイヌが夢見た内容を推察できるのであろうか。このことを論じるには、アヴィラの人々がイヌと話をする方法を、より詳細に理解しなければならない。イヌに話しかけることは不可欠だが危険でもある。この過程によって、イヌになってしまうことなどルナは望んでいない。種を交差する繊細なこの交渉においては、特定の意思疎通の様態が重要になる。そのことについて、ここから分析を進めよう。

ルナが、イヌの吠え声が意味するものを理解できると感じるのは、森の諸自己の生態学を構成する種＝横断的な解釈の階層のなかの、動物に対してイヌの特権化された地位のためである[19]。しかしながら、イヌは、通常の状況では、人間の発話の全容を理解することはできない。先に示したように、もし人々が自らのことをイヌたちに理解させたいのであれば、そのイヌたちに幻覚性物質を与えなければならない。つまり、人間から隔てる境界を越えさせるために、イヌたちをシャーマンへと変えなければならない。そこで、ヴェントゥラが自分のイヌにどうふるまうべきなのかを助言した場面を、より詳細に振り返ることにしよう。幻覚性物質を混ぜたものをプンテーロの鼻に注ぎ込みながら、ヴェントゥラはプンテーロのほうを向き、次のように言った。

1-1　*uchucha-ta tiu tiu*（ウチュ＝チャ＝タ　ティウ ティウ）

げっ歯類＝ACC（対格）追う（Rodent-ACC chase）[20]

げっ歯類を追いかける Chases little rodents[21]

1-2　*atalpa ama cani-nga*（アタルパ　アマ　カニ＝ンガ）

ニワトリ　NEGIMP（否定命令）　咬む＝3FUT（三人称未来）（Chicken NEGIMP bite-3 FUT）

それは、ニワトリを咬んではいけない（It will not bite chicken）

1－3　*sinchi tiu tiu*（シンチ　ティウ　ティウ）

強く　追う（Strong chase）

すばやく追いかける（Chases swiftly）

1－4　*"hua hua" ni-n*（「ゥアッゥアッ」ニ＝ン）

「ゥアッゥアッ」言う＝3（三人称）（"hua hua" say-3）

それは、「ゥアッゥアッ」と言うべきだ（It should say "hua hua"）

1－5　*ama llulla-nga*（アマ　ジュジュア＝ンガ）

NEGIMP（否定命令）　嘘＝3FUT（三人称未来）（NEGIMP lie-3FUT）

それは、嘘はついてはいけない（It will not lie）

（実際には動物を追いかけていないときには、イヌはあたかも動物を追いかけているように吠えるべきではない）

なぜこれが極めて独特な話しかけ方なのかを説明する準備はできただろう[22]。イヌに助言をするときには、アヴィラの人々は直接的に話しかけるが、三人称を使う。これは、身分を知らせるために、語用論的には二人称を用いる文脈で三人称の文法的な構成が使われる、スペイン語の「あなた《ウステ》（usted）」の体系に似ているように思われる。ところが、キチュア語にはこうした表敬の体系はない。それにもかかわらず、表敬の体系を間に合わせでつくるために、ルナたちはキチュア語を微調整する。1－2の表現に最も明瞭に見られるように、文法的な構成を新たな仕方で用いている。キチュア語では、アマ（*ama*）は、おもに二人称に対する否定命令文、同じく否定の仮定法で用いられる。ここに見られるように、三人称未来を示す標識との組み合わせで用いられることは決してない。この破格の否定的な命令を、「イヌ科命令法」と呼ぶことにしよう[23]。

ここに課題がある。人々がイヌと意思疎通するためには、イヌは意識のある人間的な主体として扱われなければならない（〈あなた〉たち、さらには〈なんじ〉たちとして）。だが、イヌたちは同時に、言い返すことのないように、対象（〈それ〉ども）として扱われなければならない。これこそが、ヴェントゥラがプンテーロに対して遠まわしに斜格［訳注：主格・呼格以外の格のこと］で呼びかけるために、イヌ科命令法を用いた理由なのである[24]。そしてこのことはまた、この処置をほどこすあいだプンテーロの鼻がふさがれたままにされていた理由の一部であるように思われる。イヌが言い返そうとするなら、人は、イヌ科の主体性へと足を踏み入れることになり、そのことによって、人間としての特権的な身分を失うだろう。このイヌを地面に縛りつけておくこと、つまり実質的に、その動物的な身体を否認することで、人間的な主体性が出現することを認めている。そうすることによって、イヌ科命令法を通して、部分的に個別化されず一時的に包み隠されているイヌ科の自己の周りに出現する、この部分的に個別化された人間的な自己に向けて安全に話しかけることができる[25]。

意思疎通におけるこの試みが露わにするイヌと人間のあいだの権力を多く含んだ階層的な関係は、人間と動物の霊的な主たちとの階層的な関係に類似している。人々が自らのイヌを理解するのと同じようにして、動物の主たちは人間の発話を難なく理解できる。ルナは、彼らに話しかけるだけで十分である。実際に、私が何度か目にした限りでは、森で人々はこの精霊たちに直接呼びかける。しかし、通常の状況では、人間は動物の主を容易に理解することはできない。イヌたちが人間的な表現の全容を理解するには幻覚性物質の混じっているツィタを必要とするように、人間もまた幻覚性物質、とりわけアヤ・ワスカを摂取することで、精霊たちと普通に会話ができるようになる。人々は、この主たちの動物を人間が狩ることをお返しに認めてくれるように、この機会を霊的な主たちとのあいだの義務によってつくられるつながりを固めるために利用する。こうしたつながりを確立する重要なやり方のひとつが、霊的な主たちの娘を通じてなされる。幻覚性物質の影響のもとで、娘たちが父の獲物の肉を手にすることを助けてくれるように、狩猟者は娘たちと色恋の関係を育む。

この霊的な愛人とルナの男性の関係は、ルナと彼らのイヌとの関係に非常に似ている。イヌに対して三人称を用いて助言を行い、さらに加えて、その鼻を縛ってふさいでしまうことで、イヌが返答できないようにする。同じ理由で、霊的な恋人は、ルナの男性が彼女に名前で呼びかけることを決して許さない。彼女の固有名は、霊的な主の領域にいる他なる存在が口にすべきものであり、人間であるその恋人がいる前では決して口にすべきではない。ある老人は、「その名前を尋ねてはならない」と私に語った。代わりに、男性は自身の霊的な恋人に対してはご婦人《セニョーラ》（*señora*）［訳注：英語の Mrs に相当するスペイン語］という敬称で呼びかけなければならない。アヴィラではこのスペイン語は、結婚による身分にかかわらず、白人を指示し、呼びかけるときに用いられる。自らに直接呼びかけることをルナの男性に禁じておくことで、動物の主の娘たちは精霊としての、そしてある意味では白人としての特権的な身分を保持することができる。これは、人間が人間としての特別な地位を保持するために、自分のイヌたちと意思疎通をするやり方と類似している[26]。すなわち、あらゆる水準において、たぐいを分離する境界を越えながらもそれを不安定にすることなく意思疎通できるということが目指されている。

種間の発話

存在のたぐいのあいだの区分をあいまいにしかねない過程を停止するために、イヌ科命令法などの間接的な形式によって人々は意思疎通を図る。しかし、イヌに話しかけるときに利用される言葉は同時に、その区分をあいまいにするこの過程そのものの例証のひとつでもある。私はこのことを

「種＝横断的ピジン」であると考え始めた。ピジンのように、それは緩められた文法的構造によって特徴づけられる。完全な語尾変化をせず、最小限の節の埋めこみ〔訳注：文のなかに別の文を挿入すること〕と単純化された人称の標識を示す。さらに、ピジンはしばしば植民地的な状況における接触のうちに現れる。アヴィラでイヌ－人間の関係がルナ－白人の関係と絡みあっていることを考慮に入れると、この植民地的な結合力は、とりわけ適切なものであるように思われる。

種＝横断的ピジンとしての身分を表す、ルナによるイヌへの語りかけは――ジャガー人間となったフアニクの代父が語りまた息を切るような仕方にも似たかたちで――人間的な領域と動物の領域の双方から意思疎通の様態を構成する要素を組みこんでいる。キチュア語の文法や統語法、語彙を用いることによって、この「ピジン」は人間的な言語の要素を見せる。しかしながら、それはまた、既成の種＝横断的なイヌ－人間的なイディオムを構成する要素を採用する。例えば、ティウティウ（*tiu tiu*）という語は、もっぱらイヌが獲物を追うようにはっぱをかけるときに用いられるのであって、人間同士の発話では決して用いられることはない（引用する場合は除いて）。その擬似言語的な身分を維持しているために、ティウティウはここでは語尾変化をしていない（第一章参照）。この種間のピジンはまた、イヌの発話の要素を取り入れている。ゥアッゥアッ（*hua hua*）（二五〇頁の1－4）は、イヌ科の語彙に由来する事項である。ルナがそれを自らの発話へと組みこむのは、引用を通じたときだけである。つまり、イヌたち自身は決して吠えることはない。ゥアッゥアッは決して語尾変化することはなく、それゆえに人間的な文法に完全に統合されているわけではない。ティウティウもゥアッゥアッも重複形、音のイコン的な反復を伴っている。これはまた、ルナが非人間的で非象徴的な指示の様式へと足を踏み入れるための重要な記号論的技法である[27]。

ルナ＝イヌの種＝横断的ピジンはまた、文法的な単純化を示し、また十全な言語的な能力を持たない主体に呼びかける点で、「母親言葉」――その名が示すように、赤ん坊に話しかけるときに世話をする大人が用いる独特な言語の形式〔訳注：その意味で、必ずしも母親だけが用いるのではないが、ここでは慣例に倣って訳出する〕――にも似ている。これは、植民地的な結合力を現す付加的な方法である。よく知られるように、アヴィラと同じく多くの植民地および植民地期以降の文脈においては、大人に対する子どものように、入植者たちに対するものとして現地人は扱われるようになる。ここで、いかにこのことがアヴィラのもとでも作動しているのかを示す一例を取り上げよう。農業省（Ministerio y Agricultura y Ganadería）に所属する専門家が、妻と子を連れて、国家が認証するある先住民共同体《コムーナ》（*comuna*）として、「法人《ペルソネリア・フリディカ》」という法的な地位をアヴィラに与えることを目的に訪れた。多数の人々が私に語ったところでは、この人物はアヴィラの人々に「助言」をするために来たというが、「助言」を表すために人々が用いた動詞はカマチーナ（*camachina*）だった。それは、いかに大人が子どもやイヌに「忠告」するのかを描写する際に用いられる単語である。反対に、その専門家は私と会話したときに、年齢にかかわらずアヴィラの住民のことを指示するのに、若者たち《ロス・ホーベネス》という語を用いていた。彼とその妻――おあつらえ向きのことに、教師だった――は、アヴィラ・ルナを型にはめ、その名に恥じない（すなわち、成熟した、大人である）エクアドル市民をつくることが自らの市民としての義務だとみなしていた。実際に、彼らは共同体の年次集会は国歌をもって始められるべきであると主張し、その長い集会の多くの時間を、エクアドル憲法の一部を朗読し説明すること、そして、政府から委託されたガイドラインに従って、その先住民共同体の指導者を民主的に選出することに向けて住民を注意深く導くのに費やした。議長や副議長、出納官、秘書といった肩書きを用いて、これらの指導者たちは理念的には共同体という小宇宙に国家の官僚的な装置を再生産するのと同時に、村と国家のあいだのつなぎ目として機能することになっていた。本書の第六章で検討するように、アヴィラにおける自己の輪郭とは、より広大な国民国家が彼らの生活において露わになる、こうした親密な（かつしばしば父権性温情主義的《パターナリスティック》でもある）出会いの産物であるけれども、人々が非人間とのあいだに有する諸関係の産物でもある。

形式の制約

母親言葉のように、人間－イヌの種＝横断的ピジンは、言語的な能力に疑問のある存在に向けられる。イヌが人間の言葉を理解できるようにするために、アヴィラの人々は多大な労力を費やすとはいえ、イヌと意思疎通する方法とは、非常に象徴的な様式をもってなされる人間的な発話を通常は理解しえないこうした種からの要請を満たすものでなければならない。アンデスを越えてオリエントへと向かった、前述の不快なバスでの旅（第一章を参照）に同行した私のイトコ、ヴァネッサは、どうにかアヴィラの村へとたどりつくことができた。しかしイラリオの家についてまもなく、ふくらはぎを若いイヌに咬まれるという不運に見舞われた。翌日の午後、自らもやって来たばかりであるそのイヌ（イラリオの息子の一人が、スノ川の対岸で入植者の手伝いとして働いていて、そこから最近連れてきた）が、再び彼女を咬んだ。イラリオの家族は、イヌの「人間性」が、さらに転じて、その主の「人間性」が問われるようなこのふるまいにひどく動揺し、イラリオともう一人の息子ルシオは、幻覚性物質の混じったツィタを与えた。そして続けて行ったのが、ヴェントゥラがプンテーロに忠告したのとほとんど同じような仕方で、「そのイヌに助言をする」ことだった。しかしながら、このときには、口をしっかりと縛ったうえでいやがるイヌを捕まえ、前日にヴァネッサを咬んだところに、その鼻を持っていった。そのようにしながら、イラリオは次のように言った。

5―1　*amu amu mana caina*（アム　アム　マナ　カイナ）
［彼女、ヴァネッサは一人の］主人、主人で、咬まれるべきではない

5―2　*amu amu amu imapata carparin*（アム　アム　アム　イマパタ　カルパリン）
［彼女は一人の］主人、主人、主人であり、吠えなければならない理由などない

5―3　*amuta ama caninga*（アムタ　アマ　カニンガ）
それは、主人を咬んではいけない

5－3の文に明らかなように、イラリオもヴェントゥラが利用したのと同じ、否定的な「イヌ科命令法」の構成を採用している。しかしながら、このときにこのフレーズやそれが埋めこまれた一連の発話は、イヌとの意思疎通における非言語的で非象徴的で実直な取り組みと絡みあっている。否定の「イヌ科命令法」――咬んではいけない――は、幻覚性物質の影響下で、イヌは理解できるが応答できないような仕方でイヌに話しかけるという課題に応じるものである。それに対して、ヴァネッサを咬むという行為の再演は別の形式による否定のイヌ科命令法としての役割を果たしているが、ここでは、象徴の使用域ではなく、インデックスの使用域においてのことである。このイヌ科の命令法は、異なるが同じくらい重要である難問に応答している。すなわち、言語を用いずにいかに「するな」と言うのか、ということである。

言語を用いずにいかに「するな」と言うのか、というこの難問については、ベイトソンがイヌも含めた多くの哺乳類の意思疎通に見られる興味深い特徴に気づいていた。哺乳類の「遊び」は、ある種のパラドックスを用いている。例えば、複数のイヌが一緒に遊ぶときには、あたかも闘っているかのようにふるまう。イヌたちは痛みがないように、互いを咬む。ベイトソンが述べたように、「『噛みつきっこ《ニップ》』は『咬みつき《バイト》』を表すが、『咬みつき』が表すところのものは表さない」(Bateson 2000:180)。ここで作動しているのは奇妙な論理である。ベイトソンは続けて、あたかもこうした動物たちが次のように言っているようだ、と述べていた。「今やっているこれらの行為は、それが表す行為が表すところのものを表さない」(Bateson 2000: 180)〔訳注：強調は引用者〕。このことを記号論的に考えたうえでディーコンに従えば(Deacon 1997: 403-405)、象徴の使用域において、否認を意思疎通することは相対的に単純であるが、非人間的な意思疎通によく見られるインデックスの様態を通してそれを成し遂げるのは困難である、利用可能な意思疎通のうちで確かな形式が類似《ライクネス》と隣接だけしかないときに、いかにイヌに咬むなと伝えるのか。厳密にイコンあるいはインデックスによる指示の形式の外側に踏み外すことなく、いかに類似や隣接のここまで関係性を否定するのか。象徴的に「するな」と言うことは単純である。なぜなら、象徴的な領域はインデックス的あるいはイコン的な連鎖という記号論的な連合から切り離された水準にあるので、こうしたメタ＝指示文に傾きがちだからである。つまり、象徴的な様態を経由することで、より「高位」にある解釈の水準において指示文を否定することは相対的に容易である。しかし、どのようにしてイコンによって「するな」と言うのだろうか。唯一の方法は、「インデックス」の記号を再＝創造すると同時に、インデックスの効果を持たないようにすることである。語用論的な否定の「イヌ科命令法」、「咬むな」（あるいは、ルナの種＝横断的な差異化する形式においては「咬んではいけない」）をインデックスによって伝える唯一の方法は、咬むという行為を再生産するが、ただし通常のインデックス的な連合から切り離されたやり方を取る、ということである。遊んでいるイヌが、噛む。この「咬みつき」は、本当の咬みつきのインデックスであるが、逆説的な仕方でそうなのである。これは、本当の咬みつきとその実際の結果全てのインデックスであるが、ほかの状況であれば他動詞的なインデックスの連鎖となるものも停止させる。咬みつきが不在であるために、新たな関係性の余地が生じる。その余地を「遊び」と呼ぶことができよう。噛むことは咬みつきのインデックスであるが、咬みつきがそれ自体でインデックスであるということの、インデックスではない。私のイトコに対する攻撃を再＝創造することで、イラリオとルシオは、そうであるところものに制約されているこのイヌ科の遊びの論理に、インデックスによる指示に特徴的な形式上の特性によって、入りこもうと試みたのだった。二人はイヌがヴァネッサをもう一度咬むように強いたのだが、そのときはその鼻を縛ってふさいでいた。二人のしたことは、咬むこととその含意のあいだのインデックスによるつながりを突き崩し、そして、このようにして、ある種＝横断的なイディオムを通じてそのイヌに「するな」と伝える試みだったのであり、そのときにそのイディオムは、言語をはるかに超えたところに達していたのだった。

動物が人間の発話を理解できるかどうか、あるいはどの程度理解できるのかということについては、決して全容が明らかになることはない。イヌが人間を難なく理解できるのであれば、幻覚性物質を与える必要などはないだろう。主張しておきたいのは、種＝横断的ピジンとは、まさしく折衷案であるということである（White 1991 にあるような意味において。以下も参照。Conklin & Graham 1995）。いかに動物が話をするのかを想像すること、あるいは、人間的な発話を動物にも割り当てることだけでは十分ではない。私たちはまた、動物同士で意思疎通するために用いる記号論的な様態に特有の特徴から課される制約に直面しているのであり、そして、応答するように強いられている。その成否にかかわらず、この試みは、非象徴的な記号論的様態の形式的な制約（Deacon 2003）に対するアヴィラの人々の側の感受性を明らかにする。

難問

本書の序章、そして前章でもう一度取り上げた、森で出会ったジャガーから決して目をそらしてはならないという忠告に関する議論をしばし振り返ろう。ジャガーをまなざし返すことは、この生物があなたを同等の捕食者――ある〈あなた〉、ある〈なんじ〉――として扱うように仕向けるものである。目をそらしてしまえば、ジャガーはあなたを餌食として、すぐに＝死肉に＝なるもの、ある〈それ〉として扱うかもしれない。ここでも再び、この非言語的な交換において、身分が種の線分を交差するようにして伝わるのだが、それは非言語的な意思疎通のうちの直接的ないし間接的な様式の利用を通じてのことである。これもまた、イヌ科命令法が作動する区域の媒介変数［訳注：主たる変数あるいは関数に対して補助的に用いられる変数のこと。主たる変数のあいだにかくれて存在する関係を記述する役割を果たす］である。そのため、アヴィラの人々によれば、ジャガーと人間は何らかの同等性を享受している。両者は、種＝横断的であるが、それにもかかわらず少なくともある程度は間主観的でもある余地において、潜在的に互いの視線を享受できる。この理由のために、唐辛子をたくさん食べれば、アイ・コンタクトによってジャガーの目を焼くことで、森で遭遇するジャガーを撃退できると主張する人もいる。対照的に、より高位にある存在とのアイ・コンタクトは禁止されるほどに危険なことである。例えば、森を徘徊する悪魔、スパイグナ（*supaiguna*）とのそうした接触は避けなければならない。彼らを見ることは死をもたらす。その視線に入ることは、その者たちの領域——生きていないものの領域——に足を踏み入れることになる[28]。アヴィラでは、こうした階層的な観点は、意思疎通の様式にも反映されている。逐語的な意思疎通は他者の主観的な視点を享受できるときに生じる。人々がイヌの「話」を理解できる、あるいは、精霊は人々の祈りを理解できるといった事実が証拠となるように、「より高位の」存在は、より低位のものに対して容易にそれをなすことができる。しかしながら、「より低位の」存在は、意思疎通に関わる特権的な媒介、異なる領域に住まう諸存在の魂のあいだの接触を可能にする幻覚性物質などを通じたときにだけ、より高位の存在の観点から世界を見ることができる。幻覚性物質などの意思疎通に関わる特別な媒介がなければ、より低位の存在がより高位の存在を理解するには比喩、すなわち、つながりを創りだすがまた同時に差異化するイディオムを通じるしかない。

ここに来て、私たちは本章の初めに提示した謎に答えることができるだろう。ルナの夢や存在のたぐいのあいだの差異が認識される別の状況において、比喩が非常に重要であるというのであれば、どうしてルナはイヌの夢をその通りに解釈するのだろうか。比喩的な人間の夢において、人々は自らの知覚と動物の主の知覚とのあいだのズレを認識する。夢見を通して、森の本当の姿を——支配的な動物の主たちの菜園であり休閑地として——見ることができる。しかしながら、このことは人々が覚醒した状態で森を見るありさま——野生として——と常に並置される。アヴィラの人々がイヌの夢をその通りに解釈するのも、人々がイヌに対して享受する特権的な地位のおかげで、自分たちのイヌの魂が様々な出来事を経験する様子を直接的に見ることができるからである。対照的に、支配的な存在やその支配下にある動物との相互作用を伴う、夢の中での自らの魂の移動に関しては、通常人間がこの特権的な観点を享受することはない。そしてこれが、人間の夢が比喩によるズレを見せる理由である。

種＝横断的ピジン

イヌの夢の解釈においては、イヌと人間が、種の境界線を超越する単一の情動の領野の一部として一緒になるにつれて——実際に、二つの身体にわたって分布する、創発するごく短命の自己として一緒になるにつれて——、存在のたぐいを分離するズレ、注意深く守られることの多いズレが、少なくとも瞬間的に崩壊する[29]。アメリカの認識論的な危機が明らかにするのは、そうした企ての本質的な危うさだけでなく、そこには賭けられているものもあるということである。イヌの夢はイヌだけに属するものではない。イヌの魂を通じて、森やそれを超えた世界に住まう諸存在と関わりあうために、人々が手を伸ばせば、イヌの夢は、ルナ——そのイヌの主であり、ときどき「宇宙を旅する」仲間——の目的、恐れ、そして望むものの一部にもなりうる。

本章で議論してきたもつれあいは文化以上のものであるが、完全に非文化的であるのでもないようなものである。それはあらゆる点で生物学的ではあるが、身体に関連するだけのものでもない。（生物学的な、そして歴史的に特有な方法によって）イヌは本当に人間になる。そして、ルナは本当にプーマになる。ネコ科の記号論的な自己との遭遇を生き抜く必要性が、そのことを求める。こうした他者と「一緒になる」という過程は、生きていることが意味するものを変える。そして、その過程は、イヌ、さらには捕食者であることが意味するものを変えるように、人間であることが意味するものを変える。

不平等となることもある非常に異なる位置にいる諸自己のあいだの相互作用に含まれる、意思疎通における危険に満ちた、一時的で非常に危うい試み——すなわち、政治——に、私たちは注意深くあらなければならない。こうした試みは、権力という論点と切り離しがたく結びついている。イヌは呼びかけるときに〈なんじ〉と呼ばれることが可能になるには、たまに、縛りつけられなければならないからである。「あらゆる〈それ〉は他者たちによって境界づけられている」。他者と共に生きることに本来的に備わる、〈それ〉と〈なんじ〉のあいだのこの緊張をうまくやり抜くことが、不断の課題である。なぜなら、アヴィラの人々が奮闘しているのは、その小宇宙に住まう多様なたぐいの他なる存在に対する「関係において」、ひとつの立場をとることだからである。

ルナ－イヌという種＝横断的ピジンは、イヌの吠え声をイコンによって取り込む以上のことをなしており、さらに、応答を呼び起こすことなく種の境界線を交差して伝わるよう話しかけるというこの危険な課題にふさわしい、新たな人間的な文法を考案する以上のことをもなしている。このピジンは、人間、有機体、あるいは現世のものであるかどうかという身分にかかわらず、あらゆるたぐいの自己が利用できる、指示の可能性に関連するより抽象的なものに一致する[30]。イラリオが言語を用いることなく「するな」と言おうと試みたとき、それをなすにはただひとつの仕方しかなかった。彼とイヌはひとつの形式――人間的なるものだけではなく動物的なるもののうちにもまた例化されるが、それらをまた維持しかつ超え出る形式――となった。次の章で分析するのは、こうした形式である。いかに形式が生命の全体にいきわたっているのか。適切な制約が与えられるときには、いかに形式が根本的に異なる領域を交差するようにして労力を伴わずに増え広がるのか。そして、いかに形式が特定の社会的な効能を獲得するようになるのか。こうした問いを問うことになる。

第五章　形式の労なき効力

その雰囲気を感じ取るのは、僧堂の外にいる者たちだけだ。実践する者は、何も感じ取ることはない。

——鈴木俊隆『禅へのいざない』

ヴェントゥラの家に滞在していたある晩、私は夢を見た。夢のなかで私はロレトに向かう道でアヴィラの領域をちょうど越えたあたりにある、無骨な開拓者が所有しているような大きな牧場の囲いの外に立っていた。囲いの中では、一匹のクビワペッカリーが走り回っていた。急に、そのペッカリーが私の目の前で立ち止まった。互いに見つめあいながら、私たちはそこに佇んだ。私たちのあいだの親密さに私は呑みこまれ、奇妙で目新しい感情、隔たりのあるこの生きものに対する共鳴という予期せぬ感覚を抱いた。私は悟った。何かをつかんだ。そのブタへの愛のようなものを見出した、と思う。しかし、それを殺したいとも思った。村人から借りてあった壊れた銃をいじくって、どうにかそれを直射した。ぐったりしたその身体を両腕で抱きかかえ、ヴェントゥラの家族と分かちあう大量の肉を今や手にしていることに誇りを感じ、彼の家に戻った。

あの晩私が夢見たことは、ヴェントゥラと私が森での猟から戻ったその前日に起こったことと絡みあう。ヴェントゥラは何かを察知し、それを調べるために走ってさらに前方へと向かうあいだ、静かに待つようにと身振りで私に合図し、いつでも撃てるように撃鉄をあげた。待っていると、クビワペッカリーが私に近づいてきた。それが走り去るまでのあいだ、私たち双方はじっと動かなくなり、眼は互いに釘づけだった。

この経験とあの夢見との反響は、森の存在に個人的な親しみを抱く契機についての何かと、そうした存在を狩ることに含まれる矛盾をとらえていた。アヴィラの人々は、非人間的な存在との親密な接触のうちに生きるほかの人々と同様に、多数の動物を、ときには彼らが「人格的な」関わりを持つこともある、潜在的な人間《パーソン》とみなす（Smuts 2001）。いかに束の間のことだったとはいえ、あの午後にペッカリーと森で遭遇したことは、こうしたたぐいの種＝横断的な親密さの可能性をほのめかしていた。それは、動物が、私たちのように自己であることを思い出させる知らせとなった。つまり、動物は何らかの仕方で世界を表象し、その表象に基づいて行動する（第二章を参照）。けれども、狩猟に必要なのは、このことを認識することと、これらの特異な自己をしるしのない対象として扱うことの両方である。その目標は、詰まるところ、消費と交換のための肉片へと彼らを変えることなのである（第三章を参照）。

しかし、私の夢見に対するヴェントゥラの見解では、動物を自己として認識することと、彼らを殺すことが要求するそれに続く脱主体化とのあいだに私が感じた緊張は重視されなかった。ヴェントゥラは、経験のある狩猟者として既にこのことを切り抜けるのに慣れていた。代わりに、彼はこの夢が動物の主《あるじ》――ブタを所有する精霊――に対する私の関係を物語るに違いないという点に関心を示した。こうした森の存在の主たちはたいてい、ヨーロッパ人司祭、あるいは挑戦的で自らを誇示するように歩き、ピックアップ・トラックや豚小屋を所有する、ロレトまでの道沿いに住むあの開拓者のような、権力のある白人の大農場主として想像されていた。

こうした霊的な主たちはアヴィラの日常的な生活の一部である。ヴェントゥラ自身、子どもの頃に森の中で迷ったときに、それらの領域に入りこんでしまった。ヴェントゥラはイヌを連れ父と狩猟に出かけた。日暮れ頃、父に後れを取るようになり、父はどんどん先に進み、ついに息子とイヌは道に迷った。ヴェントゥラは少女に会い、姉だと思った彼女の後について、家まで続くように思えた道を下って行った。だが、実際にはその道は、滝を通り過ぎて子どもたちを主たちの住処に連れていく道だった。数日後、幻覚性のアヤ・ワスカの力を借りて霊的な領域に入ることのできるアヴィラのシャーマンが、ヴェントゥラの解放交渉を成功させた。しかし、このときまでには、彼とイヌは野蛮な、あるいは野生の状態（キチュア語ではキタ（*quita*））に戻っていた。アヴィラの村人を人として認識する能力を失っていたのである。イヌは呼びかけられても吠えることができず、ヴェントゥラは自らの母ローサを認識できず、さらには恐れてさえいた。

数十年後、私がアヴィラに滞在しているあいだに、もうかなり高齢でほとんどもうろくしていたヴェントゥラの母が、霊的な主たちの領域へと絡めとられた。ある日、孫たちの面倒を見ているとき、ローサはふと森へと足を踏み入れた。彼女が行方不明になってからちょうど五週間後に、ある若い女性が森の中で弟と魚を獲っていると、何者かによって魚が一ヵ所に追いやられているのに気づき、そのすぐ後に細流のそばで偶然にもローサに出くわした。やせ衰え、頭皮や足先には虫がたかっていたとはいえ、ローサは長い期間を生き延びたのである。それも、十代の孫の一人だと思っていた少年が彼女を、彼女が「キト」と呼ぶ主たちの地下の都市にどのようにして連れていったのか、と話をするほどに。彼女が言うには、この地下の都市は、とても美しく豪勢で、アンデスにあるエクアドルの首都、「活気のあるキトのよう」だった。

この主の領域を私が自ら個人的に体験するとは思いもよらなかった。しかし、ヴェントゥラによると、このことがまさに起きたのだった。彼の説明によれば、囲いの中のペッカリーの夢を見たのは、その前日の種＝横断的な相互承認というあの親密なときを共にすることを、動物の霊的な主が私に許した証だったのである。ブタは森の霊的な主のもので、中にブタがいた囲いとは、その主の牧場だった。

ある種の人間的な社会性を野生のそれに並置する点で、私の夢はフアニクの息子アデルモが見た夢とよく似ている。ある日の早朝、アデルモはベッドから飛び起き、大声で「夢を見た！」というや否や、猟銃を手に取り、家の外へと駆け出した。数時間後には、ペッカリーを一頭肩にかついで戻ってきた。何があのように駆け出すほどにあなたを駆り立てたのか、と尋ねたところ、靴を買う夢を見たのだ、とアデルモは答えた。ロレトにある靴屋は靴の棚と山のようなゴムブーツで一杯で、泥のくぼみにあるペッカリーの一群が残したおびただしい足跡にふさわしいイメージを提供する。さらに、この匂いのきつい雑食性のブタは社会的な存在ではあるが、ルナがそうあるべきだとみなす様式そのものにおいてのことではない。この点でブタたちは、見慣れないポリウレタン製の服を着た（アヴィラでは誰もしない仕方で、その身体の一部を見せるように）開拓者の店主のようである。ブタたちは、文明化した（そして衣服を着た）ルナの野蛮な宿敵、「裸」のワオラニのようでもある[1]。

私の夢はまた、私たちがファビアンの狩猟キャンプに出かけていたときに、二人の子どもをもつ若い父親ファビアンが見た夢とも、共通するものがあった。彼が見たのは、コメの袋やニシンの缶詰がたくさんあり、若い司祭が店番をする品揃えのよい雑貨店の夢だった。後に、この夢がウーリーモンキーを殺すことの前兆であったとファビアン自身が教えてくれた。このサルは群れをなして、山の奥深く、ルナの集落から遠く離れたところを歩き回る。ひとたび探し出してしまえばわりあい狩猟しやすく——通常、数匹を獲ることができる——、そしてその分厚い脂肪は誰もが欲しがる。このサルが頻繁に訪れる深い森のように、品揃えのよい雑貨店はルナの集落から離れたところにある。そして、サルの一群と同じように、店は大量の食べものを差しだす。サルの一群と店はともに、権力のある白人に管理されている。適切な手段を取れば、ルナは双方の富の一部を入手できる。

夢は、アマゾニア中で確認できる、人間と非人間の社会性を連続的なものとする見方を反映しているが、人間の飼いならされた領域と非人間の森林の領域のあいだには、厳格な平行関係が据え置かれる（Descola 1994）。ルナが森で出会う獲物となるトリは、実際には、森の霊的な主たちのニワトリであり、同じようにジャガーは主たちの猟犬であり、番犬である。

すなわち、人間が野生だとみなすものは、主たちによる支配的な観点からすれば、飼いならされている（第四章を参照）。単一の自然と文化的に位置づけられた多数で可変的なその表象を前提とする、欧米的な多文化主義とは対照的に、森やそこにいる諸存在に対するアマゾニアの人々によるこうした理解は、ヴィヴェイロス・デ・カストロ（Viveiros de Castro 1998）が多自然主義的な理解と呼んだものにより近い（第二章を参照）。世界に住まう異なるたぐいの存在の身体に基づく配置から生み出される、多くの異なる自然がある。しかしながら、唯一の文化――人間も非人間も同様に、あらゆる自己がそこに身を置く〈私〉の観点――がある。この意味における文化とは〈私〉の観点である。つまり、それぞれの〈私〉の観点から、あらゆる存在は彼らが生きる異なる自然を文化として見ているのだ。ジャガーは――〈私〉として――ペッカリーの血を、ルナの食事には定番となっているマニオク酒として見る。同じ論理に従って、精霊は森を果樹園と見る。

自然と文化、飼いならされたものと野生のものは、なぜこのように共鳴するのか。そしてなぜ私がその当事者となったのか。これは、多自然主義が扱えるものではない。人間的なるものを超えた人類学が扱うことができるものである。この特別な種類の二重化する論理が私の夢に伝染するありかたとは、維持された民族誌的なフィールドワークの副産物、熱心な人類学者が陥りがちなある種の文化適応だと考える人もいるだろう。ただ、既に私が示唆してきたように、文化とは、世界のこの地域においては差異の最良のしるしではない。はっきりと言えば、差異は、私の夢が言葉によらずに示している、関わりあうことという包括的な問題を理解するのにふさわしい出発点ではない、ということを第二章の議論を引き継ぎながら、以下の議論では例証しようと思う。

付け加えると、私はこうした共鳴を経験した唯一のよそ者ではない。あれ以来気づくようになったのだが、何人かの宣教師やこの地域を通過した探検家もまた、自然発生的に、人間と森の領域のあいだのこうした並行関係に慣れ親しんでいたのである。例えば、一九世紀のイギリス人探検家アルフレッド・シムソンは、短期間ルナの村に滞在したが、マルセリーノという名の男に対して、森の霊的な主たちの領域を意図せずに再創造するようにしてイギリスの特徴を述べた。一連の同型的な関係を通じて、彼は一方に、都市的なもの、豊かなもの、飼いならされたもの、そして英国というう白人の領域を、他方に、森林的なもの、不毛なもの、野生的なもの、そしてアマゾニアというインディオの領域を、対置した。彼が説明するには、森の中に散在する集落に代わって大都市があり、そして物のない場所には、「ナイフや斧、ビーズ…などなどのものが、最大級の規模で貯えられるようになっている」。彼が続けて述べるところによると、彼の故郷には、野生の獣の代わりに有益か食用の動物しかいない（Simson 1880: 392-393）2。

シムソンとマルセリーノの会話はまた、これらの領域を通約するシャーマンによる企てをほのめかしていた。ルナは死ぬと霊的な主たちの領域で永遠の生を送るが、それにふさわしく、シムソンはイギリスを「楽園」と呼んだ。この地帯に近づくには、シムソンによれば、一〇ヵ月も続くであろう険しい旅――後ほど私たちはこのことを学ぶが、マルセリーノがシャーマンの本性だと理解した旅――を要する。彼らが話しかけるとシムソンは、「強烈なタバコ」用のパイプのひとつを勧め、マルセリーノは続けて「吸えるだけの煙をめいっぱい」飲みこんだ（Simson 1880: 393）。

タバコは、幻覚性のアヤ・ワスカと並んで、人々が主たちの視点へと入りこむことを手助けする媒体である。実際、アヴィラの人々はシャーマンを「タバコと一緒《タバクユ》に」ある者たち（*tabacuyu*）だと呼ぶ。そして、夢見が提供する他なる視点に対する特権的な接近方法のおかげで、マルセリーノのように、そしてヴェントゥラとあのイヌを救ったアヤ・ワスカを飲んだシャーマンのように、私も森の真の姿を見ることができた。私は飼いならされた空間として――ひとつの牧場として――森を見るに至った。これこそが、ブタを所有する森の霊的な主が持つ支配的な〈私〉の観点にその空間が現れる様相だからである。

なぜ、私の夢までも含め、森林的なものと飼いならされたもの――生態学と経済――の並行が至るところに現れるのか。そしてなぜ、キトのような場所が森の奥深くに位置するのだろうか。本章で提示しようとしている議論は、一見すると共通点のないこれらの問いを扱うには、一見関係するとは思われない何かを理解することを必要とする、ということである。より抽象的な言い方でこう論じてみよう。これらの問いを把握するには、可能性に対する制約の何らかの布置が出現する仕方を、またこうした布置がある種の型に帰結するようにして世界で増え広がる特定の作法を理解することが不可欠である、と。つまり、私が「形式《フォーム》」と呼ぶものについて理解することが必要である。

私が敷衍する論点は以下のことである。私の夢そしてルナの人々の夢で、アマゾニアの森の生態学と人間的経済が同列《アラインド》になるように促すものは、各々の体系が共有する型や形式である。そしてこの形式とは、これらの体系に人間が押しつける認知図式や文化的範疇以外の何かの帰結である、ということを強調しよう。

言ってみれば、理念的な三角形や四角形などが属する超越的な領域が独立して存在することを肯定するプラトン的な議論に陥っているという誇りを受けることなく、私がここで行うように、人間的なるものを超えた形式という主題を取り上げることはむずかしい。対照的に、人間的なるものの領域で形式が果たす役割を考察することは、それほど反論を呼ぶことはない。

誰もが同意するだろうが、人間の精神は一般性、抽象化、範疇を不正に扱う。言いかえれば、形式が人間の思考の中心にある。この言明を私が提示する形式の定義の観点から言いかえれば、次のようになる。私がここで形式と呼ぶある型に帰結する、とりわけ人間的な仕方による私たちの思考とともに出現する、可能性に対する制約。（第一章と本章の後半にあるように）象徴的指示に関する連合的な論理は、人間的な思考と言語の中心なのだが、例えば、トリという単語のように、一般概念の創造に至る。

こうした一般概念は、トリという単語が例化される実際の様々な発話よりも制約されている。発話はそれが表現する概念よりも、より可変的で、制約が少なく、そして「散らかっている」。つまり、トリのような単語の特定の発話が実際いかに響くのか、ということについては、多くの変異がありうる。にもかかわらず、あらゆる一般概念、こうした発話が指示するものは、多数の可変的な発話を「トリ」という概念の意味のある例化として解釈するのを可能にする。この一般概念（「タイプ」という用語を当てられもする）は、それを例化する発話（そうしたタイプとの関係においては「トークン」である）よりも、より規則的で、より過剰で、より単純で、より抽象的で、そして、つまるところ、より型がはっきりしている。形式の点からこうした概念を考えることは、あるタイプが見せるこの特徴的な一般性にまで至る。

象徴的な特性ゆえに言語はとりわけ人間的であるため、形式的な現象を人間の精神に帰属させることはあまりにたやすい。そして、このことによって私たちは唯名論者の立場に立つようになる。形式を、それがなければ型や範疇、一般性を欠くことになる世界に対して人間が押しつける何かとしてしか思考しないことになろう（そして、もし私たちが人類学者であるなら、私たちが没入する、とりわけ人間的であり歴史的には偶然である、変動する社会・文化的な文脈において、私たちはそれらの範疇の起源を探求するようになる。第一章を参照）。しかし、こうした立場に立つことは、私たちの思考が人間的な言語に植民地化されるに任せることに等しい（序章、第一章、第二章を参照）。これまでに議論してきたように、人間の言語が、非人間の生きる世界において出現し、そこで流通する記号的な過程から形成されるより広範な表象の領域のうちに収まることを考慮に入れると、この非人間的な世界に言語を投影することは、これらの別の表象の様式とその特徴を見えなくする。

したがって、人間的なるものは、形式のひとつの源泉でしかない。目下の議論のために重要なのは、人間的なるもののかなたにあるこれらの記号的な様式が示す重要な特徴もまた、形式的な特性を備えていることに気づくことである。すなわち、象徴的な表象と同じく、（イコンとインデックスからなる）これらの記号的な様態も、特定の型に帰着する可能性の制約を見せるのである。

前章の最後で、非象徴的で非言語な使用域において、ある者が「するな」と「言う」ことを試みることができる限定的な方法と、可能性に対するこの形式的な制約の論理が、動物の「遊び」のうちに可視化される非人間的な意思疎通の型——ある形式——のうちに現れる仕方を議論するなかで、このことを示唆しておいた。この型が多くの異なる種のうちに、そして種の分割線を交差する意思疎通の試みのうちにもいく度も繰り返されるということは、人間的なるものを超えた世界において形式が出現し、流布することを例証している。

第一章で言及したように、記号過程が、人間の精神と人間の精神が創造する文脈を超えて存在するということは、「一般」、つまり習慣や規則性、すなわちパースの用語でいう「第三」が「実在する」ことの証である（ここでの「実在」という語は、こうした一般が人間から独立するそのあり方のうちにそれ自体で現れること、そしてそれらが世界において結果として効果を持つようになることを意味する）。しかしながら──そしてこのことが鍵となるが──記号過程は人間的なるものを超えた生ある世界の中にあり、それに属する一方で、形式も同様に、生なき世界の不可欠な一部であり、かつそれから創発する。

つまり、形式とは、それが生きているのでもなく、何らかの思考でもないという事実にもかかわらず、ある種の一般的な実在なのである。生命と思考が形式を活用し、そして形式の論理と特性によってあらゆるところでつくり直されるのを考慮すると、このことを見定めるのはむずかしくなるかもしれない。そこで本章では、生命を超えた世界において、ある一般の特殊な現れが現存するあり方を探査することで、人間的なるものを超えるさらなる一歩へと人類学を連れだすこととしよう。

本書では、とりわけ第一章を通じて、多数の一般を議論してきた。創発的な現象は一般である。習慣や規則性は一般である。これら全ては、何らかの仕方で、可能性の制約の帰結である（Deacon 2012）。私は、ここで扱う一般の特殊な現れを指示するために形式という語を用いる。そうするのは、アマゾニアにおいて一般が表現されるようになる筋道に含まれる幾何学的な図柄のいくつかを強調するためである。これらの多くは、自己組織的な創発現象、あるいはディーコンの用語では（Deacon 2006, 2012）、「動的形態」――つまり、形式を発生させる動態によって特徴づけられる――として分類されるだろう（第一章を参照）。

アマゾニアにおいて創発するそのような生なき形式とは、これから議論するように、河川のパターン化された分布と、河川の中に生じる、回帰し循環する渦のかたちを含む。これらの生なき形式は、可能性の制約から生じている。川に関していえば、水はアマゾニアのあらゆるところを流れるわけではない。むしろ、川の分布は、ある型に帰着する多数の要因によって制約される。渦について考えてみると、障害物の周囲で動くすばやい流れが、適切な条件のもとで、水が別様に流れるかもしれない可能な道のり（より乱雑か、抑制されていないか、より乱流となるか）全ての部分集合である、自己強化的な循環の型を創造する。

そこで、物理的な世界における形式の創発を認識するためには、本章では生あるものを超え出る散策を必要とする。ただしその目的地は、生あるものが形式とともに何を「なす」のか、そして生あるものが形式とともになすことが、形式の奇妙な論理と特性に影響されるありようを見ることである。これから示すように、アマゾニアにおいて人間はそうした形式を活用するが、その一方で他なるたぐいの生きている存在も同じことをする。

ゆえに形式とは、人間であれそれ以外のものであれ生命にとっては不可欠である。にもかかわらず、この不明瞭な実体の働きは、人類学的な分析ではほとんどが理論化されずにいた。標準的な民族誌の対象に備わる触知の可能性が形式には欠けている、ということがこのことの大きな要因である。しかし、あのブタの基本的な志向性や手を伸ばせば触れることができるその肉の物質性のように、形式は実在する何かである。実際、その効力に備わる特有な様式は、「実在」によって私たちが何をいわんとするのかを再考するように迫る。人類学者として、アマゾニアにおいて進展する、形式の増幅と利用のこうした過程に民族誌的に付き添う道を見出すことができれば、形式が私たちを通過する奇妙な道筋に、私たち自身をより良く慣らすことができるようになるであろう。転じてこのことは、思考することが意味する観念そのものを再考するのにも役立つような概念的道具として、形式の論理と特性を利用する助けとなるであろう。

ゴム

形式のより良い感触を得るために、ローサの森の＝中の＝キトやマルセリーノのイギリスとも似ていなくもない、森と都市の別の並置に目を向けよう。マヌエラ・カルネイロ・ダ・クニャ（Carneiro da Cunha 1998）は、ブラジル・アマゾンのジュルア川水系に住むハミナウアの見習いのシャーマンが、村に戻ったのちに強力なシャーマンとして認められようとして、アマゾン河本流にある港町で修行するために川を下っていかに長大な距離を旅するのかを記述した。なぜこれらの都市が先住民のシャーマン的な能力強化の経路となるのかを理解するには、アマゾニアの歴史における極めて重大な時代に関する事柄を理解しなければならない。一九世紀後半に始まり、二〇世紀初めの二〇年ほど続いたゴム・ブームと、何よりもまずこのブームを可能にした、同じ型をしたものの調和である。

様々な点でアマゾニア中に押し寄せたゴム・ブームは、科学技術的で、「自然－文化」的で、帝国的であるような、多様な絡みあいから生まれたものである。つまり、自動車やほかの機器の発明と大量生産と一対になった硫化処理の発見によって、ゴムが国際市場に勢いよく放出されることとなった。よそ者たちが、森中に広がったこの価値が上がり続ける商品の抽出のために多くの部分を現地の民衆の搾取に依存していたことに鑑みれば、アマゾン河上流域にとって、このブームはある意味で第二の征服ともいえる。しかしながら、このブームは、イギリスの博物学者がアマゾニアから持ち去っていたゴムの若木が東南アジアのプランテーションに定着するようになると、突如として終息した（Brockway 1979; Hemming 1987; Dean 1987）。人間同士の相互作用、および人間と非人間の相互作用の観点からも語られるこの物語はよく知られている。ここでは、あまり気づかれない点を議論したい。すなわち、形式ならではの特性がこれらのあらゆる相互作用によって媒介され、この収奪的な経済システムを可能にしたありさまである。

私の言わんとするところを説明しよう。ゴムはある形式に落とし込まれた。つまり、ゴムノキの可能な分布には、特定の布置をした制約がある。アマゾニアの森に広がるゴムノキの分布——人気のあったパラゴムノキであろうと、あるいは別のラテックスを生産する種であろうと——は、特定の形式に従う。個々のゴムノキは、広大な範囲にわたって森の風景の全域に分散する。広く分布する植物種ほど、種の特定病原菌[3]——パラゴムノキの場合では、南アメリカ葉枯病として知られる病気を引き起こす菌性の寄生生物（学名：*Microcyclus ulei*）——による被害を切り抜ける可能性が高まる。この寄生者がゴムの自然な分布域の至るところにはびこるため、この地域では密生するプランテーションでのゴムの栽培が容易ではないからである（Dean 1987: 53-86）。この寄生者との相互作用によって、ゴムの分布はある型に帰着した。個々のゴムノキの多くは、広く、均等に分布し、単一種がひとつの区画に寄せ集められることはなかった。その結果、特殊な型を表すように、ゴムが風景を「探査する」、すなわち占拠するようになった。現場でゴムを搾り取ろうとする者は皆、この風景を探査するはずである[4]。

アマゾニアの風景全域に広がる水の分布もまた、特殊な型、つまり形式に従っている。ここには多様な要因がある。地球規模の多数の気候的、地理的、生物学的要因により、アマゾン河流域には大量の水がある。加えて、水は下流へと一方向にしか流れない。つまり、小さな沢は細流へ、細流は支流へ、支流はより大きな川へと順々に流れこみ、そして巨大なアマゾン河が大西洋に流れこむまでに、この型は自らを何度も繰り返す（一三頁の図1を参照）。

それゆえ、互いにほとんど関連のないそれぞれの理由により、二つの形式あるいは型が存在する。風景全体にわたるゴムの分布と水路の分布である。これらの規則性は、たまたま同じように風景を探査する。それゆえに、ゴムノキがあるところは往々にして、川へと流れこむ沢のそばであることが多い。

この二つの型が風景を同じように探査するので、ひとつを追うことによって、もうひとつへと導かれることとなる。アマゾニアのゴム経済は、この二つの型が共有する類似性を搾取し、それに依存した。ゴム経済は、ゴムを見つけるために水系を遡り、そしてゴムを下流に流すことで、存在する共有された形式的な類似性につけこむ経済システムにおいて、物理的な領域と生物学的な領域を統合するよう、これらの型を連結した。

人間だけが植生と水路の分布の型を連結するわけではない。例えばアヴィラでキルユ（*quiryu*）として知られる魚は、適切にもキルユ・ワパ（*quiryu huapa*）[6]と名づけられた木の実が川に落ちると、その実を食べる。実際この魚は、この資源にありつくための経路として川を利用する。そうすることで、その魚は植生と水路の分布が共有するパターン化された類似性――形式――を潜在的に増やし広げる。これらの実を食べることによって、魚がその種子を川の流れに従うように散布すると、この植物の分布は川の分布とさらに一層、一致するようになるだろう。

アマゾン河水系のネットワークは、形式を通じてゴムが活用される方法にとって決定的となる、付加的な規則性を示す。すなわち、尺度を問わない自己相似性である。つまり、沢が枝分かれする様相は、細流が枝分かれする様相に似ており、それは河川が枝分かれする様相のようでもある。それは、複合のシダ類、アヴィラの人々がチチンダ（*chichinda*）と呼ぶ、同じく尺度を問わない自己相似性を示すものに似ている。チンダ（*chinda*）とは、たまたま出来た堆積、とくに洪水の後に川岸の樹の根元のあたりにひっかかったものなどの、流木が絡みあったかたまりを指す。この語の一部を二重化したこの植物の名前――チ＝チンダ（*chi-chinda*）――は、複合のシダがある平面での葉の境界の型がすぐ上位の平面の境界の型と同じであるということをとらえている。もつれたかたまりの入れ子となった、別のもつれたかたまりを想起させるチチンダは、このシダの尺度を問わない自己相似性をとらえる。ある水準における型は、より高位で包括的な水準にある同一の型の入れ子である。

水系の自己相似性もまた、一方向のものである。小さな川は大きな川に流れこみ、そして、水界地理学的なネットワークを下るにつれて水は、一層小さな範囲の風景の至るところに、ますます集中するようになる。ダ・クニャは、ゴム・ブームの時期にジュルア川流域で見られた興味深い現象を振り返った（Carneiro da Cunha 1998: 10-11）。債権者＝債務者という関係性の大規模なネットワークが出現し、それは、水系ネットワークと同型の尺度を問わない自己相似的で反復する入れ子状の型をとった。川の合流地点にいるゴム商人は、信用貸しを上流に向かって拡張し、対して、下流の次の合流点にいるより力のある商人には債務を負った。この入れ子状の型は森の最奥にある先住民共同体を、アマゾン河の河口さらにはヨーロッパにいるゴム男爵へと接続した。

しかしながら、人間だけが、この一方向的な河川の入れ子状の型を活用する存在ではない。アマゾンカワイルカは、交易者のように川の合流地点に集まる（Emmons 1990; McGuire and Winemiller 1998）。イルカたちは、水系のこの入れ子状をなす特徴のために合流地点に集まる魚を食べる。

形式の内部にいることは、労力を要しない。形式の因果論は、この意味において、何かをなすためには必要とされる物理的な労力と通常結びつけられがちな、プッシュ＝プルの論理とは大きく異なる。下流に漂うゴムは、いずれは港にたどりつく。その一方で、ゴムをこの形式のうちに留まらせるには、非常に多くの労力が必要だった。木を見つけ、ラテックスを抽出し、そして束にしてから近くの沢まで運ぶためには、卓越した技術と多くの労力を必要とした[7]。より重要なのは、他者にこれらのことをさせるには、巨大な強制力が不可欠だったことである。ゴム・ブームの折、ほかの多数のアマゾン川上流の村々と同じように、アヴィラも奴隷労働者を求めるゴムの親分に襲撃された（Oberem 1980: 117; Reeve 1988）。

住民たちが資源を手に入れるために森林の形式を利用することに既に慣れていたために、アヴィラのような村がゴムの親分の注意を引いたのは、驚くにはあたらない。ゴムの採取が、樹にたどりつくために水系の形式を活用することを必然的に伴うように、狩猟もまた形式の活用を必然的に伴う。種的多様性の程度が高く、それぞれの種は決まったところだけに存在し、そして唯一の恵みの季節というものが不在であるため、動物が食べる果樹は空間的にも時間的にもとても分散している（Schaik, Terborgh and Wright 1993）。これは、動物を惹きつける果物の資源からなる、異なる幾何学的な刺激布置がいつでもあることを意味する。果物を食べる動物は、この刺激布置の型を増幅する。彼らは単に果樹にだけではなく、複数種の連合のなかに食糧をあさることで整えられる、一層の安全に惹きつけられるからである。それぞれの成員は、捕食者を発見する種に特有の能力を「負担する」――それは潜在的な危険に対する集団全体の卓越した意識に帰着する（Terborgh 1990; Heymann and Buchanan-Smith 2000: esp.181）。対して、その捕食者がこの動物の集合に惹きつけられることで、森の風景に広がる生命の分布の形式はさらに増幅される。このことは、潜在的な獲物の肉をめぐる特定の型に帰着する。相対的には空っぽの広大な空間に点在する、群生し入れ替わる、ごく短期的で局在化された動物の集合である。そのため、アヴィラの狩猟者は、動物を直接的に狩ることはない。むしろ彼らは、そのときそのときで実のなっている樹の空間的な分布や配置から創りだされる短期的な形式を見出し、活用する。これが動物を惹きつけるからである[8]。

既に森の形式の活用に慣れている者、狩猟者は、理想的なゴム採取者となった。しかし、彼らにそれをさせるということは、その狩猟者を動物のように狩ることを意味していた。そうした目的で、ゴムの親分が敵対する先住民集団の成員を徴募することもあった。コロンビア領アマゾン地域にある、プトマヨ地方のこうした狩猟者＝の＝狩猟者についてマイケル・タウシグが複写したある画像のなかで、最前に位置する男がジャガーの牙と白人の服を身に纏っているのには、それにふさわしい理由がある（図7を参照）。

捕食的なジャガーと支配的な白人の身体的な慣習行動《ハビトゥス》を纏うことで（古典的な多自然主義のパースペクティヴをもつシャーマンによる戦略。第二章を参照）、その男は自ら狩猟したインディオを、獲物かつ下っ端として見ることができる。タウシグが記述したこれら狩猟者＝の＝狩猟者は、「ムチャチョス」――若衆――と呼ばれた。彼らもまた別の誰かに従っているという事実を思い出させる指標である。その誰かとは、白人の親分である。ゴム経済は捕食という既存の階層化された栄養的な型を増幅し（ジャガーなどの肉食動物が、それらが獲物とする、シカなどの草食動物の「上に」いる）、そしてその過程で、この型と父権性温情主義的《パターナリスティック》である植民地的な型とを結びつけた。

先に述べたように、アヴィラは決して奴隷狩りから守られてはいなかった。事実、一九九二年に私がアヴィラにはじめて訪れたときにアメリガが話してくれた最初の語りは、彼女の祖母が、子どもの頃、収奪者がちょうど家の正面に着いたときに、家の裏側の竹の壁からぐいと押し出されたおかげで奴隷の身分になることを免れた、ということだった。アンデスのふもとにあるアヴィラは、航行可能な川と良質のゴム資源からは遠く離れている。最良のゴムを産出するパラゴムノキは、アヴィラ周辺では成長しない。にもかかわらず、巨大な強制力を通じてアヴィラの住人の多数がゴム経済の形式の中に押し込められた。彼らは今やペルーとなったナポ川の下流域やそれよりも遠くに、航行可能な河川と豊かなゴム資源のあるところに強制的に移住させられた。ほとんど誰も戻ることはなかった[9]。

ゴム・ブームの経済は、捕食的連鎖、植物と動物の空間的な配置、水界地理学

図7　ゴム・ブーム期の狩猟者の狩猟者。ヴィッフェン・コレクションの寄贈、ケンブリッジ大学、考古学・人類学博物館

的な分布といった部分的に重なる一連の形式を、共通の類似性をつなぐことで統合したために、存在し、成長することができた。その結果、これらのより基本的な規則性が、ひとつの覆いとなる形式――その支配からはほとんど逃れることのできない、搾取するための政治経済的な構造――の一部となった。

事実、この形式が、こうして出現した政治的な関係の可能性の条件を創造した。宇宙的な捕食という多自然主義のパースペクティヴの体系において、支配的な視点に足を踏み入れることに精通した者、すなわちシャーマンはそれを力の獲得に活用する。下流のハミナウアで修行することで、シャーマンは上流の社会的な行為者の視点を包含し、超え出る視点をとることができる（da Cunha 1998: 12）。下流にいることは入れ子状の自己相似的な河川の形式のより包括的な水準――森に、そして先住民の人口に河川の型を接続した植民地主義的経済のおかげで、今や社会的に重要なものとなった形式――に住まうことを意味する[10]。さらに、アマゾニアのシャーマニズムを、部分的にそれをつくり上げ、またそれが応答している植民地的な階層の外側で理解することは不可能である（Gow 1996; Taussig 1987）。しかしながら、シャーマニズムは単に植民地主義の産物であるだけではない。シャーマニズムと植民地的な搾取は同じように、部分的にはそれらを超え出る共有されたひとつの形式によってとらえられ、制約され、活用される。

創発する諸形式

ゴムの樹や河川、経済を互いに関係づける型などいくつもの形式が創発する。「創発的」という語は、新しさ、未決定であること、複合的であることだけを意味するためのものではない。むしろ、第一章での議論を参照することで、それらを引き起こした基本的な構成要素に還元しえない、新奇な関係による特性が現れ出ることを、ここでは意味する。

創発的な特性としての形式は、アマゾニアの物理的な風景のなかに現れる。本書の前半や章の冒頭で議論した、アマゾニアの川に生じる渦を例にあげてみよう。渦は、それが現れる川との関係において新奇な関係にある。つまり、動く水の調整された循環的な形式を示すようになる。渦の中で水が流れる循環的な形式とは、より自由で、より乱流の、かつそれゆえにより型のない、川のほかの部分の水の流れによって制約された、より単純なものである。

渦の循環する形式は川の水から創発し、これは水に特定の性格を与える偶然の歴史には還元できない現象である。説明しよう。アマゾン河流域に広がる水の流れのいかなるまとまりも、たしかに独自の歴史と結びついている。つまり、ある意味では過去に影響されている。特定の風景の中を流れ、結果として異なる属性を獲得する。こうした歴史——水がどこから来たのか、そこで水に何が起きたのか——は、たしかに、アマゾニアの異なる河川に個々の特徴を与える。もし、例えば特定の川に向かう水の流れが栄養の乏しい白砂層を通過したのであれば、その川の水はタンニンの豊かな水（第二章を参照）、すなわち、暗く、半透明で、酸性の水となる。しかし、今進めている議論にとっては決定的だが、こうした歴史はその川で渦がとる形式を説明することも予測することもない。川の水がどこから来たのかという特定の歴史に関係なく、適切な条件のもとで、循環のかたち《フォーム》は創発するだろう。

しかしながら重要なことは、渦の創発に至る条件は、水の連続する流れを含むということである。つまり、渦がとる新奇なかたちは、そこからそれが創発するところの水から完全に分離されることは決してない。川の流れを止める、すると形式《フォーム》は消失する。

しかも、渦とは、それが必要とする連続する流れ以外の何かである。ほかの何かとは、より少ないものである。そしてこの「より少ないもの」のために、形式との関係において、渦のような創発する実体をなぜ思考するのかが理解されるだろう。既に記したように、渦を通る水の流れは、川全体でそのほかの水が動く、全てのより制約の少ない仕方と比較したときには、より自由がないように流れる。この冗長性――このより少ないもの――が、私たちが渦に関連づける循環の型に帰結するものである。それが、この形式を説明する。

自らが由来し、また、依存するところのものとは異なるのだけれども連続しているという点で、渦は、例えば、象徴的指示のような別の創発現象に似ている。第一章を思い起こしてほしいのだが、象徴的指示は、それが収められた、ほかのより基本的な記号の様式から創発する。渦と川のなかの流水に対するその関係のように、象徴的指示は、それが依存し、由来するイコンとインデックスとの関係において新たな創発的な特性を示す。

渦とともに現れる、この分離する＝けれども＝連続するという特徴はまた、ゴム経済における可視的な創発する形式に適応される。ゴムと水の分布を招いた共通点のない諸原因は、ゴムと河川が共有する規則性のために、経済体制がそれらをひとたび統合すると、重要性のないものとなった。それでいてその一方では、こうした経済はどこでも、明らかに、ゴムに依存する。さらにそれはまた、そのゴムを入手するために利用される川に依存する。

それゆえ、創発現象は入れ子状をなす。それらは、それ自体が生じた低位の過程から分離した水準にある。にもかかわらず、その存在には低位の条件が欠かせない。これは、一方向的に起きる。渦は岸辺の条件が変化すると消失するが、岸辺は渦に依存せずに維持される。同じように、アマゾンのゴム経済はその存在を、南アメリカ葉枯病のような寄生者がゴムの分布を制限する方法にもっぱら依存している。ひとたび東南アジアのゴム・プランテーションが――これらの寄生者から遠くに動かされた――ラテックスを生産するようになると、ゴムの木のパターン化された分布の原因となったこの決定的な制約は、消失した。まったく異なる経済的な配置が可能になり、そして、はかない渦のように、創発する形式、つまりゴムや河川、現地人、親分を統合した政治経済的な体系は消え去ったのである。

形式の生＝社会的な効力は部分的に、その構成部分を超出しながらもそれと連続するあり方に宿っている。創発する形式は、低位のエネルギーの流れと物質性に常に接続されるという意味で連続的である。そして物質性――言ってしまえば、魚、肉、果物、あるいはゴム――とは、生ある自己やイルカ、狩猟者、果物を食べる魚、あるいはゴムの親方であれ、それらが形式を活用する際に接近しようとするものである。形式はまた、これらの型が連結されるようになると、非常に異なる種類の領域を越えてその類似性が増え広がるという意味において、物質性を超え出る。ゴムが利用される規則性は、物理的なるものから生物学的なるもの、人間的なるものへと広がる。

しかし、高位の水準でいくつかの形式が結合されるようになるこの過程において、より高位の秩序に創発する型はまた、先行する諸形式ならではの特性を自らのものとする。ゴム・ブームの経済は、川のように入れ子をなし、そして熱帯の食物連鎖の一片のように捕食的である。それは、こうした人間＝以外＝の諸形式をとらえる。しかしそれはまた、さらに、あまりに人間的なひとつの創発する形式に人間以外の諸形式を統合する（第四章を参照）。説明しよう。ここで議論している非人間的な諸形式――例えば、入れ子状や捕食を含むもの――は道徳的であることなくして階層的である。非人間的な世界における階層的な形式の重要性を低く見積もることには意味がない。これは、私たちの道徳的な思考を基礎づけるものではない。というのもこうした形式はどうあっても道徳的ではないからである。階層はあまり＝に＝人間的な世界においては道徳的な相貌を呈するが、それは道徳性がとりわけ人間的である象徴的な記号過程というひとつの創発的な特性だからである（第四章を参照）。それ自体は道徳的なものを越えるので、道徳とは無縁なのだが（言い換えれば、非道徳的）、それにもかかわらずこれらの階層的な型は、あまりに人間的である創発的な特性を伴う体系――それが依存する階層的な型に備わるより基本的で形式的な一列線には、道徳的な結合価が還元されない、ゴム採取に基づく極めて収奪的な経済のような体系――にとらわれている。

森の主たち

ところで、アヴィラに、そして私の夢に戻ると、森での狩猟と、ルナもまた深く巻きこまれたより広範な政治経済と植民地の歴史とを統合するのが、なぜ霊的な主たちの領域なのだろうか。端的に言えば、これらの霊的な主たちもまた「白人である」ということは何を意味するのだろうか。

白人性は、森の主たちの霊的な領域に多重焼き付けされる、部分的に重なる階層性の符号のひとつにすぎない。例えば、アヴィラ周辺の山はそれぞれ異なる霊的な主に所有され、管理される。これらのうち、最も強力な主がこの地域で最も高い峰、スマコ火山の地下にある「キト」に住む。この火山の名前は、一六世紀初頭の教区、スマコ教区《プロビンシア・デ・スマコ》(provincia de Sumaco)の由来となっている。その名によって、この地域が植民地統治に屈し、スペイン語名でアヴィラとして知られるようになる以前は、地方の全副長が忠誠心を抱いていた最高位の首長が讃えられていた[11]。地位の低い森の主たちは、エクアドルのアマゾン諸県の中心地や教区の一部をなすより小さな町や市街とつながる市街や村々に住んでいる。これらは、地域の低い山に対応する。そちらに住む主たちは、先スペイン期あるいは初期の植民地期の副長がスマコ火山と関連する最高位の首長に示すのと同じ関係を、地下のキトに住む主に対して示している。

地誌的な階層の上に、先スペイン期と現代の行政的な階層を重ねるこのマッピングは、地域の資源採集経済を最近まで支配し、キトまでその経済をつないだ大農園すなわちアシエンダのネットワークと部分的に重なる。霊的な主たちの領域もまた、ナポ川沿いのゴム・ブーム期の巨大なアシエンダのように、活発で生産的なひとつの大農園である[12]。そして、主たちはその牧草地と休閑地を往来し、獲物となる動物をピックアップ・トラックや飛行機で往復して運ぶ。イラリオは何年も前に、中継アンテナを建てようとした軍隊の技師の一団とスマコ火山の頂上に登ったことがあったが、そこで見た砂糖の円錐体のような山頂から急激に広がる裂け目を彼は主たちの高速道路だと報告した。道路がキトから出発しエクアドル中に広がるように、広大なアヴィラ地域の主要な河川は、この山頂から流れ出る。

特定の生物資源が空間の至るところで動かされるありように関わる同様の制約に、次のそれぞれ異なる社会政治的な配置が追従するために、霊的な主たちの領域は、民族的、先スペイン的、植民地的、ポストコロニアル的な階層を風景に重ねて多重焼き付けにする、というのが私の議論である。つまり、もしアマゾニアの家庭経済とより広範な国家経済、そしてグローバル経済が、森が蓄える生ある富の一部――獲物であれ、ゴムあるいはほかの花の生産物といった形式であれ――をとらえるのであれば、この富がとらわれている物理的かつ生物的な図柄との連接に接近することによってのみ、それは成し遂げられる[13]。既に言及したように、狩猟者はたいてい、動物を直接狩猟はしない。動物を魅了する形式を活用する。同じようなやり方で、大農園の地主は、負債懲役制度、そしてまたある時期にはあからさまな奴隷制によって、ルナから森の生産品を集めたのである。この搾取の型が、群れ集まるような分布を創造した。動物を引き寄せる果樹のように、アシエンダは森林資源とそれらと同等とみなされた都市の資源とが集積された結節点となった。「非常におびただしい量」の「ナイフや斧、ビーズ」が隠されたのはアシエンダであり（Simson 1880: 392-93）、対してルナがこれらと交換した森の生産物を蓄積したのも、アシエンダである。交易品の出どころであり、森の生産物にとっての終点である限りで、キトなどの都市は、富の蓄積に関するこの集約的な型を示す。

低地部に住むルナは、キトとその富に対して、親密だけれども苦労の多い関係にあった。この都市まで白人たちを背負い運ぶ、という労を課されることもしばしばあった（Muratorio 1987）。そして、アヴィラが市場からかなり隔絶されていた頃には、都市が集積する何らかの富と彼らの物品を交換しようという期待のもとに、森の生産物とともに、八日かけて山麓を歩き、人々は直接キトに行ったものだった。

森の霊的な主たちの領域というより高位の秩序に創発する領域において、狩猟や大農園、都市は、周囲にある資源の分布の型との関係において共通する類似性のために、互いに同列になる。これらの異なる領域を越えて形式が増え広がるには、階層は欠かせない。ゴム経済が、それが統合したゴムの木と河川の分布の型「よりも高位」にあったように、精霊の領域は、これらの多様な重複する形式を、ひとつの「より高位」の創発する水準に統合する。いかに人間的な領域において形式が増幅されるのかは、明らかにあまりに人間的である歴史上の偶然からもたらされている。そしてその一方で、ここで唯一例化されたものであるとはいえ、階層それ自体も形式のひとつのたぐいであり、この世の身体と歴史の偶然性を超え出る独自の特性を備えている[14]。

記号的な階層

論理的で形式的な階層の特性とそれが道徳的な結合価を獲得するようになるまでの道のりの偶然の交錯は、前章で議論した、ルナが他なる存在を理解し、意思疎通しようと試みる、あの種＝横断的ピジンに見てとれる。種＝横断的な意思疎通が含んでいる階層は、明らかに植民地的に屈折している。これが、私がそのことをピジンと呼ぶ理由である。第四章で論じたように、例えば、イヌはしばしば、ルナが白人に相対して占めるのと同じ構造的な位置を、ルナに対して占める。たとえルナには死ぬと強力なジャガーとなる者がいるにせよ、ジャガーは白人の霊的な主たちのイヌにもなるということを想起してほしい。しかしこういった植民地的な階層は、いかなる道徳的な結合価も持たないより根本的に非人間的な階層を増幅することで、道徳的なものを多く含みながら出現している。

これらのより根本的な階層の多くは、記号過程に本来の入れ子状で一方向的な特性を含んでいる。第一章の要点を繰り返し、そして先に述べたことをさらに発展させると、象徴的な指示、規約的な記号に基づくあのとりわけ人間的な記号の様態は、私たち人間がほかの生命形態と共有する、より基礎的であるイコン的かつインデックス的な戦略（例えば、それぞれ、類似《ライクネス》と隣接性の記号を含むもの）との関連で、創発する記号的な特性を備えている。これら三つの表象の様態は階層的に入れ子状になり、接続されている。インデックスは生物学的な世界において意思疎通の基本をなすが、イコン同士のより高位の関係の産物であり、そしてイコンに対して新奇の、創発的に指示する特性を有する。同様に、象徴はインデックス同士のより高位の関係の産物であり、また、インデックスに対して新奇の、創発的に指示する特性を伴う。このことは、一方向的にのみ生じる。象徴的な指示はインデックスを必要とするが、インデックス的な指示は、象徴を必要としない。（象徴的な指示に基づいているような）人間の言語を特徴ある記号的な様態とする、このような創発する階層的な特性はまた、アヴィラの人々が動物と人間の領域を差異化する様式を構造化する。このことを、ルイーサ、デリア、アメリガそしてリスカッコウのあいだに生じた会話のやり取りを通じて、描くことにしたい。この会話のやり取りがなされたのは、家族が飼っていたイヌ、ウィキがジャガーによってひどく傷つけられて森から戻ったすぐ後のことだった。この事例では、階層が果たす役割、とりわけ、異なる記号的な使用域における意味の水準のあいだに知覚された区分を構造化するという役割を示している額面通りの「発声」として受け取られた動物の鳴き方は、意味作用のひとつの水準に位置するが、その一方で、これらの鳴き方が含むであろう、より一般的で「人間的な」メッセージが、別の水準、つまり、より高位の水準に現れることもある。

問題となる会話がなされていたのは、女たちが果樹林と休閑地が入り混じったところでの魚毒の採集から戻ったときのことである。女たちは家で、醸造酒をちびちび飲み、マニオクをむき、そして残った二匹のイヌの命運を気にしていた。まだイヌたちを探しに外には出かけてはおらず、ジャガーによって殺されてしまっていたとは知らなかったが、この時点では、その殺害が起きたのだと女たちは考えていた。そのようなシナリオが、そのとき女たちが交わしていた会話の解釈枠組みの前提だった。

女たちが話していると、突然、リスカッコウが「シクアッ」と鳴きながら家のそばを飛び去り、会話が妨害された。その直後、ルイーサとアメリガが同時に次のように口にした。

ルイーサ　　　　アメリガ
シクアッ　　　　「シクーワ」と言った

アヴィラではシクーワ（*shicuhua*）として知られるリスカッコウには、いろんな鳴き方がある。アヴィラの人たちがその鳴き方を真似するように、「ティ、ティ、ティ」とそれが鳴くのを聞くと、「良いことを話」していると言われ、そのときにはあなたが望んでいたものが実現する。しかし、もしあの日、トリが頭上を飛び去ったときに聞いた鳴き声、アヴィラの人々が「シクアッ」と真似する鳴き方をするのであれば、あなたが考えていたことは起こらず、そしてトリは「嘘をついている」と言われる。ほかの動物も、同じような仕方で鳴く、ということは記しておくべきだろう。シクーワ・インディジャーマ（*shicuhua indillama*）という似た名前で知られるコアリクイは、親族が死ぬことの予兆となるシーッという不吉な音をたてる。

しかし、重要なことは、このシーッという音や、リスカッコウのシクアッという鳴き声のいずれも、そのものが予兆的な記号ではないということだ。むしろ、これらの鳴き方はそれ自体が記号として扱われることもあるが、キチュア語のシクーワを表明するのだと解釈されたときにだけ、ある種の前兆として特有の意味作用を獲得する。シクーワという単語、カッコウが叫ぶシクアッやアリクイのシーという鳴き声ではなく語尾から二番目の音節を強調するキチュア語の傾向に配慮して発音された単語が、付加的に、まさしく意味のある鳴き方を予兆として扱うように導く。

　カッコウの鳴き声であるシクアッと、このトリがこの鳴き方で「言っている」ことだとされるもの、シクーワの二つのあいだのこの差異は重要である。リスカッコウが頭上を飛ぶあいだ、ルイーサは彼女が聞いた通りにその鳴き声を真似た。「シクアッ」と。対照的に、アメリガはそれを引用した。「『シクーワ』と言った」と。この過程でアメリガはトリが実際に鳴いた音には忠実ではなく、よりキチュア語の強勢の型に適するような仕方で、鳴き声を発音した[15]。

ルイーサは彼女が耳にしたものを模倣し、そして例化としての発音に自らを制約する一方で、アメリガはより一般的に、トリが何を「言っていた」のかを把握しようとした。彼女は実のところ、メッセージを「人間の言語」――つけ加えるとルナの人々が話すことを表すキチュア語であるルナ・シーミ（*runa shimi*）の文字通りの意味なのだが――のうちで解釈していた。そのために、アメリガはそれを、「タイプ」としての動物の鳴き方＝発声《ヴォーカリゼーション》の「トークン」を示すものとして扱ったのである。英語の例をあげて説明しよう。英語では、例えば、「トリ」と言うあらゆる個々の発声《ヴォーカリゼーション》は、一般概念――あるいはタイプ――としてそれを示す、トリという語のひとつの現れ――あるいはトークン――として受け止められる。私の論点は、これに似たことがここで起きているということである。アメリガはリスカッコウの鳴き声を、「人間的」な単語シクーワの種特有のトークンの例化として扱ったが、その語はこの鳴き声をタイプとしても待機させている。そして、英語におけるトリという単語との関係を通じてあらゆる「トリ」という発話を私たちが今しがた解釈できたように、より一般的で「人間的」な単語、シクーワの例化として、アメリガはこの動物の鳴き方を扱ったのである。そのために、この鳴き方は今や特定のメッセージを伝達するのだと理解された。種特有の鳴き方（リスカッコウの鳴き声であれ、コアリクイの音であれ）は、それらのタイプとなる「人間的」なキチュア語というより一般的な語彙の個別のトークンとして作動しうる。

鳴き声それ自体は必然的に無意味である、ということではないと強調しておこう。つまり、それはインデックス的な記号として、人間によっても（そして他なるものによっても）解釈されうるのである。しかしそれは、より一般的な何かの例化とみなされるときに、前兆に関する特定の体系のなかで特定のたぐいの兆しとして、付加的な意味を獲得する。

この水準でこの鳴き声を意味あるものとして扱う——それをある予兆として扱う——ことで、アメリガはリスカッコウの鳴き声を言語のなかに持ちこんだ。リスカッコウのシクアッは、シクーワの例化として判別可能になる。「人間の言語《ルナ・シーミ》」のある現れ（そうでなければインデックス的には意義があるだろうもの）として理解されるので、この声は象徴的な使用域にある付加的な予言のメッセージを一緒に伝える。

そして、女たちはこのことに従って行動した。今まで会話を導いてきた有効な想定——イヌは殺されている——は間違っていた、とそのときには思われるようになっていた。つまりアメリガは、鳴き声が示唆する新しい前提の枠組みのなかで、イヌの窮地を再解釈したのだった。カッコウのメッセージに注意を払うことで、今では彼女はなぜイヌがまだ家に戻らないのかを説明する代替のシナリオを想像したのである。彼女が推定するには、「ハナグマを食べていたのでしょうね。イヌたちは腹をいっぱいにしながらあっちのほうを歩いている」[16]。デリアは、そうだとすれば家の周りをうろついていたイヌの頭にあった咬み傷はどう説明されるのか、ということを問題にした。「じゃあ何があったの?」と彼女は尋ねた[17]。少し考えた後、アメリガは、襲われているときにハナグマがイヌを咬んだのでしょう、と言った。リスカッコウによる鳴き方のたぐいとそれを解釈する体系のために、アメリガ、ルイーサ、デリアは、イヌはネコ科の動物に遭遇したのではなくハナグマと激しく争ったのであり、まだ生きているだろうという期待を持つようになった。

私がここに記してきた特定の予兆の体系は人間に特有のものである、あるいは特定の文化に特有のものだとさえ言う人もいるかもしれない。しかし、女たちが行っていたように、動物のトークンと人間のタイプを区別することは、「自然」に対する人間的な(あるいは文化的な)押しつけ以上の何かである。彼女たちによる区分は、インデックスから象徴を区分する形式的な階層の特性に重ねて引かれるからである。これらの形式的な記号の特性は、本来的でも、規約によるものでも、必然的に人間的でもないが、生物界の至るところにより一般的に分布する記号過程と比べると、人間的な象徴的指示から、それ独自の表象の特性を授かっている。インデックスが実例を指差するのに対し、象徴にはより一般的な応用がありうる。そのインデックス性の力はインデックスが沈み込んでいる象徴的な体系にいきわたっているからである。対して、象徴は、特別な仕方でインデックスを引き寄せるように表象する（Peirce CP 2.249）。このことは、アヴィラの人たちがシクアッとシクーワのあいだに設ける区分によって明らかである。単にインデックス的に解釈されることもある、シクアッ、つまり、動物の鳴き方のトークン（動物がそばにいることや危険が差し迫っていることなどを意味する）は、タイプとしてそれを待機させるより一般的で人間的な単語、シクーワの例化として解釈されれば、ある付加的な意味を伝達すると理解されることもある。タイプはそのトークンのおかげで、世界のなかへの牽引力を獲得する。

つまり、リスカッコウの鳴き方をルイーサとアメリガがどのように扱うのか、という点に見られる差異は、必ずしも人間的であることはない生命の記号過程と、この非人間的な記号過程を特定の仕方で引き継ぐ人間的な形式の記号過程のあいだの階層的な（例えば、一方向的、入れ子状など）区分を明らかにする。二つの種類の記号過程のあいだのこうした区分は、生物学的でも、文化的でも、人間的でもない。それは形式的である。

形式の遊び

森の記号過程をルナが理解するためのやり取りのうちに現れたタイプ／トークンの区分を位置づけながら、形式としての階層を論じてきた。しかし、ここではその歩みを止めて、こうした種＝横断的ピジンに現れる、形式が増え広がることに本来備わるもうひとつの可能性、それほど階層的ではなくより水平的、すなわち「根茎状」の形式を省みておこう。あの日の午後遅く、リスカッコウの鳴き声に対するアメリガの解釈が会話の方向を変えてからしばらくして——こうした方向の転換にもかかわらず、実際には、イヌがジャガーに殺されていたことを発見したしばらく後に——アメリガとルイーサは森で魚毒を採集しているときに、それぞれがシロボシズグロアリドリの声を聞いたことを思い出した。アヴィラの人が真似する限りでは、ジャガーに脅かされると、シロボシズグロアリドリは、「チーリキッ（*chiriqui'*）」と鳴く。この声は、ジャガーがそばにいることの指標としてよく知られ、またアヴィラでこのトリを表す名前、チリキーワ（*chiriquihua*）の由来にもなっている。

家に戻ると、アメリガとルイーサは同時にそれぞれの場所で、攻撃があったときに茂みのなかでこのアリドリの声をいかに聴いたのかを反芻した。

アメリガ	ルイーサ
shina manchararinga	*paririhua paririhua*
（シナ　マンチャラリンガ）	（パリリーワ　パリリーワ）
そうやって傷つけられる	**ヘリコニアからヘリコニアへ**
runta ricusa	*shuma' shuma'*

（ルンタ　リクサ）　　（シュマッ　シュマッ）
人を見ているのに　　次から次に
manchana　　*chiriqui' chiriqui'*
（マンチャナ）　　（チーリキッ　チーリキッ）
傷つけられる
chiriquihua chiriquihua, nin　　*chi uyararca*
（チリキーワ　チリキーワ　ニン）　　（チ　ウヤラルカ）
チリキーワと言う　　聴こえたのはそれだけ
-quihua
（＝キーワ）
Imachari
（イマチャリ）
何が言いたい？

このやり取りと並んでその出来事を回想していると、アメリガはトリの名前を口にし、その意味に思いをめぐらした。トリは「『チリキーワ』と言っていた」（そして単にチーリキッと鳴いていたのではない）。そしてその発声は、ある一般と全宇宙的な人間の言語《ルナ・シーミ》の体系的な規範と一致するので、このことが正確に何を示唆するのかをアメリガが確信していなかったにもかかわらず、トリが言ったことはその時点では、たしかに何らかの不吉な意味を持つようになっていたのである。
対して、ルイーサは「聞こえたであろう」ことを単に真似し、そしてこれをほかの音響イメージと反響させた。

parribua parribua（パリリーワ　パリリーワ）
shuma' shuma'（シュマッ　シュマッ）
chiriqui' chiriqui'（チーリキッ　チーリキッ）

彼女が抱いたのは、下生えの中をあるヘリコニアの葉から別の葉へと神経質に飛び回る、ジャガーに驚かされたアリドリのイメージである。文字通りに翻訳すると、このトリが次のように移動するイメージが浮かび上がる。

葉から葉へ
跳ねる、跳ねる
チーリキッ　チーリキッ

鳴き声の意味を定着させる解釈的な衝動から自由なので、ルイーサには音響形式がイコンとして増え広がることに本来備わる可能性に開かれたある種の遊びを通じて、トリの生態学的な埋めこみを追跡することが可能だった。「チーリキッ」が「上に」向かい、チリキーワ——より広い、相対的により固定された象徴的な体系において何かを「意味する」単語——を指示する道筋を、束の間無視すること、単にそれがほかのイメージと反響するに任せること、そしてこれらの関係を追跡することには、それ自体が「意味作用」となる可能性がある。

意味の確定を避けることは、ルイーサの探索を非＝記号論的にしないということを強調しておこう。「チーリキッ」は必ずしもほかの何かを意味することなく、意味に満ちている。それは意味作用とのあいだで異なる取引をしている。つまり、相対的に言えば、論理においてよりイコン的である。対して、アメリガはアリドリの鳴き声から情報を引き出そうとした。たしかに記号過程はベイトソンが「差異を生み出す差異」と名づけたものを伝達するために働く（第二章を参照）。だが、ルイーサがアリドリの示唆に反応したように、いかに表象的な体系が差異を伝達するのかということだけに焦点を当てることは、記号過程が形式の労なき増殖にも依存するありさまのうちの根本的なものを見逃すことになる。イコン性がこの中心にある。

こうした観点から、英語では歩く枝切れとして知られ、昆虫学者にはファスミドと呼ばれる、人目につかないように擬態するアマゾニアの昆虫、ナナフシについての第一章での議論を振り返ることにしたい。ここでは、形式の観点からこの昆虫について考えてみよう。先に述べたように、ナナナフシのイコン性はそれらが小枝に似ていると気づいた誰にも基礎づけられない。むしろ、ナナフシの類似《ライクネス》は、その潜在的な捕食者の祖先たちが、ファスミドの祖先と実際の小枝の差異に気づかなかったという事実の産物である。進化論的な時間のなかで、あまり気づかれなかったナナフシの系統が生き残った。このようにして、ある種の形態《フォーム》——小枝と昆虫のあいだの「一致」——が、未来に向かい労なく増え広がるようになったのである。

すなわち、形式《フォーム》とは上から押しつけられるものではない。それは、流出する。このことは当然、より直観的に私たちになじみのある、ある種の解釈的な労力からもたらされる。それは、捕食者たちがある種の昆虫とそれを取り巻く環境とのあいだの差異に気づこうと「努める」方法から結果として生じる。十分に小枝のようではなかったために食べられた昆虫が、気づかれたものたちである。「小枝性」の増殖が明らかにするように、イコン性の混同や無関心に対する関係は、形式の奇妙な論理とその労なき増殖のうちの何かを把握する。

ルイーサのことば遊びが示すように、イコン性には私たちの限定された意思からの何らかの自由がある。それは、象徴的なものから跳び出ることができる——だが、記号論や意味作用からではない。適切な条件を与えられれば、それは予期されなかった結びつきを創造するようにして、労なく世界を探索することを可能にする。

こういった探索的な自由こそが、クロード・レヴィ＝ストロースが、（未開人の思考と混同すべきではない）野生の思考について「効率を昂めるために栽培種化されたり、家畜化された思考とは異なる、野生状態の思考」（Lévi-Strauss 1966: 219=1972: 262）と記したときに、把握していたものだと考える。それはまたレヴィ＝ストロースが示唆している、自己組織化するような論理の性質を帯びる無意識の様相を、ジグムント・フロイトが認識する際に把握したものだと私は考える。そうした論理は、夢に関するフロイトの記述（Freud 1999）の中にはっきりと例証されている。それらは、失言や言い間違い、名前の忘却をフロイトが扱うさまにも見ることができる（Freud 1965）。これらは、何らかの理由で企図された言葉が抑圧されているときに、日常会話に現れる。そしてそれらはしばしば、フロイトが驚きとともに記していたが、ある人から別の人に伝染するように循環する（Freud 1965: 85）。彼の著作の英訳では、これらの「誤った」発話は錯誤行為《パラプラクシス》（parapraxes）と呼ばれており、この語はある種の目的を持った行為の不完全なパフォーマンスである、パラプラクシア（parapraxia）に由来する。つまり、思考の「効率を昂めるという目的」が取り除かれたときに残されるのは、実用的《プラクティカル》なものの副次的なものであるか、それを超え出たものである。その環境と反響し、そしてそれを探索する、自己組織的な思考に備わる脆いが労なきイコン的な増殖。錯誤行為の場合、これは、忘れられた言葉を抑圧された思考に関連づける頭韻体の連鎖が自発的に産出されるという形式を取ることになる（Freud 1965: 85）。「精神の生態学」をまさに文字通り直接示すフロイトの洞察とは、思考のイコン的な連合の連鎖に注意深くなる方法を発展させること（そして、その増殖を促す道筋を見出すこと）であり、そして、そのありさまを観察することによって、それらが精神分析家を通じて反響するにつれて、こうした思考が探索する内部の森について何かを習得することだった。

もちろん、フロイトはこのたぐいの思考を飼いならそうとした。彼にとっては、こうした思考は目的に向かう手はずだった。その目的とは、最後にはそれらが関係づけられる抑圧され隠れている思考を明るみに出すことと、そうすることで、患者を治療することである。連合それ自体は、カジャ・シルヴァーマンが記すように（Silverman 2009: 44）、彼にとっては究極的には重要なことではなかった。しかしながらシルヴァーマンによれば（Silverman 2009: 65）、こうした連合の連鎖について考えるためにはまた別の道のりがある[18]。こうした連合は、恣意的に、また精神分析家に向けて心の中を指差しているというよりもむしろ、世界における思考――特定の人間的な精神や特定の目標による馴致《じゅんち》から束の間逃れた、現実世界的に思考することのひとつの例証――として見ることができよう。

これこそが、ルイーサの思考が提供するものである。それは、聞くことの形式（Silverman 2009: 62）に到来する何らかの創造性であり、そしてその論理はいかに人間的なるものを超えた人類学が私たちを囲む世界をよりよく傾聴できるのか、ということにとって重要である。もしアメリガが効率を昂めることを思考に強いているとすれば、ルイーサは、森に宿る思考が彼女を通り過ぎるように、いくぶんより自由に反響するに任せている。アリドリの鳴き声の模倣を象徴的な水準よりも下に維持し、安定したありうる「意味」を失効させておくことで、ルイーサはこの鳴き方の音響的な形式が増え広がるに任せている。部分的な音響的相同性の連鎖を通じて「チーリキッ」がその軌跡に引き寄せたのは一連の生態学的な関係であり、その効能ゆえにネコ科の痕跡は、種と空間の線を横切り深い藪を抜けて、ウィキが攻撃された瞬間にルイーサが魚毒を採集していたあの場所まで辿られたのである。

アップ・フレーミング

それにもかかわらず、こうした遊びにもともと備わる可能性、タイプの水準の観点にまで入りこむこと――カッコウのシクアッという鳴き声やアリクイのシーという音をシクーワの予兆の現れとして認識できるということ――は、権力を付与する。そして、この形式的な階層の論理は、ハミナウアのシャーマンによる下流への見習いのための旅を特徴づけたものである。下流に向かうことで、彼は自分が出発した特定の川を単により広く、より一般的な型のひとつの例化とみなすことが可能になる。この「アップ・フレーミング」の過程を通じて、彼は今では、この体系の低位の構成要素（「トークン」）として理解される、個々の川や流域の村々を包摂する、高位の秩序に創発する水準（ある種の「タイプ」）からみる視野の内部に入りこんでいた。ある生態系に例化される論理的な階層性のこうした特性ゆえに、このシャーマンは自らを社会政治的な階層に新しく位置づけることができる。

それゆえ驚くにはあたらないが、人間と精霊の関係は、人間と動物の関係のように記号過程本来の階層的な特性によって構造化されている。ここでも、階層を上昇するにつれて入れ子状に解釈の能力が増加する。前章の議論から、ルナはイヌの鳴き方を難なく理解できるのだが、イヌは人間の話を、幻覚性物質を与えられたときにしか理解できない、ということを思い起こしてほしい。同様に、私たち人間は森の主たちを理解するには幻覚性物質が必要だが、これらの精霊は難なく人間の話を理解できる。実際に、ルナは精霊に対してときおり森で行うように話しかければ十分である。動物の鳴き方は、トークンとして理解され、ひとつのタイプに一致するとみなされるには、さらに踏み込んだ解釈を必要とするのだが、それと同じように、精霊の領域について人間が持つ限定された知覚もまた、その真の光の下で理解されるにはより一般的なイディオムに適切に翻訳される必要がある。ルナは日常的に、森で狩猟した獲物の動物を野生動物とみなす。しかし彼らは、これがその真の顕現ではないことを知っている。これらの生きものを所有し、保護する霊的な主たちの高位の観点から見れば、これらの動物は実際には家畜である。ルナがラッパチョウやヒメシャクケイ、シャクケイ、シギダチョウとみなすものは、実際には霊的な主たちのニワトリである。ここでもまた、論理的で記号的な特性を前提とする階層がある。これらのトリは全て、ルナが森の中で経験するように、高位の水準で解釈されたときには、より一般的なタイプ——ニワトリなるもの——のトークンの例化なのである。これらの森のトリは全て、ニワトリとのあいだにより一般的な何かを共有するが、しかしそれらをただニワトリとして扱うことは、現実的な意味において、その種特有の特異性の何かを消し去っているのである。

霊的な主たちによるトリの知覚にはほとんど解釈の労力が必要にならない、と言えるだろう。ディーコンが強調したように(Deacon 1997: 76,77)、記号的な解釈の連鎖が常にイコン性で終わるのは、さらなる解釈を必要とする差異がもはや気づかれることがなくなるときに残るのがイコン性だけだからである（つまり、精神的な労力が終わるところが、イコン性である）、というパースの主張に倣えば（Peirce CP2.278）、森のトリをそれらが真実あるがままに――家畜であるニワトリとして――見る主たちには、わずかばかりの解釈的な労力が要請される、と言うこともできよう。対して、私たち人間は、アヴィラの人々が言うように、森で出会った様々な種の野生の獲物であるトリを実はニワトリであるものとして見るという特権を手にするには、「強い」タバコを多く吸ったり、幻覚性物質を摂ったり、あるいはとくに「良い」夢を見たりしなければならないであろう。

内部

霊的な主たちは人間が必要とする解釈の労を必要としない。川を下るゴム、あるいは果樹に引き寄せられた動物の集まり、あるいはそこに集められた上流のぜいたく品でいっぱいになった港町のように、既にそれらはこの創発する形式の内部にあるからである。実際、アヴィラの人々は霊的な主たちの領域という実在を、外面《ハウアマン》（*jawaman*）と呼ばれる日常的な人間の領域と対比させて、内部《ウクタ》（*ucuta*）と呼ぶ。霊的な主たちの領域は、定義上、常に形式の内部にあるので、私たち人間の眼には映らなくとも、そこは常に動物であふれている。ある日の狩猟の最中に私たちが遭遇したウーリーモンキーの群れには、私が双眼鏡を使いコツコツと数えたところせいぜい三十ほどの個体がいただけだったが、熟練した狩猟者で森に住む存在の注意深い観察者であるアセンシオは、数百を数えるほどだったと描写した。より標高が低く、温かいところでは多数いるリスザル、あるいは当地では見ることのできないクチジロペッカリーなどの動物は、アヴィラの近くの森ではこれまで見ることはできなかったにもかかわらず、森の主たちの領域の「内部」に存在するといわれている。動物がそこにいないのではない。主たちがそれを見ることを私たちに許さないだけなのである。主たちは、彼らが手中に収めている形式の内部に私たちがいることを許さない。

精霊の世界で不変であるのは、動物の豊かさだけではない。主たちの領域はまた、ひとつの死後の世界、マルセリーノの楽園でもある。そしてそこに行くルナは年を取らず、死ぬこともない。漁に出たあの若い女性が森の中でローサを見つけてからすぐ、ローサは主たちの領域に戻った――そのときは永遠に。ヴェントゥラは後に、彼女が死ぬと彼らは「単に彼女の皮膚を埋めただけだ」と言った（第三章を参照）。つまり、風雨で傷み、年を経ることで劣化し、蛆虫が喰った彼女の習慣行動《ハビトゥス》――ジャガーの犬歯や白人の洋服と同じように、その特徴的な情動、この世の年老いた情動を彼女に授ける、ある種の衣服――が埋められたのである。ヴェントゥラによれば、主たちの領域で、ローサは常に、彼女の孫娘のように色気がある少女であり続け、今では彼女の身体は、歴史の効果に対する免疫を備えている（図8）。

主たちの領域でローサが決して老いないのは、形式ならではの特性によるものでもある。形式の内部では、私たちが通常想像する限りでの歴史は――現在に対する過去の出来事の効果――最も関連性の強い因果的な様態であることをやめる[19]。水系や植生の空間的な型をもたらした原因が、あ

図８　モモミヤシでできた発酵酒を準備する「孫娘」。著者撮影

る意味では、高度にパターン化された創発する社会経済的な体系によってその型が関連づけられる方法とは関連性がないように、そしてある言語における単語が、それらの起源に関する個別の物語から大部分切り離された仕方で互いを関係づけることができるように、主たちの領域において、歴史の線形性は形式によって攪乱される。先スペイン期の首長的な階層性や都市、騒々しい市場のある街、二〇世紀初頭の大農園、当然ながらこれらにはそれぞれ独自の時間的な文脈がある。しかし、それら全ては今や同一の形式によってとらえられ、それ自体で、いかにそしていつそれらが生じたのかという特定の歴史は、ある意味では、今日性のないものとなる。すなわち形式は、束の間、そしてある意味、時間を「凍結する」[20]。異なるかたちで位置づけられた歴史的に偶然であるこれらの布置の全てが、今では、アヴィラの人々が獲物の肉を手にするのに活用しようと企《たくら》む自己強化する型のなかに、「非歴史的に」参与している。

規則性はいくつもの存在論的な領域と時間的な実例を超え出ることができるために、こうした形式はそこで、創発的な「常に既に」というひとつの領域を創造する。このことによって私がいわんとするのは次のことである。規則性をとらえて維持する特定の諸体系から生じたひとつの帰結――物理的および生物学的な規則性を利用する社会経済的な体系であれ、ほかの土地の言葉の単語を併合する拡張的な言語であれ、あるいは歴史的に重層的な森の霊的な主たちの領域であれ――が循環論法の因果律が働く領域を創造する。その領域では、既に生じている物事は、生じなかったということはありえない。英語を例にとってみよう。私たちは所与の文が、例えば、ギリシャ語、ラテン語、あるいはフランス語やドイツ語起源の単語を含むかもしれないことを知っているが、それらが一部となった言語的な体系の閉鎖的な循環のために、それぞれが互いに意味を与えるようになる「無時間的な」様式に対して、その歴史は関連性のないものとなる。私の論点とは、言語のように、私が議論してきた必ずしも人間的でも象徴的でもないほかのものもまた、それが生じるところの歴史——現在に対する過去の影響——から部分的に離脱した創発的な領域を生み出すということである。

　森の主たちによる「常に既に」という領域は、形式のなかにある存在の質の何かをとらえる。アヴィラの人々によれば、「死者」は、ウクタ、すなわち内部、主たちの霊的な領域に行くと、「自由」になる。「ワニュグナカ・ルワール（*Huañugnaca luhuar*）」と彼らは言う。つまり、「死者は自由である」。ルワール（*luhuar*）は、自由と訳したが、一義的には「場所」を意味するスペイン語のルガール（lugar）に由来する語である。しかし、ルガールはまた、時間的な指示対象も備えている。場所を持つ《テネール・ルガール》という言い回しは、今日エクアドルのスペイン語ではほとんど使われることはないが、何かをするための時間や機会があることを意味する。キチュア語では、ルワールは、現世の時空間的な制約が緩和された領域を表す。それは、因果がもはや直接的には適応されないある種の領域である。アヴィラの人々によれば、ルワールになることは、この世の「苦役」と「苦悩」から自由になること[21]、神の審判と罰から自由になること[22]、そして時間の影響から自由になることである。森の主たちがいるこの永続的な常に既にという領域の内側では、死者は単に存在し続ける——自由に。

　形式はただ人間が熱帯の森に課すだけのものではない。それは森を通じて増え広がる。共進化は、相互作用する種のあいだの規則性や習慣の互酬的な増殖と理解することもできよう[23]（第一章を参照）。熱帯の森では、多様なたぐいの自己が相互に関係する方法のために、無数の方向へと形式が増幅する。一層増加する特性とともに有機体が表象するようになった進化史的な時間のなかで、ほかの有機体が周囲の環境をさらに徹底的に表象するようになる方法を通じて、環境は一層複雑になったのである。新大陸の森では、この地球上のほかのあらゆる非人間的な体系には比べられない規模で、この習慣が増え広がることとなった（第二章を参照）。森の生ある存在を活用するあらゆる試みは、そうした存在がこれらの規則性に埋めこまれた様式に、全面的に依存している。

既に示したように、形式のこの遍在性は時間に関わる。形式は時間を凍結する。すなわち、おそらくは変化に喜んで応じる「熱い」西洋の諸社会に対置された、アマゾニアの諸社会は「冷たい」——つまり、歴史的な変化に抗する——という、多くの中傷にさらされた、レヴィ＝ストロースによる特徴づけに関係する（Levi-Strauss 1966: 234）[24]。ただし、ここでの「冷たい」ものとは、閉鎖した社会そのものではない。なぜなら、アマゾニアの社会にこの「冷たい」性格を授ける形式が、多数の境界線を、人間の領域の内部にあるものも人間を越えたものも、横断するからである。二〇世紀初頭の国際的なゴム経済は、アヴィラの狩猟のように、森の形式によって制約されていた。いくつものたぐいと同じく（第二章を参照）、形式は私たち人間が世界に押しつける構造から必ずしも生じるわけではない。こうした型は、人間的なるものを超えた世界の中に出現することもある。それらは、低位の歴史的な過程に関して創発的であるが、歴史的な過程とは現在に対する過去の影響を含み、それらを生じさせ、そしてさらには有益なものにする。

歴史の破片

森の創発的な形式はそこから生じた歴史から部分的に切り離されているという事実は、歴史を森の霊的な主たちの領域から消し去ってしまうことにはならない。歴史の小片、以前の形式的な並びの破片は森の形式の内部で凍結され、そしてその残滓をそこに残す[25]。例えば、イイギリ（学名：*Tetrathylacium macrophyllum*）は、半透明のダーク・レッドの実からなる滝状の円錐花序を伴う樹であり、キチュア語では、ワルカ・ムユ（*hualca muyu*）と呼ばれ、まさに「首飾りのビーズ」の意味である。ただし、前世紀のあいだアマゾニアでの交易を支えた、ボヘミア起源の不透明なガラスのビーズとの類似性よりも、初期の植民地的、および新植民地的な世界全体に広く流通した、ヴェネチア人が交易した透明のダーク・レッドのビーズとの驚くべき類似性を、その実は帯びている。イグナシオ・デ・ベインテミージャ政権の頃（一八七八－八二）にエクアドル中にも広がり、それによって、エクアドル人にはベインテミージャと呼ばれることもある。アヴィラがワルカ・ムユを植えることがこの一九世紀のビーズに関係しているということは、形式ならではの時間を凍結するという特性の産物である。また別の例をあげよう。森を徘徊する悪魔的な精霊であるスパイのたぐいのいくつかは、現地の修道士が黒いローブを着ることをやめてから長い時間が経っているにもかかわらず、修道士の服を着ているものとして描写される。

すなわち、汚れなきアマゾニアという未開な「自然」というロマンチックな神話に対する反論として、批判的な文化地理学者や歴史生態学者が議論してきたように、歴史は単純にアマゾニアの風景を通り抜けるのではない[26]。そうではなく、森の中でとらえられた歴史は、人間的な出来事や風景には正確には還元できない形式によって媒介され、変異させられているのである。

ルナにとって試練となるのは、富を集める森の形式にいかに入りこむのかということである。この常に既にという領域には、動物がいつも変わらず豊かに存在するからである。ジュルア地域のシャーマンと同様に、ルナがこのことを行う方法は、主たちの特権化された（そして対象化する）観点から動物を見る——つまり、それぞれが自身の視点をもつ単一の自己としてではなく、資源として、そして短命の主体ではなく安定した客体、より強力で、創発的な自己である主に所有され、管理される対象として見る——ための、アップ・フレーミングの過程を伴う。ルナは、主たちの形式の内部にとらえられた彼ら自身よりも強力な人々との交渉のための戦略に、共通点のない歴史的な痕跡——ヴェネチアの交易用のビーズや修道士の衣服のような、凍結されているもの——を動員することで、森の主たちの富を入手しようと試みる。

例えば、ルナが政府役人や聖職者に定期的な貢物を支払わなければならなくなってから一世紀半が過ぎているが（Oberem 1980: 112）、主たちの領域にもいまだに貢物が存在する。主たちが肉を提供し続けてくれるように、バクを殺したときには、この動物を所有する霊的な主に対して、交易用のビーズを貢物として提供することが求められている。狩猟に出ると、フアニクはこの植民地的な取り決めが含意する互酬的な義務につけこもうとした。彼は、木の根元の裂け目にトウモロコシの粒を押し込むようにして、その主に貢物を提供した。自らの義務であるのにその主が私たちに獲物の肉を提供することに失敗すると、フアニクは、自らは忠実にも約束を守り続けていたことに鑑みて、露骨にその主を叱責した――森のど真ん中で「しみったれた野郎だ！」と叫んだのだ。これは、選挙期間にアヴィラを訪れていた、タバコと酒を提供するのを怠った政治家を叱責したときとまったく同じ言い方だった。

別の機会においてもルナは、一六世紀の自らの先祖たちがスペイン人を相手に和平協定を交渉する際のレトリックだと同定できる表現を用いて、主たちと意思疎通を図ろうと試みる。ここに含まれるのが、別の文脈においてリサ・ロフェルが「不均等な会話」と呼ぶものにより均衡をもたらそうとする、数字の上での同等の構造を引きあいに出すことである[27]。植民地的な事例では、一六世紀後半の現地の先住民首長とスペイン人のあいだの協定に見られたように、スペイン当局に対する五つの譲渡と引き換えに五つの要求がなされた（Ordóñez de Cevallos 1989 [1614]: 426）。現代の事例では、十日間の特別の断食を必要とする、狩猟や漁猟のためのまじないの利用において明らかである――アヴィラの人々が言うには、「五日間は主たちのために、五日間はルナのために」[28]。

ローサが旅した森の＝なかの＝キトは、アヴィラ地域の人々が、そこに住む力のある存在と、その富のいくつかを入手できるように交渉するという、四世紀以上に及ぶ熱心な試みの反映である。実際にこうした一六世紀の交渉には、悲しいことに成就しなかった試み、アマゾンにキトをつくるようにスペイン人を説得しようとする試み――植民地期の文書（Ramírez Dávalos 1989 [1559]: 50, 39）

と現代の神話が証言し、そしてその繰り延べが、森の中に蓄えられた富を利用しようとする欲望を刺激し続けている――が含まれる[29]。

権力のある者たちが蓄積した富を入手するためのそれぞれの戦略には、それぞれの因果を含んだ歴史がある。しかし、このことはもはや問題ではない。それら全ては、より一般的なもの、森の主たちの形式の部分をなしている。そしてそれぞれが、その富のいくらかを入手する地点となっている。

しかしながら、そうした戦略が確約するのは、豊富な獲物の肉だけではない。なぜならば、こうした肉を探し求めることは、繰り延べされた欲望を表象しているのであり、その欲望の長きにわたり層をなしてきた歴史に接近する可能性を、こうした戦略が保持しているからである。

形式の労なき効力

ここでは、形式に固有の特性をいくつか描くことができたし、そしてなぜ人類学が形式にもっと注意を払わなければならないかということに関する感覚を提供できたのではないかと期待する。期待通りにならなかったということも、実は、形式ならではの特性である。人類学者として、私たちは異なる形式の分析には十分な備えがある。しかしながら、アナリーズ・ライルズが、フィジーの人々が国連の会議に参加することに伴う官僚的な形式の流通を研究した際に示したように、私たちがその「内部」にいるために不可視となるものの研究についてはそれほど整っていない。形式は、伝統的な民族誌の対象であった触ることのできる他者性――第二性（第一章を参照）――を大きく欠いている。その自己相似的な増殖における形式としてしか、それは現れないからである。「その雰囲気を感じ取るのは、僧堂の外にいる者たちだけである」と禅師は言う。「実践しているものは、何も感じ取ることはない」（Suzuki 2001: 78）。

こうした理由のために、インデックス性の記号的な重要性を理解すること――差異に気づくこと――が、特別に限定された仕方で区別しないことによって規則性が増え広がることを必然的に伴うイコン性を理解するよりも、容易だったのである（第二章を参照）。おそらくこれこそが、区別しないことでイコン性が増え広がることが、表象以外の何かだと誤ってみなされることもある理由である。しかしながら、身体を横断して増え広がり、そして種の分割線を横断することもある、歩く小枝の「小枝性」と伝染するあくびは（イコン性が優勢である二つの事例をあげてみるが）、記号過程的な現象である。それらが例化する型のもうひとつの例示以外の何ものでもないものを指差すると解釈できるインデックス的な内容を、大きく欠いているとしても。私たちの習慣は、型が崩壊しているときにだけ、すなわち私たちがそれの外側に陥ったときにだけ、気づくことができるようになっているとも言うことができる（第一章を参照）。そして、気づかれていないその型の働きを理解することが人間的なるものを超えた人類学にとって決定的なことである。形式とはまさに、こうした種の不可視の現象である。

形式が私たちに求めるのは、「実在」によって私たちが言わんとするものを再考することである。一般――つまり、習慣や規則性、潜在する回想、型――は実在する（第一章を参照）。しかしながら、現存する対象の実在性に関連づけられるような質が一般のうちにあるとするのは間違いであろう。主たちの観点からは獲物となるトリは実際にはニワトリであると私たちが言うときには、まさに一般が実在する様相が指示されている。主のニワトリの実在性は、一般の実在性である。そしてその一方で、その実在性は、起こりうるはずの効力を備えている。つまり、ある種のタイプとして、シャクケイだろうと、ヒメシャクケイだろうと、ホウカンチョウだろうと、異なる種のトリとの特定の出会いのインデックスとなることができる。この点において、これらの遭遇は、あの雨の日の森の中でのペッカリーの出会いと、まったく同じなのである。

獲物となるトリとのあいだにルナが持つ日々の相互作用がなければ、主たちの領域にはニワトリは存在しないだろう。そしてその一方で主たちの領域は、森の相互作用のこうした日々の時間から部分的に切り離された、安定する水準にある。これこそが、主たちの領域では、今や長いあいだアヴィラの周囲の森には見られなくなったにもかかわらず、クチジロペッカリーが豊かでありうるという理由なのである[30]。

安定はしているものの、形式は脆い。それは特定の状況においてのみ出現する。このことを思い出したのは、オートミールを子どものために用意しようと、本章を書くのを中断したときのことである。私の目の前には、ベルナール渦として知られる、おのずと現れ、自己組織化する六角形の構造、つまり、適切な状況で液体が底から熱せられ、表面から冷やされることで形づくられるものが、とろとろに煮えたシリアルの表面に自発的に出現していた。この六角形の構造がどろっとしたオートミールのうちに向かって即座に崩壊することは、形式の脆さの証拠である。生命はこうした脆い自己組織的な過程を予期通りに生じさせるように促す条件を創出し維持することに秀でている(Camazine 2001)。部分的にはこれこそが、複数種の結合の「肉体性」に私たちが浸るときに私たちを通してその方法が思考されるようにして、その複合的な結合が形式を育む方法に焦点を当ててきた理由なのである。

形式は、現存するものと関わる一般のうちにある連続性と接続に注意しなければ理解できない。そのために、ここでの私の関心は、形式や形式を独特なものとするあれらの特性——その不可視性、その労なき増殖、それと結びつく歴史を凍結するようになったある種の因果性——にだけではなく、生ある存在の世界においてその独自の特性が、いわば物質となるようにする、ほかの諸現象から形式が創発しまたそれと関係するありようにも向けられた。私は「内部」であるものにだけではなく、いかにある内部が存在するようになるのかにも、そしていかにその増殖に必要となる物質的条件が——川岸、寄生者あるいは国連の給料明細であれ——存在するのをやめるときに、それが解消されるのかということにも、関心を抱いている。私は形式それ自体だけにではなく、私たちがいかにそれと「ともに事をなす」のかにも関心がある。そして、形式とともに事をなすには、その因果的な論理、プッシュ゠プルによる効能の因果論と結びつくところのもの、つまり過去が現在に影響を及ぼす方法とは完全に異なる論理にさらされるようになることが必要となった。形式とともに事をなすには、その労なき効力に屈することからは逃れられない。

ライルズが記すように、形式ならではの特性や不可視の「内部」をより明瞭にする方法で試してみることによって、このことは表象の危機から人類学が抜け出す可能性を見出すことになるに違いない。ストラザーン（Strathern 1995; 2004［1991］）に基づいたライルズの解法は、形式を「裏返し」にすることである。つまり彼女は、形式を増幅する民族誌的な方法を通じて、形式を可視化させようと試みたのである。形式に対する私たちの非連続性を示すことで、外部の観点から形式を明瞭にしようとするよりも、官僚的な文書の増殖に本来備わる図案と、それらに関する私たち研究者の論文の増殖の図案が、その類似が露わになるまで増加するに任せた。

こうした美学的な解法を、ここで形式の解明という問いに提供することはしない。提示しようとしたのは単に、形式が私を通り過ぎた道のりのいくつかを感じ取ることである。あの晩、ヴェントゥラの家で囲いにいるペッカリーを夢見たとき、おそらく私は、束の間、森の主たちの形式の「内部」を把握していたのだろう。ここで探求してきた形式ならではの特性という点から理解された夢見の記号過程は、自発的で、自己組織化する統覚作用に加えて、私たちが内部と外部のあいだにたいていは認識する境界を解消するようにしてイコン的な連合が増え広がることを伴う、ということではないだろうか[31]。すなわち意識、差異を見分ける目的志向の昼間の仕事が緩和されるときに、私たちがもはや思考に効率を求めないときに、自己相似的な反復——類似《ライクネス》が私たちを通過し増え広がる労なき様式——に私たちは委ねられる。これは、アリドリをヘリコリアに、イヌを殺したジャガーに、そしてこれら全てをあの飼い犬がいた森に居合わせた人間につなげる、ルイーサの音響的な編み目に——模倣したトリの声の意味を特定しようとしなかったために開かれた、可能性の空間に現れた編み目に——似ている（この意味で、ルイーサは自由だった）。

このことと、そしてここで議論してきたほかのいくつかの形式の増殖と並べて夢見を考察することで、私は自らの夢がいったいどの程度本当に私自身のものであったのか不思議に思うようになった。おそらく束の間、私の思考は森が思考する方法とひとつになっていた。おそらく、レヴィ＝ストロースにとっての神話のように、「彼ら自身には知られることはなく、人間において思考する」、こうした夢に関わる何かがあるのだろう[32]。それゆえ、夢見もおそらく、野生のまま動くひとつの思考——人間的なるものを超えた人間的な思考の形式であり、それゆえに人間的なるものを超えた人類学の核心にあるもの——なのだろう。夢見は何らかの「野生の思考」である。それ自体の目的には縛られない思考、そしてそれゆえに、浸透するようになった形式の遊びへの感度が高い思考の形式である。私の場合、そしてアヴィラ・ルナの場合では、複数種、あるアマゾニアの森の記憶を多く含んだ野生性《ウィルダネス》のうちに、とらえられ、増幅された思考の形式である。

第六章　生ある未来（と軽くなった死者のはかり知れない重さ）

かあさんのようにくたびれた非常階段
――かあさんは年老いちゃいない、僕と一緒にここを離れたのだから

――アレン・ギンズバーグ「カディッシュ」

棘に引っかかった毛皮のふさが、オスワルドが数時間前に撃ったペッカリーの身体へと私たちを導く最後の手掛かりだった。私たちは、バサキ・ウルク、アヴィラの北西に位置するスマコ火山の急勾配な山裾の丘陵にいた。この獲物から受け継いでしまった吸血性のハエ[1]の群れを手で追い払いながら、一休みしようと座っていた。一息つくと、オスワルドは前夜に見た夢のことを話しだした。アヴィラから歩いて半日ほどかかる市場のある街で、入植者たちによる領土拡張の中心地のこ

とを口にしながら彼は言った。「ロレトの代父《コンパドレ》のところを訪れていた。その時、突然殺気立った警官が現れた。シャツが散髪したあとの毛に覆われていた」。ぞっとして、オスワルドは目を覚まし、妻にささやいた。「嫌な夢を見た」

幸運にも、彼は間違えていた。その日の出来事が立証するように、オスワルドはとても良い夢を見たのだった。警官の服を覆う毛は、ペッカリーを殺しその身体を私たちのそばに横たえる前兆であったことが判明したのである（ペッカリーの死骸を引っ張ると、まさに散髪した毛のように、逆立った毛が狩猟者の服に突き刺さる）。それにもかかわらず、オスワルドによる解釈のディレンマは、ルナの生活に浸透する根本的な両義性に目を向けさせる。つまり、人々は自らを警官などの有力な「白人」にも似た力のある捕食者であるとみなすこともあるが、また、略奪的である「白人」の哀れな餌食のようだと感じることもある。

オスワルドはその警官であったのか、それとも餌食になったのか。バサキ・ウルクでその日に起きたことは、オスワルドの立場の複雑性を露わにしていた。非常に親しみもある、あの恐ろしい人物とは誰のことなのか。いかにして、とても殺気立っていたなじみのない存在である警官が、自分自身でもありうるのか。この不気味な並置はオスワルドにとって、であることとなることをめぐる現在進行形の闘いに関する重要な事柄を、彼を彼たらしめる、アヴィラの周囲の森で出会う多くのたぐいの他者との関係において、明らかにする[2]。

アヴィラの周囲の森に「住まう」これらの多くのたぐいの他者には、ルナが狩猟し、時にはルナを狩猟する、生ある他者たちが含まれる。だが、その顔ぶれにはさらに、先スペイン期や植民地期の、そして共和国の長い歴史の中の亡霊があふれている。これらの亡霊には、死者やある種の悪魔的な精霊（ルナを餌食としうるものたち）、動物の主たち――これら全てが、オスワルドが足を踏み入れる森の中を、異なるが実在する道を通って歩き続けている――が含まれる。

オスワルドが誰なのかという問題は、彼がこうした多くのたぐいの存在といかに関係しているのかということから決して切り離せない。ロレトに行くときと同じように、森での狩猟に際して絶えず交渉しなければならない、入れ替わりをする自己の生態学（第二章参照）は、彼の内部にも及んでいる。つまりそれが、彼の自己の「生態学」を構成する。

より重要なことに、オスワルドのディレンマは、自己としていかに生存するのか、そしてそうした連続性が何を意味しうるかという論点に対して、何かを物語る。狩猟者の位置――この狩猟的な関係における〈私〉――が既に彼自身よりも強力な外部者によって占拠されるようになっているときに、ペッカリーに、ある〈それ〉、つまり、死んだ肉になることを、オスワルドはいかに避けるべきだろうか。

ルナは長いあいだ、白人――ヨーロッパ人とその後に続いたエクアドル人、さらにコロンビアやペルーの国民――が、彼らに対するあからさまな支配的立場の位置を占め、そして白人が白人としてこの位置を正当化する世界観を押しつけようと試みてきた世界に暮らしてきた。ヴィジャノ川とクラライ川の合流点に暮らしていたゴム・ブーム時代の大農園の地主が記していたのは、いかにほかの地主が、自らの雇用するルナが物事をこのように見るよう仕向けていたのかということだった。

私たちが慣習と知識を持つがゆえのインディオに対する優越性を彼らに納得させるために、そしてスペイン語に対する彼らの憎しみを取り除くために、この川にいる私の隣人であるゴム商人、多数の労働者の雇い主は、ある日全てのインディオを一堂に集め、そして彼らにキリストの像を見せた。「これが神だ」と男はインディオに伝えた。そして、次のように続けた。「神は、美しいひげを備えた白人の男《ヴィラコチャ》（*viracocha*）だと思わないか？」全てのインディオは、神がヴィラコチャであることを認め、そして彼があらゆることの主《アモ》（*amo*）であることを認めた。（Porras 1979: 43からの引用）

大農園の所有者がルナ－白人関係を引き受けるということには、簡単に無視することのできない、アマゾン河上流域における征服と支配をめぐるある歴史が要約されている。白人が「あらゆるもの」のアモたち――主たち――となったことは歴史的な事実である。歴史としてこうした支配をめぐる植民地状況に向き合うとき、私たちは二つの応答を予想するだろう。ルナは従者の地位を受け入れ黙認するほかなかったか、あるいは抵抗できた、という二つである。しかし、オスワルドの夢が既に示しているように、この状況を生きるもうひとつの道がある。そしてその道が私たちに求めるのは、過去が現在をかたちづくるありようについての理解を問うことであり、それと同時に未来に住まう方法が提示されている。

ルナの政治は一筋縄ではない。支配は歴史的な事実であるが、それは形式に絡めとられている

（第五章を参照）。この章で探求するようにそれは、森の霊的な主たちの領域――オスワルドのような人々が生き延びるために、森に宿る自己の生態学に従事し続ける道を通して、その特定の布置が維持される領域――においてかたちづくられる形式にとらえられている。

この森の霊的な主たちの領域はまた、心的な意味ではオスワルドを支えている。そして、この条件から彼が逃れるか抵抗できるかする高みなど存在しない。彼は常に既に、何らかの仕方でその形式の「内部」にいる。政治理論家ジュディス・バトラーは、次の批評において、そのような動態を示唆している。

> 自分自身にとって外的な権力によって支配されることとは、権力がとるよく知られた、苦痛を伴う形式である。しかしながら、「わたしたち」の存在、私たちの主体としての形成そのものが、ある意味でその権力そのものに依存している、という理解はまったく別物である。私たちは権力を、外部から主体に圧力をかけるもの、従属化し、下位に置き、より低い序列に追いやるものと考えることに慣れている。これはたしかに、権力が行うことの一部を正しく記述している。しかし…もし私たちが権力を、主体を形成するものであり、主体の存在の条件そのもの…と理解するなら、そのとき権力とは、私たちが対立するものであるのみならず、強い意味で、私たちが自分の存在のために依存するもの、私たちが現在の自分の存在の中に隠匿し、保持しているもののことでもある。（Butler 1997: 1-2; 2012: 10）

バトラーは、ある権力の残忍な側面を、その冷酷な外部性ゆえに、権力が私たちの存在そのものに広く行きわたり、その存在を創造し維持する、とらえがたいが言うまでもなく実在するそのありように対比する。バトラーが示唆するように、権力は残忍な行為全ての総和には還元できないからである。それが世界とわたしたちの身体において——明らかに、痛みを伴って——例化されるのだとしても、権力は一般的な形式を引き受ける[3]。

『森は考える』の最後の章では、オスワルドの窮状に注意を向けることで、バトラーに倣い、であることとなることとは「形成」において何を意味しうるのかを問うてみよう。ただし、人間的なるものを超えたあるたぐいの実在として形式を認めた時に、権力自体の働きについての私たちの理解が形式を通じて変化するありようを省察することで、この問いを書き直すことになるだろう。

前章から形式に関する議論を組み立ててきたのも、このことにかかわる。そこで議論したように、形式とは、生命によってとらえられ、磨かれるにもかかわらず、そしてまた、形式はアヴィラの周囲の森に存在するような、あの鬱蒼とした諸自己の生態学において増殖するにもかかわらず、必ずしも人間的でもなければ生きているわけでもない。第五章では、形式を利用することは、いかに形式に備わる労なき効力——過去の現在に対する効果が、そこで働く唯一の因果的な様態ではなくなる、ある種類の効力——という奇妙な様式によって改められることと切り離せないのかを議論した。もし形式の奇妙な因果律を利用することで私たちが改められるとしたら——形式を利用する自己は、単に押したり、引いたり、あるいは抵抗することによってそうするのではない——、その時には行為主体性の意味合いが変わることになるだろう。そして行為主体性が何か別のものになるのであれば、政治もまた変化する。

しかし、オスワルドの窮状を理解するには、森が増幅する形式の論理の観点だけではなく、生命本来の別の論理に対する形式の関係の観点からも考える必要がある。オスワルドにとって最終的に賭けられているものは、彼の夢に現れたように、生存である。そして生存という問題は、生者に関係することである（なぜなら、結局は生者だけが死ぬのだから）。前章で議論したように、形式に時間を凍結する効果があるならば、因果性と行為主体性に対する私たちの理解を変えるようにして、生命は時間の経過について私たちが通常抱く理解を別の筋道へと分岐させる。オスワルドの窮状を理解する試みでは、このことも併せて考察されなければならない。生命の領域では、現在に影響するのは過去だけでなく、また時間は常に凍結されているだけでもないからである。むしろこれらに加えて、生命は、未来が現在にも同じく影響するに至る特別な道筋を含んでいる。

生命の領域において未来が現在に影響するこの道筋を、森からの端的な例によって描写しよう。ジャガーが首尾よくアグーチに襲い掛かるためには、ジャガーはアグーチがこれからどこにいるのか、ということを「再＝現前する」ことができなければならない。この再＝現前は、記号の媒介によって、未来――アグーチの未来の位置取りがどうなるかということに対する「推量」――を現在に持ちこむことに等しい。すみずみまで記号的な生きものであるために（第二章を参照）、〈私たち〉全ては、常に未来に一歩踏み込んでいる（あるいは、未来にかぎづめをかけている）。

この章では、生命と未来のあいだに内属するこの関係性を、パースが「生ある未来」と呼んだものを参照することで、考えてみよう（Peirce CP8.194）。ここで議論するように、この生ある未来を理解するには、生命を可能にする全ての死者に対する生命の特別なつながりをさらに省察することが不可欠である。生ある森はまた憑かれた森でもある、というのはこの意味でのことである。そして、この憑きものが、部分的に、私が霊的なものは実在すると言うときに言わんとするものをとらえている。

生存——未来に住もうと精を出す方法——これがオスワルドの試練である。そして彼が見つけた解法は、足を踏み入れる森で増幅された生ある未来の論理によって曲げられている。しかしここでのオスワルドにとっての生存はまた、あまり＝に＝人間的な課題（第四章を参照）、つまり、権力という論点を避けることができない課題である。そしてこのことが、生存という課題を政治的な問題にする。この問題は、〈私たち〉が成長し、さらには繁栄することさえ可能にするような仕方で、究極的には私たちの存在を支えることになるだろう権力を活用する別の道を、私たちが見出す方法を考えるよう促すからである。

それで、この章では森の霊的な主たちの領域に焦点を当てる。そのために、（人間的なものも非人間的なものも）生命が死に、連続性が有限性に、未来が過去に、不在が現前に、超自然が自然に、そしてとらえどころのない一般性が触ることのできる特異性に結びつけられる筋道の何らかの相を、いかにその領域が明らかにするのか、ということに特に注意を向けよう。それらの全ては、究極的には、いわば、ある自己がその多くの他者に接続しながら形成することにかかわるものである。ここで私が注意を向けているのは、こうした分節が霊的な主たちの領域のうちに表現されるようになるにつれて、思考する森に芽吹く生ある未来の論理——人類学を人間的なるものを超えたところに連れだす手助けとなりうる論理――のある部分をいかに増幅し、そして私たちにとっては概念的に利用可能なものとなるのかを考えることである。

ある瞬間に森でオスワルドは白人の警官になることができる――おそらくはできなければならない――ということには、彼の未来の自己の何らかの相がこの森の主たちの領域から彼に影響を与えようと回帰する、節目を失うか痛みを伴うことさえある特殊な道が含まれる。その過程で、さきの分節にかかわる何らかの論理が露わになる。種の分割線と束の間の時代性を横切る多数の関係から生じたものとして、森の生命から創発したこの霊的な領域は、その時、連続性と可能性の区域となる。オスワルドの生存は、そこに接近する能力にかかっている。オスワルドの生存はさらに、この霊的な領域がその布置において保持し、そして生ある未来を可能にする、多くのたぐいの死者と多くのたぐいの死とに依存する。ある者が誰でありうるかは、彼ではない全ての者に密接に関係する。つまり、私たちを〈私たち〉である者にするこれら多くの他者に対して、私たちは私たち自身を永遠に与え続け、またその恩を受けている（Mauss 1990［1950］を参照）[4]。

世界に住まう多くのたぐいの自己と関わりあうルナの歴史から、霊的な主たちの領域は創発するが、それはまたこうした接触の歴史以外の何かでもある。この領域は、それ以前に到来していた生命に密接に関係しているが、還元はできない、ある種の死後である。この意味において、頭ひとつ突出した実在――自然でもなければ文化そのものでもない実在――そのものである。

この創発する霊妙な領域を、それ独自の特性が現れる民族誌的事象と、同様にそれが宿すであろう希望に満ちた政治にとりわけ注意しながら、探索しよう。ここで目指されるのは、生あるものを超えたこの領域——森に宿る諸自己の豊かな生態学から頭ひとつ突出する領域——が、思考する森が明かす生ある論理について私たちに告げるものを、より一般的に省察することである。

ここで行うような、生者を超えて旅することは、私が展開しようとしている人間的なるものを超えた人類学にとって重要である。この森の霊的な主たちの領域に注意を向けることで、連続性が何を意味しうるかを、そして連続性を脅かすものと向きあう最良の方法をより良く理解できるからである。つまりは、連続性や成長、「繁栄」についてこの森の精霊たちが教えてくれるものを注意して聞くことによって、生ある未来に生きるより良い方法を〈私たち〉がいかに見出すのかを考える別の道のりを切り開く余地が、私たちのもとに残される。

常に既にルナである

FOIN（Federación de Organizaciones Indígenas del Napo）、ナポ県のルナのコミュニティを代表する連盟の本部にある多目的ホールの壁を飾る奇妙な絵画（図9）は、アマゾニアの野蛮からヨーロッパ的な文明への進歩を描いているように見える。一列に並ぶ五人の男の左端には、吹き矢、そして親類知己に呼びかけ、動員するために使われていたであろう、貝の笛のように見えるものを持つ長髪の「野蛮な」インディオが立っている[5]。ペニス・ストリングや顔面装飾、ネックレス、腕輪、リストバンド、ヘッドバンドを纏ってはいるものの、そのインディオは、私たちが「裸」とみなす姿をしている。隣の男は、腰巻をつけ、笛は彼の後ろの地面に置かれている。とはいえ、彼もまたほとんど同じだとみなすことができる。一九世紀後半のルナの服装のままの、つまり短パンとチュニック、あるいはポンチョを着た男が立っている。ひと塗りほどの顔面装飾を施し、吹き矢を背後に隠そうとしている。進歩の中にある次の男は、きちんと洋服を着ている。靴、長ズボン、そしてこぎれいな白い半そでのシャツを着ている。ハンサムで、さらにここまでにみた人物像の体型が、頭は小さく、首がなく、そして巨大な腕をしていたのに対して、この男の身体は、均整がよく取れている。ひとつ前の男が持っているのを恥ずかしく思った吹き矢は、ただ、彼の背後に捨てられている。そしてこの男は、わずかばかりのほほえみも見せないただ一人の男である。この人物形象は、一九七〇年代から八〇年代の労働組合に影響されたＦＯＩＮの指導者層、国際ＮＧＯの流入以前の時代に到来した指導者層、そして文化的にも文明的にも「目覚める」までは至っていない指導者層に対して現代のルナの男性が抱く想像の典型である。この男は、ルナの農夫《カンペシーノ》であり、民族的でもエリートでもなく、森にも都市にもいない。無時間的な野蛮状態に属する飾り物が、破棄され散乱している背景から現れ出た最後の人物は、メガネやスーツ、ネクタイを身につけている。髪はきちんと真ん中で分けられ、そして細い口髭――不快だが驚くほど豊かに生やすことも白人にとってはたやすい、顔の毛を入念に手入れしたもの――を貯えている。彼は長い時間を屋内で過ごす者のような、ほっそりとした体形をしている。険しい表情をしている。神経質にも見える。右手には、ブリーフケースを握りしめている。左腕につけられた腕時計はこの男性が今やその一部となっている、線型的な時間の内部にある一日の時を容赦なく刻んでいる。

一九八〇年代の後半、私はFOINのためにボランティア活動をしており、そこで少しのあいだ本部に住んでいた。この絵はそこの壁のひとつを飾っていた。ある晩、ワークショップの終了を祝うため、参加者たち、主にテナとアルチドーナとこれらの街の周辺の村々、アヴィラよりももっと都会で、森にはそれほど関心のない場所に住むルナの男女が本部でパーティーを開いていた。壁に飾られた絵画は、その晩のあいだ冗談を言う際の、ひとつのきっかけとなっていた。何度も、例外なくきまって男性が、血統を受け継いで

図9 「畜生を人間に、そして人間をキリスト教徒に」(Figueroa 1986 [1661]:249)。1980年代後半にFOINの本部に飾られていたこの壁画には、この植民地的な事業の遺産が両義的によく描き出されている。著者撮影

いる大酒飲みの状態を示すために一列に並んでいるハンサムなルナの男性の左に立つ「野蛮な」インディオの一人を指さした。

この絵が物語っているのは、この地域の宣教師と植民者両方の手引きとなった原始主義者の話法である。つまり、ヨーロッパ人の到来以前、裸の「粗野な野蛮人」が唯一アマゾンに暮らす者たちだった。植民地期から、初期の共和国期を経て今日にまで続く、「馴致」の過程でこれらの粗野な野蛮人のうちには、文明化され、洋服を身につけ、単婚で、塩を食べ、ルナを脅かすことなどない者たちがいた。植民地期の用語によれば、彼らはインディオス・マンソス（*indios mansos*）、すなわち馴化したインディオになったのである（Taylor 1999）。この論理に従うと、根本的に野蛮な基層といえるものの生き残りは、より隔絶された地域に見出すことができる。人殺しで、一夫多妻制で、裸であるワオラニ（いまでもキチュアでは、蔑称としてアウカ（*auca*）と呼ばれることもある）という民族集団の成員には、この絵の左端にある野蛮性の描画の現代的なモデルとなる者もいる[6]。一七世紀のキリスト教司祭、フランシスコ・デ・フィゲロアは、あるたぐいの人物をこしらえようとするこの植民地的なプロジェクトのことを、簡潔に記した。彼によれば、宣教の目的はアマゾンの「畜生を人間に、そして人間をキリスト教徒にする」ことである（Figueroa 1986 249）[7]。あの晩のお祭り騒ぎとは、この試みから受け継がれた遺産を利用しながらの遊びだった（Rogers 1995 もあわせて参照）。

アヴィラに住む多くの人々は、野蛮と文明のこうした区分に反対はしない。彼らは、正しく人間であるには、塩を食べること、洋服を着ること、殺人と一夫多妻制を慎むことが必要である、ということに強く同意する（Muratorio 1987: 55）。しかし、これらの特徴を時間のなかに位置づける方法――あるいはさらには、位置づけるかどうか――が、異なっている。宣教師たちは、これらの特徴がとり入れられるのは、粗野なアマゾン地域の人々の基層を「馴致する」漸進的な過程の帰結であるとみなす。しかし、アヴィラでは単婚や塩を食べることなどの「文明化」された属性は、ルナの人間性の根本的な相である。ルナは、常に既に文明化されている。

アヴィラの洪積世の神話がこのことを描いている。大洪水が大地を襲うと、多くのルナは、この地域の高い峰のひとつである、ヤワール・ウルク（Yahuar Uruc）の山頂に登ることで自らを保護した。残りのルナは、カヌーに乗り、逃げようとした。カヌーに乗った女性たちは、髪をより合わせて、まだ水の上にあった梢に自分たちをつなぎとめておこうとした。この縄がほどけてしまうと、カヌーは下流に向かって流れ、今日のワオラニの領土となっているところに留まるようになった。そこでそのルナたちの洋服は廃れ、さらには塩も枯渇した。彼らは人々を殺しはじめ、現在のアウカになった。つまり、アウカとは、キリスト教化したルナがそこから進化した原初の野蛮人ではない。むしろ、彼らは堕落したルナである。彼らもまた、かつては塩を食べ、洋服を纏い、そして平和なキリスト教徒だったのである。キチュア語のアウカが通常、「野蛮人」や「不信心者」として翻訳されるとはいえ、背教者として考えることがより適切であろう。彼らは、かつてのルナの生活様式を放棄した者たちなのだ[8]。ルナは常に既にルナであった。対照的に、「野蛮人」は、彼らを乗せたカヌーが増水した川を流れ、不変のルナの故郷から遠く離れたところにまで運んでしまったために、そのようになったのである。彼らは形式から脱落し、時間の中へと入っていった者たちなのである。

原始主義者の絵画に描かれた「ルナ」の男性――過去によってつくられ、未来では抹消される――は、それゆえ、この他なるたぐいの存在、アヴィラ生まれのこの「常に既にルナであるもの」とは、正確には一致しない。アヴィラのルナにとって絵画が描写するものとは、別のどこかに向かう進歩ではなく、現在進行形で終点のない生成においてさえ、常に既に彼がこれからなるであろう者、中心にある人物像――ルナの自己――の周りを巡る現在進行形の遁走である、ということではないだろうか。この絶えず変化する自己、その過去と潜在的な未来の例化とも連続する者は、生命、繁栄そして諸自己の生態学にとって重要な何かを指差している。

名前

私たちはルナのような単語を民族名、別の者を名づけるための適切な名詞だとみなす傾向にある。本書でもこのようにして、この名詞を利用してきた。こうした名詞は、標準的な人類学の実践では対象となるの人々が自分たちを表すのに利用する名前であり、それを用いるのが適切であると考えられてきた。これこそが、ワオラニをその蔑称的なキチュア語の名前「アウカ」では指示しなかった理由である。そして、少なくとも地名によって限定される時には、「ルナ」はエクアドルのアマゾン地域に居住するキチュア語話者を指示するために、アヴィラではたしかに民族名として利用されている。例えば、「サンホセ・ルナ」は、サンホセ・デ・パヤミーノの人びとを指す。そして、サンホセ・デ・パヤミーノの人びとは、アヴィラの隣人たちを「アヴィラ・ルナ」と呼ぶ。他者を名づけることは避けられない。

それにもかかわらず、アヴィラの人びとは彼ら自身を名づけない。彼らは自分たち自身をルナ（あるいは、さらにいえばアヴィラ・ルナ）とは呼ばない。また、現代の地域的、そしてとりわけ全国的な先住民の政治的な運動の中で用いられる現行の民族名、キチワ（*Kichwa*）も利用しない。もし私たちが「ルナ」をラベルとして扱う――適切なラベルかどうかだけを問う――のであれば、何か重要なことが見逃されることになる。ルナは自分たちのためにラベルは利用しない。より率直な意味あいにおいて、キチュア語ではルナは単に「人間《パーソン》」を意味する。しかし、これは、単に民族名、ラベルとして選び出された実名詞としてのみ機能するのではない。

さきの絵に戻ると、晴れやかでこぎれいな白いシャツを着た、「野蛮人」と「白人」のあいだに立っていた男性は、あらゆる意味あいにおいて「ルナ」である。原始主義者の観点からは、ここでの「ルナ」は、あるたぐいの存在が別の何かにつくり替えられる変化の歴史的な過程、さらに別の何かになる道のりの中継点を表す、ある民族名、ラベルである。しかしながら、アヴィラではこの姿は異なる仕方で受け取られるだろう。こぎれいな白いシャツの男は、なお「ルナ」ではあるが、ラベルはほかの何か、それが由来する文化的集団よりも見え難いもの、より名づけがたいものを指示するだろう。この男は一度もルナになったことはない。彼は、常に既にルナだった。

私が提示したいと思うこと、そして章が進むにつれてより明らかになるのを期待していることは、あらゆる存在が自分自身を人間《パーソン》だとみなす諸自己の宇宙論的な生態学のなかで、関係的な主体の位置を「ルナ」はより正確にしるす、ということである。ここでの「ルナ」は、形式と連続している自己である。あらゆる存在は、その視点からすると、ある意味では「ルナ」である。〈私〉と「言う」ときに、彼らは自身をこのように経験するからである。

もし「ルナ」を実名詞として取り扱うと、それが実際にはより代名詞のように機能するありようを見落とすことになる。私たちは通常、名詞の位置を占める単語として代名詞のことを考える。しかし、パースが示唆するのは、私たちがその関係をひっくり返してしまっているということである。代名詞は、名詞の代わりをするのではない。むしろ、物事を指差すことで「それらはもっとも直接的に可能な仕方で物事を指示する」。名詞は間接的にその参照項に関係づけられている。それゆえに、名詞は自らの意味を表すためにこういった指差的関係に最終的には依存する。このことによって、パースは「名詞はある代名詞の不完全な代替物」であり、その逆ではないと結論づけるに至ったのである（Peirce 1998b: 15）。私はここで、絵画の主題であるルナの男性は――アヴィラが引き受けた――特別なたぐいの一人称代名詞として機能しているということを提示したい。つまり、到来するあらゆる可能性における、ある〈私〉、あるいはおそらくより適切にはある〈私たち〉である。

名詞として「ルナ」は「ある代名詞の不完全な代替物」である。その不完全さによって、その名詞は、それがひとつの〈私たち〉となるときに関係する全ての他者の痕跡を伝える。それが何であるのか、そしてそれが何になりうるのか、ということは、獲得された全ての述部——塩を食べること、単婚、などなど——のおかげでかたちづくられる。もっとも、これら全ての総和以上の何かではあるのだが。

ひとつの〈私〉は常に、ある意味では不可視である。対照的に、他者——対象化された彼なるもの、彼女なるもの、それなるもの——は、見られ、名づけられることが可能である。三人称——他者——は、パースの第二性に対応していることに注意すべきである。それが、触ることができ、可視的で、現実に生じるのも、私たちの外に位置するからである（第一章を参照）。このことは、なぜアマゾニアにおける諸自己の生態学では、自己命名がとても珍しいのかを部分的に説明する。ヴィヴェイロス・デ・カストロが見出したように、実際には名づけは他者のために保持されている。「民族名は三人称のための名前である。それらは〈彼ら〉のカテゴリーに属するのであって、〈私たち〉のカテゴリーにではない」（Viveiros de Castro 1998: 476）。それゆえ、どの民族名を利用するのかが問題なのではなく、なんらかの民族名がある自己の視点をとらえることができるかどうかが問題なのである。名づけは対象化する、そして他者に対して——〈それら〉に対して——なされることである[9]。ルナ——対象化のラベルの利用にいつの間にか戻っているが——は、歴史に属する諸々の〈それ〉ではない。彼らは、諸々の〈私〉、現在進行形のひとつの〈私たち〉の部分であり、生きているもの、生を送るもの、生存するもの——繁栄するもの——である。

〈私〉としての、〈私たち〉としてのルナは、モノではない。モノに起こりうるような因果的な仕方によって過去から影響を受けることはない。ルナは歴史の対象ではない。歴史の産物でもない。

ルナは、この因果的な意味においては、歴史によって形づくられてはいない。そうであるとしても、ルナであることは、過去に対するなんらかの親密な関係の帰結である。

この関係は、もうひとつの不在を、不在の死者に対する関係を巻きこむ。この点においてルナは、歩く棒切れとして知られる、偽装するアマゾンの昆虫、自分以外の虫のおかげで小枝との見分けが一層つかなくなるにつれて、さらに不可視となったものに似ている。このほかのもの、より「小枝のよう」ではなかったナナフシは、可視的になり、その可視性が触知できるもの、実在する捕食の対象――他者なるもの、〈それ〉なるもの――になったが、そうなった道のりにおいて、そのものではなかったほかのものに隠され、つきまとわれていたがために、(この構成的な不在のおかげで)不可視に留まるものからなる潜在的な未来の系統が存続する。

主《アモ》

〈私〉としての、つまり、ルナとしてのオスワルドの連続性に欠かせないのが、彼がプーマ――捕食者――である、ということである。友人の家のドアに立つ、刈り取られた毛で覆われた警察官と遭遇したときには、彼は狩猟者でなければならず、狩猟されたペッカリー――自らがそうなってしまうことを恐れる――であってはならない。プーマはしばしばジャガー――その最も重要な原型

——として実体化されることを思い起こしてほしい。ただし、より正確にはジャガーは、この自己が捕食を通じて創りだす別の自己に向けられる、対象化する関係性のおかげで、自己の関係的な位置、〈私〉として持続し、生ある〈私〉をしるすのだが。そのために、「ルナ」のように、プーマもまた「ある代名詞の不完全な代替物」として機能する。生き延びるオスワルドは、ルナ・プーマ、人間＝ジャガーである、いや、でなければならない。

アヴィラでは、ルナ・プーマは、自己の成熟と同義語である。多くの男性、そして女性もまた、ある種のプーマになることを育んでいる。死後に、彼らの人間的な皮膚が埋められた後に、彼らがジャガーの身体に入り、ある自己として、そしてある〈私〉——自らには不可視であり、そのうえ他者を獲物とみなすことになり、一方でこれらの他者からは捕食者として見られる〈私〉——として存続するために、そうしている。死後の未来との関係においてだけではなく、おそらくより重要なことであるが、自己として生き続ける現在の能力をこの未来のプーマが充溢させるようにと、このプーマの本性を育むのである。つまり、プーマになることは現世における権力の付与《エンパワーメント》の形式である。

そうはいうものの、捕食とは関係性の緊張した形式であり、それ自体の不安をはらんでいる。ブタ［訳注：ペッカリーのこと］を殺してから数ヵ月後、オスワルドは別の遭遇の夢を見た。この遭遇では、彼は銃を持っていなかった。持っていたのは、空の散弾銃の充填用カートリッジだけだった。カートリッジの底にあった小さな穴から、ちょうど吹き矢のように弾を吹いて、何とか獲物をしとめた[10]。彼は、こうしたやり方で撃った「餌食」がブタではなく、ロレトの友人の一人だとすぐに気づいたために、狼狽した。首に傷を負い、この友人はなんとか家に逃げ帰った直後に姿を見せたところ、武器を持っており、オスワルドを追ってきた。捕食には、制御不能で、無秩序で、異常な何かがある。それは、あなたにとり憑こうと回帰する、ある種の権力である。

一九二〇年代、ナポ川のルナは、探検家で民族誌家マルキス・ロベルト・デ・ワヴリンに、何世代も前に、シャーマンたちがジャガーの毛皮──「黒いもの、点描のもの、黄色いもの」──を身に纏い、いかにスペインの支配を逃れたか、そしてそのままプーマになったのか、ということを語った。捕食者になり、森の奥深くに住むことで、彼らはなんとかスペイン人から逃れたが、自らの仲間のルナを攻撃するようにもなった──はじめは、森に向かった不幸な狩猟者を狩り、その後、彼ら自身のルナの村を襲った（Wavrin 1927: 328-329）。

なぜアマゾニアにおいて、捕食がこうも重要な関係づけの手法となったのかは十分には解明できない。たしかに、そこには多様な種＝横断的な関係の形式が存在する。例えば、吸血性のハエの大群が、それまでに依存していたオスワルドの獲物から離れて新しい宿主へと飛んでいき、オスワルドの血と私の血とが互いに、また、あの森のペッカリーの血とも混ざり合うのは、寄生的な──捕食的でない──関係を通じてのことである。しかし明らかに、捕食はそれから生じた植民地的な過去や社会的階層と同じく、狩猟に反響する。捕食者であることは、そうでなければならないがために人を恐怖させる見込みのことであり、捕食の両義性から自由になることではない。

オスワルドが成功した狩猟者になるには、彼が生き延びるには、捕食者になるだけでは十分ではない。彼はまた「白人」でもなければならない。つまり、もし白人が狩猟者であるなら、ルナを食いものにしてきた歴史を考慮に入れればこのことは紛れもない事実であるのだが――イヌとともにルナの先祖を探して見つけ出し、ゴム・ブームのあいだに彼らを奴隷とした白人である――、オスワルドは自らをある〈私〉としてみるとき、この立場を占めていなければならない。それ以外にある唯一の選択肢は、対象となることである。ルナは、常に既に、ルナでもあり、プーマでもあり、また「白人」でもなければならない。

より正確には、白人であるよりも、常に既に彼らはアモ、主たちでなければならない。アモとはスペイン語で「主」や「君主」、「親分」を意味するが、同時に伝統的に大農園の所有者や政府役人を指示する単語としても利用されてきた。この称号は、不可避的に白人性と結びつく権力のインデックスである。例えば、一九世紀の中ごろ、アフリカ系のガヨという名の男が、(当時はオリエンテ県として知られていた) アマゾン地域の行政区の知事に任命された。この新しい知事は黒人であったため、ルナは彼を主として扱うことを拒否した。そこで、彼は前知事マヌエル・ラセルダに引き続き知事を務めるように要請せざるを得なかった。ラセルダは次のように記している。

黒人は傷つけられ、地獄の業火で焼かれたものだと、インディオは信じていた。彼らが、ガヨに従うことは決してないだろう。私はガヨの友人なので、この誘いを引き受けよう。収入(何よりも、インディオに強要された売買から得られたもの) は、二つに分けることができる。ひとつは私に、他方は彼に。彼だけでは事をなしえない。教義を授けられたインディオは、自らのアプとして、ガヨを認めることは決してない。

――アプとは何ですか。
――アモ、セニョールだ。私は彼らのために、彼らの真の主、君主となろう。(Avendaño 1985 [1861]: 152)

現在のアヴィラでも、アモ――キチュア語ではアム――は、依然として白人、「現実」の主や君主と密接に結びついている。しかしアムは、外在的な眺望のきく高みから真価を認められた、別の〈私〉の視点をしるすようにもなっている。そして、「ルナ」や「プーマ」のように、それは、「代名詞の不完全な代替物」として機能する。つまり、アムは代名詞として機能するが、その過程において、それに結びつく支配という植民地期の歴史と関連するあらゆる述部を、その軌跡に呼びこむ。

次に示すのは、第三章で取り上げた、ナルシサと彼女の家族が森でアカマザマジカとともに経験した遭遇とそれに先行する吉兆の夢を振り返る際に、いかにナルシサがこの語を用いたのかということである。

Cunanca huanuchichinga ranita, yanica amuca
(クナンカ・ウナヌチチンガ・ラニタ、ヤニカ・アムカ)
それゆえ、私は彼にそれを殺させることができなければならない、と私――アム――は考えた。

以前に会話のなかで、彼女にとっての「良い夢」として描写したもののおかげで、彼女は二人が出会ったシカの少なくとも一頭を簡単に夫が殺せるようにすることができたのだと感じた。ここでは提題の接尾辞である、カ（*-ca*）と一体になったアム（*amu*）は、彼女の夢見こそが、（そして、彼女の会話の相手が期待したような、夫の行為ではない）主要なものであったことを強調する[11]。彼女の夫は、シカを撃ったのだが、単に彼女の行為主体性の直接の拡張部分でしかなかった。これこそが、なぜ彼女——アム——がこの表現のトピックであるのかを説明する。アムカ（*amuca*）は、あの日の森での出来事を彼女の行為主体性の周囲で繰り広げられたと理解すべきだという、まったく予期されない事実に注意を向けるよう私たちに促す。銃を携えていた夫ではなく、（彼女の物語る自己が、何らかの外部の位置からは、アムとしてみなすことができる）彼女の夢見る自己こそが、原因の中枢にある。本来の、そして引き継がれる意味あいが「白人の領主」である単語が、この事実を示すのは偶然ではない。

あらゆる自己がそうであり、単に人間的な諸自己だけが諸々の〈私〉であるわけではないため、アムはまた、動物の主観的な視点を表す。マキシが狩猟の隠れ場からどうやってアグーチを撃ったのかをルイスに説明したあと、ルイスは彼に尋ねた。

Amuca api tucuscachu

（アムカ・アピ・トゥクスカチュ）

それで、アム［――つまり、そのアグーチ――］、彼が撃たれたってこと？

マキシは応える。「ああ、ちょうど背骨にね」。「テャス（*tias*）」とルイスは口をはさむ、不運なアグーチの肉と骨を見事に貫通した鉛の弾をまねる音響的なイメージを使って――「うまく切り進んだ、と」[12]。この会話のアムカが、議論の話題を、マキシの行為に向けられる関心から、〈私〉＝としての＝アグーチの運命へと切り替えた。

ラセルダが見立てたように、ルナが白人にだけ授ける称号を指示するアムという単語は、いまではまた、あらゆるルナの〈私〉も表す。しかし、人間のみならず、あらゆる存在が、自らを〈私〉として（そしてそれゆえに、ある意味では、ルナとしても）みなすために、彼らも自らを主として見るということが結果的に生じる。白人性は、〈私〉と「言う」時の自己に対するそれぞれの感覚から切り離せないものとして、いまでは理解される。〈私〉と「言う」者が、人間ではないとしても。ルナやプーマのように、アムは主体的な位置をしるす。そして、白人や先住民、さらには動物の本質をしるすだけだと受け止めてしまいかねないそれぞれの名詞の全てが、ひとつの眺望のきく高み――〈私〉なるものの位置――をしるしづけることにもなる。アムという単語は、特定の身体的な特徴、そして権力の階層性における特定の位置を備えた特定の民に対する歴史的な連想を失うことなく、（実際にはこれらの蓄積された関連のために）あらゆる自己の視点をしるしづけるようになった。この諸自己の生態学において、生きている〈私〉、自己なるもの、あらゆる自己――自己の資格――はアムである。自己は、定義によれば主であり、ゆえにある種の「白人」なのである。

この特殊な「代名詞に対する不完全な代替物」には、独特の質が備わる。プーマ（あるいは白人）とともに、アムは階層性を喚起する。ただし、生者の平面を超出した平面へと自己が跳びだすようにして、そのことをなす。そして、この事実は、連続性のなかで、ある〈私〉であるところの何かを表す重要な含意がある。

オスワルド、そして警察官に対する彼の両義的な関係のように、ルナは明らかに「あらゆるものの主」であり、かつ、そうではない。アムは、自己のそれ自体に対する関係が有する、この節目を失い、そして疎外された本性の何かをとらえている。主は常に既にそこかしこに、ルナのそばに、生者の領域だけではなく生命を超えて広がるあれらの領域にも存在してきた。動物を統制し、そして森の深くにある、あの無時間的な、常に既にそうである領域に住まう精霊は、アヴィラでは様々な名前で知られているが、たいていそれらは単に「主たち」――アム＝グナ（*amu-guna*）――と呼ばれる。これらの森の主たちは、夢やヴィジョンのなかで、白人のゴム大農園の首長やイタリア人司祭として、ルナのもとに現れる。主たちの眺望のきく高みから――ルナがそれにどうにか住まうことができた時には――こそ、ルナは首尾よく狩猟をすることができる。自分は夢の中で白人の警官だった、とオスワルドが認識するようになるのであれば、彼はただ単にテナやコカなどの街で街路を歩く公僕のひとりになっているだけではない。彼はまた、森の主のひとりにもなっているのであり、その過程で、何らかの仕方で、この霊的なるものの領域に住まうのである。

常に既にルナであるので、ルナは常に既に、主たちの無時間的な領域に住まうこれらの形象と親密な関係にあり続けた。神話の時代には、キリストの使徒の対になるものとして、「文化英雄」として機能し、地上を歩き、ルナを導くようにして、主たちは常に既にそこに存在していた[13]。主＝使徒に導かれることには、分離や疎外と混ざり合う一定の親密さがある。二〇世紀初頭にナポ地方のルナが物語った洪水の神話によると（Wavrin 1927: 329）、神話の時代、アマゾンは神と聖人が住まう土地だった。洪水のあいだに、神は蒸気船を造りそれを使って聖人と共に天国に逃げた。水が引くと、神はその時には使われていなかった船を、よその土地で洗った。よそ者たちはこの船を観察し、船やほかの機械をつくる方法を学んだ。近代的な技術の最初の所有者は、白人の神々であろうが、常に既にアマゾンの民であり、ルナの生活から切り離された側面があるものの、腹心の友なのである。

親密さと分離のあいだのこの関係について、私がいわんとすることを説明したい。〈私〉と「言う」ときにルナはアムであるということ（そして、それらはまた、ある常に既にそうである領域に住まうあれらのアムに対して、ある親密だが分離した、そしてときおり従属した関係にもあること）は、自己を分布させ、そして、自己の連綿と続く例化から引き離す、分裂という苦悩を記しているのである。

こうした自己の連綿と続く例化に関しては、中央ブラジルアマゾンのジェとトゥピ＝グアラニのもとで調査研究をした言語人類学者たちが、いくつかの発話的なパフォーマンスにおける一人称単数――「私なるもの」――は、神話や歌を演じる皮膚に覆われた自己を指示することもある、と記録している。一方、ほかの機会にはそれは、引用することで、皮膚に覆われたほかの諸自己を、そしてさらにまた別の機会には演者と演者の先祖の両方を含む系統を越えて分布するある自己を指示することもある。(Urban 1989; Graham 1995; Oakdale 2002; Turner 2007も参照)。後者について、グレッグ・アーバンは、その祖先の〈私〉をいかに身体化しながら、ショッレン(Shokleng)の起源神話の話者がトランスや憑依に似た状態に入るのかを描写している(Urban 1989: 41)。アーバンは、そこでは自己が系統でもあるような、この特別なたぐいの自己参照を、「投影的な〈私〉」と呼ぶ。投影的であるのは、「過去の諸々の〈私〉」を身体化することで、話者は彼の自己の「連続性」(Urban 1989: 45)――より一般的である諸自己の「創発的」な系統(Urban 1989: 42)の一部となった自己――を具体化するようになるためである[14]。彼の〈私〉はひとつの〈私たち〉になる。

アムは、この「投影的な〈私〉」について何か重要なことをとらえていると言えないだろうか。それは、連続性のうちにある自己――「規定されない可能性」を備えた、ある〈私たち〉――を指示する(Peirce CP 5.402; 第一章も参照)。この連続性は、単に先祖へと遡及するだけではない。それは未来に向けても投影する。そして、それはいかに〈私〉は〈私でないもの〉――生きているルナたちでありかつルナではない、白人や精霊、そして死者たち――に構成的に関係するのか、ということについての何かをとらえている。

未来にあること

ルナの自己は常に既にルナであり、プーマであり、とりわけ常に既に、主つまりアムである。この自己は常に、単に現在に位置するだけでなければ、その累積的な過去がただ堆積してできたものでもない、霊的な領域に少なくともかぎづめをかけている。このことに応じた、形式的な記号論理がある。本書の前半で論じたように、記号には生があり、そして全ての自己は、人間であれ非人間であれ、記号論的である。その最小限の語義において、自己とは――いかに束の間のものであったとしても――記号解釈のための座なのである。つまり、それに先行する諸記号とも連続する新奇の記号(「解釈項」と呼ばれる。第一章を参照)を産出する座である。人間であれ非人間であれ、単純なものであれ複雑なものであれ、自己は記号論的過程の中継点である。それは、記号過程の帰結であり、かつ、未来の自己として結実するような新しい記号解釈の出発点でもある。自己は、揺るぐことなく現在に存在しているわけではない。それを解釈するようになる来たる解釈の座――未来の記号論的自己――に依存しているために、「時間の流れのなかで、今まさに生まれようとしている」(Peirce CP 5.421)。

ゆえに全ての記号過程は、未来を創造する。これは、自己に特有のことである。人間であれ非人間であれ、記号論的な自己であることには、パースが「未来にあること」(Peirce CP 2.86)と名づけたものが含まれている。つまり、生命のない世界とは対照的に、自己の領域においては、現在に影響を与えるのは過去だけではない。本章の冒頭で論じたように、未来は再＝現前されるので、それはまた、現在に影響を与えるようになる(Peirce CP 1.325; CP 6.127; CP 6.70)[15]。そして、このことが、自己というものの核心にある。未来なるもの、そして、それが現在に持ちこまれる方法は、過去が現在に影響を与える因果関係の力学に還元してしまうことができない。「推量」として、記号はありえる未来を再＝現前し、こうした媒介を通して、現在に影響を与えるために未来を持ちこむのである。未来が現在に与える影響に、それ自体の実在性がある（Peirce CP 8.330）。そして、それが、自己を世界における独自な存在とする。

パースは、過去——因果関係の所産——を固定されたもの、もしくは「死んだ」ものと呼ぶ。対照的に、未来にあることは「生ある」ことであり、「可塑的」である（Peirce CP 8.330）。全ての記号過程は、成長し、生ある限り、未来をつくり出す。こうした未来は潜在的で、一般的で、現存しないこともあるが実在する（Peirce CP 2.92）。全ての自己は、この「生ある未来」を分かちあう。アヴィラ周辺にあるような、新大陸の熱帯林においては、生物界においてこれまでなかったほどの度合いで、記号論的な習慣が増殖し、そして、その過程において未来も増殖する。人間——ルナとほかの人々——は、森に入り、そこにいるいくつもの存在と関わりあい始めるとき、こうしたものに踏み入っている。

それでもなお、人間が創造するたぐいの未来は、そうしたひとつの未来が収められた象徴的ではない記号論的世界を特徴づけるいくつもの未来に関連して、創発する。ひとつひとつのイコン、インデックスのように、ひとつの象徴が、記号として機能するためには、生まれ出るだけの力を持った未来の記号によって解釈されるようにならなければならない。しかし、加えて、ひとつの象徴は、まさにその質のために、未来の記号に依存する。その「特徴は…その解釈項の助けを借りたときのみ、理解されうる」（Peirce CP 2.92）。例えば、「イヌ」のような単語の音韻的な質は恣意的であり、そうした語の認知と解釈の文脈を提供するほかの単語（および、それらがもつ対照的な音韻的な質）からなる、広大で、潜勢的で、とらえがたいが実在する領域に対するその語の規約的な関係によってのみ固定される（Peirce CP 2.304; 2.292-293）。対照的に、ひとつひとつのイコン、インデックスは、解釈項から独立して、自らの質を保持している（しかし、記号として機能する能力に関してはそうではない）。イコン、例えばキチュア語の「ツプ」という音響的イメージは、水に――ツプと――飛び込むものが現存しなくとも、あるいは、そのような飛び込む存在がたてた音のように解釈されるかどうかにかかわらず、それを意味あるものにする音質を保持しているだろう。インデックスを意味あるものにする質は、その指示対象とのあいだの何らかの相関関係に依存しているにもかかわらず、イコンのように、インデックスは記号として解釈されなかったときでさえその特徴を保持している。すさまじい音を立てて倒れる森のヤシの木は、この倒壊音を危険のインデックスとして理解する者が――物音に驚きやすいウーリーモンキー一匹すら――周りにいないときでさえも物音を立てる（第一章を参照）。要するに、ひとつひとつのイコンやインデックスとは違って、ひとつの象徴がまさに象徴であることは、それを解釈するようになる、必ずしも現存しないが実在する記号の大群の創発に依存する。象徴は未来に二重に依存している。

この未来にあることの論理を、あらゆる記号論的生命の中心にあり、同時に人間的な象徴的記号過程によって別のものにも変えられてしまうものを、霊的な主たちの領域が増幅する。オスワルドが生ある記号として留まるためには、こうした潜勢的だが実在する主たちの領域――彼が生き残るためには、ひとつの〈それ〉ではなく、ひとりの〈私〉として扱われる必要がある領域――によって解釈可能なものでいなければならない。要するに、彼は主によって、ひとりの〈あなた〉として呼びかけられる能力を備えていなければならない。そして、このことが可能になるのは、未来において、彼もまた実際に主たちの領域におけるひとりの〈私〉になる時だけである。

こうした主たちの潜勢的な領域は、物理的には森の奥深くに位置する。それは、森に宿る生ある諸自己の生態学——未来に関わる増え広がるネットワークをみずから創造する生態学——から創発する。増え広がるこれらのネットワークは、主たちの未来の領域を形づくるようになる。そのために、この霊的な領域は、その領域に参画する人間の言語や文化によっては説明できない仕方で、「生ある未来」の論理をとらえるようになる。そして、このことがこうした領域を、象徴的でない非人間の世界に対する象徴的な虚飾以上のものにする。

アムとは、大部分が人間的ではない、成長するひとそろいの未来を＝つくる＝習慣に満ちた諸自己の生態学において、自己であることが植民地的に屈折された特定のあり方である、と言うことができるのではないか。その過程で、アムが見せるものとは、生ある未来がそれ独自の特性の一部を生命にいかに与え、そして、ある動態が過去をいかに含む（だが過去に還元されることのない）のか、ということである。そうすることで、アム、そしてアムがその権力を引き出す霊的な領域は、生命に関する一般的なもの——つまり未来にあること、という生命の質——を増幅する。この領域はある刻み目に向けて、この質に拍車をかける。主たちの霊的な領域は、生命そのものよりも「さらに」未来にある。精霊の領域は、この生ある未来の論理を増幅させ、一般化する。さらに日常におけるひとつの政治的かつ実存的な問題に影響を与える。すなわち、生存である。

死後

ペバとして知られる、一八世紀のアマゾン河上流域の集団における死後の理解について、イエズス会の司祭ファン・マグニン（Magnin 1988［1740］: 477）は、激昂しながら以下のように報告している。「この件に関する彼らの見解は明快だ。彼らが言うには、…彼らはみな聖人である。彼らのうち、誰ひとりとして地獄に行く者はいない。かわりに、彼らはみな、彼らと同様に聖人である親戚がいる天国に行くのである」。宣教師は、ペバのような、ルナやほかのアマゾン河上流域先住民の先祖に天国を理解させるのには、ほとんど苦労しなかった。しかし、一方で宣教師たちは、現地の人々が、あまりに世俗的に豊かな森の中に維持されるものとして死後の世界を理解しようと固執することに気づいてしまったことに、忸怩たる思いを抱き続けてきた――ルナのあいだで活動する、呆然としたひとりの宣教師によれば、そこには「水よりも多くの魚を有する川」と、最も重要なことには「天文学的な量」のマニオク酒（Porras 1955: 153）がある。一七世紀と一八世紀の記述は、現代のそれと共鳴している。インディアンたちが「決して死ぬことのない」（Figueroa 1986［1661］: 282）「あの世」には、「マニオクが非常に豊かにあり、肉や飲み物が望むだけ」（Magnin 1988［1738］: 477）手に入る[16]。それは、「鋼鉄の斧、交易用のビーズ、サル、飲み会、笛、太鼓が絶えることのない」

場所である（Magnin 1988［1740］: 490; Maroni 1988［1738］: 173も参照）。

地獄に関してはまったく別の話である。多くのアマゾン河上流域先住民が、現世における罪に対する個人的な罰として地獄に堕ちることを認めようとしないことは、マグニン神父やその前の時代からでさえも、宣教師にとって絶えず悩みの種だった。長年にわたる多くの報告が証しているように、ルナにとって、単に地獄は存在しない[17]。彼らによれば、地獄はとりわけ白人や黒人といった他者が苦しむ場所である[18]。

ヴェントゥラの母ローサが死んだあと、彼女は「内部」に入り、霊的な主たちの世界に行った（第三章、第五章を参照）。彼女はそうした主のひとりと結婚し、彼らのひとり、つまりアムとなった。彼女の古びて張りのなくなった身体――蛇の抜け殻のように脱ぎ捨てられた――が、子どもたちが埋葬するようにとただひとつ彼女が残したものだった。ヴェントゥラの母はかなり高齢で死んだが、息子が説明するには、今では、彼女は主たちの領域で永遠に若いままで生きている。アレン・ギンズバーグは、母の死を悼む不敬な祈禱詩において、「かあさんのようにくたびれた非常階段――かあさんは年老いちゃいない、僕と一緒にここを離れたのだから」と書き記していた。ヴェントゥラの母もまた、今では老いてなどいない。再び死ぬこともなく、苦しむこともなく、彼女は今一度、そして、永遠に、年ごろの孫のようになっている[19]。息子に残されたのは、錆びついた非常階段のようにガタついた、彼女の年老いた身体だけであった。

主となることで、ローサはある意味、聖人となった。彼女は、獲物や醸造酒、世俗的な富にあふれた、森の奥深くのキトにある永遠の豊かさの場所に永久に生きるために行った。彼女は、決して地獄に行くこともなく、もう二度と苦しむこともなく、永久に自由なのだろう。前章で論じたように、ローサは時間の影響、つまり、過去による現在への影響との関連性が薄れたある形式――常に既にある主たちの領域――の内側に入ったのである。しかし、ローサだけが聖人なのではない。「私たちはみな聖人である」と、一八世紀のイエズス会宣教師を大いに失望させたペバは主張していた。

ローサが聖人であるというこの指摘をひも解き、そして、私たち諸自己が全て聖人であるかもしれないという可能性さえも探求しようではないか。そのためには、創発する潜在的な「未来にある」主たちの領域とのあいだに、ローサのような自己が有する関係に注意を向けることが必要である。この領域は、多くのたぐいの死者、その多くのたぐいの身体、そして、その多くの死それぞれの歴史によって、ある〈私〉、自己である何かが形づくられる未来の可能性の領域である。しかしながら、ローサが実際に主として、そして、おそらく聖人として存在し続けていることは、単にこれらの他者からの直接的な影響によるのではない。なぜなら、彼女の連続性は、それらとの否定的な関係を通じてのみ可能であるからである。あれらの他者全てが手に触れられるように存在することではなく、あれらの他者の構成的な不在から直接影響を受けたことの帰結である。続く節では、このことがより明確になるだろう。

軽くなった死者のはかり知れない重さ

ファニクがオオアリクイに手をひどく切り裂かれたのは、イヌたちとともに魚の餌に使う蠕虫を採集しに出かけていた日のことだった。彼はその傷がもとで危うく死ぬところだった。オオアリクイは、脅かされると、後ろ足で立ち上がり、前足の大きな湾曲した爪で切り裂くことで知られており、実に恐ろしい生きものである。ジャガーでさえも恐れると言われている（第三章を参照）。ファニクは、自らの不幸を、決闘を続けているライバルのシャーマンのせいにしたり、より世俗的には、その動物のもとへとみずからを導いたイヌたちのせいにしたり（イヌたちは家で待っていたはずだった）と二つの説明のあいだを行きつ戻りつした。ファニクは、彼自身やほかの誰かのせいにすることは決してなかった。〈私〉＝としての＝ファニクは、決してみずからに危害を加えない。それができるのは、他者のみである。

私がとても気に入っていた、若いアヴィラの男がファタラク川で殺された。彼の遺体は深い淵の底から引き揚げられた。その胸は、裂き開かれていた。彼はダイナマイト漁の最中に死んだのだ。それについては、疑いを抱くものはなかった。ところがその死の究極的な理由、もしくは直接的な理由に関しては、見解が一致することはほとんどなかった。邪術師や、彼らが敵を攻撃するときにしばしば差し向ける投げ矢やアナコンダのせいにする者もいた。別の者は、彼がその日ダイナマイト漁を行うに至った経緯に責任がある者を責めた。つまり、人遣いの荒い義理の兄弟、彼にダイナマイトを渡した者、彼を川に連れだした者たちである。皆が誰かしらの落ち度をはっきりとさせた。私が聞いた半ダースほどの異なる説明のうち、死んだ若い男のせいにするものはひとつもなかった。

予兆も類似した論理を露わにする。カマラナ・ピシュチュ（*camarana pishcu*）という、移動するグンタイアリのコロニーから逃げる昆虫を食べるアリドリの一種[20]が家の周りを飛んでいるのが見つかると、誰かが死ぬ。これが、父か母のどちらかが死んだときに、子どもが悲しみに泣き暮れながら、家の周りを回る仕方だからである。「墓堀」ハチ[21]がそのような名前で知られているのは、麻痺させたタランチュラや大型のクモを土の中に埋め（Hogue 1993: 417）、あたかも墓を掘っているかのように、その過程で掘ったばかりの多量の赤土を吐き出すからである。アリドリと同様に、こうしたクモを家の近くで見つけることは、親戚が死ぬという予兆である。アヴィラの人々はそのような前兆（そして、そういうものはたくさんある）[22]を悪い予兆《タピア》（*tapia*）と呼ぶ。当初、私はこれらを死の予兆だと考えていたが、それらがより具体的なものを指示することに、すぐに気がついた。予言されているのは死ではなく、他者の死である。実際、発見者の死が予知されることは決してない。

いくつもの例が、自己がそうではないものに対して抱く反直観的な関係について何かを物語る。自己にとっての死とは、言語に絶するものである。なぜなら、自己であるとは、端的に言えば、生命を続けることであるからである。自己は一般である（第一章を参照）。耐えがたいこととは、生者が他者の死を経験することである。なぜなら、それは触れることができるものだからである。「生命の糸は第三である」が、「それを断ち切る運命」は「その第二」であるとパースは記している

(Peirce CP 1.337; 第一章も参照)。

私が論じてきた服喪の前兆が物語るのは、他者――ひとつの第二、ひとつのモノ――になるある人に、つまりもはや〈私〉ではなく、関係によって=〈私たち〉=になることの一部であることももはやできない、あるいは少なくともしばらくはできない、ある人に結ばれている痛みである。生きている会葬者にとって、死は断絶をしるしづける。死者はシュク・トゥヌ (*shuc tunu*)、もしくはシカン (*shican*) ――違った、異なる――になる。第三章で取り上げた、フリ・フリという悪魔によって生きながらに喰われる男の神話は、みずからをそうした物体として経験――私たちが物体になったときには、決してしえない経験――するようになる恐るべき見通しを探っている。

しかし、魂はただ単に死ぬのではない。それは、生者(および彼らに付き添う死)が創造する潜勢的な未来の領域において存続する。ユダヤ人が死者を偲んで唱える祈禱である伝統的なカディッシは――ギンズバーグの不敬なものとは対照的に――、決して死に言及しない[23]。死は外側からのみ経験されうる。他者のみが生命の糸を断ち切ることができる。そして、他者だけが、ルナにとっては他なるたぐいの人間、とりわけ(本質主義的な意味合いにおける)白人と黒人だけが、地獄に行くのである。

可視性が対象化――第二性――を要求し、第二性は生ある自己であることの重要な何かを見逃しているという意味において、自己は常にそれ自身にとって部分的に不可視である。〈私〉が〈私〉であるのは、形式の内側にある――つまり、それ自身のいかなる特定の例化をも超え出る一般的な存在様態を分かちあう――からである。ローサが主(および聖人)になるであろうということが、彼女を生ある自己にする。差異に焦点を当てた人類学――「諸々のでないこと」や「諸々の第二」に焦点を当てた人類学――は、こうした自己に備わる不可視の連続性に注意を向けることはできない。

同様に、たしかにナナフシは、より見えやすく、小枝らしくなく、気づかれてしまった全ての同類の虫たちとの関係のおかげで不可視なのである。だが、そうした対象化された他者だけに焦点を当てると、この場合には「小枝らしさ」と呼べるような一般的なものの可視的な増殖を、後知恵で考えると私たちのもとに残すことになった、ある形式における、不可視の〈私〉なるものの切れ目のない持続性を見逃してしまう。

全ての記号には、今ここにないものとの関係が含まれる。イコンは、その存在にとって根本的な仕方でこのことを行っている。以前の章の議論を思い起こしてほしい。私たちは一般的にイコンを類似《ライクネス》の観点から考えるが、イコン性は実際のところ気づかれなかったもの（例えば、私たちが初めはナナフシと小枝の違いに気づかないこと）の産物である。対照的に、インデックスは、現在の状況における変化――私たちが注意を払うべき何か別のものがあること（もうひとつのたぐいの不在）――を指差する。象徴はこれらの特徴を取りこみはするが、特別な方法で行う。つまり、象徴は、ほかの象徴を意味あるものとする、いくつもの象徴からなる不在の体系に対する関係を経由して表象する。

本質的に記号論的であるがために、生命には、不在に対しても近しいつながりがある。アマゾニア的な概念を使えば、系統＝にある＝生ある＝有機体、つまり、〈私〉＝の＝連続性＝にある＝生ある＝有機体であるものとは、そうではないものから産出される。それは、生き残らなかった多くの不在の系統と密接に関わっており、そうした系統は、その周りの世界に適した形式を明らかにするために選別された。生者は、ある意味では、小枝に見間違えられたナナフシのように、気づかれなかったものたちである。自らではない者との関係のおかげで、潜勢的に形式にとどまり続け、そして時間の外部にあり続けるものたちである。ここで論理の転換が起きていることに注意しておこう。焦点は、今ここにないものにある。つまり、軽くなった死者のはかり知れない「重さ」である（この撞着表現はこの主張の反直観的な性質の何かをとらえているだろう）。

それゆえ、全ての生命には、これらの構成的な不在のおかげで、それに先行するもの全ての痕跡――それではないものの痕跡――が宿る。その反直観的な論理に従えば、主たちの不可視の領域は、こうしたもの全てを可視化させる。生きてきた者たち（先スペイン期の首長、黒衣をまとった僧侶、祖父母、父母）や起こった物事（スペイン人に対する一六世紀の大反乱、昔の交易用ビーズの流通、強制された貢物の支払い）の痕跡が留まるのは、主たちの領域である。そして、これは未来の領域、つまり、（人間的な）生者に解釈可能性を与える領域でもある。主たちの領域には、過去の亡霊全てが宿る。そして、こうした諸々の不在のものとの密接な関係のおかげで、時間にとらわれない〈私〉が留まるのが、この領域である。

〈私〉なるものは形式の中にあり、歴史の外部にある（第五章を参照）。〈私〉なるものに何事も起こらないのはこのためである。天国とは形式の継続である。地獄とは、歴史である。他者に起こることである。天国は、人々が時間にさらされることのない領域である。彼らは決して歳をとらない。彼らは、そこで決して死ぬことがない。諸々の〈それ〉のみが時間の中にありうる。そうしたものだけが、影響を受け、二項的な因果にさらされ、形式の外にあり、歴史にさらされる――つまり、罰を受ける。

自己の中の〈あなた〉なるもの

主たちの領域は、森が創造する数多くの未来から生まれた。しかし、それは森以上のものである。ある単語はその意味を、それを解釈することになるであろう広大な象徴体系の創発に依っている。これと似たようなことが森でも起こっている。主たちの領域は、森の中の人間的ではない記号過程と――とりわけ人間的な仕方で――関わりあおうとする際に創発する、広大な潜勢的な体系である。つまり、主たちの領域は言語のようである。ただし、言語よりも「肉体的」(Haraway 2003)である――実際には、人間的ではない記号過程が通りぬける、より広大な一帯の中にとらわれている。同時にそれは、より霊妙なものでもある。森の中にある領域なのだが、自然と人間的なるものをともども超出する。一言で言えば、「超自然」である。

この主たちの霊的な領域は、誰が、そしていかにある〈私〉でありうるのかということ、またそれがその〈私〉の連続性――生存――のためのうつわを提供するということを、解釈し、そしてそれゆえに、それを許容し、拘束するようになる。アヴィラでは、白人性がそうした〈私〉の観点をしるしづける。その観点は、宇宙全体にわたる階層――非人間的なものから人間的なものまで、そして、人間的な領域から精霊の領域にまで広がる階層――における相対的な地位をしるしている。オスワルドの窮状はそこにある。一方で、ルナは常に既に白人だった。他方でルナは、その白人性によって歴史的に屈折させられた宇宙的階層におけるより優勢な地位のインデックスとなる存在の多様性――警察や僧侶、土地所有者、動物の主、悪魔――を見ている。

しかしながら、この主たちの領域は、まさにただ〈私〉なるものに関わるだけではない。ヴィヴェイロス・デ・カストロは次のように書いている。「文化という再帰的な〈私〉と、自然という非人格的な〈それ〉とのあいだには、見失われている立場がある。それは、〈あなた〉という二人称であり、その観点が〈私〉の観点の潜伏する響きであるような、他なる主体として扱われる他者のことである」(Viveiros de Castro 1998: 483)(私は、彼が「文化」と言うとき、それを自己がそのようなものとして自らを見る、つまり、自己が自らを人間《パーソン》として見るような観点のことだと理解している)。ヴィヴェイロス・デ・カストロにとって、この〈あなた〉とは、超自然的な領域――ただ単に自然に還元することができるものでもなければ、文化に還元することができるものでもない領域と、私は付け加えておこう――について重要なことを示唆している。形式的な階層論理によれば、それは、それを可能とする人間的な領域の「上に」位置づけられた領域である。

ヴィヴェイロス・デ・カストロは、続けて「超自然は、主体としての他者の形式である」と論じる(Viveiros de Castro 1998: 483)。私であれば、以下のように言うであろう。超自然は、このより高位の、奇妙でありかつなじみがある他なる自己によって呼びかけられることで、ある者が存在するようになる場所である。これが、あの警官がそこからオスワルドを呼び止めた領域である。超自然はまた、全ての自己が、みずからを主——アム——であると経験できる領域である。つまり、ある時にアヴィラでアムという言葉が使われるのは、ナルシサの場合のように自己言及する場合でも、人間であれ非人間であれ、厳密に他者である存在を指示する場合でも、別の主体として理解された、この別の〈私〉——その声がいかに弱かろうとも、未来にある〈私〉なるもののうちのひとつの潜伏する響きであるもの——をまさしく呼び出すためなのである。

この呼びかけの過程において、対象になってしまうのを避けることが試練なのである。そして、これは実在する危険である。このことに対する恐れのために、オスワルドは、警官が肩に白い毛束を載せたまま彼に挨拶した夢を見たときに、悪い夢を見た、と当初結論づけることになった。その危険のために、例えば、ウァツリツ・スパイ（*huaturiu supai*）、つまり、僧衣に身を包み、聖書を手にしながら森をさまよっている、トリの爪をした悪魔を見てはならない。その〈私〉にとっての〈あなた〉になることは、あなたを生者の領域から永遠に運び去ってしまうだろうから（Taylor 1993; Viveiros de Castro 1998: 483）。それでも、絶えず顔を合わせる諸々の〈それ〉や諸々の〈あなた〉に揺るがされることのない自己、つまり、こうしたものをより広い〈私たち〉へと取り込むように成長しない自己は、生きた〈私〉ではなく、〈私〉の死んだ抜け殻である。

それゆえ、ルナにとっての問いは、ある〈私〉の観点に住み続けることを保証するだろう諸条件をどのように創出するかということになる。つまり、自身の〈私〉でありかつ決して完全にある者の〈私〉ではない、このより高位の〈あなた〉の中にいかに入るのか、ということである。こうするために彼らが用いる技法は、シャーマニズムのものである。その技法とは、生者の領域へとあの未来をいくらか持ち帰ろうと、未来の中にかぎつめをかけることなのである。

シャーマニズムにとっての可能性の歴史的条件は、何かを抜きとろうとする階層そのものであることを強調しておこう。諸自己の生態学を構造化する、植民地的に屈折した捕食的な階層がなければ、入りこんで彼自身を枠づける高位の位置もありえない。シャーマニズムが自らのうちに浸透した階層の歴史と関係するあり方の典型となるのが、アヴィラで「シャーマン」にあてられる別称のひとつ、ミリク（*miricu*）という言葉である[24]。この言葉が持つ力は、それが二言語による掛詞だということにある。それは、二つの異なる使用域における二つの概念を、一挙に把握する。それは、医師を意味するスペイン語メディコ（*medico*）がキチュア語化したものであり、またキチュア語の「見る」という動詞、リクナ（*ricuna*）の動作主形を含んでいる。つまり、リク（*ricu*）とは、「見者」のことである。シャーマンは、医学の強力な武器全てを携えた近代の先兵である医師のように見ることができる。しかし、このことは、必ずしも西洋の医師のようになりたいという欲望を示唆しない。シャーマニズム的に見ることとは、見ることの意味を変えることなのである。

いかにして、ある者が〈あなた〉のパースペクティヴに住まうのか。いかにして、ある者は、それを自らの〈私〉とするのか。それを可能にするのが、私たちが衣服と呼ぶであろうもの――特定のたぐいの存在がある特定の世界に住まうことを可能とする装備、身体的な装飾、持ち物――を身につけることである。そのような備品には、ジャガーの犬歯や毛皮（Wavrin 1927: 328）、白人のズボン（Vilaça 2007, 2010）[25]、僧衣、「アウカ」の顔面彩色が含まれる。こうした衣服は脱ぎ捨てることもできる。ローサは死ぬときに自身の年老いた身体を脱ぎ捨てた。また、アヴィラでは、森でジャガーに会い、それを追い払えなかったとき、戦いに備えて服を脱ぐ男たちがいたと言われている。こうされると、ジャガーは自らの権力が自身の衣服に由来し、その下では、彼は人間《パーソン》であることを認めざるを得なくなる[26]。これこそが、例えばあるジャガーによってイヌたちが殺されたあと、アメリガが復讐の喜びに燃えつつふけっていた夢想の中でのことのように、ジャガーが、森の植生にかき消されることなく聞こえる「チリン、チリン」という山刀の音をひどく恐れる理由である。この音が、彼らの外套《クシュマ》（*cushma*）[27]――ジャガーはみずからの毛皮をそのようなたぐいの衣服だととらえている――を切り裂くのが、人間にとってはいかにたやすいことかをジャガーに思い起こさせるからである[28]。

シャーマニズム的な用具の例をもうひとつあげよう。婚礼の際、近所のルナの集落から来た男が私に近づき、何も言わずに彼のなめらかなほおを私の無精ひげにこすりつけ始めた。そのすぐ後、別の若い男が私に近づき、彼の頭頂に息を吹きかけることで私が持つ「シャーマニズムの知」を授けてほしいと頼んできた[29]。マニオク酒を囲んで飲んでいる際に幾度となく、年長の男たちが突然、私のバックパックを背負い、それを見せびらかしたあと、私のパックや散弾銃、斧、マニオク酒の入ったバケツといったほかの用具を携えた彼らの写真を撮るように私に頼んだ。ある男は、家族の肖像写真を撮ってくれと言う。皆が一番良い衣服に身をつつみ、彼は私のバックパックを背負っていた[30]。こうしたことは、全て、ちょっとしたシャーマニズムの行為――より力強い〈あなた〉として想像されたものの何かを流用しようとする試み――である。

ここでは、文化変容的な意味合いにおいても、ルナは白人になりたがっているわけではないことを、はっきりとさせておこう。これは、文化を獲得するという問題ではないからである。また、白人の白人性は本質的に固定化されたものでもない。これは、人種にかかわるものではない。スペイン人ヒメネス・デ・ラ・エスパーダは、現在、無人であるが、アヴィラから歩いて一日の距離にある、スマコ火山のふもとのサンホセ・デ・モテに住むルナを一八六〇年代に訪れたとき、このことを学んだ。

十字架やメダル、ビーズを分け与える際の私の気前の良さにもかかわらず、私が女たちのうちのひとりを娶《めと》りたいと冗談で言うと、女たちは私がキリスト教徒ではないので、そんなことを誰が望むかと答えた。…私は悪魔だったのだ。(Jiménez de la Espada 1928: 473)

ルナは人間《パーソン》であり、そうであり続けるために様々なたぐいの白人の用具に依存しているとはいえ、彼らが遭遇する実際の白人たちに向けて、自らの自己という質を常に拡張することはない。白人は関係的な範疇であり、本質主義的なそれではない。ジャガーが常に犬歯を持っているわけではないし、白人が常に主であるわけではないのである。

オスワルドがペッカリーをなんとか殺すことができたということは、そうした行為を可能にした、これまでただ潜勢的にしか実在しなかったものを、具現化させた――現に存在するようにしたのである。森であの日オスワルドは警官になったのであり、その過程において、彼は未来の領域に属するものを今＝ここの世界へと持ち帰った――彼の夢ではあいまいに暗示されたが。主たちの領域は実在する。それが実在するのは、現存するものに特徴を与えるからであり、また、起きたであろうことに還元されえないような一般的な可能性として、実在する。その実在性は、現存する以上のものである。主たちの領域は、人間的なるものや文化なるもの以上のものであり、そしてその一方で、部分的に人間的なるものを超えて広がる生ある世界と一緒に活動し、関わりあう、特に人間的な方法から創発するものである。

精霊は実在する（cf. Chakrabarty 2000; de la Cadena 2010; Singh 2012）。私たちがいかにこうした実在を扱うかは、それをそのようなものとして認めることと同じくらい重要である。もしそうしなければ、私たちは、精霊をあるたぐい――社会的ないし文化的に構築されたたぐい――の実在、つまり、「あまりに人間的」であまりにも見慣れたたぐいの実在として見るという危険を冒すことになってしまう。私は、神々が人間的な実践とともに創発することに同意する（Chakrabarty 1997: 78）。しかしその事実によって、神々が、そうした実践を通じて開かれた人間的な文脈によって包摂されることはない。また、その文脈に還元可能になるわけでもない。

森にある主たちの霊的な領域には、それならではの一般的な実在性がある。主たちの領域は、生命に備わる生ある未来とのあいだに森が有する関係から創発することで生じたものであり、生命に宿る特性のいくつかに「拍車をかける」。一般性それ自体や構成的な不在、つなぎ目の不在を越える連続性、因果的な時間の諸動態の中断といったいくつかの特性が、主たちの領域において一層増幅されるので、そうした特性は、その不可視性のために、ある意味、可視的になる。

精霊がいかに独自なたぐいの実在であるのかを見定めることは、それを超えて広がるものとの関係において人間的なるものに注意を向ける能力を持とうとする人類学にとって重要なことである。しかし、それをするには、精霊を実在させるもの――精霊を実在として理解している人々がいること、そうした事実を私たちは真摯に受け止めなければならないこと、そして、そうしたたぐいの実在がいかに私たちに影響を与えるかについて、私たちは率直でさえあるべきこと、これらを含んでいるがまたそれらを超えた何か――について、一般的なことを言う気概がなければならない（例として以下を参照。Nadasdy 2007）。

アヴィラ周辺の森の奥深くにある主たちの領域を創発する実在として扱うことで、私が望んでいるのは、世界が魅惑で満ちていることを再発見することである。私たちがアニミストであるかどうかにかかわりなく、世界は活力《アニメイティッド》に満ちている。世界は、人間であれ非人間であれ、諸々の自己――あえて、魂と呼ぼう――に満ちあふれている。世界は、今＝ここに、あるいは、過去に位置するだけではなく、未来にある存在――潜勢的な生ある未来――の中にもある。人間と非人間の魂でできた特殊な混合は、アヴィラ周辺の森の、霊的な主たちがいるあの魅惑で満ちた領域――森、そしてそれに関わる人間の歴史や文化から創発し、そしてそれなしには存続しえないが、それらには還元できない領域――を創造する。

生ある自己が未来を創造する。人間的な生ある自己は、より一層多くの未来を創造する。主たちの領域は、人間的なるものを超えた世界に生きるための人間的な方法から創発することで生じたものである。狩猟において、特にそうなるようなことが多い、一緒になること、つまり、種のあいだの関わりあいから産出されたものである。一般的であり、不可視であり、全ての死者に憑かれたような仕方で未来を作ることの全てが、そこに宿る。おそらくこの領域は、未来の未来なのである。その未来――超＝自然――に、生ある未来のための可能性が広がっている。あのブタを殺し、自分は殺されなかったことで、オスワルドは生き延びた。生存することとは、生命を超えて生きることである。生きることを超えることである。しかし、ある者が生き延びるには、生命との関係だけではなく、多くの不在のものとの関係が欠かせない。『オックスフォード英語辞典』によれば、「生存すること」は、「別の者が死んだあと、もしくは、何らかの（言明された、もしくは示唆された）出来事が起きたあと、もしくは、何らかのものないし状態が終わったあとに生き続けること」を意味する。生命は、生命ではないものとの関係によって成長する[31]。

日常の現在と一般的な未来とのあいだの、ひび割れてはいるが必要不可欠な関係は、ルナの自己が生を送る植民地的に屈折した諸自己の生態学が浸透し、活気を与える、ルナの自己の「心的生活」とリサ・スティーヴンソン（Stevenson 2012; Butler 1997 を参照）が呼ぶであろうものにおいて、特定の、そして痛みを伴う仕方で展開する。ルナは、霊的世界の領域に属するとともに、そこから疎外されている。その上で生存に必要なことは、ある者の未来の自己——森の主たちの領域で細々と生きている自己——のうちの何かが、うまくいけば応答するかもしれない自らのより世俗的なその部分を、顧みることができる道を切り開くことである。こうした連続性と可能性の霊妙な領域は、種＝横断的で、歴史を横断する一群の諸関係から創発することで生じるものである。それは、生ある未来を可能とする、多くの軽くなった死者のはかり知れない重さが産み出したものである。

ひとりの〈私〉として生き残るというオスワルドの試練は、夢に示されていたり、この諸自己の生態学で展開されたりするように、いかに彼が他者に呼びかけられるかにかかっている。こうした他者は、人間であったり、非人間であったりするし、肉体的であったり、潜勢的であったりする。おしなべて、それらは、オスワルドという人物を何らかの仕方でつくり出す。オスワルドの生存——森の奥深くにあるキトにローサが引き続き存在しているのと同じく——は、森が増幅する生命という難問を物語る。つまり、個体を例化する配列から系統が連綿と創発することを物語っている（第五章を参照）。さらに、そうではないものに対する構成的な不在と手を結んでいる形式の創造を物語っている。

魂、すなわち特定されないが実在するものは、そうした形式の連続性に生きている（Peirce: CP 7.591。第三章も参照）。魂なるものは、一般的である。身体は、（特定の位置にあり、装備をまとい、過ちを犯し、動物的である——ここでは、活力のある状態と取り違えないように——）個別化する（デュルケムを引くデスコラを参照のこと。Descola 2005: 184-85）。このことは、いくつもの生きた未来に関する何かをつかんでいる。何にせよ、生命は常に、魂がその良い例となる、つなぎ目の不在を越えるこのようなたぐいの連続性にまつわるものだからである。

そして、この特定の未来の未来とは、何をめぐるものなのか。アヴィラ周辺の新大陸の熱帯林で展開されるものなのだろうか。その例化や、継続する可能性が、密な諸自己の生態学に宿るあれらの存在のいくらかを殺すことを前提とするような未来の未来とは、何をめぐるものなのか。森の主たちの霊的な領域が創発することは、この思考する森を構成する、多くのたぐいの自己のあいだの関係から生じている。こうした関係には、系譜的なものもあれば、リゾーム的なものもある。垂直的なものもあれば、横断的なものもある。樹木状のものもあれば、網状のものもある。寄生的なものもあれば、捕食的なものもある。そして、最後には、見知らぬ者との関係もあれば、親密な関係にある者との関係もある。

この広大ではあるが壊れやすい、関わりあいの領域は、森の中や森の数多くの過去を宿す未来の領域において展開されるので、こうした関係のあまりに多くが殺されてしまわない限り、可能性の世界である。ハラウェイ（Haraway 2008）が指摘するように、殺すことは関係を殺すことと同じではない。そして、実際には、殺すことはひとつのたぐいの関係を可能にするかもしれない。殺しが終わったとき、より大きくて、さらに長く続く沈黙がやってくるだろう。ルナは、殺すために——この仕方で、こうした広大な諸自己の生態学の一部であるために——森とのあいだに、そして、世界を魅惑で満たす、ある種の活力のある状態とのあいだで親密な関係にある。殺すことと関係を殺すこととは、個とたぐい、トークンとタイプ、生と死後のように、ふたつの異なったものである。こうした具体例のうち、前者は特殊で、後者は一般である。これらの全てが、実在する。あれこれの未来を可能にする多数の死との関係において、生ある未来を思考すること。このことを、この人間的なるものを超えた人類学が習得できるようになる唯一の道は、この思考する森に息づく多くの実在する他者——動物、死者、精霊——と注意深く関わりあうことなのである。

エピローグ　超える

動物たちは地平線の向こうからやって来て、あちらこちらに住みつくようになった。彼らは死すべきでありまた不死でもあった。一頭の動物の血が人間の血のように流れるが、その種は消えることはない。一頭のライオン（lion）はライオンなるもの（Lion）であり、一頭のウシ（ox）はウシなるもの（Ox）なのであった。

ジョン・バージャー『なぜ動物を見るのか？』

地平線のかなたにいるライオン、それは、単なる一頭のライオンではないようなライオンであった。「ライオン」と口にすることは、かなたにいるライオンを呼び出すことであり、そう口にすることのかなたには、こちらを振り向いているもう一頭のライオンがいる。さらに、私たちをまなざすこのライオンを超えたところには、ひとつのたぐいであるがゆえに「かなたのライオン」と呼ぶべき、消えることのないライオンがいる。

なぜ人類学に人間的なるものを超えて見ることを求めるのか。なぜ動物たちにも人間的なるものを超えて見ることを期待するのか。私たちのほうを振り返り、私たちとともに見、私たちを超えて生きながらえる生命でありながら、究極的には私たちの一部でもある動物たちを見ることは、何がしかのことを教えてくれる。そのことは、人間的なるものを「超えた」ところにあるものもまた、いかにして私たちを支え、今ある私たちとこれから存在するであろう私たちをつくりあげているのかを教えてくれる。

生あるライオンのうちの何かが個体の死を越えて、一頭一頭のライオンが寄与している消えることのないライオンという系統のうちで永続する。そしてこの系統という実在は、関係する一頭のかなたにあって、同時にその一頭を支えている。つまり、私たちが「ライオン」という言葉を口にする時には、一般概念――かなたのライオン――を引き寄せると同時にそれに寄与し、そして生ある一頭のライオンを呼び出すことになる。つまり、誰かが口にする「ライオン」(専門用語としては「トークン」)という言葉を超えたところに、概念(「タイプ」)としてのライオンが存在し、そしてその概念を超えたところに、一頭の生あるライオンがいる。さらにそのようなあらゆる個々のライオンを超えたところに、これら多数のライオンたちの生命から生まれ、かつそれを支えるたぐい(種あるいは系統)としてのライオンが存在するのである。

私が考察しようとするのは、超える＝かなた(beyond)というこの観念である。そして、超えるということが人間的なるものを超えた人類学のなかでどのように現れるのかである。私は、本書をアマゾンのスフィンクス、プーマから始めた。このプーマも、私たちを振り返り、それゆえ人間的な見方を超えて広がるまなざしが存在することを、どうすれば人類学的に説明できるかを私たちに考えさせる。このことが、古代のスフィンクスがオイディプスに投げかけた謎々を再考するよう私を促した。朝は四つ足、昼は二つ足で夕方三つ足のものとは何か、という謎々である。私は自分自身の問いとともにこの謎ときに取り組んだ。スフィンクスの問いを、人間的なるものを（少しながら）超えたところから問いかけてみるとしたら、どのようになるのだろうか。『森は考える』という本は、なぜ物事をスフィンクスの視座から見ることが肝要であるのかを民族誌的に探求している。

このスフィンクスは、イメージをもって考えろと手招きしている。そしてこれは、究極的には、『森は考える』が扱う問題そのものである。つまり、イメージを用いた思考を習得することである。スフィンクスの問いは、ひとつのイメージ、その答の類似《ライクネス》、すなわち、イコンのようなものである。その謎々は、数学の方程式のようなものである。2＋2＋2＝6のような簡単な例で考えてみよう。この数式の両辺の項は互いに対するイコンである。「6」を三つの「2」であると解するようになることは、6という数字について新しい何かを私たちに教える（Peirce CP 2.274-302）。

私たちは、スフィンクスの問いが、イコンとして、オイディプスによる答、すなわち「人間」（的なるもの）について、新しい気づきを促す道筋を調べることで、何かを習得することができる。その問いは、私たちがあまりに人間的で象徴的（ゆえに、道徳的、言語的、社会文化的）であるような仕方で世界に存在している（二足歩行という人間的なイメージがとらえるもの）にもかかわらず、私たちとほかの生ある存在が共有する動物性（四つ足という私たちの遺産）があることに、目を向けさせる。そしてそのおかげで、人間的なるものを超えた生命のたぐい（「四つ足の朝」）とあまりに人間的な生命のたぐい（「二つ足の正午」）とが共有するものに気づかせてくれる。つまり、「三つ足」の老人＝と＝彼の＝杖（私たちが「可死にして不死である」と正しく認識するようになる人物、すなわち自己＝と＝対象）が、私たちとほかの生ある存在が共有する三つの鍵となる属性を呼び起こす。その三つの属性とは、有限性、記号による媒介（私たち生ある諸存在の全てが、限りある人生を手さぐりで進む時に使う「杖」）、そして――ここに加えてよかろう――生命固有の特殊な「第三性」である。こういった第三性とは、未来にあるという一般的な性質であり、それは生命の連続性の論理、および、私たち個体の死がつくりだすほかの生命のための余地のおかげで、いかにこの連続性が可能となるか、ということをとらえている。「地平線の向こう」で足をひきずって歩くイメージには、この「生ある未来」もまた宿っている。

ここで私がスフィンクスの謎々の事例を通じて、また本書全体を通じて行っているように、夢や聴覚的なもの、逸話的なものや神話的なものや、写真（写真には言葉なしに「語られる」別の物語がある）を含めて、あらゆるイメージをもって考えること。また、そのようなイメージが、人間的なるものを超えて存在するものを通じて、人間的なるものに関する何かを増幅し、それを明らかにする仕方に注視するようになること。この二つを習得することは、ここまでに主張してきたように、森に宿る思考が私たちを通してその道のりを考えるありように特有の、イコンの論理へと私たち自身を開いてゆく方法でもある。『森は考える』は、森のように考えることを目指している。つまりイメージをもって考えることを。

私たちの注意をスフィンクスに向けるには、つまりオイディプスではなく、スフィンクスを私たちの物語の主役とするには、人間的なるものを超えて人類学的に見ることが必要となる。これは簡単な仕事ではない。第一章「開かれた全体」では、記号過程を、象徴的なるもの（言語や文化、社会を、私たちが知るようなありかたで可能にするあのとりわけ人間的な記号論的様態）を超えて広がるものとして認識する方法を探ることによって、この仕事の見取図を描いた。象徴的なるものを、それを収めるより広い記号論的領域のうちにある表象様態のひとつのたぐいに過ぎないものとする見方を習得することで、私たちは次の事実を認識できるようになる。すなわち、それ自体が全体をなすにもかかわらず、そのかなたへと「開かれた」社会文化的な世界——複合的な全体——のなかで私たちは生きている、という事実である。

しかしそのような開かれた状態を認識することで、いもづる式に出てくる問いがある。それは、私たちと、私たちが構築する社会文化的な世界を超えたこの世界とはいったい何なのか、という問いである。そこで、第一章の後半部分では、実在するということを、二元論的な形而上学が提供する二つの実在のたぐい——片手には、私たちに特有の社会文化的に構築された人間的な実在性があり、片手には、私たちの外側で対象となる「材料」がある——を超えて広がるものとして考えるにはどうすればいいのか、という考察に目を向けたのである。

私がここで両手を使って、二元論的な形而上学が提供する選択肢を描写するのには相応の理由がある。なぜならこの二元論は、右手と左手を使って考えたがる私たち人間の性分と同じくらい、人間の本性に深く刻み込まれているからである（Hertz 2007）。私が社会と文化という領域を最初に、つまり右手に置き、そして物の領域を第二の手――（「左」を表すラテン語では）より弱く、邪道で、罪深い手――に格下げしたのはたまたまではない。そうなったのも、私たちの二元論的思考は、私たちが人間的なものだとみなしているもの（私たちの魂、意思、または文化）によって今のところ支配されているからである。この二元論的思考は、他者、非人間たち（命もなく、活性もなく、魅惑もないもの）の領域を左手に委ねる（にもかかわらず、その手は体制を転覆する可能性さえ持つことがある。Hertz 2007; Ochoa 2007）。

この二元論は、特定の時代や場所に限られた社会文化的な産物ではない。その二元論は人間であることと「がっちり手を組んで」いる。というのは、私たちの二元論的な傾向（スフィンクスの言葉でいうと、私たちの「二本足」）は、人間的な象徴的思考ならではの特性から産出されたのであり、また、そのような思考本来の論理が現実世界にある指示対象から根本的に分離していると思われるような記号体系をつくりだす仕方から産出されたとみなすことができるからである。

そのため、二で考えることは、人間的であることが意味するものに深く埋めこまれており、そしてこのように両手を使って考えることを超えていくためには、人間的なるものを異化する真の技法が欠かせない。つまり、ここで私たちに求められるのは、私たちの思考を脱植民地化する困難な過程を引き受けることである。ほかのたぐいの思考――人間的なるものを含みかつ支える、より懐深くて広い何らかの思考――が可能になる余地をつくりだすために、私たちには言語を「地域化」することが求められる。この他なる思考とは森による思考、すなわち、生命に固有の論理を増幅するようにして森の生ある存在と親しく関わりあう、ルナ（やほかの人々）のような人々との生を通して自らのありかたを考える思考のことである。

それら生ある存在は、森を魅惑するもので充たし、森を息づかせる。私が主張したのは、人間的なるものを超えた魅惑とアニミズムの実在性であり、私が試みたのは、人間的なるものを超えたところに私たちを連れだす人類学的なアプローチにおいて概念的にその実在性を肉づけし、動かすことだった。この取り組みは、私たちが人間的なるものについて考える「正しい＝右手にある《ライト》」道だと思っているものをつきくずすための、左利きである私からの供物である。

第二章「生ある思考」の目的は、生命は、すなわち森は考えるという主張を開陳することにあった。そこでは、言語を超えた表象の諸形式——思考の諸形式——が存在する、人間的なるものを超えた領域に格別の注意を払いながら、そうした形式に目を向けている。関係を象徴的につくる、とりわけ人間的な思考の方法——言語的、文化的、社会的な関係性、さらにどのように私たちがそれらを考えるのかを示すもの——にのみ焦点を当ててしまえば、「生ある思考」というさらに大きな関連性の論理の何かを見逃してしまうことになる。生ある非人間的な存在は、構成的に記号論的であるということが、彼らを自己たらしめる。これら非人間的な自己は思考する。そして非人間的な自己による思考は、様々な自己のあいだに関係をつくりだす、ある形式の連合である。あるたぐいの関係としてのこの異なる思考形式に注視することそのものが、また時にはその形式を感じるといったことさえもが、それ独自の概念的対象として立ち現れる。そして、私たち自身を、（混同したり区別したりしないことに本来備わる、何かを発生させる可能性のような）その形式の奇妙な特性に対して開いていくことは、関係の最小の構成要素としての差異を超出できる人類学を想像するよう私たちを駆り立てる。

このように、「生ある思考」の章では、人類学が人間的なるものを超えて生命の方をまなざすことが、なぜ極めて重要なのかを確かめることになった。第三章「魂＝盲」では新たな議論に着手している。それは、どのようにして生命を超えた死もまた生命の中心となるのか、という問いである。ここでの私の論点は、いかにして死が生命の本質的な問題――「現実のむずかしさ」――となるのか、ルナはこのことと折り合いをつけるやり方をいかに見出すのか、ということにあった。

本書は、第四章「種＝横断的ピジン」でその向きを大きく変える。なぜ私が提唱する取り組みは人類学的であって、言うなれば、不可知論的に複数種の関係を位置づける生態学的ではないのかを明確にすることによって、人間的なるものを超えようとしながらも、人間的なるものが与えるものを見失うことがないように、「あまりに人間的」なるものに向けてこの人類学の舵を戻したのである。人間的なるものを超える道程において、自らを超えて広がる巨大な諸自己の生態学に「住まう」動物や精霊たちと意思疎通しようとあがくなかで、ルナたちは人間であることをやめようなどと望んではいない。したがって、この章では、とりわけ人間的な存在のありかたの余地を確保するように努めながらも、人間的な意思疎通の様態を超え出るように踏み出すのに必要な戦略の跡を民族誌的にたどった。

（象徴を通じて思考するという私たちの傾向から生じた）人間的であるという私たちならではのありようの中心にあるのは、他なるたぐいの生ある存在とは反対に、私たち人間は道徳的な生きものである、ということである。これが、あまりに人間的な植民地期の歴史的遺産がいたるところにちりばめられた諸自己の生態学のなかで生存しようとあがくルナにあって、失われずに残っているものである。端的に言えば、人間的なるものを超え出るよう一歩を踏み出す時、このあまりに人間的なる領域を無視するなど、ありえないのである。そのように言えたとしてもなお、人間的なるものを超えた生命の論理を、私たちを通じて作動させたまま、人間的なるもの（そして道徳的なるもの）のかなたにある諸々のたぐいの生命に注視するのを習得することそのものが、倫理的実践なのである。

あまりに人間的なるものをそのかなたにあるものに関連づける試みのなかで、「種＝横断的ピジン」によって明らかになるのは、分析論としての「超える＝かなた」という概念に関わる何かである。「超える」は、これから論じるように、その目的語を上回るが、同時に目的語に連続するものでもある。つまり人間的なるものを超える人類学は、人間的なるものを超えたところにあるものを見据えるとはいえ、そしてまさにそうであるがゆえに、人間的なるもののそばにある――人間的なるものを支えることにもなる、「超える＝かなた」である。

本書の大半は人間的なるものを超えて生命の領域に向かうことを議論している。これに対して、第五章「形式の労なき効力」の狙いは、その生命の領域を超えた、人間と非人間の生命の双方を支える形式の奇妙な働きへと向かうことにあった。この章では、型が発生し増え広がるときに固有の特性と、その特性が因果性と行為主体性に対する私たちの理解を変えるありようを注視した。形式はそれ自体で実在すること、また、形式は世界で創発し、そして人間と非人間が利用する特有の作法のおかげで増幅される実在であることを論じている。

第六章「生ある未来（と軽くなった死者のはかり知れない重さ）」は、生者の領域を超えたところにある霊的な領域に属する死後に目を向けている。第六章での主たる課題は、生命自体が、生命を息づかせる生ある肉体を超えて継続するありかたについて、この領域がいかにして何かを伝えるかを理解することにあった（注目すべきことに、英語では、精霊つまり spirit は、語源学的に呼吸と関連するが、キチュア語でも、サマイ（*samai*）、呼吸とは生命を吹き込むものである）。それゆえ、この最終章では、現存するものを超えて「一般的なるもの」へと危険を冒しながらも進むことになった。諸々の一般は実在する。精霊やスフィンクスでさえ実在する。同じく、かなたのライオンたちも。それゆえ、この章は、たぐいとタイプの両方としてのかなたのライオンの実在性に関するものだ、と言うこともできよう。「たぐい」（あるいは種、もしくは系統）としてのライオンは、広義に解釈された生命の所産であり、その一方「タイプ」としてのライオンは、生命の人間的で象徴的な形式の所産である。そしてこの章で焦点を当てたのが、これら二種類の一般――人間的なるものを超えた生ある一般と人間的なものに特有の一般――が森に宿る諸自己の生態学のうちに独特の仕方で一緒に保持されることから生まれ出る、創発的な実在である。

アヴィラ周辺の森で生まれ出るこの創発的な実在とは、主たちが棲む霊的な領域である。それは、概念とたぐいの特殊な布置の所産である。それは、森の生命をとらえつつ、また同時に、主たちを宿すこの森にとり憑いて離れない多くの死にかかわる、あまりに人間的な歴史と森のとらえた生命とを絡みあわせながら、森を超えたところにある実在である。

本書を通じて、私は連続性があるにもかかわらず、差異と新奇性を説明する方法を探ってきた。

創発とは、断絶の間にある繋がりをたどるために用いた専門用語である。超えるは、より広がりのある一般用語である。人間の言語を超えて記号過程があるということは、言語が、言語自身を超えて広がる生ある世界の記号過程と繋がっていることを、思い出させる。人間的なるものを超えた諸自己がいるということは、私たち人間が自己であることの属性のいくつかが、彼らの属性と連続するという事実に注意を向けさせる。あらゆる生命を超えた死が存在するということは、私たちを今の私たちたらしめる全ての不在の死者によって開かれた空間のおかげで、私たちが連綿と続いていくありようを指し示している。形式が生命を超えて広がるということは、私たちの生命を通過して型が労なくして増え広がっていくことに注意を向けさせる。さらに、最後になるが、精霊たちが生命を超えて広がる死後という実在の一部であるということは、生命本来の連続性と一般性について何かを教えてくれる。野生の森《セルヴァ・セルヴァッジャ》（selva selvaggia）を、しばしば言葉を失わせるこの野生的な「鬱蒼とした」、「近よりがたい」森を横断することで、森が考えるありように含まれる何かを、ここまでに提示できただろう。この思考は、濃密な諸自己の生態学において、そしてルナがこの生態学に注視する歴史的に偶然な方法によって、増幅される。

　この森林に宿る自己の生態学にルナが注視する方法は（部分的に）、国家経済からのあまりに人間的な周縁化の産物である。ことによるとその経済は、エクアドルで成長をとげる富のいくばくかにアヴィラのような遠方の共同体をより公平に繋ぐこともできたのかもしれないのだが。より重大な国家規模のネットワークへの統合は、より確実な生活維持の形式をたしかに与えることにはなるだろう。その形式のおかげで、危険でより手のかかる森での食料調達が、意味のないものとなり廃れるかもしれない。そして物事はその方向に進んでいる。キトは、数世紀にわたる時を経て——国家規模で拡張する道路、福利厚生や教育、インフラ整備などの進歩を通じて——、ようやく、森へと到達しようとしている。

社会経済的で政治的な周縁化とアヴィラ・ルナが実践する森を中心とした生業の関係を指摘することで文化を貧困の問題に矮小化することは（そのようにした人もいるだろうが）、私の望むところではない。さらに、今や明らかなはずだが、私は文化についての講釈をしてはいない。その上、アヴィラでの日常生活には確かな豊かさがあり、それはアヴィラに住む人々が慈しむものである。そしてこの豊かさは、他者が豊かさを評価するのに使う経済や健康に関する評価軸に関わりのないところで存在する。

私がここまで描いてきた、著しく植民地的に屈折した複数種の自己の生態学は、民族誌的かつ存在論的な意味において実在する。しかし、その存在は、濃密な非人間の生態学が絶えることなく繁栄することに、また同様に、この生態学に踏み込んで生きる人間に、依存している。もし、この諸自己の生態学を構成する要素のあまりに多くが消えてしまえば、特定のたぐいの生（そして来世）は終わりを迎えるだろう——永遠に。そして私たちは、その不在を悼む方法を探さなければならなくなるだろう。

しかしそうした消失が起こったとしても、あらゆる生が終わるわけではない。人間であることのほかの道がルナにはありうるだろう——おそらくまた非人間ともつれあうかもしれない道、ほかの精霊を呼び起こすかもしれない道が。そして私たちは、そのたぐいの実在に宿る希望に耳を傾ける方法も、見つけ出さなければならない。

民族誌の焦点を儚くいつか消えていくかもしれない何か――極めて濃密な諸自己の生態学の現実性、つまりあまりに人間的なるものでありかつ人間的なるものをはるかに超えたところにある実在性――に向けているとはいえ、私が行っているのはサルベージ人類学〔訳注：失われゆく文化の記録のための人類学〕であるとは言えない。なぜなら私が見取り図を描いているものは、ただ単に消え失せることなどないからである。この特定の関係に民族誌的に注目することで、「私たち」を通じて森が自らを思考する仕方の既に一部となっている生ある論理に注視する道筋が増幅され、したがって私たちがその道筋を見定められるようになる。そして、「私たち」が人新世――人間的なるものを超えた世界があまりに人間的なるものによってつくり直されている、この不確かな私たちの時代――を生き抜くには、私たちは森とともに、そして森のように考えるいくつものこうした道程を、積極的に切り開いていかなければならない。

このことを考えるために、本書のタイトル *How Forests Think*（『森は考える』）に戻ろう。既に述べたように、このタイトルを選んだ理由は、アニミストの思考についての古典であるレヴィ＝ブリュルの *How Natives Think*（『未開社会の思惟』）との共鳴にある。同時に、重要な区別をここでしたい。いくつもの森が思考するのだ。対して、「未開人」（もしくは他者、といってもいい）がそのことを思考する時、ひとつの思考する森の思考によって彼らは変化する。本書のタイトル *How Forests Think* は、*La Pensée sauvage*（『野生の思考』）――レヴィ＝ストロースによる野生状態の思考に関する考察――とも共鳴する。レヴィ＝ストロースの黙想が取り上げたのは、人間的なるものによって飼いならされることもあればそうでもないこともある、あるたぐいの思考である。この意味で、それは、そのタイトルが遊び心をもってほのめかす、装飾花パンジー――pensée［訳注：フランス語で「思考」の意味］のもうひとつの意味――のようなものである。パンジーは栽培化されている。つまり「飼いならされている」という事実にもかかわらず、パンジーは生きてもいる。かくして、私たちのように、そしてルナ――「馴致されたインディオ《インディオス・マンソス》」である者たち――のように、パンジーは野外にもある。野生《ソヴァージュ》（sauvage）は、当然ながら、語源学的には森林《シルヴァン》（sylvan）に関係している――「野生の森《セルヴァ・セルヴァッジャ》（selva selvaggia）」で生まれたものに。

　私自身が行った民族誌的な黙想とは、私たちの思考を解き放つ試みだった。それは、人間的なるものを超えた野生状態の生ある思考――「私たち」をつくるものでもある――に自分たちを開くために、束の間、私たちの謎だらけの人間的な生活空間から一歩踏み出す試みだった。このことを成し遂げるには、私たちの案内をルナ・プーマ――私たちのウェルギリウス――に任せる必要があり、そしてアヴィラ周辺にある森、野生の森にも任せる必要がある。こうするのは、ダンテの恒星天へと昇るためだけではない（これは、道徳性にまつわる物語ではない。私はそのような究極目的《テロス》の講釈をしているわけではない）。束の間、この森が一般性へと分け入るがままにしよう。その一般性は霊妙なるものであり、おそらく、この特有の民族誌的な遭遇のかなたにあるものだ。

　私たちの考え方を生ある思考に、自己と魂に、森に宿る多くの精霊に、そしてさらには概念とたぐいとしてのかなたのライオンに開く道のりを探るなかで、私は一般的なものに関して具体的な何かを言おうと試みてきた。私は、「ここ」にいる私たちには感じられ、かつ同時に「かなた」で私たちを超えて広がる、ある一般的なものについて何かを示そうと試みてきた。このようにして私たちの考え方を開くことで、より大きな〈私たち〉——私たちの生命のうちにのみならず、私たちを超えて生きるものたちの生命においても繁栄するひとつの〈私たち〉——に気づくことができる。それは、いかに質素であろうとも、私たちからの、生ある未来への贈り物となるだろう。

謝辞

『森は考える』はかなりの期間温めてられてきたものであり、それが今となっては生を享けたことについて、多くの方にお礼を伝えたい。まず何よりも、アヴィラの人々には、とても大きな恩を受けている。アヴィラで過ごした時間は、私が知りうる限りで最も幸福で、最も刺激的で、そして最も平穏なものだった。その場所で識別できるようになった森の思考が、本書を通じて成長し続けることを願っている。ありがとう《パガラチュ》（*pagarachu*）。

私がアヴィラに行くはるか前から、祖父母である故ディ・カプア夫妻（アルベルト、コスタンサ）がすでにこの道を用意してくれていた。キトに居を構えたイタリア系ユダヤ人亡命者である二人は、身の回りのあらゆることに好奇心を向けていた。一九四〇年代から五〇年代にかけて、薬学者であった祖父は、医薬用植物の探査のためにアマゾニアの森に向けて何度か科学的調査に赴いていた。生まれ故郷ローマで芸術史と文学を学んだ祖母は、自らが投げ出され、そして後には故郷と呼ぶに至った世界をより良く理解するために、キトに着くと考古学と人類学に関心を向けた。ただ、アヴィラへの旅から私が戻れば、彼女は、夕食のスープを準備しているあいだじゅう、私にダンテの『神曲』から読み聞かせするようにと言ってきかなかった。文学と人類学は、彼女から、そして私から、離れていくことはなかった。

祖母の学びを通してフランク・サロモンと出会ったのは、私が一二歳のことだった。比類なき学者であるサロモンは、後にはウィスコンシン大学での博士課程の研究の指導教官となったが、詩を民族誌として見ることを別の仕方で教えてくれた。そうして、考える森や夢見るイヌのように奇妙で実在する事物のことを書くための素地を開いてくれたのだった。ウィスコンシン大学マディソン校は文化的、歴史的、生態学的な文脈において、アマゾン河上流域について考えるのに素晴らしい環境にあった。そこでは、カルメン・チュキンやビル・デネヴァン、ヒュー・イルティス、ジョー・マッケーン、スティーヴ・スターン、カール・ジッメレールにも大変お世話になった。

ウェザーヘッド・レジデント研究奨学金のおかげで博士論文――本書で行っていることの最初の試み――をサンタフェにある高等研究学校で執筆することができた。そこでは、ジェームズ・ブルックス、ナンシー・オーウェン・ルイス、ドッグ・シュワルにお世話になった。またそこにいた同年代の研究者たち、ブライアン・クロポテック、デイヴィッド・ヌージェント、スティーヴ・プログ、バーバラ・テッドロック、デニス・テッドロックに、また中でも、カティエ・スチュワートには、サンタフェの丘にハイキングをしながら、いろんなアイデアを話してくれようとしたことについて、感謝したい。

人間的なもののかなたを人類学的に考えるための概念的枠組みを発展させることを始めるようになったのは、バークレイにあるタウンセンド人文学センターで、ウッドロウ・ウィルソン・ポスドク研究員を務めていたときのことである。この機会を与えてくれた、カンダース・スレイター、トム・ラカー、ルイス・フォルトマンに記して感謝したい。バークレイで、人類学のことを私に教えてくれた皆にも。ビル・ハンクスは、私を人類学のコミュニティの一員にしてくれただけではなく、とても思慮深く導いてくれたし、ローレンス・コーエンは私が自分を信じられないときでさえ私のことを信じてくれた。そして、テリー・ディーコンがつくりあげていた環境――彼による「海賊版」講座（タイ・キャッシュマン、ジェームス・ハーグ、ジュリー・ウィ、ジェイ・オギルヴィ、ジェレミー・シャーマンが参加していた）のことでもある――は、私が身を置くことのできた環境の中でも知的に最も刺激的で、決定的に私の考え方を変えてしまった。こうしたバークレイでの日々の中でも、次の四人の友人であり仲間のことは特記しておきたい。私に人類学について多くのことを教えてくれたリズ・ロバーツ（そして、以下に挙げる皆のことを紹介してくれたのも彼女である）、クリスティアーナ・ジョルダーノ、ピート・スケイフィッシュ、アレクセイ・ユルチャック。人類学部のメンバー、スタンリー・ブランデス、メグ・コンケィ、マリアン・フェルメ、ローズマリ・ジョイス、ネルソン・グレイバーン、クリスティーヌ・アストルフ、コリー・ヘイデン、チャールズ・ハーシュキン、ドン・ムーア、ステファニア・パンドルフォ、ポール・ラビノウ、ナンシー・シェパー＝ヒューズは皆とても優しく親切だった。

ミシガン・ソサエティ・オブ・フェローに在籍していたときには、前局長のジム・ホワイトと研究員たち、中でも素晴らしい二年間を共にすることができたポール・ファイン、ステラ・ネール、ニール・サフィーア、ダニエル・ツォルゼンベルグに感謝したい。ミシガン大学の人類学部では、ルース・ベハー、故フェルナンド・コロニール、ウェブ・キーン、スチュアート・カーシュ、コーナード・コタック、アラニア・レモン、ブルース・マンハイム、ジェニファー・ロバートソン、ゲイル・ルベン、ジュリー・シュクルスキ、キャサリン・ヴェルドリに、さらに論文執筆のための私的な研究会に参加していた、レベッカ・ハーディン、ナディーン・ナベール、ジュリア・ペイリー、ダマニ・パートリージ、ミリアム・ティクティンにお世話になった。

以前の職場であるコーネル大学での同僚にも記して感謝したい。中でも、ステイシー・ラングウィック、マイケル・ラルフ、ネリッサ・ラッセル、テリー・ターナー、マリーナ・ウェルカー、アンドリュー・ウィルフォード、（そしてティム・チョイ、トニー・クルック、アダム・リード、アウドラ・シンプソンが参加した）私の草稿に関するワークショップを快く開いてくれた、宮崎広和とアナリーズ・ライルズに。

考え、教え、暮らすのに刺激的な場所を、モントリオールで見つけることができた。マギル大学の同僚は、表現できないくらいの仕方で、私を支えてくれた。中でも草稿の一部を読み、（あるいは）計画の一部について議論してくれたことについて、次に名前を挙げる方々に感謝したい。コリン・チャップマン、オリヴァー・クームズ、ニコル・クツール、ジョン・ガラテ、ニック・キング、キャサリーン・レモンズ、マーガレット・ロック、ロン・ニエーゼン、ユジーン・ライエル、トビアス・リース、アルベルト・サンチェス、コリン・スコット、ジョージ・ウェンゼル、アラン・ヤング。素晴らしい大学院生たちに、中でも「人類学と動物」、「人間的なものを超えた人類学」の講座を受講してくれた学生たちにも感謝したい。本書の草稿を読み、批判的に関わってくれた大学院生たち、エイミー・バーンズ、モニカ・クウェルー、ダリシエ・デ・アンヘロ、アーウィン・フレミング、マルゴウ・クリスジャンソン、ソフィ、レウェリン、ブローディ・ノーガ、シリン・ラジャヴィ、ダニエル・ルイス・セルナ。最後になるが、とても有能な調査助手として手助けをしてくれる、シーハン・ムーアに恩を受けている。

何年もの間、私の仕事を支え、刺激を与えてくれた多くの人々がモントリオールやほかの場所にいる。誰よりも先に謝意を表したい相手は、ダナ・ハラウェイである。私の思考に自己満足が育まれていくのを彼女が許さなかったことは、私にとっては真の友情の証である。以下の人たちについても、名前を挙げて謝意を表したい。ペペ・アルメイダ、アンフェル・アルヴァラド、フェリシティ・アウリノ、グレチェン・バッケ、ヴァネッサ・バレイロ、ホアン・ビュール、マイケル・ブラウン、カレン・ブルーンズ、マテイ・カンデア、マヌエラ・カルネイロ・デ・クニャ、マイケル・チェペック、クリス・チュン、ジョン・クラーク、ビエラ・コールマン、アンドレ・コストポウロズ、マイク・コワン、ヴェーナ・ダス、ナイス・デイヴ、マリソル・デ・ラ・カンデナ、マリジョ・デルヴェッチオ・グッド、ボブ・デスジャルライス、ニック・ディウ、アリシア・ディアス、アルカディオ・ディアス・キニョーネス、ディディエル・ファシン、カルロス・ファウスト、スティーヴ・フェルド、アレン・フェルドマン、ブレンダ・フェメニアス、エンリケ・フェルナンデス、ジェニファー・フィッシュマン、アグスティン・フェンテス、ドゥアナ・フルワイリー、クリス・ガルセス、フェルナンド・ガルシア、故クリフォード・ギアーツ、イラナ・ガーション、エリック・グラスゴールド、マウリツィオ・グネレ、イアン・ゴールド、バイロン・グッド、マイク・グーデイル、ピーター・ゴーズ、マイケル・グリグノン、ゲオコンダ・ゲーラ、マイケル・ヘルツフェルド、クレッグ・ヘテリントン、フランク・ハッチンス、サンドラ・ハイド、ティム・インゴルド、フレデリック・ケック、クリス・ケルティ、エベン・カークセイ、トム・ラマレ、ハンナ・ランデッカー、ブルーノ・ラトゥール、ジーン・レイヴ、テッド・マクドナルド、セトラーグ・マノウキアン、カルメン・マルティネス、ケン・ミルズ、ジョシュ・モーゼス、ブランカ・ムラトリオ、ポール・ナダスディ、クリスティン・ノーゲット、ジャニス・ヌコルズ、マイク・オルダニ、ベル・オーラヴ、アナンド・パンディアン、ヘクダー・パリオン、モルテン・ペデルセン、マリオ・ペリン、マイケル・プエット、ディエゴ・キロガ、ヒュー・ラッフルズ、ルシンダ・ランバーグ、チャーリー・リーヴズ、リサ・ロフェル、マーク・ロジャーズ、マーシャル・サーリンズ、フェルナンド・サントス=グラネーロ、パトリス・シュク、ナターシャ・シュル、ジム・スコット、グレン・シェパード、キンブラ・スミス、バーブ・スマッツ、マリリン・ストラザーン、トッド・スワンソン、アン=クリスティーン・テイラー、ルシアン・テイラー、マイク・ウゼンドスキー、イスマイル・バッカロ、ヨマー・ヴェルデゾト、エドゥアルド・ヴィヴェイロス・デ・カストロ、ノーム・ウィッティン、アイリーン・ウィリンガム、イヴス・ウィンター、グラディス・ヤンベーラ。

長年にわたって、多くの熱帯生物学者が自らのフィールドのことを教えてくれたし、また、私がそのフィールドからアイデアを引き出すのを認めてくれた。デイヴィッド・ベンジンとスティーヴ・ハッベレが、最初の師だった。セリーヌ・バエズ、ロビン・バーナム、ポール・ファイン、ナイジェル・ピットナムにも感謝している。コスタリカの熱帯学協会(OTS)によって運営されていた熱帯生態学のフィールド・コースを通して、この知的領域に没頭する機会を得られたことに感謝している。キトには生物学者たちの活気に満ちた温かいコミュニティがあり、カトリカ大学の故フェルナンド・オルティス・クレスポ、ジオバンニ・オノレ、ルーチョ・ヴァルガス、そして中でも寛大な気持ちで私をそこに導いてくれたエクアドル国立植物園のデイヴィッド・ニールに感謝している。このプロジェクトは、かなり大きな民族生物学のユニットを持っており、私が標本を特定するのを助けてくれた全ての専門家に感謝している。デイヴィッド・ニールには、私の植物収集品を注意深くダブルチェックしてくれたことについても、重ねてお礼を申し上げたい。またエクレイン・フレイレには、これらの収集品に労を取ってくれたという恩義がある。植物学的な同定については、以下の人たちにも感謝している（カッコ内は、標本を同定してくれた際に加入していた植物標本所蔵機関である）。M・アサンザ（エクアドル自然科学博物館、QCNE）、S・バエス（エクアドル・ポンティフィシア・カトリカ大学自然科学部、QCA）、J・クラーク（US）、C・ドッドソン（MO）、E・フレイレ（QCNE）、J・P・ヘディン（MO）、W・ニー（NY）、D・ニール（MO）、W・バラシオス（QCNE）およびT・D・ペニングトン（K）。私はまた、エクアドル・ポンティフィシア・カトリカ大学動物学博物館（QCAZ）で過ごした全ての時間でM・アヤラ、E・バウス、C・カルピオ、G・オルに謝意を表したい。さらに無脊椎の収集品を特定するにあたっては、D・ロウビック（スミソニアン熱帯研究所）に謝意を表したい。爬虫類の収集品の同定については、QCAZのJ・グアヤサミン、S・ロン、L・コロマに感謝している。哺乳類の収集品の同定については、P・ジャリンに謝意を表したい。最後に魚類の収集品については、国立ポリテクニカ校のラミロ・バリに感謝したい。

本書は、多くの機関の寛大な支援なくては完成に至らなかっただろう。大学院研究と海外調査のためのフルブライト奨学金、国家科学基金大学フェローシップ、フルブライト博士海外調査基金、ウィスコンシン大学マディソン校ラテンアメリカ・イベリア研究フィールド調査基金、人類学の博士前の調査のためのウェンナー＝グレン基金、社会文化調査のためのケベック基金（ＦＱＲＳＣ）に対して謝意を表したい。

とても幸運なことに、客員教授としてオベリン大学（ジャック・グレイザーに感謝している）と社会科学高等研究院（ＥＨＥＳ）を訪れた際に、本書の全ての議論を発表する機会を与えられた。後者については、フィリップ・デスコラの寛大な招待のおかげである。また、カールトン大学、シカゴ大学、ラテンアメリカ社会科学部エクアドル本部（ＦＬＡＣＳＯ）、ジョンズ・ホプキンス大学、カルフォルニア大学ロサンジェルス校、カルフォルニア大学サンタ・クルーズ校、トロント大学およびイエール大学においても、部分的にこの議論の発表を行ってきた。第四章の最初のヴァージョンは、『アメリカン・エスノロジスト』誌に掲載された。

総じて、多くの人々がこの本に関わってくれた。オルガ・ゴンザレス、ジョシュ・レノ、キャンデース・スレイター、アンナ・ツィン、メアリー・ワイスマンテルからの、刺激的で思慮深く建設的な論評には感謝してもしきれない。デイヴィット・ブレント、ブリヤ・ネルソン、ジェイソン・ワイデマンによる、このプロジェクトへの持続的な関心に感謝している。忙しい日常の合い間に時間をかけてこの本の大部分を注意深く読み、さらにスカイプを通じて長時間にわたって私と議論してくれた、ビート・スカフィッシュとアレクセイ・ユルチャックに特別な謝意を述べたい。また、全ての草稿を批判的に読んで入念に編集をしてくれたことに対して、リサ・スティーヴンソンに特に恩がある。最後に、間違いなく危険なプロジェクトに思われるものを後押ししてくれたことについて、カルフォルニア大学出版のリード・マルコムに謝意を表したい。また、ステイシー・アイゼンスターク、忍耐強い原稿編集者シーラ・バーグ、そしてプロジェクトマネージャーのケイト・ホフマンにも謝意を表したい。

家族が私に与えてくれたもの全てに、とてもたくさんのことを負っている。アレハンド・ディ・カプアより寛大なおじを私は知らない。いつもキトの家に迎え入れてくれた彼と彼の家族に感謝する。私のおじのマルコ・ディ・カプアは、ラテンアメリカの歴史と科学に対する愛を私と分かち合ってくれたし、家族も一緒に私の調査のことを興味深く聞いてくれた。そうしたことに、たいへん感謝している。また、リカルド・ディ・カプアと、エクアドルにいるコーン姓のいとこたち皆にも謝意を表したい。中でも、いかに全体的に考えるのかを私に思い出させてくれた故ヴェラ・コーンに感謝する。

両親アンナ・ローザとジョー、そしてエマとマリシアの姉妹から、絶え間ない愛情と支援が注がれたことは幸運だった。森の中で物事を知ることを初めて私に教えてくれたのは母で、自身のことを考えることを父が、他者について考えることを姉妹が教えてくれた。

私は義母フランゼス・スティーヴンソンに感謝している。私が執筆している間、彼女は、夏休みの何日間かをケベックにある湖、オンタリオ湖とアディロンダックス湖で過ごし、子どもたちの面倒を見てくれた。私は託児所に常に別種の「仕事」を持ち込んだ。そのため、義父ロメイン・スティーヴンソンと彼の妻クリスティンは、たくさんの差し迫った用事を私がしないで済むように配慮してくれた。このことにも、感謝したい。

最後になるが、ベンジャミンとミロ、ありがとう。君たちが言う「ダイガク」のくだらないことに耐えてくれて。君たちは毎日私の大学の仕事をいかに遊びとして見るのかを教えてくれる。グラシアス。そして、リサ。ありがとう。全てに対して。つまり、私を触発してくれることに。私の限界を押し広げながらも、それを理解するのを助けてくれることに。そして、私たちのこの生において、これほど素晴らしい伴侶でいてくれることに。

注

序章

1 キチュア語の表記に関しては、スペイン語に基づく実用的な正書法を以下の著作から採用する（Orr & Wrisley 1981: 154）。それらに加え、アポストロフィー「ʼ」によって閉鎖音を、上付き文字のh「ʰ」で気音を示す。各単語については、アクセント表記がない限りは、終わりから二番目の音節に強調がある。キチュア語における複数の標識は、-guna である。しかし表記を明瞭にする目的で、英語でその語を複数形で用いている文脈であっても、個々のキチュア語の単語に複数の標識を含めないことにする［訳注：原文ではこのほか、以下の規則が記載されている。ただし本訳書においてはその限りではない。本訳書の表記については、凡例を参照のこと］。ハイフン「-」は単語の部分が圧縮されていることを示す。半角ダッシュ「–」は、単語の母音が引き伸ばされていることを示す。全角ダッシュ「—」はより長い引き伸ばしを示す。

2 エクアドルのアマゾン河上流域に住むキチュア語話者であるルナについての民族誌的な著作に関しては、以下を参照（Whitten 1976; MacDonald 1979; Uzendoski 2005）。以下の議論は、ルナの生活様式を植民地期と共和国期の歴史やより広い政治経済のうちに位置づけている（Muratorio 1987; Oberem 1980）。アヴィラに関しては拙稿を参照（Kohn 2002b）。

3 アヤ・ワスカは、同じ名で呼ばれるつる植物（学名：*Banisteriopsis caapi*、キントラノオ科）から用意され、ほかの材料と混ぜ合わされることもある。

4 ノーマン・ウィッテンによる古典的な著作（*Sacha Runa* 1976）は、ルナ的な存在の仕方に本来備わる森林的なものと文明化されたもののあいだの緊張を、抜け目なくとらえている。

スペイン語とキチュア語からの翻訳は全て、著者自身による。

5 以前の拙稿では（Kohn 2007）、自らのアプローチを「生命の人類学」と呼んだ。今繰り返していることはその時のアプローチに密に関係しているが、ある主題となる事柄を人類学的に扱うこと（xの人類学）にあまり関心がなく、主題となる事柄（「人間的なるもの」）を捨て去ることなしに、そのかなたに私たちを連れだすことが可能な分析論により関心があるという点が異なっている。

6 人間的なるものについて習得しうる多くの物事は、人間的なるもののかなたに広がる生命の論理をもって考えることを伴うのだが、これから示すように、人類学を人間的なるものを超えたところに連れ出すには、生命のかなたを見ることが必要である。

7 もっとも顕著なものがアマゾニアに見られる、世界に存在し、世界を理解する「多自然主義的」な形式は、それとは対照的なものとして、私たちの学界に根ざしている「多文化主義」的な規約と見なされるようになっているものに批判の光を投げかけるということは否定しない（Viveiros de Castro 1998）。しかしながら、自然の多元化は、諸文化の複数化によって提起される諸問題の解毒剤ではない。

8 カフェインを多く含んだ飲み物。アルゼンチンのマテ茶を作るのに使われるものと類縁関係にある植物（学名：*Ilex guayusa*、モチノキ科）から作られる。

9 私は二四の菌類の標本のほかに、一一〇〇以上の植物の標本を収集した。これらは、キトの国立植物園に収蔵されており、その複製がミズーリ植物園にある。また、四〇〇以上の無脊椎動物の標本、九〇以上の爬虫類動物相の標本、おおよそ六〇の哺乳類の標本も収集した（すべて、キトのカトリカ大学の動物学博物館に収蔵されている）。三一の魚類の標本は、キトの国立ポリテクニカ校の動物学博物館に収蔵されている。鳥類の標本化はたいへん難しく、複雑な皮膚の準備作業を要する。そこで代わりに、狩猟された標本の接写写真を撮影し、イラストのある調査用冊子を用いてインタヴューをし、鳴き声を録音することによって、地域の鳥類相の知識を記録することに決めた。

10　「関係項」という語によって言わんとするのは、それが存在する関係的な体系において、同じような項、対象、要素との関係によって構築される項、対象、要素のことである。

11　パース研究者らの慣習にならい、ここでも英語で刊行されているパースの『著作集』*Collected papers*（1931）の巻号と段落を示すこの引用の形式を用いることにする。

第一章

1　本書ではキチュア語の構文解析にあたって、人類学的言語学者ジャニス・ヌコルズの著作にある言語学的な慣習に従う（Nuckolls 1996）。語彙素であるカウサ（causa-）の語義は「生きる」である。「2」は、それが二人称単数に活用されていることを示している。「INTER」が示すのは、*-chu* が疑問詞、あるいは疑問の標識となる接尾辞だということである（以下も参照。Cole 1985: 14-16）。

2　私の議論を組み立てるにあたって、読者にツプを感じるように求めることで、読者が抱いている懐疑論を、束の間、かっこに入れてもらいたいのである。しかし、もし読者が「ツプを感じる」のでなくとも、議論は依然として有効である。これから議論していくことになるが、ツプは、（すべての言語における類似した音響イメージに共有される）形式的な諸特性を示す。それらは、目下の議論を支持するだろう（以下も参照。Sapir 1951[1929]; Nucholls 1999; Kilian-Hatz 2001）。

3　ダナ・ハラウェイから「現実世界的になる（becoming worldly）」という術語を借用するのは、私たちを超えたところにたいへん多くの異なった仕方でいる諸存在――人間であれ非人間であれ――に注意を向ける諸実践を通じて、予期されないがより希望に満ちた創発的な世界に住まう可能性を呼び出すためである（Haraway 2008: 3, 35, 41）。人間の言語はこの企図を実現するための障害でもあり媒体でもある。この章では事はそうなっていることについて探査したい。

4 生物学に対する文化と象徴的意味の関係について、マーシャル・サーリンズによる人類学の古典となっている言明を引いてみよう。すなわち、「象徴的な出来事において、文化と自然の間に根本的な非連続性が導入される」(Sahlins 1976: 12)。これは、「音」(つまり自然)と「観念」(つまり文化)の間の「根本的に恣意的である」結びつきに関するソシュールによる強調を反映している(Saussure 1959: 113)。

5 エンドウのさやのような実を結ぶこの林冠に現れる木は、アヴィラではプカ・パカイ(*puca pacai*)と呼ばれる(学名:*Inga alba*、マメ科)。

6 キチュア語のテクストについては、拙稿を参照(Kohn 2002b: 148-49)。

7 本書の目的のために、記号論のプロセスをめぐるより複雑な区分をひとまとめにしているが、パース的な記号論によれば、そのプロセスには以下の三つの相が含まれている。(1)記号はそのものが所有する特徴(質や存在物、あるいは法則であれ)の観点から理解できる。(2)記号は、それが表象する対象に対する関係という観点から理解できる。(3)記号は、その「解釈項」(次に続く記号)が、その記号と対象とその二つの関係を表象する仕方という観点から理解できる。記号媒体という用語を使うことで、ここでは、この三つの区分の第一のものに焦点をあてようとしている。しかしながら、テクストの中で説明するように、私は記号を、おおむねイコン、インデックスあるいは象徴に限定して扱っている。その過程で、私は意識的に今しがた概略を示した三元的な区別をひとまとめにしている。記号がイコン、インデックスあるいは象徴であるかどうかは、専門的には、記号過程の三つの区別の第二のものだけを言い表している(Peirce CP 2.243-52)。

8 パースが「図表的イコン(diagrammatic icons)」と呼んだものの中で、いかに何らかの特徴を抑圧することがほかの特徴に注意を引くことになるかについての議論を参照(Peirce 1998b: 13)。

9 もちろん、そのイコン、つまりプ・オーは、別の解釈のレベルでは、(テクストのなかで後に定義されるように）インデックスの役目をする。プ・オーは類似している出来事のように、それを耳にする誰かを驚かせることができる。

10 以下を参照（Peirce 1998d: 8）。

11 以下を参照（Peirce CP1. 346, I. 339）。

12 以下を参照（Peirce CP1. 339）。

13 この点に関して、パースのプラグマティズムでは、いかに「手段（means）」と「意味すること（meaning）」が関係づけられるのかを踏まえること（Peirce CP1. 343）。

14 以下を参照（Peirce CP1. 213）。

15 言語的であろうとなかろうと、いかにしてあらゆる記号が常に「何かをなす」のかを認識することによって、行為を欠いた指示として言語を見なすことの不足を補うために、行為遂行理論を頼みにする必要はなくなるだろう。以下を参照（Austin 1962）。

16 象徴以外の記号を認識するこうした人類学のアプローチでさえ、いかにいまだにこれらをもっぱら人間的なものであり、象徴的な文脈によって解釈的に枠づけられているとばかり見なしているのかという点については、序章における議論を参照。

17 学名：*Solanum quitoense*。

18 拙稿を参照（Kohn 1992）。

19 この例は、イコン性と身を隠す色を纏う蛾の進化についてのディーコンの議論（1997: 75-76）を翻案したものである。

20 ここで行っている、インデックス性のイコン性に対する論理的関係についての議論は、ディーコンに従うと同時に、それを翻案したものである（Deacon 1997: 77-78）。

21 ディーコンは、スー・サベッジ＝ランバー（Savage-Rumbaugh 1986）による研究を記述したうえで記号論的に再解釈している。

22 あわせて以下を参照（Peirce CP2. 302; 1998d: 10）。

23 「推論によっている」という語によっていわんとするのは、有機体の諸系統が環境に関連する「推量」を構成するということである。進化的な淘汰の動態を経て、有機体はますますその環境に「適合する」ようになる（第二章を見よ）。

24 このことは、人類学におけるパースの扱いにあっては、ひとまとめにされる傾向にある。つまり、第三は全ての記号過程や、実のところ、世界の全ての規則性に備わるひとつの特性というよりもむしろ、人間的な象徴の属性としてのみ見られる傾向にある。例えば、以下を参照（Keane 2003: 414, 415, 420）。

25 「［第一性、第二性および第三性のカテゴリーは、］ある考え方を示唆する。さらに、科学の可能性は、人間の思考は必然的に全宇宙にいきわたるどんな特徴をも帯びるという事実、そしてその自然な様式のうちには、宇宙の作用の様式となる傾向があるという事実に依存している」（Peirce CP 1.351）。

26 しかし私たちはまた、情態と自己についてのデカルトの洞察を認めなければならない。「われ思うゆえにわれあり」は、複数あるいは二人称か三人称に適応されたときには、その感覚（と情態）を失うことになる、というのも、あなた――〈私〉としての――だけがツプを感じられるのであるから。

27 キチュア語のテクストについては、描稿を参照（Kohn 2002b: 150-151）。

28 キチュア語のテクストについては、描稿を参照（Kohn 2002b: 45-46）。

29 キチュア語は、ピシュク・アンガ（*pishcu anga*）。

30 キチュア語のテクストについては、描稿を参照（Kohn 2002b: 76）。

31 そのようにして、それはティク（*ticu*）に関係づけられる。それはアヴィラでは、不格好な歩き方を描写するのに使われる。拙稿を参照（Kohn 2002b: 76）。

32 以下を参照（Bergson 1911: 97）。そのような機械論的な論理が可能になるのは、それをデザインし造る、（全体的な）自己が機械の外に既に存在するときだけである。

33 ワニュチ・シャミ・マチュイ（*Huañuchi shami machacui*）。

34 キチュア語では、ワイラ・マチャキ（*huaira machacui*）。学名：*Chironius sp.*。

35 ヘビの身体から頭を切り落とすこの実践とありうる象徴論については、以下を参照（Whitten 1985）。

36 スティーヴン・フェルドの著作（*Sound and Sentiment* 1990）は、この実例である。この本は、カルリの人々（そして、そのことを記述する人類学者）が、あるイメージを感じるようになることを通じた、一冊の書物によってなされる、象徴的な構造に関する観想である。

第二章

1 スペイン語名はバルバスコ（barbasco）。学名：*Lonchocarpus nicou*。アヴィラでは単にアンビ（*ambi*）、毒として知られている。

2 キチュア語のテクストについては、拙稿を参照（Kohn 2002b: 114-15）。

3 私はこの言い回しをパース（Peirce CP 1.221）から借用したうえで、より広い範囲におよぶ諸現象にあてはめることにする。

4 ヒトという種は「本来的な意味を欠くが、物理法則に従う世界において、構築されるはずの意味によって」生きているという立場に関しては、以下を参照（Rappaport 1999: 1）。

5 人間的なるものを超えて広がる、「魅惑に満ちた」生ある世界本来の創発的な特性として究極目的《テロス》が中心的な位置を占めるという私の主張は、最近のジェイン・ベネットによるこの概念の再領有とは相容れない（Bennett 2001）。

6　以下を参照（Bateson 2000c; 2002; Deacon 1997; Hoffmeyer 2009; Kull et al. 2009）。

7　表象する思考との関係から見た「解釈項」についてのパースの見解によれば、記号＝としての＝有機体は、その先祖による世界の表象と「同一であるが……それよりもさらに発展している」（Peirce CP 5.316）。

8　ルナにとって、ハキリアリが飛ぶ季節の到来や、場合によってはより具体的に、生殖アリが出てくるまさにその日を知らせる生物のリストに関しては、拙稿を参照（Kohn 2002b: 99-101）。

9　羽が生えた生殖アリが出てくる時期と関連して見つかる生物のうち、私が収集した標本の論述については、拙稿を参照（Kohn 2002b: 97-98）。

10　ルナが昆虫を描写するのに用いる親族語彙については、拙稿を参照（Kohn 2002b: 457 n.16）。

11　学名：*Carludovica palmate*、パナマソウ科〔訳注：和名パナマソウ〕。

12　アヴィラの人々は、アリやそのコロニーを捕えたあとにも、それらと意思疎通を図ろうとし続ける。論述については、拙稿を参照（Kohn 2002b: 103）。

13　実際には、土壌の状態における差異を増幅させるような記号論的自己のあいだの相互行為には、もうひとつの層がある。しかし明白なことなので、本文では省略した。草食動物自体は、二次消費者の獲物でもある。もし、この制限がなければ、草食動物の個体数は抑制されないまま増加し、富栄養の土壌で生活する植物に対して、無制限な食害が生じるという結果になるだろう。食害が無制限であれば、異なった土壌によって生じた差異は無関係となってしまうだろう。

14　アマゾニアの土壌とそれが支える生態学的な集合に関連した環境決定論に対する、反＝還元主義の決定的な批判については、以下を参照（Descola 1994）。

15 ジョン・ローとアナマリー・モルは、非人間の行為主体性を、とりわけ人間の言語における関係性と結びつけるようなやり方で以下のように特徴づけている。

> 物質的記号論においては、ある存在が知覚可能なほどの差異を有している場合、アクターとして数えられる。活動中の諸存在は、互いに編み目の中に関係的に結びつけられている。そうした諸存在は互いにとって、差異を生じさせる。それらは、互いを互いに成り立たせるのである。言語学的記号論は、諸単語が互いに互いの意味を与えることを教えてくれる。物質的記号論は、言語的なるものを超えて、こうした洞察を拡張し、諸存在は互いに互いの存在を与えると主張する。つまり、諸存在は互いに互いを規定する。（Law and Mol 2008: 58）

16 同じ節（CP 1.314）においてパースは後に、自分が別の人間になると想像する私たちの能力と、動物に対しても同じことを行う能力とを結びつけている。

17 キチュア語名：マンヂュル（*manduru*）。学名：*Bixa orellana*、ベニノキ科、英名：アナトー（annatto）（アヴィラにおけるこれの利用法の議論については、拙稿を参照（Kohn 2002b: 272-73））。

18 学名：*Procyon cancrivorus*、和名：カニクイアライグマ。

19 このことで、ヴィヴェイロス・デ・カストロは以下のように結論づけた。自然は多数あり、各々の自然は、ある特定の種類の存在の身体に特有の解釈世界と結びつけられている。文化はただひとつしかない（Viveiros de Castro 1998: 478）。この場合、それはルナの文化のことである。こうした考え方のことを「多自然主義」と呼び、現代の西洋の学術界に根ざした思考の典型である、とりわけ文化相対主義に見せかけた、多文化主義的論理（すなわち、多くの文化、ひとつの自然）に対する批判として利用したのである（cf. Latour 1993: 106; 2004: 48）。

20 アヴィラの日常生活におけるパースペクティヴ主義に関して、より広範な議論とより多くの事例については拙稿を参照（Kohn 2002b: 108-41）。

21 学名：*Dactylomys dactylinus*。

22 こうした木の通り道の描写に関しては以下を参照（Descola 1996: 157）。

23 「サキ・ス」（"*Saqui su*"）

24 こうした鳴き声の描写に関しては、以下を参照（Emmons 1990: 225）。

25 この女性は既に祖母になっていた。そのため、異性にちょっかいを出すこうした冗談は、脅威を与えるものと見られることはなかった。より若くて、結婚したばかりの女性が、こうした冗談を言うことはないだろう。

26 ショウガ科、*Renealmia* 属。

27 キチュア語名：カラチャマ（*carachama*）。学名：*Chaetostoma dermorynchon*、ロリカリア科。

第三章

1 「イスマ・トゥクス・カンガ、プーマ・イスマサ・イスマン」（"*Isma tucus canga, puma ismasa isman*"）。

2 イマ・シュティ（*ima shuti*）の短縮形。

3 「カラ・カラージャ・イチュリン」（"*Cara caralla ichurin*"）。

4 キチュア語でユヤイワン（*yuyaiwan*）。思考や判断、また状況に反応する能力を伴うことを意味する。

5 キチュア語でリパラーナ（*riparana*）。反省する、耳を傾ける、熟考するという意味。

6 以下を参照（Peirce CP 2.654）。

7 ヴェントゥラの父のプーマと彼のやり取りに関するキチュア語のテクストについては、以下の拙稿を参照（Kohn 2002b: 349-354）。

8 キチュア語のテクストについては、拙稿を参照（Kohn 2002b: 349-354）。

9 彼はチタ（*chita*）（チャイ（*chai*）「あれ」＋タ（*-ta*）直接目的格の標識）——例えば、バラルカーニ・チタ（*balarcani chita*）——という語を、パイ（*pai*）（人間としての身分やジェンダーに関係なく、活力ある存在に用いられる三人称代名詞）の代わりに、傷を負った動物を指示するのに用いた。

10 オヴァリングとパセズ（Overing and Passes 2000）が「友好」と呼んだ、親密な社交性の一種を促進する方法としての笑い声である。以下も参照（Overing 2000）。

11 「シカン・トゥクン」（“*Shican tucun*”）。

12 「ルナタ・マナ・ジャキーン」（“*Runata mana llaquin*”）。アヴィラでは、ジャキーナ（*llaquina*）という動詞は悲哀と愛の両方を意味する。アンデスのエクアドル人が話すキチュア語、フヤーナ（*juyana*）とは異なり、アヴィラのキチュア語には愛を意味する特定の言葉がない。アンデスの方言で私がよく知っているのは、悲哀だけを意味するジャキーナ（*llaquina*）である。

13 アヤ・ブダ（*aya buda*）あるいはアヤ・トゥラーナ（*aya tulana*）としても知られている。

14 「カイ・ミシュキ・ヤクタ・ウピング」（“*Cai mishqui yacuta upingui*”）。

15 「シナーカ・ヤヤルーク・ティアランギ、アスタージャ・シャムンチ」（“*Shinaca yayarucu tiarangui, astalla shamunchi*”）

16 胞衣が埋められた場所はププ・ワシ（*pupu huasi*）として知られており、「胞衣の家」という意味である。

17 学名：*Urera baccifera*、イラクサ科。なかでも、（犬や幼児の通り道を遮ることで）生ある存在を追い払うために使用される棘のあるイラクサに非常に近い植物である。アヤの幽霊のような本性にふさわしく、刺さない変種の刺草《イラクサ》がアヤを払うために用いられる（Kohn 2002b: 275）。

18 「ワグリン、シンガ・タパリン」（“*Huaglin, singa taparin*”）。

19 ナルシサの語りのキチュア語によるテクストは以下の拙稿を参照（Kohn 2002b: 214-215）。

20 カヴェルはまた、この語が非人間である動物と私たちの関係を拡張するかどうかを問うている。

21 キチュア語で、「カサリアーナ・アルマ」（"*casariana alma*"）。

22 キチュア語で、「クルーナ」（"*curuna*"）。

23 「カティーナ・クルナシュトゥマンダミ・タッ・カニスカ」（"Catina curunashtumandami ta' canisca"）。

24 以下を参照（Bateson 2000b: 486-487; Haraway 2003: 50）。

25 アマゾニアに見られるこのディレンマに関する民族誌的議論については、以下を参照（Fausto 2007）。

26 ファウストが「捕食の方向性」と呼んだものは可変的である（Fausto 2007）。

27 「マナ・タカーナ・マシャルク・プニュン」（"*Mana tacana masharucu puñun*"）。

28 ガイナリ（*gainari*）としても知られている。ハネカクシ科、アリガタハネカクシ亜科。

29 「ユマイ・パサピ・チンバリン・アルマ」（"*Yumai pasapi chimbarin alma*"）。以下も参照（Uzendoski 2005: 133）。

30 これらのリストについては、以下の拙稿を参照（Kohn 2002b: 469 n.95）。

31 ブヒャ・パンガ（*buhya panga*）として知られているが、おそらくアンスリウム属、*Pteromischum* の新種。以下の拙稿を参照（Kohn 1992）。

32 これはおそらく異常なほどの高い維管束の圧力のためである。

33 キチュア語のテクストについては、以下の拙稿を参照（Kohn 2002b: 130-131）。

34 キチュア語のテクストについては、以下の拙稿を参照（Kohn 2002b: 132）。

35 学名：*Cedrelinga cateniformis*、マメ科、ネムノキ亜科。

36 この神話のキチュア語のテクストについては、以下の拙稿を参照（Kohn 2002b: 136-139）。

第四章

1 これは、第二章で論じたアヤーイ（*aya-i*）の変形である。

2 〈あまりに人間的な〉という用語は、ニーチェ（Nietzsche and Hollingdale 1986）とウェーバー（Weber 1948b: 132, 148）をそれとなく想起させる。続く節で、この用語の用い方を説明する。

3 価値は、人類学において活発に議論される主題となっている。ほとんどの場合、その中心となったのは人間的な領域で価値が取る様々な形式を調和する方法である（特に以下を参照（Graeber 2001）。人類学理論および経済学理論と、パースの理論を調和させる試みに関しては以下を参照（Pedersen 2008; Kockelman 2011））。これらの諸研究に対する私の貢献は、人間の価値形式は、生とともに立ち現れる価値の基本的な形式との、創発する連続している関係にあるという点を強調することである。

4 この点で、イヌ科動物の自己家畜化に関しては以下を参照（Coppinger and Coppinger 2002）。

5 また以下を参照（Ellen 1999: 66; Haraway 2003: 41）。

6 主原料は、下層植生樹であるツィタ（キチュア語名：*tsita*、学名：*Tabernaemontana sananho*、キョウチクトウ科）の内樹皮を削ったものである。ほかの原料としては、タバコやルム・クチ・ワンドゥ（キチュア語名：*lumu cuchi huandu*、ナス科、ブルグマンシア属）があるのだが、この植物はルナのシャーマンらによって使われることもある非常に強力なベラドンナ系の麻酔薬の、イヌ科用の特別な変種である。

7 イヌには、以下のような人間的な特性がある。

1. 動物とは違って、イヌたちは調理したものを食べることを期待されている。
2. イヌたちは、キリスト教徒の天国へと昇天することができる魂を持っていると言う人たちもいる。
3. イヌは、飼い主の気質を身につける。卑しい主人の飼うイヌは卑しい。
4. 森で迷ったイヌと子どもたちは、「野生」（キチュア語でキタ（*quita*））になり、それゆえに人を恐れる。

8 以下を参照（Oberem 1980: 66; Schawartz 1997: 162-163, Ariel de Vidas 2002: 538）。

9 実際に、神話上の人喰いのジャガーは、人間をヤシの芯と言い表すとされる。

10 以下を参照（Fausto 2007; Conklin 2001）。

11 これらは、アヴィラでは「森の主たち」（サチャ・アムグーナ *sacha amuguna*）あるいは「森の神々」（サチャ・クラグーナ *sacha curagaguna*）として知られる。

12 不信心者《アウカ》（*auca*）と野生《キタ》（*quita*）とは反対に、キリスト教徒とマンソ（*manso* 馴化した、の意味。キチュア語ではマンス *mansu*）のように、ルナを描写するのに歴史的に用いられてきた植民地的なカテゴリーは、どれほど問題含みであろうとも（Uzendoski 2005: 165）、軽視することはできない。少なくともアヴィラでは、それらは、あまりはっきりと可視化されないにもかかわらず、ある種の行為主体を顕示する、現在も通用する慣用句を構成するためである（第六章を参照）。

13 私が蒐集したいくつかのアヴィラのオーラル・ヒストリーが証言するこの事実を思い出させてくれたことについて、マヌエラ・カルネイロ・デ・クニャに謝意を表したい。そのような探検の目撃者による説明や写真に関しては以下を参照（Blomberg 1957）。

14 ルナ（*runa*）という語はエクアドルのスペイン語では、品種が同定されない飼育牛を描写する際にも用いられる。さらに、「インディオ」の質を有すると侮蔑的に考えられているもの（例えば、粗末であったり、汚いと考えられていたりするもの）を描くのにも使われる。

15 以下を参照（Haraway 2003: 41,45）。

16 デスコラは、アチュアルについて、この分離の形式を「自然のイディオムの独我論」と呼んでいる（Descola 1989: 443）。デスコラがそのような含意がある意思疎通の失敗を強調するのも、本章の主題に照らせばもっともなことであるのがわかるだろう。

17 ウィラースレフによるシベリア・ユカギールの狩猟に関する議論は（Willerslev 2007）、動物との関係によって提示される、人間のアイデンティティに対するこの脅威を詳しく扱っている。ユカギールが導く解決は異なっているが、一般的な問題――多くのたぐいの自己が住まう世界の中で社会的に生きることへの挑戦――については、同じである。

18 キチュア語ではドゥイーニュ（*duiñu*）であり、スペイン語の主《ドゥエーニョ》（*dueño*）に由来する。

19 このイヌ科の語彙については、以下を参照（Kohn 2007: 21no.30）。

20 第一章にもあるように、ここでもヌコルズによるキチュア語の構文解析のための言語学的な取り決めにならうことにする（Nuckolls 1996）。次の表記が含まれる。CC＝対格、COR＝同一指示、FUT＝未来、NEG IMP＝否定命令文、SUB＝仮定法、2＝二人称、3＝三人称。

21 ウチューチャ（*uchuch*）という語はキヌゲネズミ科のネズミやクマネズミ属のネズミ、トゲネズミ、マウスオポッサムを含む、小型齧歯類のクラスを指示する。それは、シク（*sicu*）を表す婉曲表現である。シクとは、アグーチやパカ、アグーチィ（agouchy）を含む、大型の齧歯類であり、これらは食べることもできる。

22 以下は、この章の本文では論じられなかったが、ツィタを投与される間にイヌたちに助言を与えることについて、アヴィラで見られたまた別の例である。

2－1　*tiutiu-nga ni-sa*（ティウティウ＝ンガ・ニ＝サ）

追う＝3FUT（三人称未来）言う＝COR（同一指示）（Chase-3 FUT say-COR）

考える／欲する　それは追うだろう　thinking / desiring　it will chase

2－2　*ama runa-ta capari-nga ni-sa*（アマ・ルナ＝タ・カパリ＝ンガ・ニ＝サ）

NEGIMP（否定命令）人物＝ACC（対格）吠える＝3FUT（三人称未来）言う＝COR（同一

指示）（NEGIMP person-ACC bark-3FUT say-COR）

考える／欲する　それは人々に向かって吠えてはいけない　thinking/desiring　it will not bark at people

23　この用語を提案してくれたことについて、ビル・ハンクスに感謝する。

24　1－2にある三人称未来形と組み合される否定命令文の変則的な使用（本文内の1－3と5－3、注22にある2－2を参照）については、以下にあげるものが、アヴィラにおける日常的なキチュア語で文法的に正しいと見なされるだろう、関連する構文である。

●二人称でイヌに話しかける場合

3　*atalpa-ta ama cani-y-chu*（アタルパ＝タ・アマ・カニ＝イ＝チュ）

ニワトリ－ACC（対格）NEGIMP（否定命令）咬む＝2（二人称）＝IMP（命令）＝NEG（否定）（Chicken-ACC NEG IMP bite-2-IMP-NEG）

ニワトリを噛むな　don't bite chicken

●イヌについて他者に話しかける場合

4a　*atalpa-ta mana cani-nga-chu*（アタルパ＝タ・マナ・カニ＝ンガ＝チュ）

ニワトリ＝ACC（対格）NEG（否定）咬む＝3FUT（三人称未来）＝NEG（否定）（Chicken ACC NEG bite 3FUT-NEG）

それはニワトリを咬んではいけない（It will not bite chickens）

もしくは

4b *atalpa-ta ama cani-chun*（アタルパ＝タ・アマ・カニ＝チュン）
ニワトリ＝ACC（対格）NEG（否定）咬む＝SUB（仮定法）（Chicken-ACC NEG bite-SUB）
それがニワトリを咬まないように（So that it doesn't bite chickens）

25 動物の身体を否認することで動物のうちに人間的な主体性を生じさせることが、いかに人間に可能になるのかについては、次のことに関する報告や伝説と比較のこと。ルナの男たちは、森でジャガーと出会った時に、闘う前に服を脱ぐというのがそれである。そのようにすることで、男たちはジャガーたちに対して、衣服のように「脱ぐこと」もできるネコ科の身体的な慣習《ハビトゥス》行動の下では、ジャガーたちもまた人間であることを思い出させるのである。

26 ジャニス・ヌコルズによると（私信）、エクアドルのアマゾン地方にあるパスタサ出身のキチュア語話者は、歌の中でこれらの精霊を指示する、あるいは呼びかける時には、三人称未来形を用いる。これが、アヴィラにおいて精霊の愛人に呼びかける際に「ご婦人《セニョーラ》」を用いることが、「イヌ科命令法」の利用に関係しているのではないかとみなす、もう一つの理由である。

27 重複形は、トリの声の模倣とアヴィラにおけるオノマトペによるトリの命名に頻繁に見られる。以下を参照（Berlin and O'Neil 1981; Berlin 1992）。

28 以下を参照（Taylor 1996; Viveiros de Castor 1998）。

29 分散する自己という質については、以下を参照（CP3.613; 5.421; 7.572）。また、以下も参照（Strathern 1988:

162)。そして、少しばかり異なる見解については以下を参照（Gell 1998)。

30 地球圏外の文法に関する記号論的な制約については、以下を参照（Deacon 2003)。

第五章

1 ワオラニがいかにペッカリーを社会的他者として遇するかについては、以下を参照（Rival 1993)。

2 よそものが、野生と馴致が平行して起こることを自然発生的なかたちで認識した他の事例には、以下のようなものがある。

1．シモンズ（1878: 509）の著作の五〇九頁——ほかのところにもあるが——に見られる、彼をガイドしたイキトスのサパロがヨーロッパの馬をバクに対比させたことに関する黙想。アヴィラでは、馬の遠い同類であり、新世界唯一の現存する奇蹄類であるバクは、森の霊的な主たちの馬だと理解されている。

2．一七世紀のイエズス会司祭、フィゲオラによって記された、白人の馴致とインディオの森での捕食の対応関係。彼は「果樹林のように自然」がアマゾニアの先住民に「供する」木の実や果実に驚嘆した。また「ノブタ」の群れやほかの動物のことを「世話を必要としない」「家畜《クリーアス》（*crias*）」と呼んだのである（Figueroa 1986[1661]: 263)。

3．ロレトでの説教のなかで、ルナの狩猟を文明化された畜産学に対比させた、一九世紀のイエズス会司祭ポッツィ（In Jounaen 1977: 90)。

3 以下を参照（Janzen 1970; Wills et al. 1997)。

4 ゴム経済は形式に制約されているという私の議論のあり方は、スティーヴン・バンカーの記述と食い違ってはいるが、根本的には矛盾しない。バンカーは、菌の寄生はアマゾニアにおけるゴム採取を不可能にするほどではなかった、と論じた（Bunker 1985: 68-69）。アマゾニアでは接ぎ木と近距離の植樹という技術は発展していたが、これらは労働集約的であり、この地域に不足していたのは労働力だった。バンカーによれば、アマゾニアでのプランテーションの収穫の阻害となったのは労働力の不足であって、菌寄生ではない。確かに、ゴム経済が明かす形式＝増殖の傾向は弱いものだったし、また十分な労働力があれば、おそらくそれらはより鈍くなるか、あるいは重要性のないものにさえなっていただろう。しかし、この時期、労働力の不足は、何らかの形式的な特性が増幅され、多様な分野にわたって増え広がって、ゴム経済において中心的な役割を占めるに任せていたのである。

5 学名：*Salminus hilarii*。

6 学名：*Virola duckei*、ニクズク科。

7 ゴムの樹液採取とはじめの処置、そしてラテックスを川に流すのに必要な技術と労力については、以下を参照（Cordova 1995）。

8 サンホセのルナが、森で獲物を探すよりも、果樹のそばで身を隠す狩猟を選択することについては、以下を参照（Irvine 1987）。これはアヴィラでも好まれる技法である。実がなる樹のそばで待つことで、狩猟者は実際に植物相の形式を活用する。

9 以下を参照（Oberem 1990: 117; Muratorio 1987: 107）。ゴム・ブームのあいだにペルー、ナポ川に強制的に再定住させられたアヴィラ・ルナ出身者の末裔の共同体の情報については、以下を参照（Mercier 1979）。

10 アマゾニアの水系のシャーマニズム的な活用の別例については、以下を参照（Descola 1996: 323）。イエズス会宣教師がアマゾニアの水系を聖別と改宗のルートとして想像するあり方の一例については、拙稿を参照（Kohn 2002a: 571-73）。

11 以下を参照（Martín 1989[1563]: 119; Ordóñez de Cevallos 1989[1614]: 429; Oberem 1980: 225）。

12 以下を参照（Oberem 1980: 117; Muratori 1987; Gianotti 1997）。
13 鉱物や石油などほかの収奪的な生産物とは対照的に、アマゾニアの野生のゴムなど、生命のある形式がいかに商品になるのかということには、独特な何かがある（野生のマツタケについては以下を参照（Tsing 2012））。最も無慈悲な資本主義的体制のもとにあっても、これらの収奪は生きた富を支える関係論的な論理に入り込み、そしてある程度は服従しなければならない。ここで私をとらえるあの論理のこうした層にはそのパターン化された質が含まれる。
14 階層の論理的な特性については、以下を参照（Bateson 2000e）。
15 トリの名前が鳴き声に対して持つこうした関係は、アヴィラではよく見られる（別の事例については、拙稿を参照（Kohn 2002b: 146））。
16 「マシュタ・ミクサ・サクサ・リヌ＝」（*mashuta micusa sacsa rinu-*）。
17 「＝ナピ・イマタ・カラ」（*-napi imata cara*）。
18 デスコラの用語で言えば（Descola 2005）、シルヴァーマンのプロジェクトは、「自然主義」的な思考に支配されている西洋的思考において隠れた「類比主義」的な思考の諸様式を追跡することにある。
19 ここでは、「歴史」という語によって、現在に対する過去の出来事の効果を私たちが経験することを意味している。パースはこのことを、第二性に関する私たちの経験として表すが、そこには、変化、差異、抵抗、他者性として時間に関する私たちの経験が含まれる（Peirce CP1.336; 1.419）。この点については第一章を参照。このことは、過去なるもの（Turner 1988）や因果性に関する諸観念（Keane 2003）を表象する、非常に可変的で社会歴史的に位置づけられた諸様態があることを否定するものではない。私はより広く、一般的な一そろいの主張をつくりあげている。（1）第二性の経験は、必然的には文化的に限定づけられない。（2）私たちが歴史に関連づける、現在に対する過去の二項的な効果が、因果的な様態としてはその関連性を失う傾向がある。

20 ここで私は、「時間」という語によって、過去から現在へ、ありうる未来へと広がる方向のある過程を意味する。私は時間の存在論的な身分に関する主張を行うつもり全くはない。しかしながら私は、時間は完全に文化的、あるいは人間的な構築物である、という気もない（Peirce CP 8.318)。私の議論はベイトソンが、クレアトゥーラと呼んだものの水準にある。つまり生命の領域では、過去、現在、そしてありうるものそれぞれは、独自の特性を持つようになり、そしてこれらの特性は記号的な自己が、彼を取り巻く世界を表象するその方法を、深く巻き込むのである。未来が表象の媒介を通して現在に影響するようになるのは、記号過程を経由する生命の領域においてのことである。

21 共に、キチュア語ではトゥルミントゥ（*turumintu*）と注釈がつけられている（スペイン語の苦悩《トルメント》（*tormento*）に由来する)。

22 霊的な主たちの領域で、彼らは審判の日《フィシウ・プンハ》（*juiciu punjia*）を逃れる。

23 以下を参照（Peirce CP6.101)。

24 ジョナサン・ヒルと彼の編著（Hill (ed.) 1988）の寄稿者のなかには、レヴィ＝ストロースによる熱い／冷たいの区分を批判するものもいる。ヒルは、この区分が、アマゾニアの先住民が歴史の産物であり、歴史の生産者であり、歴史に意識的である、さまざまなあり方を消去すると議論する。ガウ（Gow 2001）はこうした議論は、レヴィ＝ストロースの論点を見落としていると議論する。ガウが示すように、神話は、それらが「時間を忘却させる装置」であるようなかたちでの、歴史に対する応答である（Gow 2001: 27)。神話がこの特徴を持つことは明らかである。ガウの議論において不明瞭なのは、なぜそうなのか、ということである。私の議論は、無時間性は形式に固有の特性に由来する、ということである。

25 以下を参照。「心理的過程もしくは歴史的過程のなごりの断片…がそうした性質を示すのは、それらを生み出した歴史の目で見る時だけであって、それらの目的である論理の観点からすればそうはならないのである」

（Levi-Strauss 1966: 35=1976: 42）

26 アマゾニアの風景と自然史／博物誌が何らかの仕方で社会的であることについては、以下を参照（Raffles 2002）。「手つかずの神話」と人由来の「自然史／博物誌」については以下を参照（Denevan 1992; Cleary 2001）。自然史／博物誌の歴史化の重要性を否定することはないが、私がとる位置はそれらとは異なる。あらゆる自然が常に既に歴史的であるという考えは、私たちの分野において直面する表象の問題と関連する──すなわち、人間的なるものを素材に減ずることなく、象徴的指示という人間に特有の規約的な論理の外側に立つことについて、語る方法を知らないということである（第一章を参照）。

27 アマゾン河上流域の先住民とヨーロッパ人の対称的関係に向けた希望については、以下を参照（Taylor 1999: 218）。

28 より詳細な説明については、以下の拙稿を参照（Kohn 2002b: 363-64）。

29 今日のアヴィラの人々は、時にはインカとしても言及されることもある、ある主が、なぜアヴィラのそばでのキトの建設を諦め、アンデスにしたのかを説明する神話を物語る。風景のなかに、その失敗したジャングルのキトの遺跡を識別する者もいる。まさに文字通りに、その地域を見離したキト、というこの考えはまた、近隣の共同体オヤカチ（Oyacachi）においても現れるようになっている。以下の拙稿を参照（Kohn 2000b: 249-50; Kohn 2002a）。

30 形式が増え広がるあまりに人間的な文脈も存在する。後期ソヴィエト社会主義もこの一例である（Yuruchak 2006: 2008）および後者に対する私のコメントを参照（Kohn 2008)）。ここでは、あらゆるインデックス的な特殊化による公的言説の形式の切断──それにもかかわらず、ソヴィエト国家の全体のようなものによって維持されたある形式──は、ある種類の不可視の自己組織化する政策を、ソヴィエト連邦のいくつかの地方の至るところで、自発的かつ同時に、出現するに任せていた。ユルチャックは、このことを的確にも、「無関心の政治」と呼び、公的な言説形式を、黙認するかあるいは抵抗するよりも、それらを活用し、増殖させる方法をほのめかしていた。

31 以下を参照（Peirce 1998d: 4; Bateson 2000d: 35）。

32 以下に引用されている（Colapietro 1989: 38）。この一説に対する私の注意をはじめて導いてくれたことについて、フランク・サロモンに感謝する。

第六章

1 キチュア語ではサイヌ・チュスピ（*sabinu chuspi*）と言い、ペッカリーのハエを意味する。学名：*Dpitera*。

2 「かつてはよく知られ、また長きにわたり親しみのあったものへと立ち戻るものである、ある種の恐るべきもの」という、不気味なものに関するフロイトの解釈を引くことによって（Freud 2003: 124）、マリー・ウェイズマンテルによる（2001）、インディオの脂肪をたべたアンデスの白人のお化け、ピシュタコ（*pishtaco*）の議論を参照したことを、明確にしておきたい。オスワルドにとっての警察のように、ピシュタコがアンデスの民であることは、ともかく不気味である——恐ろしくもあり、同時に親密で親しみがある——何かに避けようもなく埋め込まれている。

3 それにもかかわらず、ある一般化された権力は、その顕現の特定の例化なしには存在しえない。支配の構造は、究極的には、パースが「第二性」と呼んだもの、彼があげた一つの例によると、あなたの肩にかかった「保安官の手」に、あるいはオスワルドの場合では、友人宅の入り口に不意に姿を見せた警官のうちに現れるものを通じた、「野蛮な」効力によってもたらされる。それにもかかわらず、バトラーが強調するように、権力は外在化する傾向にあるその野蛮さ以上のものである。

4 私たちは、彼らがいなければ私たちは何ものでもないような、死者との、精霊との、そして私たちがそうなるであろう未来の自己との、ある種の贈与経済を生きている。マルセル・モースによる、私たちを私たちたらしめる負債という概念は、これらの全ての他者に対する私たちの関係に当てはまる。つまり、「与えるときには人は自分自身を与えるが、自分自身を与えるのであれば、それは、自分自身――自分という人と自分の財産と――を、他の人に「負っている」からである」(Mauss 1990 [1950]: 50)

5 最も早い時期にスペイン人たちがアマゾン河上流域で禁止したもののひとつが、長距離交信のために利用されていた木鼓である(Oberem 1980)。

6 このことは、彼らが衣服を纏っていないと自らをみなしている、という意味ではない。ペニス・ストリングと顔面装飾は、価値のある仕方で衣服として機能する。

7 スペイン語では以下のように表記されていた。"hacerlos de brutos, hobres, y de hombres cristianos."

8 歴史の堆積効果として理解できるかもしれない何かに常に既に宿るこの形式は、オヤカチ、アヴィラから西の雲霧林に位置する村で、植民地期の初期には、同一のキホスの首長性の一部をなしていた村のもとで、はっきりとみられる。そこで暮らす人びとによる理解では、彼らがキリスト教徒でなかった時代は存在しない。実際ある神話によれば(Kohn 2002a を参照)、改宗の必要性があった異教徒とは白人であるヨーロッパ人司祭であって、現地人ではなかった。

9 もちろん、政治的可視性を獲得するために、自己=対象化が重要な戦略になることもある。

10 充填用の金属製カートリッジの底には、発火雷管をはめるための穴がある。オスワルドの夢のイメージには、シャーマニズム的な含みがあるのを指摘しておきたい。散弾銃のカートリッジを使って吹くことは、吹き矢筒を使って吹くことに似ており、そして呪術師たちは、掌と指のあいだに穴が残るように浅く握った手を口にあて、被害者を狙い不可視の吹き矢《サグラ・トーゥジュ》(*sagra tullu*)を吹くことで、彼を攻撃する。

11 ここでは、「トピック」という語で、その文法的な主語とは反対に、その文がそれについての情報を与える、ある文の主題を意味する。文法的な主語は、トピックでもありうるだろうし、またそうでないこともありうる。キチュア語話者は、(文の主語、目的語、副詞、動詞のいずれでもありうる)トピックを、いくつかの理由によってしるしづける。その一つには、ここで取り扱った事例にあるように、見かけの文脈を考慮すると、注意が向けられなかったかもしれない主題を強調することも含まれる。この点についての私の論が基づいているトピックに関する議論、およびエクアドルのキチュア語における提題接尾辞の使用に関するさらなる議論については、以下を参照(Salomon 1992: 70-73; Cole1985; 95-96)。

12 キチュア語のテクストについては、拙稿を参照(Kohn 2002b: 292)。

13 それとは異なる同一系列の神話では、これらの使徒はアマゾン河上流域のルナのほかのコミュニティではよく知られたクィリュール(*Cuilur*)とデュキル(*Duciru*)の兄弟に代替される(Orr and Hudelson 1971)。

14 アーバンはこのことを、「文化」の連続性という用語で記述しており、自己という用語を用いていない。

15 「精神における時間の流れのなかで、過去は未来に直接的に働きかけているように見え、そうした影響は記憶と呼ばれている。他方で、未来は第三の媒介を経る場合のみ、過去に働きかける」(Peirce CP 1.325)。

16 これは、トゥピ系のオマグアを指示する。

17 以下を参照(Gianotti 1997: 128; Oberem 1980: 290; Wavrin 1927: 335)。

18 以下を参照(Wavrin 1927: 335)。また、以下を参照(Gianotti 1997: 128; Avendaño 1985[1861]: 152; Orton 1876: 193; Colini 1883: 296; Maroni 1988[1738]: 172, 378)。以下の拙稿も参照(Kohn 2002b: 238)。

19 ヴェントゥラはローサの孫娘たちのことを「乳房のある《チュチューユ》(*chuchuyu*)」と言い表した後、ローサについて次のように説明した「決して再び死ぬことがなく、決して苦しむことがなく、子どものように永遠に生きる」(「ウィニャイ・ウィニャイ・カウサンガパ、マナ・マス・ワニュンガパ、マナ・トルメント・ワワキンタジャータ」

Huiñai huiñai causangapa, mana mas huañungapa, mana tormento, huahuacuintallata）。

20　これはおそらく、シマアリモズを指示している。

21　キチュア語名は、ルナ・パンバ（*runa pamba*）であり人々を埋葬する者の意味。英名は、tarantula hawk〔和名：オオベッコウバチ〕、学名：*Pepsis*、ベッコウバチ科の種。

22　さらに多くのそうした事例に関しては、拙稿を参照（Kohn 2002b: 242-43, 462n.54）。

23　ギンズバーグの「カディッシュ」は、死のことにふれている。

24　シャーマンとシャーマニズムを表す名前の議論に関しては拙稿を参照（Kohn 2002b: 336-38）。

25　テナ・ルナにおいて、半ズボンをやめて、長ズボンに代えることについては、以下を参照（Gianotti 1997: 253）。

26　同じく、ワヴリンは、ジャガーと遭遇した男が彼らを恐れず、彼らがあたかも人間の男であるかのように「対等者として、一対一で」戦うことができるのだと報告している。なぜなら、彼らはこうしたジャガーがかつて人間であったと知っているからである（Wavrin 1927: 335）また拙稿も参照（Kohn 2002b: 270）。

27　クシュマ（*cushma*）とはコファン、西トゥカノア語族のシオナ、セコヤの男が伝統的に身に纏っていたガウンのことである。

28　植民地期初期のアヴィラ地域において、力を授けるために衣服を利用した例に関しては、拙稿を参照（Kohn 2002b: 271-72）。

29　「プクワイ、カンバ・ヤチャタ・ハピンガパ」（*Pucuhuai, camba yachaita japingapa*）

30　用具として白人の衣服を流用する一八世紀のアマゾニアにおける戦略に関しては、拙稿を参照（Kohn 2002b: 281）。

31　生存に関する私の考えは、リサ・スティーヴンソンの業績に大いに影響を受けてきた。

日本版特別付録

動物図鑑

ジャガー　jaguar: *Panthera onca*

ペッカリー　collared peccary: *Pecari tajacu*

ウーリーモンキー　woolly monkey: *Lagothrix lagotricha*

フウキンチョウ　green-and-gold tanager: *Tangara schrankii*

オオアリクイ　giant anteater: *Myrmecophaga tridactyla*

アマゾンコロコロトゲネズミ　amazon bamboo rat: *Dactylomynae*

アカマザマジカ　brocket deer: *Mazama americana*

ヤマライオン　mountain lion: *Felis concolor*

アナコンダ　anacona: *Eunectes wagler*

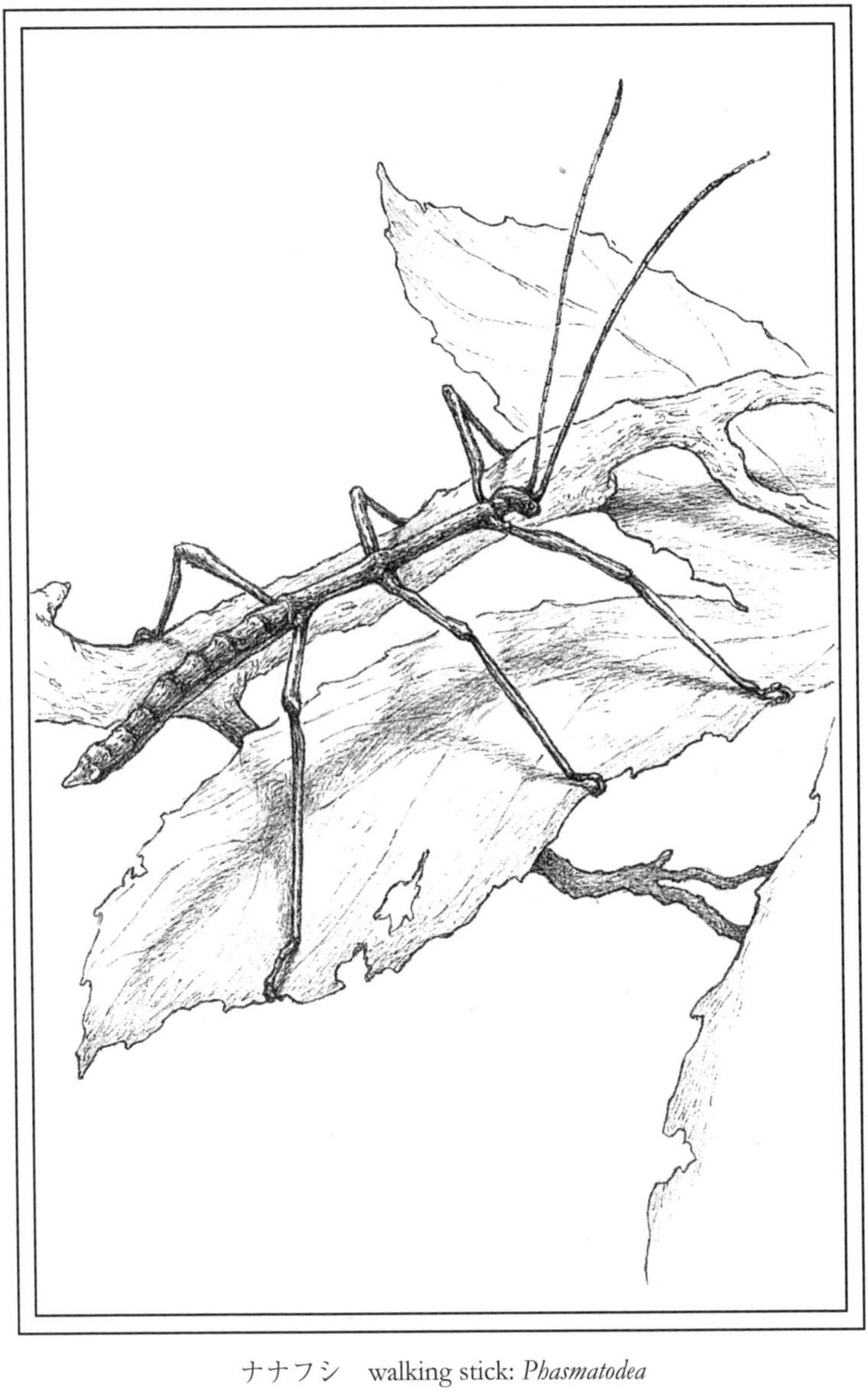

ナナフシ　walking stick: *Phasmatodea*

リスカッコウ　squirrel cuckoo: *Piaya cayana*

解説

本書は、Eduardo Kohn, *HOW FORESTS THINK: Toward an Anthropology beyond the Human*, 2013, University of California Press. の全訳である。本書は、著者エドゥアルド・コーンが、南米エクアドル東部地域、アマゾン河上流域の森に住むルナのもとでの調査（主な調査は、一九九六－二〇〇〇年の四年間）を、長年にわたり捉えなおし続けてきた成果として書かれた民族誌である。

枝切れのように見える昆虫ナナフシは、初出の第一章以降、たびたび登場する（巻末の動物図鑑参照）。ナナフシと周囲環境の類似は、「記号過程」におけるイコン性の働きを明らかにする。私たちは誰でも、トイレのドアの前の男性のイコンが、そのドアを通過する人物そのものに似ているが、同じではないということを知っている。イコンと男性のあいだには、類似があるが、差異もある。その意味で、記号過程は、類似（ナナフシと周囲環境）のあいだの差異に気づかないことから始まる。

植物の成長過程も、記号過程について重要なことを教えてくれる（第二章）。熱帯植物は、豊かな土質である「熱帯粘土土壌」では育たない。反対に、熱帯植物の多くは、栄養に乏しく、水はけがよく、酸性度が高いため、成長が遅れる「熱帯白砂土壌」で育つ。なぜ熱帯植物は、白砂土壌で育つのか。熱帯植物は、そこでは、草食動物に食べられないように毒を作り出す。白砂土壌から草食動物を除いて粘土土壌種の植物を植えると、今度は、粘土土壌種の植物がよく成長する。つまり、草食動物を除いた白砂土壌では、エネルギーコストのかかる毒性植物よりも、粘土土壌種の植物のほうがよく育つのである。そこには、植物もまた、草食動物との関係で土壌環境について何かを表象するために、記号過程をなしている、という事態が見出される。

リスカッコウ（動物図鑑参照）の声も、記号過程の特性を教えてくれる（第五章）。このトリの声の聞きなしをめぐる二人の女性の会話は以下のようなものである。ある時、猟に出かけていたイヌのうち一匹だけが傷ついて戻ってきたが、他のイヌたちは戻らなかった。イヌたちは殺されたと考えられたその時、頭上でリスカッコウが囀《さえず》った。それを聞いて、ルイーサは「シクアッ」と言い、アメリガは「『シクーワ』と言った」と言った。そのトリが「ティ、ティ、ティ」と鳴くと望みが叶うとされる一方で、「シクアッ」と鳴いた場合にはトリが嘘をついているとされる。ルイーサの発語は、リスカッコウの囀りの音響イメージであり、アメリガの発話は予兆である、とされる。鳴き声は、人間だけでなく、人間以外の存在に対しても何かを表すインデックス的な記号過程を含む。アメリガは、リスカッコウの鳴き声を、人間の言語体系、つまり、象徴的な使用域で理解したのである。その結果、アメリガによって、戻らないイヌたちは殺されているという考えは否定された。リスカッコウが嘘をついているとされたからである。コーンは、インデックス的な記号が、象徴に引き寄せられるようにして、人間的な言語の体系の中で解釈されるさまを描き出している。

ナナフシの形態は、イコン性とは異なる、記号過程の論理を明らかにする。それは、生命の過程と同等の記号過程における「構成的な不在」の働き（第一章、第六章）である。ナナフシが枝切れのように見えることも、それを食べようとする捕食者の祖先たちが、ナナフシの祖先たちに気がつかなかったためである。

捕食者に気づかれなかったナナフシの系統の子孫が生き残ったのであり、ナナフシの枝切れに対するイコン性とは、こうした構成的な不在なくしては生じえなかったのである。同じことは、アリクイの形態からも理解できる。鼻の形をアリの巣穴の形状にフィットすることができず、捕食できなかったために生き残れなかった始祖のアリクイがいたおかげで、鼻をアリの巣穴の形状に適応させたアリクイが、後続の世代を生み出している。その点で、死の意味は大きい。生ある未来を紡ぎだしているのは、構成的な不在なのである。ルナの人々がつねに未来にも踏み込んで生きているありようを、コーンは描き出そうとする（第六章）。その世界は、「死んでしまって軽くなった死者のはかり知れない重さ」から生み出されたものなのである…

これまでのどのものとも違う、このような独特のトーンで描き出される民族誌、*HOW FORESTS THINK* は、二〇一三年に出版されるや反響を呼び、翌二〇一四年には、人類学の革新的な論考が発表される学術雑誌「ハウ」誌（*HAU: Journal of Ethnographic Theory*）の書評特集にも取り上げられている。同二〇一四年には、アメリカ文化人類学会から、グレゴリー・ベイトソン賞を受賞している。この賞は、「理論的に豊かで、民族誌的に根拠があり、アメリカ文化人類学会の名を知らしめてきた伝統――学際的、実験的、発明的――の精神に基づく」著作に対して、年一回贈られるものである。

英文原著の裏表紙には、ダナ・ハラウェイとマリリン・ストラザーンからの推薦文が寄せられている。ストラザーンによるものの一部を紹介しよう。

この本だけが、最も創造的な意味において、思考の跳躍であると呼ぶにふさわしい（中略）本書では、全ての生命を思考する生であると想像することができる。それは、ルナと手に手を取ってなされたのであり、また、コーンの民族誌的な注意深さなしにはなされえなかった。コーンとともに歩まなければならない道程はどれほど長いものであるとはいえ、あなた方は人類学の風景がすでに変わってしまっていることを知るだろう。

ここに端的に示されているように、革新的であると同時に民族誌的に緻密であるのが、本書の最大の特徴であろう。

「森は考える」のか

二〇一四年三月、監訳者の一人（奥野）は、バスで、マレーシアの首都クアラルンプールからマレー半島を北上し、ペナン島に向かっていた。ジョージタウンの町に入ると「都市を考えよう（THINK CITY）」という大きな看板が、いきなり目の前に飛び込んできた。都市開発のスローガンである。手元には、その旅行中に読み進めていた本書の原書『*HOW FORESTS THINK*（いかに森は考えるのか）』があった。その時、眼前の看板と手元の本のタイトルのあいだの、「思考する主体」をめぐる巨大な落差を思った。都市がいかにあるべきかを考えたり、森について考えたりする主体は、人間にほかならない。それが当たり前である文脈では、目的語と主語を転倒させて、都市や森が考えるなどと言うことは、及びもつかないだろう。私たちが住まう世界とは、私を、私たちを、人間を主語、主体としながらつくり上げられた世界である。そうしたことが、その時脳裏に浮かんだ。そして、そのような主体としての人間による思考から成り立つ世界の枠組みを壊して、別の世界のありようを想像してみることを呼びかける書、それが『森は考える』である。

「森は考える」とは、いかなる事態だろうか。コーンによれば、私たちは、知らず知らずのうちに、考えるということ、つまり思考を人間だけのものと決めつけてしまっている。人間だけが思考する存在であるという前提に立って、世界を組み立ててきたのである。また、人間だけが思考するというその想定を、人間以外のあらゆる存在に対しても当てはめて、世界をつくり上げることに自己陶酔している。コーンはそう述べた後、人間だけが思考するという見方を覆して、非人間を主体として、「森は考える」という見方をしてみようではないかと呼びかける。そうすれば、「人間である」とはいかなることかが、別の地平で見渡せると言うのだ。

どのようにして森は考えるということまで主張しえるというのだろうか。いかに人々は森が考えると考えているのかを問うことに、私たちは留まるべきではないのか。だがそれは私のすることではない。代わりに、ここで挑発しよう。私が示してみたいのは、森が考えると私たちが主張できるという事実は、ある奇妙な仕方で森が考えるという事実から生まれている、ということである。これらの二つの事柄――この主張そのものと私たちがそのように主張できるという主張――は結びついている。私たちが人間的なるものを超えて考えることができるのは、思考が人間的なるものを超えて広がるか

らである。（四三頁）

「森は考える」と言っても、それは、結局は、「森は考えるのだと人間が考えている」ということに過ぎないのではないかとの反論が予想される。しかし、そうではないのだと、コーンは言う。「森は考える」ということは、森が考えていると人間が考えているということと同じではない。というのは、思考を、人間を超えて広がるものとして位置づけることもできるからだという。

コーンは、チャールズ・サンダー・パースの記号論を踏まえて、記号過程と「思考」をほぼ同じものとみなす。パースによれば、思考の主体である精神や「自己」は、記号過程の中で生じる。自己とは、先行する記号を受け取り、新たな「解釈項」を生む記号過程の中継点である。記号過程の結果として思考する自己が生まれる点については、第一章に詳しい。また、第二章で論じられるように、記号過程とは、生命の成長や発展、衰退のプロセスのことでもある。生命形態を獲得する過程は、思考の過程であり、記号過程である。オオアリクイの鼻が、アリの巣穴の形状にフィットするようになったのは、思考に「生」があり、記号過程が、誰かに何かを伝えることを連ねていくことで、生命のように成長したからである。

コーンが提起するのは、人間だけが自然から独立した存在であるという見方に基づく、「自然と人間」、「物質と精神」をめぐる二元論的な思考を超えた、自然や世界をめぐる別の見方である。記号過程とは、生命の成長や発展の過程まで含む、「自己」による「思考」でもあるというアイデアを受け入れれば、森は、人間とそれ以外の存在とがともに織りなす記号過程が無数に生じては消え、消えては生じ、それに応じて、無数の自己が生じては消え、消えては生じる場であると捉えることができる。これが、『森は考える』が描き出そうとする世界のありようである。それはまた、そうした思考する自己から成る生態学、「諸自己の生態学」という言い回しでも表される。

超える

『森は考える』のサブタイトルもまた、挑戦的である。「人間的なるものを超えた人類学に向けて（*Toward an Anthropology beyond the Human*）」。そもそも、人類学とは、「人間的なるもの」（the Human）を主題に据える学問ではなかったのか。「人間とは何か？」が、人類学の究極の問いだったはずである。そのため、文化人類学者は、住み慣れた自文化を飛び出して、なじみの薄い異文化に長期にわたって没入し、人間の文化、人間のありようを調査研究する。そうした営みが、文化人類学の土台を支えてきたはずだ。そうした既知の「人類学」観からすれば、「人間的なるものを超えた人類学」は、語義矛盾を孕んでいるように感じられる。人間的なるものを超えるとはいったいいかなることなのか。コーンは、いったい何を、どのように超えようとしているのか。

まずは、本書で用いられている「あまりに人間的」という語から考えてみたい。コーンによれば、「人間的なるもの」は象徴、道徳、文化を含んでいる。これらはいずれも、実在から切り離されたと仮定される性質を持ったもののあいだの相互の位置取りによって意味や効果が生じる領域であり、その意味で、「人間的なるもの」は構築物や文脈といった概念と同義である。「あまりに人間的」な文化、文脈、象徴は、これまで、文化人類学の異文化理解には不可欠であるとされてきた。

「あまりに人間的な」もののうち、「人間的なるもの」を可能にするのは、象徴にほかならない。コーンは、テレンス・ディーコンに倣って、象徴を「創発的」なものと捉えている。そのことによって、実在に対して恣意的な関係しか持ちえない、閉じられた体系として特徴づけられることの多い象徴を、別の仕方で対象化することを目指している。

コーンが例として掲げるのが、川の中に現れる「渦」である。川の流れの中に生じる渦は、水そのもの以上である、ひとつの形を持つ。この意味で、渦は川の水に対して新奇なものとなる。出現する新奇なものとしての川の渦は、創発してきたところのものにはない特性を持つが、元々のものとも連続している。渦が象徴であるという時、イコンやインデックスに相当するのが川である。象徴は、これらの記号から発生している。象徴が創発的であるというのは、川の渦のように、それが創発してきたものに対して、すなわち、イコンやインデックスに対して連続性の関係にもあるということである。象徴は、自らのうちに閉ざされた体系ではない。別の質を備えたほかの記号にも開かれたものとして、見直されることになる。

「人間的なるものを超える人類学」は、このようにして「超える」。「超える」とは、「目的となる対象の先を見据えるが、対象そのものを見失うことのないようにすること」である（序、エピローグ参照）。それは、「超える」べきものを、無きものにするわけではない。さらに、それ以外のものだけに目を向けるわけでもない。

コーンが取り上げる、第四章の「道徳」をめぐる議論を見てみよう。そこでは、道徳の領域が「人間的なるもの」だけに閉ざされているのではないということが示される。単に非人間の存在を人間的に扱うということや、道徳の編み目に参与するものが人間に限られるのではない、というだけではない。イヌにしてはならないことを言葉で告げる際の伝え方が、イヌの非人間的な性質によって制約されることまでが含まれる。善悪という価値判断を含む道徳をイヌにも共有させることが意味するのは、イヌが人間的に扱われるだけではなく、種＝横断的に道徳を共有する方法が、部分的に非人間的（≠非象徴的）なものへと拡張される、という点である。

イヌが道徳の世界に参入することは、必ずしも、イヌが「人間」として位置づけられることではない。ルナにとって大切なのは、イヌと人の同質性を作り出すことではなく、意思疎通しながら、イヌと人を混同しないように、両者の近さの程度を統制する技法を身につけることなのである。その意味で、ルナは、イヌと人の差異を消失させることなしに、イヌのイヌ性を否認する課題に取り組む。「人間的なるものを超えた人類学」は、イヌが人間のようであることと人間とは一致しないことが共存する現実を、民族誌的に詳細に記述することを可能にする。

形式

人間的なるものを超えた人類学にとって重要な概念のひとつであり、本書において分厚く論じられているのが、「形式」である。それは、人間と非人間の両方を同時に見渡すための道具として、はかり知れない魅力を秘めている。

コーンは、第五章で、形式を用いて、ルナが生きる諸自己の生態学を描き出している。諸自己の生態学に見られる事物や存在の配置において決定的なのが、「自己相似性」と「階層性」という形式である。この二つが、アマゾニアの水系およびグローバルなゴム経済網という全く異なる文脈において、大きな役割を果たしてきた。さらに、これと同じような形式は、それ以外の多くの領域にも見られる。つまり、アヴィラにおける歴史、道徳性、霊的なものなどの異なる文脈における諸現象である。アマゾニア水系や植民地経済、アヴィラにおける霊的なものなどのあいだに共通して働くことからわかるように、形式にとっては、「人間的なるもの」の領域とそのほかの領域のあいだに区別がない。吸血性のハエが、ペッカリーと狩猟者——獲物と捕食者——を区別しないように。

多様な領域において作動しているこうした形式こそが、アヴィラ周辺の諸自己の生態学を生きる多様な自己のかかわり方を条件づけている。階層の上位に位置する森の霊的な主が白人であるとされるのも、「階層性」と「自己相似性」によって、ゴム経済やこの地域の歴史が霊的な領域にかかわる文脈と反響しあうからである。他方で、従者の位置を作り出す統治権力が、アヴィラ周辺では相対的に不完全なものであったために、ルナにとって、イヌやジャガーが、階層の下位に位置するようになったのである。植民地期の歴史、イヌの社会性やジャガーの単独性、人間とイヌの相互行為が互いに反響しあっている。文脈の違いを越えて、同じような形式が反響しあうことで、諸自己の生態学の中に参入する諸存在の各々の特徴や関わりあいの基調を規定するようになる。形式に注目することで、歴史や道徳的なものなどの人間的なるもの、動物の行動や生態学的事実などの生あるもの、さらには地理学的事実などの生なきものが、相互に弁別された領域を構成するのではなく、むしろ、それらが反響しあうことによって、ルナが生きる諸自己の生態学が生み出されるさまが描かれる。

眼前で起きている出来事の中に見出された形式は、それを、それとは異なる文脈で起きるほかの事象と結び合わせるように促す。目の前で起きていることをその社会の共時的な文脈に還元せずに、別の文脈へと結びつけることを誘う形式の議論は、人間的なるものとそれ以外の領域とを分け隔てるのではなく、多様な諸領域を一挙に射程に入れる視座を提供してくれる。このような観点に立つことで、コーンは、アヴィラの諸自己の生態学において、諸自己の布置を作り出している、関係性のありようを民族誌の中に描き出そうとする。関係がいかに形成されるのかという議論、関係性の可能性の条件の分析において、決定的な一歩が踏み出されているだろう。

増幅

『森は考える』は、これまでの民族誌には見られない仕方で構成されている。狩猟が重要な活動であることは、本書の中でしばしば言及されるが、人々がどのようなやり方で狩猟を行うのかは、従来の民族誌の手法に基づいて、体系立って描かれることはない。アヴィラのルナが待ち伏せ猟を好むことは、注で触れられるだけで、罠猟で捕らえようとする動物が何であるのかはよくわからない。そのわりに、狩猟をめぐるエピソードは、本書の至るところで描かれる。ウーリーモンキーへの発砲(第一章)、シカ猟やまじないの利用(第三章)、イヌを猟に使うこと(第三章、第四章)、夢見(第五章、第六章)などである。これは、いったい何故か。本書では、狩猟をめぐる民族誌的事象が、いわゆる「狩猟」という文脈とは別のものを示すのに配置されているためだと言える。

こうした記述法は、描き出す対象を「文脈」ではないものに設定する、という独特の方法によるものである。文脈に代わって描かれるのは、「森の思考」や「生命の論理」である。狩猟をめぐる詳細は、相互に結びつけられることで、狩猟という文脈を構成するのではなく、全く異なる文脈にある事象に結びつけられて、その論理が描き出されることになる。

このことはまた、つながりのあるひとつの事象を切り分けて、異なる文脈に配置するという、本書特有の記述のあり方とも緊密に結びついている。典型的なのが、ナルシサのシカとの遭遇をめぐる記述である。そのエピソードに関しては、自己が身体だけに限定されるものではないことが第二章で、森の霊的な主の「政治」的な力にまつわる論理が連動していることが第六章に、それぞれ分けて配置されることで、「森の思考」が積み上げられる。同じように、プカーニャらのイヌの死にまつわる一連の出来事は、混同の論理（第二章）、生と死のはざまにある空間（第三章）、種＝横断的ピジン（第四章）の中に分けて示された上で、全体の民族誌が目指される。

現実の中に読み解かれる論理のありようを示すには、事象を、経験されたように、ひとつながりのままに記すだけでは、不十分である。ひとつひとつの事象を繙《ひもと》き、ほかの事象をつなぎあわせながら、その事象を通り過ぎていった論理を跡づけなければならない。ちょうど、森の中を、誰かや何かが通った跡をひとつひとつ見つけることで、何かが進んだ経路を見出すように。「森の思考」に踏み入るには、森に踏み入るように事象の跡をたどる必要がある。

「増幅」とは、このように、異なる現実を結びつける方法のことにほかならない。この方法は、現実を分析・記述する人類学者のとる方法と、分析・記述対象に見られる属性とが限りなく一致することによって可能になる。そのことに関して、コーンは、以下のように記している。

人間的なるものを超えたところにあるものに民族誌的に注意を向けることを習得するにつれて、ある奇妙な現象が突然前景化し、私たちの生きる世界にある一般的な諸特性を増幅し、その過程によってそれらの特性が例証されるようになる。もしこの分析の形式を通じて、さらにこれらの現象を増幅する諸々の方法を発見できるのなら、それらの方法を概念として洗練させ、道具として動かすことができる。別の言い方をすれば、方法論的に比較や還元よりも増幅により重きを置くことで、いくぶん異なった人類学を創造できるということである。(四四頁)

増幅は、人類学的な方法だということだけではない。それは、人間的なるものを超えたところにあるもの自体にも、本来的に備わる働きである。それゆえに、形式もまた増幅する。コーンによれば、「民族誌的に注意を向けるのを習得する」ことによって、諸現象が世界の特性を増幅するのに気づくことができるようになる。民族誌的に注意を向けるということは、本書に見られるように、事象の細部を拾い上げていくことにほかならない。

イメージをもって考える

コーンは、「本書において思考は、イメージを通じて作動する」(二九頁)と述べて、「イメージをもって考える」ことを読者に呼びかけている。イメージとは、逸話や夢などでもあるし、写真でもある、と言う

（エピローグ）。さらに、イメージとは「記号論的な全体」でもある。記号過程が部分から全体を構成する過程ではない、むしろ、その逆である。そのような主張もまた、こうしたイメージ概念に通じている。

本書の各章の冒頭に収められている写真に、キャプションや（序章のものを除けば）説明がないのも、「イメージは、そのままにしておけば、私たちに働きかけてくる」という仕掛けの表れである。これらの写真のそれぞれは、各章で示される「生ある思考」の何らかの特性を、またこれらの写真を一連のものとして見れば、諸自己の生態学のある特性を増幅しているようにも思われる。「イメージとともに考える」ことは、森の中で人間の言語だけですくいとれるものではない、イコンやインデックス的な形態や行動を思考することにも重なりあっている。

「イメージをもって考える」ことの重要な論点は、経験された事象や出来事を特定の文脈の中に固定しえないものとして考えることである。このことを知らせているのは、本書に繰り返し登場する、情景を喚起するナナフシのイメージである。ナナフシのイメージは、その都度、並置される事象に応じて重なりながらも、微妙に異なる特性を示す。枝切れと見分けがつかなくなるナナフシについて、そのイメージをもって考えることによって、事象は、一義的にその意味や展開される方向が定められるのではないことに気づくことができる。ナナフシのイメージからは、いくつもの異なる論理の線を引くことが可能となる。

このように、同じものについて、別様に考えるように誘うのが、イメージである。事象をこのように扱う思考が、「イメージをもって考える」というコーンの言い回しの中に表されている。

本書は、「イメージをもって考える」ことの成果であるとも言える。コーンによる象徴の分析とは、川の渦、ディーコンの創発論と象徴を重ねていくことによって、実在に対する恣意性とは別の性質を、象徴に見出すことであった。この方法は、両眼の視覚、冥王星の発見、マクベスの短剣のエピソード、代数学の授業、性分化など、異なる事象を重ね合わせていくことで、精神と生命の世界に作動している「二重記述」という法則を見出したグレゴリー・ベイトソンの方法にも似ている（ベイトソン『精神と自然』一八四一一九七頁、佐藤良明訳、新思索社、二〇〇一年）。ベイトソンによって取り上げられた現実は、ほかの現実との類似と差異を通して、新たな相を獲得する。

本書においてなされる議論や取り上げられている様々な事象や出来事を、「イメージをもって考える」ように、コーンは読者に呼びかけている。ここでの議論を自らの知る事象と反響させることができるように、ここに現れたイメージを用いて別の相や論理を増幅していくように、と。そのように考える人間的な主体のあり方を求める本書の意義とは、挑発的な議論だけに留まるものではない。「森は考える」と宣言することの先に、「イメージをもって考える」ことへと踏み込んでいることもまた、本書の重要な価値であるに違いない。

（奥野克巳・近藤宏）

監訳者あとがき

本書の著者エドゥアルド・コーン氏は二〇一四年、国際人類学民族学連合（IUAES）主催の国際学会に出席するために来日した。発表の題目は「How Forests Think」であり、内容は本書の議論と通じるものがあった。タ・タやプ・オーという音響イメージを説明するのに、森で録音したという、木をたたく音や木が倒れてくる音が再生されるほか、アヴィラで撮影した写真が、発表ではほとんど参照しないにもかかわらずスクリーンに映し出されていた。これらの仕掛けを通して、議論が聴衆に増幅されていくのを期待していたのではないだろうか。

訳者の一人（近藤宏）は、コーン氏の来日中に彼を招いた研究会を組織した（立命館大学環太平洋文明研究センター主催）。研究会開催に当たっては大阪大学の森田敦郎氏に協力をいただいた。コメンテーターは、同じく大阪大学の大村敬一氏に引き受けていただいた。この場を借りて、感謝の意を表したい。その研究会が、本書の訳出作業に大いに刺激となったことは言うまでもない。

その折、市街を短い時間、一緒に散策する機会があった。写真（を撮ること）は、著者にとって考えることにもつながる取り組みであることは本書でも述べられているが、街を歩いているときも、最近購入したばかりだというスマートフォンのカメラを使って盛んに街並みを写真に収めていた。荷物を取りにホテルに戻るため、オフィス街を足早に二人で歩いていたところ、コーン氏は急に足を止め、道路のほうを撮影した。撮った写真を見せてもらうと、画面いっぱいに映っていたのは、整然と積まれた数列の古紙の山だった。その写真を見て初めて、歩道のわきに膝丈くらいの高さに古紙が積まれていることに気づいた。写真を訳者に見せながら、コーン氏は「form」と言った。古紙の山が見せる格子のような「形式」を撮っていたのだ、と。

その後、翻訳を通じて著者の議論に向き合うと、この時のふるまいが本書を可能にしているとも感じられるようになった。パースの記号論が理論面で強調されているが、実は、コーン氏のこのような透徹した観察力こそが、本書を成り立たせているのではないか。そのように感じることもあった。一九九二年から二〇一〇年までの長い年月をかけてアヴィラの人々のもとに見出されていったものが、イメージを読み解く彼の鋭い感性を通じて、本書の主題である「生命の論理」や「森の思考」として結実していったのである。

その意味で、この日本語版に、原書にはない動物図鑑を収録したことは、コーンの意にかなうものであるに違いない。本書に登場する生きものたちから主なものを選んでイラスト化した図鑑を、アヴィラの森に住まう者たちのイメージを広げる一助としていただければ幸いである。この図鑑用の種の特定作業に関しては原著者の協力を得、画家にしざかひろみさんには素敵なイラストを仕上げていただいた。改めて感謝したい。

本書の翻訳作業について記しておきたい。二〇一四年四月以降、奥野克巳（序章、第一章、第四章の前半）、近藤祉秋（第二章、第六章の後半）、二文字屋脩（第三章）、近藤宏（第四章後半、第五章、第六章の前半、エピローグ）が、訳文の草稿を準備した。草稿の下訳の一部を、大石高典さん（総合地球環境学研究所）、濱田慎吾さん（大阪樟蔭女子大学）にご提供いただいた。奥野と近藤宏が集まった草稿の全文を、一文一文、原文に照らして、翻訳の精度を上げて行った。参考文献表のうち、邦語訳があるものについては、二文字屋と近藤宏が集めた。その間、シンジルトさん（熊本大学）と石倉敏明さん（秋田公立美術大学）にコメントや助言などを得た。多くの方の協力を得て成った本書であるが、訳文についての最終的な文責は監訳者のふたりにある。

なお、各章の冒頭に掲げられたエピグラムの翻訳のうちいくつかの章では既訳の文献を参考にしている。序章：ダンテ『神曲　地獄篇』原基晶訳、講談社。第一章：『パース著作集1　現象学』米盛裕二編訳、勁草書房。第二章：ホルヘ・ルイス・ボルヘス「記憶の人、フネス」『伝奇集』鼓直訳、岩波書店。第四章：マルティン・ブーバー『我と汝・対話』植田重雄訳、岩波書店。第五章：鈴木俊隆『禅へのいざない』紀野一義訳、PHP研究所。第六章：アレン・ギンズバーグ「カディッシュ」『ギンズバーグ詩集』諏訪優訳、思潮社。ただし、以下の章については本書に合うように、一部用字を改めさせていただいた（序章、第一章、第二章、第五章）。これらの本の訳者のみなさんに感謝とおわびを申し上げたい。

訳文の草稿ができてからの作業は、監訳者が何度か膝を突き合わせて行ったが、それは想像以上に難航を極めた。人類学の風景を変えるような本書が孕んでいる粗削りな部分を含めて、コーン氏の魂を丸ごと日本語に置き換える上で、亜紀書房の内藤寛さんの類い稀なる語学力と編集者魂が、光を与えてくれることが少なからずあった。記して謝意を表したい。

なお、翻訳作業を進めるにあたって、研究会の出張経費の一部および版下経費を、科研費基盤研究（A）（海外学術調査）「動物殺しの比較民族誌研究」（研究代表：奥野克巳）から支出した。

各章のエピグラムに文学、記号論、哲学、仏教学、ビート詩などの幅広い知が巧みに引かれていることからも推して知ることができるように、本書の問題提起は、人類学だけに向けられたものではなく、哲学、文学、言語学、環境学、生態学、生命論などの諸領域の議論とも広く交差するものを含んでいる。本書は、別の世界のありようを想像してみよと我々に挑みかかり、諸学問を横断する新しい知の可能性へといざなっている。この訳書が幅広い議論と読解へとつながれば幸いである。

二〇一五年一一月

奥野克巳・近藤宏

1948b Science as a Vocation マックス・ウェーバー 1952『職業としての学問』尾高邦雄（訳)、岩波書店
Oxon: Routledge.
1948b Science as a Vocation. *In* From Max Weber: Essays in Sociology. H. H. Gerth and C. W. Mills, eds. Pp. 129–56. Oxon: Routledge.
Weismantel, Mary J.
2001 Cholas and Pishtacos: Stories of Race and Sex in the Andes. Chicago: University of Chicago Press.
White, Richard
1991 The Middle Ground: Indians, Empires, and Republics in the Great Lakes Region, 1650–1815. Cambridge: Cambridge University Press.
Whitten, Norman E.
1976 Sacha Runa: Ethnicity and Adaptation of Ecuadorian Jungle Quichua. Urbana: University of Illinois Press.
1985 Sicuanga Runa: The Other Side of Development in Amazonian Ecuador. Urbana: University of Illinois Press.
Willerslev, Rane
2007 Soul Hunters: Hunting, Animism, and Personhood among the Siberian Yukaghirs. Berkeley: University of California Press.
Wills, Christopher, et al.
1997 Strong Density and Diversity-Related Effects Help to Maintain Tree Species Diversity in a Neotropical Forest. Proceedings of the National Academy of Science, no. 94: 1252–57.
Yurchak, Alexei
2006 Everything Was Forever, Until It Was No More: The Last Soviet Generation. Princeton, NJ: Princeton University Press.
2008 Necro-Utopia. Current Anthropology 49 (2): 199–224.

Groups to Birds and Monkeys. American Journal of Primatology 21 (2): 87–100.
Tsing, Anna Lowenhaupt
2012 On Nonscalability: The Living World Is Not Amenable to Precision-Nested Scales. Common Knowledge 18 (3): 505–24.
Turner, Terence
1988 Ethno-Ethnohistory: Myth and History in Native South American Representations of Contact with Western Society. *In* Rethinking History and Myth: Indigenous South American Perspectives on the Past. J. D. Hill, ed. Pp. 235–81. Urbana: University of Illinois Press.
2007 The Social Skin. *In* Beyond the Body Proper. M. Lock and J. Farquhar, eds. Pp. 83–103. Durham, NC: Duke University Press.
Tylor, Edward B.
1871 Primitive Culture: Researches into the Development of Mythology, Philosophy, Religion, Art, and Custom. London: J. Murray.
Urban, Greg
1991 A Discourse-Centered Approach to Culture: Native South American Myths and Rituals. Austin: University of Texas Press.
Uzendoski, Michael
2005 The Napo Runa of Amazonian Ecuador. Urbana: University of Illinois Press.
Venkatesan, Soumhya, et al.
2010 Debate: Ontology Is Just Another Word for Culture. Critique of Anthropology 30 (2): 152–200.
Vilaca, Aparecida
2007 Cultural Change as Body Metamorphosis. *In* Time and Memory in Indigenous Amazonia: Anthropological Perspectives. C. Fausto and M. Heckenberger, eds. Pp. 169–93. Gainesville: University Press of Florida.
2010 Strange Enemies: Indigenous Agency and Scenes of Encounters in Amazonia. Durham, NC: Duke University Press.
Viveiros de Castro, Eduardo
1998 Cosmological Deixis and Amerindian Perspectivism. Journal of the Royal Anthropological Institute, n.s., 4: 469–88.
2009 Metaphysiques cannibales: Lignes d'anthropologie post-structurale. Paris: Presses universitaires de France.
von Uexkull, Jakob
1982 The Theory of Meaning. Semiotica 42 (1): 25–82.
Wavrin, Marquis Robert de
1927 Investigaciones etnograficas: Leyendas tradicionales de los Indios del Oriente ecuatoriano. Boletin de la Biblioteca Nacional, n.s., 12: 325–37.
Weber, Max
1948a Religious Rejections of the World and Their Directions. *In* From Max Weber: Essays in Sociology. H. H. Gerth and C. W. Mills, eds. Pp. 323–59.

2002 Entangled Edens: Visions of the Amazon. Berkeley: University of California Press.
Smuts, Barbara
2001 Encounters with Animal Minds. Journal of Consciousness Studies 8 (5–7): 293–309.
Stevenson, Lisa
2012 The Psychic Life of Biopolitics: Survival, Cooperation, and Inuit Community. American Ethnologist 39 (3): 592–613.
Stoller, Paul
1997 Sensuous Scholarship. Philadelphia: University of Pennsylvania Press.
Strathern, Marilyn
1980 No Nature: No Culture: The Hagen Case. *In* Nature, Culture, and Gender. C. MacCormack and M. Strathern, eds. Pp. 174–222. Cambridge: University of Cambridge Press. マリリン・ストラザーン　1987「自然でも文化でもなく」『男が文化で、女は自然か？：性差の文化人類学』、山崎カヲル訳、晶文社
1988 The Gender of the Gift: Problems with Women and Problems with Society in Melanesia. Berkeley: University of California Press.
1995 The Relation: Issues in Complexity and Scale. Vol. 6. Cambridge: Prickly Pear Press.
2004 [1991] Partial Connections. Walnut Creek, CA: AltaMira Press.
Suzuki, Shunryu
2001 Zen Mind, Beginner's Mind. New York: Weatherhill. 鈴木俊隆 1998『禅へのいざない』紀野一義（訳)、PHP 研究所
Taussig, Michael
1987 Shamanism, Colonialism, and the Wild Man: A Study in Terror and Healing. Chicago: University of Chicago Press.
Taylor, Anne Christine
1993 Remembering to Forget: Identity, Mourning and Memory among the Jivaro. Man, n.s., 28: 653–78.
1996 The Soul's Body and Its States: An Amazonian Perspective on the Nature of Being Human. Journal of the Royal Anthropological Institute, n.s., 2: 201–15.
1999 The Western Margins of Amazonia From the Early Sixteenth to the Early Nineteenth Century. *In* The Cambridge History of the Native Peoples of the Americas. F. Salomon and S. B. Schwartz, eds. Pp. 188–256. Cambridge: Cambridge University Press.
Tedlock, Barbara
1992 Dreaming and Dream Research. *In* Dreaming: Anthropological and Psychological Interpretations. B. Tedlock, ed. Pp. 1–30. Santa Fe, NM: School of American Research Press.
Terborgh, John
1990 Mixed Flocks and Polyspecific Associations: Costs and Benefits of Mixed

1995 How "Natives" Think: About Captain Cook, for Example. Chicago: University of Chicago Press.
Salomon, Frank
2004 The Cord Keepers: Khipus and Cultural Life in a Peruvian Village. Durham, NC: Duke University Press.
Sapir, Edward
1951 [1929] A Study in Phonetic Symbolism. *In* Selected Writings of Edward Sapir in Language, Culture, and Personality. D. G. Mandelbaum, ed. Pp. 61–72. Berkeley: University of California Press. エドワード・サピア　1983「音象徴」『言語・文化・パーソナリティ：サピア言語文化論集』平林幹郎（訳）、北星堂書店
Saussure, Ferdinand de
1959 Course in General Linguistics. New York: Philosophical Library. フェルナン・ド・ソシュール　1979『一般言語学講義』小林英夫（訳）岩波書店
Savage-Rumbaugh, E. Sue
1986 Ape Language: From Conditioned Response to Symbol. New York: Columbia University Press. S.S. ランバウ 1992『チンパンジーの言語研究：シンボルの成立とコミュニケーション』小島哲也（訳）、ミネルヴァ書房
Savolainen, Peter, et al.
2002 Genetic Evidence for an East Asian Origin of Domestic Dogs. Science 298: 1610–13.
Schaik, Carel P. van, John W. Terborgh, and S. Joseph Wright
1993 The Phenology of Tropical Forests: Adaptive Significance and Consequences for Primary Consumers. Annual Review of Ecology and Systematics 24: 353–77.
Schwartz, Marion
1997 A History of Dogs in the Early Americas. New Haven, CT: Yale University Press.
Silverman, Kaja
2009 Flesh of My Flesh. Stanford, CA: Stanford University Press.
Silverstein, Michael
1995 Shifters, Linguistic Categories, and Cultural Description. *In* Language, Culture, and Society. B. G. Blount, ed. Pp. 187–221. Prospect Heights, IL: Waveland Press.
Simson, Alfred
1878 Notes on the Zaparos. Journal of the Anthropological Institute of Great Britain and Ireland 7: 502–10.
1880 Notes on the Jivaros and Canelos Indians. Journal of the Anthropological Institute of Great Britain and Ireland 9: 385–94.
Singh, Bhrigupati
2012 The Headless Horseman of Central India: Sovereignty at Varying Thresholds of Life. Cultural Anthropology 27 (2): 383–407.
Slater, Candace

Pickering, Andrew
1999 The Mangle of Practice: Agency and Emergence in the Sociology of Science. *In* The Science Studies Reader. M. Biagioli, ed. Pp. 372–93. New York: Routledge.
Porras, Pedro I.
1955 Recuerdos y anecdotas del Obispo Josefino Mons. Jorge Rossi Segundo vicario apostolico del Napo. Quito: Editorial Santo Domingo.
1979 The Discovery in Rome of an Anonymous Document on the Quijo Indians of the Upper Napo, Eastern Ecuador. *In* Peasants, Primitives, and Proletariats: The Struggle for Identity in South America. D. L. Browman and R. A. Schwartz, eds. Pp. 13–47. The Hague: Mouton.
Raffles, Hugh
2002 In Amazonia: A Natural History. Princeton, NJ: Princeton University Press.
2010 Insectopedia. New York: Pantheon Books.
Ramirez Davalos, Gil
1989 [1559] Informacion hecha a pedimiento del procurador de la ciudad de Baeca . . . *In* La Gobernacion de los Quijos. C. Landazuri, ed. Pp. 33–78. Iquitos, Peru: IIAP-CETA.
Rappaport, Roy A.
1999 Ritual and Religion in the Making of Humanity. Cambridge: Cambridge University Press.
Reeve, Mary-Elizabeth
1988 Cauchu Uras: Lowland Quichua Histories of the Amazon Rubber Boom. *In* Rethinking History and Myth: Indigenous South American Perspectives on the Past. J. D. Hill, ed. Pp. 20–34. Urbana: University of Illinois Press.
Requena, Francisco
1903 [1779] Mapa que comprende todo el distrito de la Audiencia de Quito. Quito: Emilia Ribadeneira.
Riles, Annelise
2000 The Network Inside Out. Ann Arbor: University of Michigan Press.
Rival, Laura
1993 The Growth of Family Trees: Understanding Huaorani Perceptions of the Forest. Man, n.s., 28: 635–52.
Rofel, Lisa
1999 Other Modernities: Gendered Yearnings in China after Socialism. Berkeley: University of California Press.
Rogers, Mark
1995 Images of Power and the Power of Images. Ph.D. dissertation, University of Chicago.
Sahlins, Marshall
1976 The Use and Abuse of Biology: An Anthropological Critique of Sociobiology. Ann Arbor: University of Michigan Press.

1990 Esplorazione delle regioni equatoriali lungo il Napo ed il Fiume delle Amazzoni: Frammento di un viaggio fatto nell due Americhe negli anni 1846–47–48. Turin, Italy: Il Segnalibro.

Overing, Joanna

2000 The Efficacy of Laughter: The Ludic Side of Magic within Amazonian Sociality. *In* The Anthropology of Love and Anger: The Aesthetics of Conviviality in Native Amazonia. J. Overing and A. Passes, eds. Pp. 64–81. London: Routledge.

Overing, Joanna, and Alan Passes, eds.

2000 The Anthropology of Love and Anger: The Aesthetics of Conviviality in Native Amazonia.

Parmentier, Richard J.

1994 Signs in Society: Studies in Semiotic Anthropology. Bloomington: Indiana University Press.

Pedersen, David

2008 Brief Event: The Value of Getting to Value in the Era of "Globalization."Anthropological Theory 8 (1): 57–77.

Peirce, Charles S.

1931 Collected Papers of Charles Sanders Peirce. Cambridge, MA: Harvard University Press.

1992a The Essential Peirce: Selected Philosophical Writings. Vol. 1. Bloomington: Indiana University Press.

1992b A Guess at the Riddle. *In* The Essential Peirce: Selected Philosophical Writings. Vol. 1 (1867–1893). N. Houser and C. Kloesel, eds. Pp. 245–79. Bloomington: Indiana University Press.

1992c The Law of Mind. *In* The Essential Peirce: Selected Philosophical Writings. Vol. 1 (1867–1893). N. Houser and C. Kloesel, eds. Pp. 312–33. Bloomington: Indiana University Press.

1992d Questions Concerning Certain Faculties Claimed for Man. *In* The Essential Peirce: Selected Philosophical Writings. Vol. 1 (1967–1893). N. Houser and C. Kloesel, eds. Pp. 11–27. Bloomington: Indiana University Press.

1998a The Essential Peirce: Selected Philosophical Writings. Vol. 2 (1893–1913). Peirce Edition Project, ed. Bloomington: Indiana University Press.

1998b Of Reasoning in General. *In* The Essential Peirce: Selected Philosophical Writings. Vol. 2 (1893–1913). Peirce Edition Project, ed. Pp. 11–26. Bloomington: Indiana University Press.

1998c A Sketch of Logical Critics. *In* The Essential Peirce: Selected Philosophical Writings. Vol. 2 (1893–1913). Peirce Edition Project, ed. Pp. 451–62. Bloomington: Indiana University Press.

1998d What Is a Sign? *In* The Essential Peirce: Selected Philosophical Writings. Vol. 2 (1893–1913). Peirce Edition Project, ed. Pp. 4–10. Bloomington: Indiana University Press.

2007 Where the Wild Things Are Now: Domestication Reconsidered. Oxford: Berg.
Muratorio, Blanca
1987 Rucuyaya Alonso y la historia social y economica del Alto Napo, 1850–1950. Quito: Ediciones Abya-Yala.
Nadasdy, Paul
2007 The Gift in the Animal: The Ontology of Hunting and Human–Animal Sociality. American Ethnologist 34 (1): 25–43. ポール・ナダスディ 2012「動物にひそむ贈与：人と動物の社会性と狩猟の存在論」近藤祉秋（訳）、奥野克巳・山口未花子・近藤祉秋共編著『人と動物の人類学』春風社
Nagel, Thomas
1974 What Is It Like to Be a Bat? Philosophical Review 83 (4): 435–50.
Nietzsche, Friedrich Wilhelm, and R. J. Hollingdale
1986 Human, All Too Human: A Book for Free Spirits. Cambridge: Cambridge University Press. フリードリッヒ・ニーチェ 1994『ニーチェ全集〈5〉人間的、あまりに人間的 1』池尾健一（訳）、筑摩書房。フリードリッヒ・ニーチェ 1994『ニーチェ全集〈6〉人間的、あまりに人間的 2』中島義生（訳）、筑摩書房
Nuckolls, Janis B.
1996 Sounds Like Life: Sound-Symbolic Grammar, Performance, and Cognition in Pastaza Quechua. New York: Oxford University Press.
1999 The Case for Sound Symbolism. Annual Review of Anthropology 28: 225–52.
Oakdale, Suzanne
2002 Creating a Continuity between Self and Other: First-Person Narration in an Amazonian Ritual Context. Ethos 30 (1–2): 158–75.
Oberem, Udo
1980 Los Quijos: Historia de la transculturacion de un grupo indigena en el Oriente ecuatoriano. Otavalo: Instituto Otavaleno de Antropologia.
Ochoa, Todd Ramon
2007 Versions of the Dead: Kalunga, Cuban-Kongo Materiality, and Ethnography. Cultural Anthropology 22 (4): 473–500.
Ordonez de Cevallos, Pedro
1989 [1614] Historia y viaje del mundo. *In* La Gobernacion de los Quijos (1559–1621). Iquitos, Peru: IIAP-CETA.
Orr, Carolyn, and John E. Hudelson
1971 Cuillurguna: Cuentos de los Quichuas del Oriente ecuatoriano. Quito: Houser.
Orr, Carolyn, and Betsy Wrisley
1981 Vocabulario quichua del Oriente. Quito: Instituto Linguistico de Verano.
Orton, James
1876 The Andes and the Amazon; Or, Across the Continent of South America. New York: Harper and Brothers.
Osculati, Gaetano

社会の思惟（上・下）』山田吉彦（訳）、小山書店
Macdonald, Theodore, Jr.
1979 Processes of Change in Amazonian Ecuador: Quijos Quichua Become Cattlemen. Ph.D. dissertation, University of Illinois, Urbana.
Magnin, Juan
1988 [1740] Breve descripcion de la provincia de Quito, en la America meridional, y de sus misiones. . . *In* Noticias autenticas del famoso rio Maranon. J. P. Chaumeil, ed. Pp. 463–92. Iquitos, Peru: IIAP-CETA.
Mandelbaum, Allen
1982 The Divine Comedy of Dante Alighieri: Inferno. New York: Bantam Books.
Mannheim, Bruce
1991 The Language of the Inka since the European Invasion. Austin: University of Texas Press.
Margulis, Lynn, and Dorion Sagan
2002 Acquiring Genomes: A Theory of the Origins of Species. New York: Basic Books.
Maroni, Pablo
1988 [1738] Noticias autenticas del famoso rio Maranon. J. P. Chaumeil, ed. Iquitos, Peru: IIAP-CETA.
Marquis, Robert J.
2004 Herbivores Rule. Science 305: 619–21.
Martin, Bartolome
1989 [1563] Provanza del Capitan Bartolome Martin. *In* La Gobernacion de los Quijos. C. Landazuri, ed. Pp. 105–38. Iquitos, Peru: IIAP-CETA.
Mauss, Marcel
1990 [1950] The Gift: The Form and Reason for Exchange in Archaic Societies. W. D. Halls, trans. New York: Norton. マルセル・モース 2014「贈与論」『贈与論　他二編』森山工（訳）、岩波書店
McFall-Ngai, Margaret, and et al.
2013 Animals in a Bacterial World: A New Imperative for the Life Sciences. Proceedings of the National Academy of Science 110 (9): 3229-36.
McGuire, Tamara L., and Kirk O. Winemiller
1998 Occurrence Patterns, Habitat Associations, and Potential Prey of the River Dolphin, *Inia geoffrensis,* in the Cinaruco River, Venezuela. Biotropica 30 (4): 625–38.
Mercier, Juan Marcos
1979 Nosotros los Napu-Runas: Napu Runapa Rimay, mitos e historia. Iquitos, Peru: Publicaciones Ceta.
Moran, Emilio F.
1993 Through Amazonian Eyes: The Human Ecology of Amazonian Populations. Iowa City: University of Iowa Press.
Mullin, Molly, and Rebecca Cassidy

Kockelman, Paul
2011 Biosemiosis, Technocognition, and Sociogenesis: Selection and Significance in a Multiverse of Sieving and Serendipity. Current Anthropology 52 (5): 711–39.
Kohn, Eduardo
1992 La cultura medica de los Runas de la region amazonica ecuatoriana. Quito: Ediciones Abya-Yala.
2002a Infidels, Virgins, and the Black-Robed Priest: A Backwoods History of Ecuador's Montana Region. Ethnohistory 49 (3): 545–82.
2002b Natural Engagements and Ecological Aesthetics among the Avila Runa of Amazonian Ecuador. Ph.D. dissertation, University of Wisconsin.
2005 Runa Realism: Upper Amazonian Attitudes to Nature Knowing. Ethnos 70 (2): 179–96.
2007 How Dogs Dream: Amazonian Natures and the Politics of Transspecies Engagement. American Ethnologist 34 (1): 3–24.
2008 Comment on Alexei Yurchak's "Necro-Utopia." Current Anthropology 49 (2): 216–17.
Kull, Kalevi, et al.
2009 Theses on Biosemiotics: Prolegomena to a Theoretical Biology. Biological Theory 4 (2): 167–73.
Latour, Bruno
1987 Science in Action. Cambridge, MA: Harvard University Press. ブルーノ・ラトゥール 1999『科学が作られているとき：人類学的考察』川崎勝、高田紀代志（訳）、産業図書
1993 We Have Never Been Modern. New York: Harvester Wheatsheaf. ブルーノ・ラトゥール 2008『虚構の「近代」：科学人類学は警告する』川村久美子（訳）、新評論
2004 Politics of Nature: How to Bring the Sciences into Democracy. Cambridge, MA: Harvard University Press.
2005 Reassembling the Social: An Introduction to Actor-Network-Theory. Oxford: Oxford University Press.
Law, John, and Annemarie Mol
2008 The Actor-Enacted: Cumbrian Sheep in 2001. *In* Material Agency. C. Knappett and M. Lambros, eds. Pp. 57–77. Berlin: Springer.
Levi-Strauss, Claude
1966 The Savage Mind. Chicago: University of Chicago Press. クロード・レヴィ＝ストロース 1976『野生の思考』大橋保夫（訳）、みすず書房
1969 The Raw and the Cooked: Introduction to a Science of Mythology. Vol. 1. Chicago: University of Chicago Press. クロード・レヴィ＝ストロース 2006『生のものと火を通したもの』早水洋太郎（訳）、みすず書房
Levy-Bruhl, Lucien
1926 How Natives Think. London: Allen & Unwin. レヴィ・ブリュル 1935『未開

1996 Signs of Meaning in the Universe. Bloomington: Indiana University Press. ジェスパー・ホフマイヤー 2005『生命記号論——宇宙の意味と表象』松野孝一郎、高原美規（訳）、青土社
2008 Biosemiotics: An Examination into the Signs of Life and the Life of Signs. Scranton, PA: University of Scranton Press.
Hogue, Charles L.
1993 Latin American Insects and Entomology. Berkeley: University of California Press.
Holbraad, Martin
2010 Debate: Ontology Is Just Another Word for Culture. Critique of Anthropology 30 (2): 179–85.
Hudelson, John Edwin
1987 La cultura quichua de transicion: Su expansion y desarrollo en el Alto Amazonas. Quito: Museo Antropologico del Banco Central del Ecuador (Guayaquil), Ediciones Abya-Yala.
Ingold, Tim
2000 The Perception of the Environment: Essays in Livelihood, Dwelling and Skill. London: Routledge.
Irvine, Dominique
1987 Resource Management by the Runa Indians of the Ecuadorian Amazon. Ph.D. dissertation, Stanford University.
Janzen, Daniel H.
1970 Herbivores and the Number of Tree Species in Tropical Forests. American Naturalist 104 (904): 501–28.
1974 Tropical Blackwater Rivers, Animals, and Mast Fruiting by the Dipterocarpaceae. Biotropica 6 (2): 69–103.
Jimenez de la Espada, D. Marcos
1928 Diario de la expedicion al Pacifico. Boletin de la Real Sociedad Geografi ca 68 (1–4): 72–103, 142–93.
Jouanen, Jose
1977 Los Jesuitas y el Oriente ecuatoriano (Monografia Historica), 1868–1898. Guayaquil, Ecuador: Editorial Arquidiocesana.
Keane, Webb
2003 Semiotics and the Social Analysis of Material Things. Language and Communication 23: 409–25.
Kilian-Hatz, Christa
2001 Universality and Diversity: Ideophones from Baka and Kxoe. *In* Ideophones. F. K. E. Voeltz and C. Kilian-Hatz, eds. Pp. 155–63. Amsterdam: John Benjamin.
Kirksey, S. Eben, and Stefan Helmreich
2010 The Emergence of Multispecies Ethnography. Cultural Anthropology 25 (4): 545–75.

ン・ギンズバーグ 1991「カディッシュ」『ギンズバーグ詩集』諏訪優（訳・編)、思潮社
Gow, Peter
1996 River People: Shamanism and History in Western Amazonia. *In* Shamanism, History, and the State. C. Humphrey and N. Thomas, eds. Pp. 90–113.
Ann Arbor: University of Michigan Press.
2001 An Amazonian Myth and Its History. Oxford: Oxford University Press.
Graeber, David
2001 Toward an Anthropological Theory of Value: The False Coin of Our Own Dreams. New York: Palgrave.
Hage, Ghassan
2012 Critical Anthropological Thought and the Radical Political Imaginary Today. Critique of Anthropology 32 (3): 285–308.
Haraway, Donna
1999 Situated Knowledges: The Science Question in Feminism and the Privilege of Partial Perspective. *In* The Science Studies Reader. M. Biagioli, ed. Pp. 172–201. New York: Routledge.
2003 The Companion Species Manifesto: Dogs, People, and Significant Otherness. Chicago: Prickly Paradigm Press. ダナ・ハラウェイ 2013『伴侶種宣言 : 犬と人の「重要な他者性」』永野文香（訳)、以文社
2008 When Species Meet. Minneapolis: University of Minnesota Press. ダナ・ハラウェイ 2013『犬と人が出会うとき：異種協働のポリティクス』高橋さきの（訳)、青土社
Hare, Brian, et al.
2002 The Domestication of Social Cognition in Dogs. Science 298: 1634–36.
Hemming, John
1987 Amazon Frontier: The Defeat of the Brazilian Indians. London: Macmillan.
Hertz, Robert
2007 The Pre-eminence of the Right Hand: A Study in Religious Polarity. *In* Beyond the Body Proper. M. Lock and J. Farquhar, eds. Pp. 30–40. Durham, NC: Duke University Press.
Heymann, Eckhard W., and Hannah M. Buchanan-Smith
2000 The Behavioural Ecology of Mixed Species of Callitrichine Primates. Biological Review 75: 169–90.
Hill, Jonathan D.
1988 Introduction: Myth and History. *In* Rethinking History and Myth: Indigenous South American Perspectives on the Past. J. D. Hill, ed. Pp. 1–18. Urbana: University of Illinois Press.
Hilty, Steven L., and William L. Brown
1986 A Guide to the Birds of Colombia. Princeton, NJ: Princeton University Press.
Hoffmeyer, Jesper

1969 The Nuer: A Description of the Modes of Livelihood and Political Institutions of a Nilotic People. Oxford: Oxford University Press. E.E. エヴァンズ＝プリチャード 1997『ヌアー族：ナイル系一民族の生業形態と政治制度の調査記録』向井元子（訳）、平凡社

Fausto, Carlos

2007 Feasting on People: Eating Animals and Humans in Amazonia. Current Anthropology 48 (4): 497–530.

Feld, Steven

1990 Sound and Sentiment: Birds, Weeping, Poetics, and Song in Kaluli Expression. Philadelphia: University of Pennsylvania Press. スティーブン・フェルド 1988『鳥になった少年：カルリ社会における音・神話・象徴』山口修ほか（訳）、平凡社

Figueroa, Francisco de

1986 [1661] Informes de Jesuitas en el Amazonas. Iquitos, Peru: IIAPCETA.

Fine, Paul

2004 Herbivory and Evolution of Habitat Specialization by Trees in Amazonian Forests. PhD dissertation, University of Utah.

Fine, Paul, Italo Mesones, and Phyllis D. Coley

2004 Herbivores Promote Habitat Specialization in Trees in Amazonian Forests. Science 305: 663–65.

Foucault, Michel

1970 The Order of Things: An Archaeology of the Human Sciences. London: Tavistock. ミシェル・フーコー 1974『言葉と物：人文科学の考古学』渡辺一民、佐々木明（訳）、新潮社

Freud, Sigmund

1965 The Psychopathology of Everyday Life. J. Strachey, trans. New York: Norton. ジークムント・フロイト 2007『フロイト全集〈7〉1901年――日常生活の精神病理学』高田珠樹（訳）、岩波書店

1999 The Interpretation of Dreams. Oxford: Oxford University Press. ジークムント・フロイト 2012『夢解釈〈初版〉』上・下、金関猛（訳）、中公クラシックス

2003 The Uncanny. H. Haughton, trans. London: Penguin. ジークムント・フロイト 1995『砂男 無気味なもの――種村季弘コレクション』種村季弘（訳）、河出書房新社

Gell, Alfred

1998 Art and Agency: An Anthropological Theory. Oxford: Clarendon Press.

Gianotti, Emilio

1997 Viajes por el Napo: Cartas de un misionero (1924–1930). M. Victoria de Vela, trans. Quito, Ecuador: Ediciones Abya-Yala.

Ginsberg, Allen

1961 Kaddish, and Other Poems, 1958–1960. San Francisco: City Lights Books. アレ

Cambridge: Cambridge University Press.
Deleuze, Gilles, and Felix Guattari
1987 A Thousand Plateaus: Capitalism and Schizophrenia. Minneapolis: University of Minnesota Press. ジル・ドゥルーズ、フェリックス・ガタリ 1994『千のプラトー：資本主義と分裂症』宇野邦一ほか（訳）、河出書房新社
Denevan, William M.
1992 The Pristine Myth: The Landscape of the Americas in 1492. Annals of the Association of American Geographers 82 (3): 369–85.
Dennett, Daniel Clement
1996 Kinds of Minds: Toward an Understanding of Consciousness. New York: Basic Books. ダニエル・デネット 1997『心はどこにあるのか』土屋俊（訳）、草思社
Derrida, Jacques
2008 The Animal That Therefore I Am. New York: Fordham University Press. ジャック・デリダ 2014『動物を追う、ゆえに私は〈動物で〉ある』マリ＝ルイーズ・マレ（編集）、鵜飼哲（訳）、筑摩書房
Descola, Philippe
1989 Head-Shrinkers versus Shrinks: Jivaroan Dream Analysis. Man, n.s., 24: 439–50.
1994 In the Society of Nature: A Native Ecology in Amazonia. Cambridge: Cambridge University Press.
1996 The Spears of Twilight: Life and Death in the Amazon Jungle. New York: New Press.
2005 Par-dela nature et culture. Paris: Gallimard.
Diamond, Cora
2008 The Difficulty of Reality and the Difficulty of Philosophy. *In* Philosophy and Animal Life. Stanley Cavell et al., eds. Pp. 43–89. New York: Columbia University Press. コーラ・ダイアモンド 2010「現実のむずかしさと哲学のむずかしさ」『"動物のいのち" と哲学』中川雄一（訳）、春秋社
Duranti, Alessandro, and Charles Goodwin
1992 Rethinking Context: Language as an Interactive Phenomenon. Cambridge: Cambridge University Press.
Durkheim, Emile
1972 Selected Writings. Cambridge: Cambridge University Press.
Ellen, Roy
1999 Categories of Animality and Canine Abuse: Exploring Contradictions in Nuaulu Social Relationships with Dogs. Anthropos 94: 57–68.
Emerson, Ralph Waldo
1847 The Sphinx. *In* Poems. Boston: James Munroe and Co. Emmons, Louise H.
1990 Neotropical Rainforest Mammals: A Field Guide. Chicago: University of Chicago Press.
Evans-Pritchard, E. E.

Conklin, Beth A., and Laura R. Graham
1995 The Shifting Middle Ground: Amazonian Indians and Eco-Politics. American Anthropologist 97 (4): 695–710.
Coppinger, Raymond, and Lorna Coppinger
2002 Dogs: A New Understanding of Canine Origin, Behavior, and Evolution. Chicago: University of Chicago Press.
Cordova, Manuel
1995 Amazonian Indians and the Rubber Boom. *In* The Peru Reader: History, Culture, Politics. O. Starn, C. I. Degregori, and R. Kirk, eds. Pp. 203–14. Durham, NC: Duke University Press.
Csordas, Thomas J.
1999 The Body's Career in Anthropology. *In* Anthropological Theory Today. H. L. Moore, ed. Pp. 172–205. Cambridge: Polity Press.
Cunha, Manuela Carneiro da
1998 Pontos de vista sobre a floresta amazonica: Xamanismo e traducao. Mana 4 (1): 7–22.
Daniel, E. Valentine
1996 Charred Lullabies: Chapters in an Anthropology of Violence. Princeton, NJ: Princeton University Press.
de la Cadena, Marisol
2010 Indigenous Cosmopolitics in the Andes: Conceptual Reflections beyond "Politics." Cultural Anthropology 25 (2): 334–70.
de Ortiguera, Toribio
1989 [1581–85] Jornada del rio Maranon, con todo lo acaecido en ella y otras cosas notables dignas de ser sabidas, acaecidas en las Indias occidentales. . . *In* La Gobernacion de los Quijos (1559–1621). C. Landazuri, ed. Pp. 357–80. Iquitos, Peru: IIAP-CETA.
Deacon, Terrence W.
1997 The Symbolic Species: The Co-evolution of Language and the Brain. New York: Norton. テレンス・W. ディーコン 1999『ヒトはいかにして人となったか：言語と脳の共進化』金子隆芳（訳）、新曜社
2003 The Hierarchic Logic of Emergence: Untangling the Interdependence of Evolution and Self-Organization. *In* Evolution and Learning: The Baldwin Effect Reconsidered. B. Weber and D. Depew, eds. Pp. 273–308. Cambridge, MA: MIT Press.
2006 Emergence: The Hole at the Wheel's Hub. *In* The Re-Emergence of Emergence: The Emergentist Hypothesis from Science to Religion. P. Clayton and P. Davies, eds. Pp. 111–50. Oxford: Oxford University Press.
2012 Incomplete Nature: How Mind Emerged from Matter. New York: Norton.
Dean, Warren
1987 Brazil and the Struggle for Rubber: A Study in Environmental History.

2010 Debate: Ontology Is Just Another Word for Culture. Critique of Anthropology 30 (2): 172–79.
Capps, Lisa, and Elinor Ochs
1995 Constructing Panic: The Discourse of Agoraphobia. Cambridge, MA: Harvard University Press.
Carrithers, Michael
2010 Debate: Ontology Is Just Another Word for Culture. Critique of Anthropology 30 (2): 156–68.
Cavell, Stanley
2005 Philosophy the Day after Tomorrow. Cambridge, MA: Belknap Press.
2008 Philosophy and Animal Life. New York: Columbia University Press. コーラ・ダイアモンド、スタンリー・カヴェル、ジョン・マクダウェル、イアン・ハッキング、ケアリー・ウルフ 2010『"動物のいのち"と哲学』中川雄一（訳）、春秋社
Chakrabarty, Dipesh
1997 The Time of History and the Times of Gods. *In* The Politics of Culture in the Shadow of Capital. L. Lowe and D. Lloyd, eds. Pp. 35–60. Durham, NC: Duke University Press.
2000 Provincializing Europe: Postcolonial Thought and Historical Difference. Princeton, NJ: Princeton University Press.
Choy, Timothy K., et al.
2009 A New Form of Collaboration in Cultural Anthropology: Matsutake Worlds. American Ethnologist 36 (2): 380–403.
Chuquin, Carmen, and Frank Salomon
1992 Runa Shimi: A Pedagogical Grammar of Imbabura Quichua. Madison: Latin American and Iberian Studies Program, University of Wisconsin–Madison.
Cleary, David
2001 Toward an Environmental History of the Amazon: From Prehistory to the Nineteenth Century. Latin American Research Review 36 (2): 64–96.
Colapietro, Vincent M.
1989 Peirce's Approach to the Self: A Semiotic Perspective on Human Subjectivity. Albany: State University of New York Press.
Cole, Peter
1985 Imbabura Quechua. London: Croom Helm.
Colini, G. A.
1883 Collezione Etnologica degli Indigeni dell' Alto Amazzoni Acquistata dal Museo Preistorico-Etnografi co di Roma. Bollettino della Societa Geografica Italiana, anno XVII, vol. XX, ser. II; vol. VIII: 287–310, 353–83.
Conklin, Beth A.
2001 Consuming Grief: Compassionate Cannibalism in an Amazonian Society. Austin: University of Texas Press.

スト 1983「代名詞の性質」『一般言語学の諸問題』岸本通夫（監訳）、みすず書房
Berger, John
2009 Why Look at Animals? London: Penguin.
Bergson, Henri
1911 Creative Evolution. New York: H. Holt and Co. アンリ・ベルクソン 2013『新訳ベルクソン全集 4　創造的進化』竹内信夫（訳）、白水社
Berlin, Brent
1992 Ethnobiological Classification: Principles of Categorization of Plants and Animals in Traditional Societies. Princeton, NJ: Princeton University Press.
Berlin, Brent, and John P. O'Neill
1981 The Pervasiveness of Onomatopoeia in Aguaruna and Huambisa Bird Names. Journal of Ethnobiology 1 (2): 238–61.
Blomberg, Rolf
1957 The Naked Aucas: An Account of the Indians of Ecuador. F. H. Lyon, trans. Fair Lawn, NJ: Essential Books.
Borges, Luis
1998 Funes, the Memorious. *In* Fictions. A. Kerrigan, ed. Pp. 97–105. London: Calder Publications. ホルヘ・ルイス・ボルヘス　1993「記憶の人フネス」『伝奇集』鼓直（訳）、岩波書店
Brockway, Lucile
1979 Science and Colonial Expansion: The Role of the British Royal Botanic Gardens. New York: Academic Press. ルシール・H. ブロックウェイ 1983『グリーンウェポン：植物資源による世界制覇』小出五郎（訳）、社会思想社
Buber, Martin
2000 I and Thou. New York: Scribner. マルティン・ブーバー　1979『我と汝・対話』植田重雄（訳）、岩波書店
Bunker, Stephen G.
1985 Underdeveloping the Amazon: Extraction, Unequal Exchange, and the Failure of the Modern State. Urbana: University of Illinois Press.
Butler, Judith
1997 The Psychic Life of Power: Theories in Subjection. Stanford, CA: Stanford University Press. ジュディス・バトラー 2012『権力の心的な生：主体化＝服従化に関する諸理論』佐藤嘉幸、清水知子（訳）、月曜社
Camazine, Scott
2001 Self-Organization in Biological Systems. Princeton, NJ: Princeton University Press.
Campbell, Alan Tormaid
1989 To Square with Genesis: Causal Statements and Shamanic Ideas in Wayapi. Iowa City: University of Iowa Press.
Candea, Matei

参考文献

Agamben, Giorgio

2004 The Open: Man and Animal. Stanford, CA: Stanford University Press. ジョルジョ・アガンベン 2011『開かれ——人間と動物』岡田温司、多賀健太郎（訳）、平凡社

Ariel de Vidas, Anath

2002 A Dog's Life among the Teenek Indians (Mexico): Animals' Participation in the Classification of Self and Other. Journal of the Royal Anthropological Institute, n.s., 8: 531–50.

Austin, J. L.

1962 How to Do Things with Words. Oxford: Clarendon Press. J. L. オースティン 1978『言語と行為』坂本百大（訳）、大修館書店

Avendano, Joaquin de

1985 [1861] Imagen del Ecuador: Economia y sociedad vistas por un viajero del siglo XIX. Quito, Ecuador: Corporacion Editora Nacional.

Bateson, Gregory

2000a Form, Substance, and Difference. *In* Steps to an Ecology of Mind. Pp. 454–71. Chicago: University of Chicago Press.

2000b Pathologies of Epistemology. *In* Steps to an Ecology of Mind. G. Bateson, ed. Pp. 486–95. Chicago: University of Chicago Press.

2000c Steps to an Ecology of Mind. Chicago: University of Chicago Press. グレゴリー・ベイトソン 2002『精神の生態学』佐藤良明（訳）、新思索社

2000d Style, Grace, and Information in Primitive Art. *In* Steps to an Ecology of Mind. G. Bateson, ed. Pp. 128–52. Chicago: University of Chicago Press.

2000e A Theory of Play and Fantasy. *In* Steps to an Ecology of Mind. G. Bateson, ed. Pp. 177–93. Chicago: University of Chicago Press.

2002 Mind and Nature: A Necessary Unity. Creskill, NJ: Hampton Press. グレゴリー・ベイトソン 2006『精神と自然——生きた世界の認識論』佐藤良明（訳）、新思索社

Bennett, Jane

2001 The Enchantment of Modern Life: Attachments, Crossings, and Ethics. Princeton, NJ: Princeton University Press.

2010 Vibrant Matter: A Political Ecology of Things. Durham, NC: Duke University Press.

Benveniste, Emile

1984 The Nature of Pronouns. *In* Problems in General Linguistics. E. Benveniste, ed. Pp. 217–22. Coral Gables, FL: University of Miami Press. エミール・バンヴェニ

ワ

ヤ

ラ

マ

ハ

ナ

タ

サ

カ

索引

ア

奥野 克巳（おくのかつみ）

1962年生まれ。立教大学異文化コミュニケーション学部教授
一橋大学大学院社会学研究科博士後期課程修了、桜美林大学教授を経て、2015年より現職。
【著書】『「精霊の仕業」と「人の仕業」: ボルネオ島カリスにおける災い解釈と対処法』（単著、春風社、2004年)、『人と動物、駆け引きの民族誌』（単編著、はる書房、2011年)、『改訂新版　文化人類学』（内堀基光との共編著、放送大学教育振興会、2014年）

近藤 宏（こんどうひろし）

1982年生まれ。国立民族学博物館外来研究員、立命館大学非常勤講師
立命館大学大学院先端総合学術研究科一貫制博士課程修了。
【著書・論文】「アポリアを生み出す自主管理」『体制の歴史』（天田城介、角崎洋平、櫻井悟志（編)、洛北出版、2013年)、"The skin as a surface of composition:the use of animal body parts and plants in various practices of the Panamanian Embera"（単著、Tipiti 13(2) 2015年)『インディオの気まぐれな魂』（エドゥアルド・ヴィヴェイロス・デ・カストロ著、里見龍樹と共訳、水声社、2015年

近藤 祉秋（こんどうしあき）

1986年生まれ。アラスカ大学フェアバンクス校人類学科博士候補生
早稲田大学大学院文学研究科修士課程修了、同研究科博士課程を経て、2011年よりアラスカ大学に在籍。
【著書・論文】『人と動物の人類学』（奥野克巳、山口未花子との共編著、春風社、2012年)、「『魅了される遭遇』から生まれる動物信仰——隠岐の島町某地区O家の事例から」『現代民俗学研究』5号（単著、2013年)、「北方樹林の愛鳥家：内陸アラスカにおける動物を殺す／生かすこと」『文化人類学』79巻1号（単著、2014年）

二文字屋 脩（にもんじやしゅう）

1985年生まれ。京都文教大学総合社会学部総合社会学科特任実習職員
首都大学東京大学院人文科学研究科博士前期課程修了、同研究科博士後期課程在籍。2015年より現職。「『狩猟採集民なるもの』の現在：社会から社会性へ」『社会人類学年報』38号（単著、2012年)。"Edible Culture and Inedible Culture: Ethnic Tourism of the Mlabri in Northern Thailand", Ploysri Porananond and Victor T. King (eds.), Rethinking Asian Tourism: Culture, Encounters and Local Response, Cambridge: Cambridge Scholars Publishing（単著、2014年)。
「ムラブリ関係名称再考」『アジア・アフリカ言語文化研究』89号（伊藤雄馬と共著、2015年）

エドゥアルド・コーン　Eduardo Kohn

1968年生まれ。マギル大学人類学部准教授。

2002年、ウィスコンシン大学マディソン校博士課程修了。博士（人類学）。ミシガン大学人類学助教、コーネル大学人類学部助教を経て現職。

グレゴリー・ベイトソン賞受賞（2014年）。

【論文】“Anthropology of Ontologies.” *Annual Review of Anthropology*. 44.（2015年）、“How Dogs Dream: Amazonian Natures and the Politics of Trans-species Engagement.” *American Ethnologist*. 34(1)（2007年）、"Animal Masters and the Ecological Embedding of History Among the Avila Runa of Amazonian Ecuador.",Fausto, C. and M. Heckenberger(eds), *When Time Matters: History, Memory, and Identity in Amazonia*. University Press of Florida（2007年）.

How Forests Think: Toward an Anthropology Beyond the Human
by Eduardo Kohn

Japanese translation rights arranged with University of California Press
through Japan UNI Agency, Inc., Tokyo.

森は考える――人間的なるものを超えた人類学

発行	2016年1月15日　第1版第1刷発行 2022年6月2日　第5刷発行
著者	エドゥアルド・コーン
監訳者	奥野克巳・近藤宏
共訳者	近藤祉秋・二文字屋脩
発行者	株式会社亜紀書房 東京都千代田区神田神保町1-32 TEL　03-5280-0261（代表）　03-5280-0269（編集） 振替　00100-9-144037 http://www.akishobo.com
装幀	間村俊一
DTP	コトモモ社
動物イラスト	にしざかひろみ
印刷・製本	株式会社トライ http://www.try.sky.com

ISBN978-4-7505-1462-8 C0010

亜紀書房の本

絡まり合う生命
――人間を超えた人類学

奥野克巳著

ソウル・ハンターズ
――シベリア・ユカギールのアニミズムの人類学

レーン・ウィラースレフ著
奥野克巳・近藤祉秋・古川不可知訳

人類学とは何か

ティム・インゴルド著
奥野克巳・宮崎幸子訳